U0924422

新时代
绿色低碳发展与转型

清华大学绿色经济与可持续发展研究中心
政策研究报告 **2018**

钱小军 周剑 吴金希◎主编

清华大学出版社
北 京

内容简介

本书是清华大学绿色经济与可持续发展研究中心的2018年度政策研究报告，综合研究中心各团队的政策研究成果，介绍研究团队取得的主要进展及可持续发展领域的最新理念和观点，为中国政府与企业提供环境与发展方面的政策建议。2018年度报告聚焦新时代中国绿色低碳发展与转型所面临的问题，内容包括绿色建筑、绿色交通、绿色产业、环境保护、碳排放、碳市场等方面的研究。

本书有助于读者了解与中国乃至国际可持续发展进程密切相关的学术研究轨迹。我们希望报告中所阐述的中国面临的主要问题、需要采取的措施、相关国际背景与最新理念及未来的发展趋势，能够启发读者关注、讨论，为探索中国绿色经济与可持续发展道路做出贡献。

本书的读者包括但不限于：国内政府部门各级决策者；从事相关领域咨询或研究工作的各界专家、学者；高校相关专业的学子；关心我国环境保护、绿色发展问题的公众。

本书封面贴有清华大学出版社防伪标签，无标签者不得销售。
版权所有，侵权必究。侵权举报电话：010-62782989 13701121933

图书在版编目(CIP)数据

新时代绿色低碳发展与转型：清华大学绿色经济与可持续发展研究中心政策研究报告. 2018/钱小军，周剑，吴金希主编. —北京：清华大学出版社，2019
ISBN 978-7-302-53465-5

Ⅰ. ①新… Ⅱ. ①钱… ②周… ③吴… Ⅲ. ①绿色经济—经济发展—研究报告—中国—2018 Ⅳ. ①F124.5

中国版本图书馆CIP数据核字(2019)第179488号

责任编辑：王 青
封面设计：李伯骥
责任校对：宋玉莲
责任印制：宋 林

出版发行：清华大学出版社
网 址：http://www.tup.com.cn，http://www.wqbook.com
地 址：北京清华大学学研大厦A座 **邮 编**：100084
社 总 机：010-62770175 **邮 购**：010-62786544
投稿与读者服务：010-62776969，c-service@tup.tsinghua.edu.cn
质量反馈：010-62772015，zhiliang@tup.tsinghua.edu.cn
印 装 者：北京嘉实印刷有限公司
经 销：全国新华书店
开 本：185mm×260mm **印 张**：25.25 **字 数**：489千字
版 次：2019年8月第1版 **印 次**：2019年8月第1次印刷
定 价：169.00元

产品编号：083691-01

新时代绿色低碳发展与转型
——清华大学绿色经济与可持续发展研究中心
政策研究报告 2018 编写组

主　　审　何建坤

主　　编　钱小军

副 主 编　周　剑　吴金希

编写组成员　（按姓氏拼音排序）

曹　彬	曹　静	陈　晨	陈璐怡
陈　青	陈文颖	戴亦欣	顾阿伦
何建坤	林波荣	刘　滨	刘庆丰
刘志林	鲁传一	陆化普	邱封清
邱　勇	唐　晋	王　婕	温宗国
徐建华	许冠南	张　弛	张晓东
周　剑	周凌一	周　源	朱颖心
Dale Jorgenson		Mun S. Ho	

报 告 执 笔

第一章　中国绿色建筑发展政策及效果研究

作者：曹彬、林波荣

第二章　典型绿色建筑项目技术方案与性能研究

作者：朱颖心、林波荣

第三章　交通运输与经济深度融合研究

作者：陆化普

第四章　基于大数据深度应用全面推动货运节能减排

作者：陆化普

第五章　绿色产业的转型治理模式

作者：徐建华、周源、许冠南、陈璐怡、张晓东

第六章　绿色发展政策和公众认知与态度研究

作者：刘志林、王婕、周凌一、戴亦欣

第七章　城市氮元素代谢的环境效应及可持续管理

作者：温宗国、陈晨

第八章　水循环生命共同体的模式与管理政策研究

作者：邱勇、陈青、张驰

第九章　现代化建设中的产业转型对经济发展与碳排放影响研究

作者：鲁传一、陈文颖、刘滨

第十章　对外贸易发展对碳排放的影响

作者：顾阿伦、何建坤

第十一章　中日韩碳市场测量报告核查系统的对比分析

作者：周剑、唐晋、邱封清、刘滨

第十二章　中国碳定价政策分析与前景

作者：曹静、Mun S. Ho、Dale Jorgenson、刘庆丰

序

当前世界范围可持续发展面临日益强化的资源环境制约，人类经济社会发展已远远超出地球资源和环境的承载能力，工业文明社会形态下的生产方式和消费方式已不可持续。广大发展中国家在工业化和现代化进程中，已不可能再沿袭发达国家以高资源消耗和高污染物排放为代价的发展方式，必须走资源节约、环境友好的绿色发展路径。人类社会文明形态也将加速向生态文明转型，实现人与自然和谐发展。当前全球正在同时推进的《联合国2030年可持续发展目标(SDGs)》和《巴黎协定》两大可持续发展议程，都旨在实现世界范围经济发展，消除贫困；促进社会进步，消除不公平和不平等；保护生态环境，应对气候变化三者之间的协调统一。核心是实现人与自然的和谐和可持续发展，实现经济发展、社会进步、环境保护和温室气体减排多方目标的协调和共赢，把应对全球气候变化紧迫的形势和进程，作为各国实现自身可持续发展的机遇，实现合作共赢，共同发展。

党的十九大提出了新时代社会主义现代化建设的目标、基本方略和宏伟蓝图，特别是提出了建设生态文明思想和绿色低碳循环发展理念，强调人与自然是生命共同体，建设生态文明是中华民族永续发展千年大计，提出建设人与自然和谐共生的现代化。习近平生态文明思想是习近平新时代中国特色社会主义思想的重要组成部分，是我国推动生态文明、建设美丽中国的根本准则和指导方针，而且对全球生态文明建设、保护地球生态安全、实现人类社会可持续发展具有普遍的指导意义。习近平同志提出的人与自然和谐共生、绿水青山就是金山银山、良好的生态环境是最普惠的民生福祉、山水林田草是生命共同体、用最严格制度最严密法制保护生态环境等生态文明思想，对世界各国特别是发展中国家以建设生态文明为导向，构建以生态价值观念为准则的生态文化体系，统筹协调经济发展、社会进步与环境保护的关系，实现经济社会与资源环境协调和可持续发展具有普遍指导意义。中国在生态文明建设和环境保护方面的显著成就和成功经验，中国生态文明经济体系、制度体系和生态安全体系的建设理念和实践，也都将为广大发展中国家所借鉴，对全球生态文明建设发挥引领作用。

党的十九大报告提出：“中国共产党是为人民谋幸福的政党，也是为人类进步事业而奋斗的政党，中国共产党始终把为人类做出新的更大的贡献作为自己的使命”，并把气候变化列为全球非传统安全的威胁和人类共同挑战，指出中国要深度参与全球环境治理，为全球生态安全做出贡献。习近平指出：“气候变化关乎人民福祉，关乎人类未来”“生态兴则文明兴，生态衰则文明衰”，强调“要构筑尊崇自然、绿色发展的生态体系。要解决工业文明带来的矛盾，以人与自然和谐相处为目标，实现世界可持续发展和人的全面发展”。习近平生态文明思想中关于推进绿色发展，建立健全绿色低碳循环发展的经济体系，推动能源生产和消费革命，构建清洁低碳、安全高效的能源体系，以及发展绿色金融，建立绿色生产和消费的法制制度和政策导向等一系列内容，都将引领全球经济社会发展观念和发展方式的转变，为全球生态安全和全人类进步事业贡献中国智慧和方案。

2018 年 12 月结束的卡托维兹气候大会通过了《巴黎协定》的实施细则，全球合作进程进入《巴黎协定》全面落实和实施阶段，但仍面临紧迫形势和严峻挑战。实现控制温升不超过2℃目标，核心是控制和减缓温室气体排放，其中主要是能源消费过程中的 CO_2 排放。当前各国自主减排承诺与实现 2℃目标下的减排路径仍有较大缺口，尚不能有效管控气候风险、保障地球生态安全。在保障经济社会持续发展前提下应对气候变化，关键是推进能源体系的低碳化变革和经济发展方式的绿色低碳转型，走上气候适宜型的低碳经济发展路径，促进 CO_2 等温室气体持续大幅度减排，到 21 世纪下半叶实现净零碳排放。这需要世界各国共同努力，更需要各方加大自主承诺雄心和自主减排力度，加大对最不发达国家和小岛屿国家资金技术的支持力度，强化国际合作务实行动，把应对气候变化的低碳转型作为各国可持续发展的机遇，在促进经济社会持续发展的同时，努力实现全球控制温升 2℃目标下的减排路径。

实现紧迫的减排目标和减排路径，必须有革命性先进技术的突破，例如大比例可再生电力上网情况下大规模储能技术和智能电网技术，实现 CO_2 负排放的 BECCS 技术，作为洁净零碳二次能源氢能的制备、储存和利用技术，化工、钢铁、水泥等原材料产品的零碳生产技术等。对这些颠覆性技术必须加强超前研发和示范，加大投入，使之尽快突破并快速产业化。使之技术成熟、经济成本可接受，才能推进零排放目标的实现，同时也需要加强世界各国的合作和前瞻性部署。

中国对《巴黎协定》的达成和实施细则的通过都发挥了积极的推动和建设性引领作用。在国内积极实施应对气候变化国家战略，将节能减碳纳入国家经济和社会发展规划。自“十一五”开始制定单位 GDP 能源强度下降的约束性指标，“十二五”又增加了 GDP 的 CO_2 强度下降指标，“十三五”进一步增加了能源消费总量控制目标，并将这些指标分解到各省市，强化各级政府的目标责任制，在建立和完善一系列的财税金融政策体系的同时，推进全国碳市场建设和发展，将政府规制性措施和市场手段相结合，促进应对气候变化战略的实施。

我国新时代推进新的发展理念，促进发展动能转换和发展方式转变，将有效促进经济结构的调整，促进产业转型升级，提质增效，使经济增长由速度和数量型向质量和效益型转变，从而使经济发展方式逐渐由传统的资源依赖和要素驱动型粗放扩张的发展方式转向创新驱动型内涵提高的高质量发展路径。当前 GDP 增速放缓，节能成效显著，单位 GDP 的能源强度下降速度加快，有效抑制了能源消费快速增长的趋势。与此同时，新能源和可再生能源快速发展，风电、水电、太阳能发电装机容量已是世界第一，每年新增投资、新投产容量也居世界首位，能源结构低碳化加速。节能和能源结构调整的双重效果使单位 GDP 的 CO_2强度下降幅度增大，2018 年已比 2005 年下降约 48%，已提前超额完成哥本哈根气候大会对外承诺的到 2020 年比 2005 年下降 40%～45%的目标。2020 年前决胜全面建成小康社会，打好污染防治攻坚战，发挥减少常规污染物排放提高环境质量与减少 CO_2排放的协同效应，统筹部署，控制和减少煤炭、石油等化石能源消费，到 2020 年单位 GDP 的 CO_2强度可比 2005 年下降 50%以上，为实现 2030 年国家自主贡献承诺(NDC)目标打下基础。

全球实现控制温升 2℃目标下紧迫的减排路径将倒逼和加速我国能源经济的绿色低碳转型，对我国经济社会发展的环境空间压缩和制约的风险与推进和加快经济向高质量发展转型的机遇并存。在全球能源和经济大变革形势下，我国既面临比发达国家更大的挑战和更艰巨的任务，也面临提升我国可持续发展能力及技术、经济和贸易国际竞争力的重要机遇。因此，积极研究和实施应对气候变化和低碳发展中长期战略，也将有利推动经济结构转型升级，推动资源节约和环境保护，促进经济发展方式走上绿色低碳循环的可持续发展路径。推动生态文明建设和美丽中国建设，也将为全球低碳转型贡献中国的成功经验和案例。

党的十九大提出到 2050 年建成社会主义现代化强国的目标，并把气候变化列为非传统安全威胁，提出要积极推动全球环境治理体系的变革和建设，为全球生态安全不断做出新的贡献。中国长期低碳排放战略要与 2050 年现代化建设“两个阶段”的目标相契合，以《巴黎协定》下 2℃目标减排路径为导向，推动能源体系低碳化变革，建立绿色低碳循环可持续经济发展模式，实现与 2℃温升控制目标相适应的低碳经济发展路径，体现社会主义现代化大国对全人类共同利益的责任担当和引领作用。

习近平建设全球生态文明思想和构建人类命运共同体的理念，将指导中国深度参与并引领全球气候治理和国际合作行动。中国也将积极开展气候变化领域的国际务实合作，加强在制定并实施长期低碳排放战略方面的交流和合作，共同推进自身和世界范围能源与经济的低碳转型，为保护地球生态安全不断做出新的贡献。

本书是清华大学绿色经济与可持续发展研究中心 2018 年度研究报告，旨在以习近平生态文明思想为指导，以各自学科视角，对不同领域的绿色低碳发展和转型进行研究，包括建筑、交通、产业及城市建设与管理多个领域，也涉及碳市场等政策机制的研究和评价，以期与社会各界交流，共同为新时代绿色低碳发展与转型贡献力量。

何建坤

2019 年 2 月 20 日

第七章 城市氮元素代谢的环境效应及可持续管理 /203

第八章 水循环生命共同体的模式与管理政策研究 /249

第九章 现代化建设中的产业转型对经济发展与碳排放影响研究 /273

第十章 对外贸易发展对碳排放的影响 /299

第十一章 中日韩碳市场测量报告核查系统的对比分析 /323

第一章

中国绿色建筑发展政策及效果研究

第一节 中国绿色建筑发展政策概述

我国绿色建筑的整体发展经历了由“浅”到“深”、由点到面的发展过程。有学者将我国绿色建筑发展的政策路径总结为四个阶段，即工作试点阶段（2003 年及以前）、工作推广阶段（2004—2008 年）、逐步深化阶段（2008—2016 年），自 2016 年开始进入全面推广阶段。与一些发达国家相比，虽然我国绿色建筑工作起步较晚，但目前的发展速度及推广效果已在国际上处于领先地位，这与政府制定了方向明确的政策及各地方对政策的有效执行是分不开的。

在绿色建筑的发展领域，我国早在起步阶段就出台了相关的法律、行政法规及规章制度，并从不同层面上制订了具体的计划。2003 年发布的《节约能源法》首次将建筑节能列入了法律，为推进绿色建筑的发展提供了法律依据。

在绿色建筑工作推广阶段，政府又相继出台了多项政策法规。2004 年，国家领导人在中央经济工作会议上明确提出了要大力发展节能省地型住宅，标志着绿色建筑开始从政府管理部门的角度推广开来。2006 年，我国发布了国家标准——《绿色建筑评价标准》，从场地规划、能源利用、土地利用、水资源保护和内部空气质量等方面对建筑性能进行评估。2007 年，住建部印发《绿色建筑评价标识管理办法》，从建立评价体系入手，规范绿色建筑的管理，依据《绿色建筑评价标准》和《绿色建筑评价技术细则（试行）》，对已竣工并投入使用的住宅建筑和公共建筑确认等级并进行信息标识，将绿色建筑的等级由低至高分为一星级、二星级和三星级三个级别。2003—2007 年，我国平均每年出台一部涉及建筑节能的法律法规，如《民用建筑节能条例》《公共机构节能条例》和《民用建筑节能管理规定》等。

进入逐步深化阶段后，我国绿色建筑的推广已不再只依靠中央及地方政府，而是拓展到产业开发商及业主，从政府主导的法律法规逐渐转为市场的引导及经济的激励政策。2008 年，住房城乡建设部成立了绿色建筑评价标识办公室，其主要职责是对绿色建筑的标识评价进行管理。2009 年，国家开始大力推进一、二星级绿色建筑评价标识，住房城乡建设部发布通知，要求各省份开展绿色建筑评价标识工作应具备如下条件：有一定的绿色建筑发展基础、出台了当地的绿色建筑相关标准、具有能够承担评价标识管理工作的机构、具有技术支撑单位、成立了专家委员会等。2012 年，住房城乡建设部发布《关于加强绿色建筑评价标识管理和备案工作的通知》，鼓励业主、房地产开发、设计、施工和物业管理等相关单位开发绿色建筑。2013 年年初，国务院办公厅发布了《关于转发发展改革委住房城乡建设部绿色建筑行动方案的通知》，对“十二五”期间的建筑发展提出了目标：城市及乡镇的所有新建建筑都要强制执行绿色建筑能源节约标准，并完成新建绿色建筑 10 亿平方米；到 2015 年年末，新建建筑中达到绿色建筑标准的比率要达到 20%，对于现有的建筑要进行节能改造，包括对北方采暖地区的供热计量和节能进行改造，目标达到 4 亿平方米以上；对夏热冬冷地区的原有居住建筑改造，目标为 5000 万平方米；公共建筑和公共机构办公建筑节能改造，目标为 1.2 亿平方米；对农村的危房进行改造，达到 40 万套。此外，强制规定政府投资的国家机关、学校、医院、博物馆以及单体建筑面积超过 2 万平方米的机场、车站、宾馆、饭店、商场、写字楼等大型公共建筑，自 2014 年起全面执行绿色建筑标准。

2016 年以来，我国绿色建筑发展已进入全面推广阶段。科技部国家重点研发计划“绿色建筑及建筑工业化”重点专项，于 2016 年、2017 年和 2018 年三年内立项多项绿色建筑领域的重要研究项目。《“十三五”节能减排综合工作方案》《建筑节能与绿色建筑发展“十三五”规划》等政策文件相继发布，进一步明确了我国推广绿色建筑的主要目标和重点任务。

第二节　“十二五”以来绿色建筑相关规划与工作方案

我国“十二五”规划纲要中提出，建筑业要推广绿色建筑、绿色施工，着力用先进建造、材料、信息技术优化结构和服务模式。这是我国首次将绿色建筑发展列入国家中长期发展规划。

中央领导指出，发展绿色建筑，最大限度地节能、节地、节水、节材，减少污染，保护环境，改善居住舒适性、健康性和安全性，不仅是转变建筑业发展方式和城乡建设模式的重大问题，而且直接关系群众的切身利益和国家的长远利益。我国正处于加快推进工业化、城镇化和新农村建设的关键时期，发展绿色建筑面临极好的机遇。要抓住机遇，从规划、设计、技术、标准、法规等方面全面推进“绿色建筑行动”，千万不能丧失机遇。

《国家中长期科学和技术发展规划纲要(2006—2020 年)》中，将“建筑节能与绿色建筑”作为重点领域“城镇化与城市发展”下的优先主题，提出应重点研究开发绿色建筑设计技术、建筑节能技术与设备、可再生能源装置与建筑一体化应用技术、精致建造和绿色建筑施工技术与装备、节能建材与绿色建材，以及建筑节能技术标准。

一、“十二五”节能减排综合性工作方案

国务院 2011 年 8 月发布《“十二五”节能减排综合性工作方案》，其中对推动建筑节能提出了要求，包括：制定并实施绿色建筑行动方案，从规划、法规、技术、标准、设计等方面全面推进建筑节能；新建建筑严格执行建筑节能标准，提高标准执行率；推进北方采暖地区既有建筑供热计量和节能改造，实施“节能暖房”工程，改造供热老旧管网，实行供热计量收费和能耗定额管理；做好夏热冬冷地区建筑节能改造；推动可再生能源与建筑一体化应用，推广使用新型节能建材和再生建材，继续推广散装水泥；加强公共建筑节能监管体系建设，完善能源审计、能效公示，推动节能改造与运行管理；研究建立建筑使用全寿命周期管理制度，严格建筑拆除管理；加强城市照明管理，严格防止和纠正过度装饰和亮化。

二、“十二五”绿色建筑科技发展专项规划

2012 年 5 月，科技部下发了《“十二五”绿色建筑科技发展专项规划》。该规划根据《国家中长期科学和技术发展规划纲要(2006—2020 年)》和《国家“十二五”科学和技术发展规划》进行编制，明确绿色建筑已成为我国城镇化与城市发展领域的重大课题，也是加强民生科技的重要任务，发展绿色建筑是我国实现节能减排目标的重要举措、是改善民生的重大需求、是转变我国城镇发展模式的战略选择、是传统产业实现跨越发展的引擎。

规划提出，在“十二五”期间，应依靠科技进步，推进绿色建筑规模化建设，显著提升我国绿色建筑技术自主创新能力，加速提升绿色建筑规划设计能力、技术整装能力、工程实施能力、运营管理能力，提升产业核心竞争力，改变建筑业发展方式。要突破一批绿色建筑关键技术，建立较完备的绿色建筑评价技术和标准体系，研发一批绿色建筑新产品、新材料、新工艺及新型施工装备，推动绿色建筑规模化应用示范，组建多层级的绿色建筑技术研发平台。

规划从绿色建筑共性关键技术体系、产业推进技术体系、技术标准规范和综合评价服务技术体系三个方面，明确了“十二五”期间绿色建筑发展的重点任务，包括以下几个方面。

（一）绿色建筑共性关键技术研究

面向我国绿色建筑发展需求，整合绿色建筑领域科研力量，建立产学研协调机制，加强绿色建筑全寿命期和多专业集成两个维度的重点关键技术研发，通过自主创新，形成具有自主知识产权的成套适宜技术体系，力争在绿色建筑核心技术和产品上取得突破性进展。包括：①绿色建筑规划与设计技术研究；②绿色建筑节能整装配套技术研究；③绿色建筑室内外环境健康保障技术；④村镇绿色建筑适宜技术研究与示范。

（二）绿色建筑产业化推进技术研究与示范

针对我国绿色建筑关联产业之间技术和产品接口配套性差，各类建材与产品质量良莠

不齐，建造工业化程度低，关键技术和产品自主创新能力不足，部分核心设备与产品对外依存度高的突出问题，以节约、降耗、增效为重点，研究建筑全寿命期内建筑设计、绿色施工、运营管理等产业链条相互衔接的协同技术，新型建筑材料部品化、标准化的生产技术及标准，提升绿色建筑产业技术创新能力。包括：①绿色建造与施工关键技术研发；②既有建筑绿色化改造技术研究；③绿色建筑材料成套应用技术研究。

（三）绿色建筑技术标准规范和综合评价服务体系研究

目前，我国《绿色建筑评价标准》无法满足不同建筑类型新技术发展的要求，绿色建筑信息共享服务平台尚不完善，面向行业领域的科技服务能力薄弱，急需建立成套的绿色建筑技术经济等综合评价标准规范体系。“十二五”期间，要加强绿色建筑评价技术与标准研究、开发基础数据库、建设绿色建筑信息资源共享技术平台，促进绿色建筑综合评价与技术服务向专业化、科学化转变，加速绿色建筑技术成果的推广应用。包括：①绿色建筑基础信息数据库开发；②绿色建筑评价技术与标准研究；③绿色建筑技术信息服务系统研究。

三、“十二五”绿色建筑和绿色生态城区发展规划

2013 年 3 月，住房城乡建设部发布了《“十二五”绿色建筑和绿色生态城区发展规划》。规划目标是到“十二五”期末，绿色发展的理念为社会普遍接受，推动绿色建筑和绿色生态城区发展的经济激励机制基本形成，技术标准体系逐步完善，创新研发能力不断提高，产业规模初步形成，示范带动作用明显，基本实现城乡建设模式的科学转型。新建绿色建筑 10 亿平方米，建设一批绿色生态城区、绿色农房，引导农村建筑按绿色建筑的原则进行设计和建造。具体包括如下目标：

（1）实施 100 个绿色生态城区示范建设。选择 100 个城市新建区域（规划新区、经济技术开发区、高新技术产业开发区、生态工业示范园区等）按照绿色生态城区标准规划、建设和运行。

（2）政府投资的党政机关、学校、医院、博物馆、科技馆、体育馆等建筑，直辖市、计划单列市及省会城市建设的保障性住房，以及单体建筑面积超过 2 万平方米的机场、车站、宾馆、饭店、商场、写字楼等大型公共建筑，2014 年起率先执行绿色建筑标准。

（3）引导商业房地产开发项目执行绿色建筑标准，鼓励房地产开发企业建设绿色住宅小区，2015 年起，直辖市及东部沿海省市城镇的新建房地产项目力争 50%以上达到绿色建筑标准。

（4）开展既有建筑节能改造。“十二五”期间，完成北方采暖地区既有居住建筑供热计量和节能改造 4 亿平方米以上，夏热冬冷和夏热冬暖地区既有居住建筑节能改造 5000 万平方米，公共建筑节能改造 6000 万平方米；结合农村危房改造实施农村节能示范住宅 40

万套。

规划中还提到了“十二五”期间绿色建筑和绿色生态城区的发展路径，包括：

(1) 规模化推进。逐步推动先行地区和新建园区（学校、医院、文化等园区）的新建建筑全面执行绿色建筑标准，推进绿色建筑规模化发展。

(2) 新旧结合推进。新建区域的建设注重将绿色建筑的单项技术发展延伸至能源、交通、环境、建筑、景观等多项技术的集成化创新，实现区域资源效率的整体提升。旧城更新应在合理规划的基础上，保护历史文化遗产。统筹规划进行老旧小区环境整治、老旧基础设施更新改造、老旧建筑的抗震及节能改造。

(3) 梯度化推进。充分发挥东部沿海地区资金充足、产业成熟的有利条件，优先试点强制推广绿色建筑，发挥先锋模范带头作用。中部地区结合自身条件，划分重点区域发展绿色建筑。西部地区扩大单体建筑示范规模，逐步向规模化推进绿色建筑过渡。

(4) 市场化、产业化推进。培育创新能力，突破关键技术，加快科技成果推广应用，培育绿色服务产业，形成高效合理的绿色建筑产业链，推进绿色建筑产业化发展。在推动力方面，由政府引导逐步过渡到市场推动，充分发挥市场配置资源的基础性作用，提升企业的发展活力，加大市场主体的融资力度，推进绿色建筑市场化发展。

(5) 系统化推进。统筹规划城乡布局，结合城市和农村实际情况，在城乡规划、建设和更新改造中，因地制宜纳入低碳、绿色和生态指标体系，促进城乡建设模式转型。

四、“十三五”节能减排综合工作方案

2017 年 1 月，国务院印发《“十三五”节能减排综合工作方案》。在“十二五”工作方案的基础之上，进一步强化了建筑节能要求，包括：实施建筑节能先进标准领跑行动，开展超低能耗及近零能耗建筑建设试点，推广建筑屋顶分布式光伏发电；编制绿色建筑建设标准，开展绿色生态城区建设示范，到 2020 年，城镇绿色建筑面积占新建建筑面积比重提高到 50%；实施绿色建筑全产业链发展计划，推行绿色施工方式，推广节能绿色建材、装配式和钢结构建筑；强化既有居住建筑节能改造，实施改造面积 5 亿平方米以上，2020 年前基本完成北方采暖地区有改造价值城镇居住建筑的节能改造；推动建筑节能宜居综合改造试点城市建设，鼓励老旧住宅节能改造与抗震加固改造、加装电梯等适老化改造同步实施，完成公共建筑节能改造面积 1 亿平方米以上；推进利用太阳能、浅层地热能、空气热能、工业余热等解决建筑用能需求。

五、建筑节能与绿色建筑发展“十三五”规划

2017 年 2 月，住房城乡建设部发布《建筑节能与绿色建筑发展“十三五”规划》，旨在建设

节能低碳、绿色生态、集约高效的建筑用能体系，推动住房城乡建设领域供给侧结构性改革。

规划提出，“十三五”时期，建筑节能与绿色建筑发展的总体目标是：建筑节能标准加快提升，城镇新建建筑中绿色建筑推广比例大幅提高，既有建筑节能改造有序推进，可再生能源建筑应用规模逐步扩大，农村建筑节能实现新突破，使我国建筑总体能耗强度持续下降，建筑能源消费结构逐步改善，建筑领域绿色发展水平明显提高。

具体目标是：到 2020 年，城镇新建建筑能效水平比 2015 年提升 20%，部分地区及建筑门窗等关键部位建筑节能标准达到或接近国际现阶段先进水平。城镇新建建筑中绿色建筑面积比重超过 50%，绿色建材应用比重超过 40%。完成既有居住建筑节能改造面积 5 亿平方米以上，公共建筑节能改造 1 亿平方米，全国城镇既有居住建筑中节能建筑所占比例超过 60%。城镇可再生能源替代民用建筑常规能源消耗比重超过 6%。经济发达地区及重点发展区域农村建筑节能取得突破，采用节能措施比例超过 10%。

规划提出五大重点任务，包括：①加快提高建筑节能标准及执行质量；②全面推动绿色建筑发展量质齐升；③稳步提升既有建筑节能水平；④深入推进可再生能源建筑应用；⑤积极推进农村建筑节能。

第三节 绿色建筑行动方案

2013 年 1 月 1 日，国务院办公厅 1 号文件转发了国家发展改革委、住房城乡建设部联合制定的《绿色建筑行动方案》，进一步明确了我国绿色建筑的发展目标和重点任务。

方案提出了我国绿色建筑发展的主要目标，对于城镇新建建筑应严格落实强制性节能标准，“十二五”期间，完成新建绿色建筑 10 亿平方米；到 2015 年年末，20% 的城镇新建建筑达到绿色建筑标准要求；对于既有建筑开展节能改造。“十二五”期间，完成北方采暖地区既有居住建筑供热计量和节能改造 4 亿平方米以上，夏热冬冷地区既有居住建筑节能改造 5000 万平方米，公共建筑和公共机构办公建筑节能改造 1.2 亿平方米，实施农村危房改造节能示范 40 万套。到 2020 年年末，基本完成北方采暖地区有改造价值的城镇居住建筑节能改造。

方案明确了推动我国绿色建筑发展的十大任务，包括：①切实抓好新建建筑节能工作；②大力推进既有建筑节能改造；③开展城镇供热系统改造；④推进可再生能源建筑规模化应用；⑤加强公共建筑节能管理；⑥加快绿色建筑相关技术研发推广；⑦大力发展绿色建材；⑧推动建筑工业化；⑨严格建筑拆除管理程序；⑩推进建筑废弃物资源化利用。

方案中专门提到，对于政府投资的国家机关、学校、医院、博物馆、科技馆、体育馆等建筑，直辖市、计划单列市及省会城市的保障性住房，以及单体建筑面积超过 2 万平方米的机场、车站、宾馆、饭店、商场、写字楼等大型公共建筑，自 2014 年起全面执行绿色建筑标准。

此外，方案中也强调了对以上目标和任务的保障措施，包括：①强化目标责任，将绿色建筑行动的目标任务科学分解到省级人民政府，将绿色建筑行动目标完成情况和措施落实情况纳入省级人民政府节能目标责任评价考核体系；②加大政策激励，对达到国家绿色建筑评价标准二星级及以上的建筑给予财政资金奖励，财政部、税务总局要研究制定税收方面的优惠政策，鼓励房地产开发商建设绿色建筑，引导消费者购买绿色住宅，改进和完善对绿色建筑的金融服务，金融机构可对购买绿色住宅的消费者在购房贷款利率上给予适当优惠，国土资源部门要研究制定促进绿色建筑发展在土地转让方面的政策，住房城乡建设部门要研究制定容积率奖励方面的政策；③完善标准体系，健全绿色建筑评价标准体系，加快制(修)订适合不同气候区、不同类型建筑的节能建筑和绿色建筑评价标准，2013 年完成《绿色建筑评价标准》的修订工作，完善住宅、办公楼、商场、宾馆的评价标准，出台学校、医院、机场、车站等公共建筑的评价标准；④深化城镇供热体制改革，新建建筑、完成供热计量改造的既有建筑全部实行按热量计量收费，推行采暖补贴“暗补”变“明补”，加快供热企业改革，推进供热企业市场化经营，培育和规范供热市场，理顺热源、管网、用户的利益关系；⑤严格建设全过程监督管理，对应执行绿色建筑标准的项目，住房城乡建设部门要在设计方案审查、施工图设计审查中增加绿色建筑相关内容，未通过审查的不得颁发建设工程规划许可证、施工许可证；⑥强化能力建设，加强绿色建筑评价标识体系建设，推行第三方评价，强化绿色建筑评价监管机构能力建设，严格评价监管，加强建筑规划、设计、施工、评价、运行等人员的培训；⑦加强监督检查，将绿色建筑行动执行情况纳入国务院节能减排检查和建设领域检查内容，开展绿色建筑行动专项督查；⑧开展宣传教育，采用多种形式积极宣传绿色建筑法律法规、政策措施、典型案例、先进经验，加强舆论监督，营造开展绿色建筑行动的良好氛围。

为贯彻落实国家《绿色建筑行动方案》提出的目标和任务，2013 年全国有 24 个省、自治区、直辖市和新疆生产建设兵团结合地方实际情况，陆续出台了地方绿色建筑行动实施方案，提出了各地绿色建筑的发展目标。其中江苏省、山东省、河南省、广东省、北京市、四川省、吉林省、湖北省、安徽省、广西壮族自治区、福建省、贵州省、新疆维吾尔自治区、黑龙江省、海南省等 16 个省、自治区、直辖市提出了“十二五”期间绿色建筑发展的建筑面积目标，累计完成绿色建筑 3.865 亿平方米。21 个省、自治区、直辖市和新疆生产建设兵团提出了“十二五”期末城镇新建绿色建筑达到新建建筑的比例要求，其中江苏省、河北省、青海省和新疆生产建设兵团提出的目标高于国家提出的 20%目标；江苏省和新疆生产建设兵团要求城镇新建建筑全面达到绿色建筑标准要求；河北省要求城镇新建建筑中绿色建筑面积达到 25%，三星级绿色建筑面积占绿色建筑总量比例达到 10%；青海省要求城镇新建民用建筑按照绿色建筑二星级标准设计比例达到 20%。此外，安徽省提出了 2017 年绿色建筑的发展目标，湖南省、江苏省、青海省、福建省、广东省、贵州省和重庆市提出了2020年绿色建筑的发展目标。

此外,22个省、自治区、直辖市和新疆生产建设兵团结合地方实际情况,在地方编制的绿色建筑实施方案中针对政府投资建筑、大型公共建筑、公益性建筑、保障性住房直至全部新建建筑提出了强制性要求,大多要求与国家《绿色建筑行动方案》提出的要求一致。其中,江苏省提出2015年城镇新建建筑全面按一星及以上绿建标准设计建造;北京市人民政府办公厅在发布的《发展绿色建筑推动生态城市建设实施方案》(京政办发〔2013〕25号)中要求北京市2013年6月1日起新建项目基本达到绿色建筑一星以上标准;重庆市要求2013年起主城区公共建筑率先执行一星级绿色建筑标准,2015年起主城区新建居住建筑和其他区县(自治县)城市规划区新建公共建筑执行一星级国家绿色建筑评价标准,2020年全市城镇新建建筑全面执行一星级国家绿色建筑评价标准。在强制实施绿色建筑的探索与实践方面,北京市和江苏省通过编制绿色建筑设计标准和施工图审查要点,将绿色建筑相关内容纳入施工图审查加以强制;重庆市将绿色建筑要求纳入建筑节能标准进行强制实施;武汉市通过编制绿色建筑基本技术规定,将一星级绿色建筑强制要求纳入工程建设管理程序进行强制,明确了国土规划、建设、园林、环保、房管等部门的责任,建立了涵盖土地审批、规划、设计、施工图审查、施工、竣工验收、运营管理等阶段的全过程监管制度。长沙市、上海市、深圳市等正在结合地方实际情况开展强制推行绿色建筑实施方案的研究工作。

第四节　绿色建筑激励性政策

国家《绿色建筑行动方案》要求对达到国家绿色建筑评价标准二星级及以上的建筑给予财政资金奖励;要求相关部门研究制定税收方面的优惠政策,鼓励房地产开发商建设绿色建筑,引导消费者购买绿色住宅。要求相关部门研究制定促进绿色建筑发展在土地转让方面的政策以及容积率奖励方面的政策;要求改进和完善对绿色建筑的金融服务,可对购买绿色住宅的消费者在购房贷款利率上给予适当优惠。财政部、住房城乡建设部于2012年4月发布了《关于加快推动我国绿色建筑发展的实施意见》(财建〔2012〕167号),提出对经过审核、备案及公示程序,且满足相关标准要求的二星级及以上的绿色建筑给予奖励,奖励标准为二星级绿色建筑45元/平方米、三星级绿色建筑80元/平方米。奖励标准将根据技术进步、成本变化等情况进行调整。此外,为了推进绿色生态城区建设,规模化发展绿色建筑,对于满足绿色生态城区示范条件的(新建建筑全面执行《绿色建筑评价标准》中的一星级及以上的评价标准,其中二星级及以上绿色建筑达到30%以上,2年内绿色建筑开工建设规模不少于200万平方米),中央财政给予资金定额补助,补助基准为5000万元,补助资金主要用于补贴绿色建筑建设增量成本及城区绿色生态规划、指标体系制定、绿色建筑评价标识及能效测评等相关支出。

在中央财政奖励引导下，一些地方也出台了地方性的奖励政策，进一步加大激励力度。上海市针对绿色建筑、节能建筑发展推出《上海市绿色建筑评价标识实施办法(试行)》《上海市绿色建筑专项规划》等政策，从上海市节能减排专项资金中专门划拨资金支持建筑节能工作，规定对于取得二星级以上标识的绿色建筑，每平方米最高可补贴 60 元，单个项目最高可补贴 600 万元，保障性住房项目最高可补贴 1000 万元。江苏省政府依据《江苏省建筑节能管理办法》，设立了"节能减排(建筑节能)专项引导资金(每个区域补贴 1500 万元)"，对于一星级、二星级、三星级绿色建筑，政府补贴分别为 15 元/平方米、25 元/平方米、35 元/平方米。对获得绿色建筑运行标识的项目，在设计标识奖励基础上增加奖励。山东省发布《山东省绿色建筑评价标识工作流程》《关于积极促进绿色建筑发展的意见》，对于申报绿色建筑标识的项目分别给予 10 万～20 万元的补助。根据《重庆市绿色建筑评价标识管理办法(试行)》规定，取得重庆市绿色建筑竣工标识的工程项目，可按有关规定向相关部门申请享受国家及该市有关税收优惠政策。根据《深圳市绿色建筑评价规范》，深圳地区设立绿色建筑奖励专项资金，对于获得较高等级绿色认证的项目，在招标政策、资金补贴等方面给予一定的奖励和优惠。陕西省明确对公益性建筑、商业性公共建筑、保障性住房等，奖励资金兑付给建设单位或投资方，对商业性住宅项目，奖励资金 30%兑付给建设单位或投资方，70%兑付给购房者。青海省、海南省和内蒙古自治区提出返还城市配套费的激励政策。内蒙古自治区的政策规定，对于取得一星、二星、三星级的绿色建筑，政府分别减免城市市政配套费(150 元/平米)的 30%、70%和 100%。安徽省提出金融机构对绿色建筑的消费贷款利率和开发贷款利率下浮的激励政策。此外，很多省市提出对行政审批程序简化、建筑奖项优先参评、企业评级加分、表彰奖励等激励措施，充分调动各方建设绿色建筑的积极性。

第五节　绿色建筑评价标准

许多国家制定和发展了各自的绿色建筑标准与评估体系，但由于各国之间存在气候、资源、能源、生活习惯等方面的差别，而绿色建筑又具有极强的地域性特点，因此至今仍未出现一个国际通用的绿色建筑标准。目前国际上影响力最大，且对我国绿色建筑评价标准制定过程影响最大的绿色建筑评价体系有英国的 BREEAM、美国的 LEED 绿色建筑评估体系、日本的 CASBEE、加拿大牵头的多国 GBC 制定的 GBTool。

《绿色建筑评价标准》(GB/T50378)是我国第一部绿色建筑综合评价国家标准，首次发布于 2006 年，2014 年发布了修订版。该标准评价对象包括居住建筑与公共建筑两个类型。标准采用了核查表(Check List)的评分体系结构，指标涵盖了绿色建筑的基本要素，即节地与室外环境、节能与能源利用、节水与水资源利用、节材与材料资源利用、室内环境质量五大类。对于运行阶段的评价，还增加了施工管理与运营管理两类指标。每类指标包括控制项和评分项。其中，控制项为绿色建筑的必备项，评分项是指实现难度较大、指标要求较高的一些可选项。每一类指标单独进行评分，然后进行加权求得总分。

绿色建筑的评价是推广绿色建筑的主要方式，我国现已建立了绿色建筑评价标识制度，即依据《绿色建筑评价标准》确认绿色建筑等级并进行信息性标识的制度。绿色建筑分为一星级、二星级、三星级三个等级，其中三星级为最高级。三个等级的绿色建筑均应满足本标准所有控制项的要求，而且每类指标的评分项得分不应低于 40 分。当绿色建筑总得分分别达到 50 分、60 分、80 分，可评为绿色建筑等级一星级、二星级、三星级。绿色建筑的评价分为设计评价和运行评价。设计评价应在建筑工程施工图设计文件审查通过后进行，运行评价应在建筑通过竣工验收并投入使用一年后进行。目前，我国绿色建筑评价标识活动是由政府组织、社会自愿参与的方式。

为针对不同建筑类型和全寿命周期内不同阶段的评价，住房城乡建设部陆续启动了《绿色办公建筑评价标准》《绿色工业建筑评价标准》等各类型公共建筑的绿色建筑标准的编制，初步形成了我国绿色建筑评价的标准体系（见图 1-1）。此外，我国还制（修）订了大批与绿色建筑相关的节地、节能、节水、节材、室内外环境和运行管理方面的工程建设标准和产品标准。各省市地方住房和城乡建设主管部门依据国家《绿色建筑评价标准》并结合本地资源、气候、经济、文化等实际情况，因地制宜地组织编写了更加适宜地方建筑特点的绿色建筑评价地方标准。该工作的成果将形成完善的绿色建筑评价标准体系。

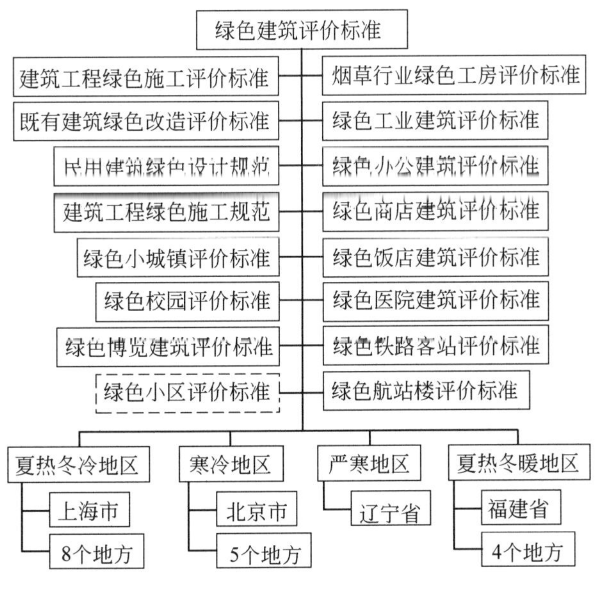

图 1-1　我国绿色建筑评价标准体系

第六节　中国绿色建筑发展的总体效果

在各类推进绿色建筑发展的政策引导和激励之下，我国绿色建筑事业取得了长足的进步。2008 年，在国家《绿色建筑评价标准》的执行之下，首次有建筑项目获得“绿色建筑评价标识”，包括一星级 4 项、二星级 2 项、三星级 4 项。其中 6 项为公共建筑，4 项为住宅建筑。此后，获得绿色建筑评价标识的项目逐年增加，每年获得标识的项目数量平均为上一年的 2.06 倍。至 2016 年，当年获得标识的项目已经达到 3256 项，累计 7321 项（见图 1-2）。特别是 2013 年《绿色建筑行动方案》发布，要求“政府投资的国家机关、学校、医院、博物馆、科技馆、体育馆等建筑，直辖市、计划单列市及省会城市的保障性住房，以及单体建筑面积超过 2 万平方米的机场、车站、宾馆、饭店、商场、写字楼等大型公共建筑，自 2014 年起全面执行绿色建筑标准”，所以 2014 年以来获评标识的项目数量进一步激增，尤其是一星级标识，仅 2016 年就获评 2500 余项。

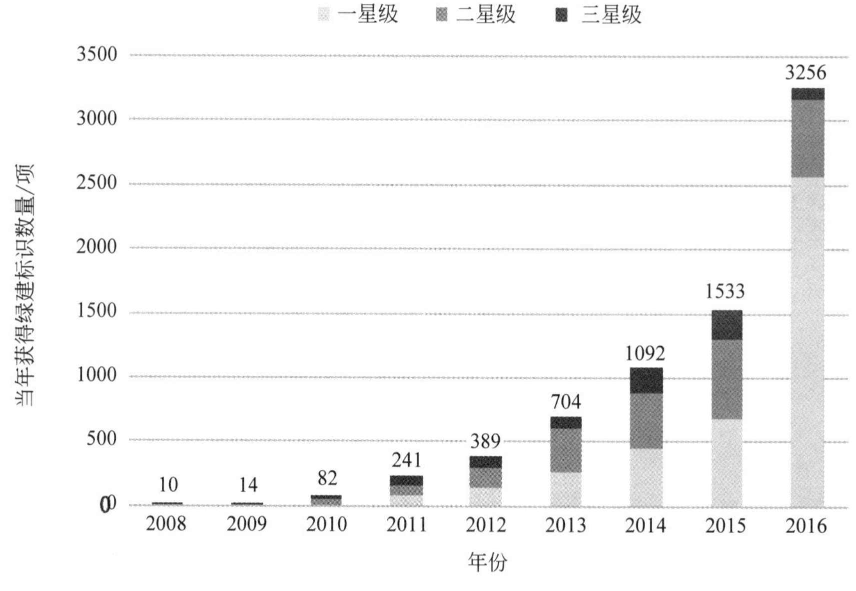

图 1-2　各年获得绿色建筑评价标识的项目数量

在绿色建筑项目数量剧增的同时，值得注意的是，获得绿色建筑评价标识的项目绝大多数为设计标识。截至 2016 年，在所有获得绿色建筑评价标识的项目中，运行标识数量仅占 6%左右。我国最先获得绿色建筑运行标识的项目是山东交通学院图书馆项目（2009 年，运行标识二星级）和上海市建筑科学研究院绿色建筑工程研究中心办公楼项目（2009 年，运行标识三星级），其中后者是继 2008 年获得设计标识后进而获得了运行标识。运行标识数量远少于设计标识数量，说明目前大量绿色建筑在实际运行过程中难以达到设计预期，无法满足绿色建筑标准对于运行性能的要求，这是非常值得关注和亟待解决的问题。

目前拥有绿色建筑项目数量较多的省份主要分布在我国经济较为发达的东部沿海及长江流域地区。截至 2018 年 5 月，开展绿色建筑工作力度较大的苏州市已拥有绿色建筑标识项目 631 项，其后依次为深圳市（580 项）、上海市（506 项）、广州市（464 项）、北京市（277 项）、无锡市（236 项）、南京市（199 项）等。与此形成对比的是，东北地区、中西部地区获得绿色建筑标识的项目数量相对较少，反映出我国绿色建筑发展的地域不平衡问题。

从目前已获得绿色建筑评价标识的项目情况看，绿色建筑的增量成本可负担，资源节约效果显著。有研究对 2008—2015 年所评绿色建筑标识项目中 3000 多个项目进行了单位面积增量成本统计。其中，一星级住宅共统计 631 项，公建共统计 572 项，其增量成本分别为 25.14 元/m^2 和 33.8 元/m^2；二星级住宅共统计 681 项，公建共统计 629 项，增量成本分别为 64.23 元/m^2 和 111.47 元/m^2；三星级住宅共统计 176 项，公建共统计 363 项，增量成本分别为 135.92 元/m^2 和 233.92 元/m^2。可见，住宅建筑和公共建筑的单位面积增量成本均随着星级的增高而增加，同时，一星级住宅与公建的单位面积增量成本相近，二星级、三星级公共建筑的单位面积增量成本远高于同星级住宅建筑。

如果从规划设计阶段就充分考虑其技术应用的经济合理性，通过优化设计，完全可以将绿色建筑项目的增量成本控制在更低的水平。分析 2010—2015 年绿建标识项目单位面积增量成本的变化趋势发现，在 2011 年达到峰值，从 2011 年以后，基本呈明显下降的趋势。其中，2014 年二星级和三星级公建的增量成本已经接近 2011 年相应增量成本的一半，2015 年一星级和二星级住宅建筑增量成本略有下降，三星级住宅建筑增量成本与 2014 年基本持平，公共建筑 2015 年与 2014 年相应星级的增量成本基本持平。

有研究表明，从能源、资源的节约效果来看，绿色建筑的平均社区绿化率大于 38%，平均节能率大于 68%，平均节水率大于 15.2%，平均可循环材料比例大于 7.7%。

第七节　中国绿色建筑发展的问题与对策

在绿色发展及创建资源节约和环境友好型的社会过程中，大力发展绿色建筑是绿色发展和低碳城市发展的主要目标。我国是能源消耗大国，建筑领域的用能已经成为我国三大用能领域之一，在可持续发展的背景下，节约能源、保护环境成为主流，绿色建筑的发展已经成为我国建筑业发展的必然趋势，即将面临一个蓬勃的发展期，应该为未来绿色建筑发展和建筑可持续发展指明方向。虽然我国绿色建筑在经济激励以及其他政策促进下有了快速的发展，但相比我国住房增加总面积和建筑行业总体发展，绿色建筑只占了很小的份额，因此还需进一步加大支持力度，并合理运用包括经济补贴在内的政策措施来全面推进绿色建筑的发展。

一、目前我国绿色建筑发展面临的主要问题

1. 对绿色建筑的认识存在偏差

社会上对绿色建筑的认识仍然存在“绿色建筑就是高科技、高成本建筑”的认识误区，限制了绿色建筑的普及和推广。有部分地区发展绿色建筑还处于观望或跟风实施阶段，发展绿色建筑的重视程度不高，虽然参照国家的绿色建筑行动方案制定了适宜本地区的绿色建筑发展目标规划，但是在实施过程中仍存有漏洞，未将绿色建筑工作放到转变城乡建设模式和改善民生的战略高度来认识，缺乏紧迫感和主动性。多数规划师、建筑师对绿色建筑的内涵不够熟悉；大量开发商对投资开发绿色建筑的市场回报预期不清楚，影响项目决策；广大消费者对绿色建筑的效果体会不深刻，影响市场需求。对如何推进绿色建筑的发展尚未形成统一认识，有的不考虑国情差异，盲目应用西方发达国家的绿色建筑评价标准；有的不从建筑全寿命期来综合考虑，盲目堆砌一些高新技术。

2. 地域发展不平衡

我国绿色建筑发展总体还处于自愿发展的起步阶段，虽然数量有所增加，但呈点状、分散态势，地域发展不平衡，绿色建筑的发展存在南方快、北方慢，东部沿海快、中西部地区慢等问题，与大规模推广绿色建筑的要求差距较大。

3. 标准体系不完善

现行绿色建筑评价标准的覆盖面不足，部分指标设置不尽合理；绿色建筑涉及的环节和学科多，虽然各专业学科已经形成了各自的标准体系，但相互缺乏有机协同；绿色建筑的工程建设标准大多集中在评价方面，设计、施工与验收、运行维护等方面的技术标准与评价标准配套性不强，相关工程标准缺项，尤其缺乏绿色建筑相关的工程定额标准，难以有效引导和约束绿色建筑实践工作。并且，现阶段绿色建筑运行标识数量远低于设计标识数量，大量绿色建筑项目获得设计标识后，在实际运行过程中并未达到设计预期。如何更好地发挥绿色建筑评价标准的作用，真正提升建筑的实际运行性能，也是非常值得关注和亟待解决的问题。

4. 法规制度与监管机制不健全

我国绿色建筑法规制度体系的系统性不足，特别是建筑法、能源法、节约能源法等没有明确绿色建筑的定位，绿色建筑的上位法缺乏。国内相关法律中对节能建筑、新型建料等工作仅仅提出的是“支持”或“鼓励”，强制性的规章制度要求较为缺乏，法律条文依据模糊，容

易造成违规措施惩罚依据不明，实施效果和实施力度被弱化。绿色建筑从规划、设计、施工、运行、拆除的全寿命周期建设管理制度尚未建立，政府对绿色建筑的行政监管力度还较弱，尤其在大规模发展绿色建筑背景下如何实现绿色建筑的质量监管是亟需解决的问题。已有的监管制度对节能非常重视，但对节水、节材、节地和环境保护方面重视不够；对建筑设计、施工比较重视，但对建筑材料质量监管、建筑运营维护以及建筑拆除、垃圾回收利用等方面重视不够。

5. 激励政策不足

绿色建筑在其生命周期内产生了良好的外部效益，但是建筑的生产者不能获得全部的外部效益，而要承担建筑的初始建筑成本，这一市场失灵问题需要政策激励的方式进行矫正。目前，推动绿色建筑发展的财政、税收、金融等经济激励政策尚不健全，相关主体发展绿色建筑的内生动力不足。国家和地方对于高星级绿色建筑的补贴激励都不能覆盖其初始建造的增量成本，现阶段的经济激励相对不足。虽有一些与建筑节能、节水、环保等相关的财税激励政策，但还没有专门针对绿色建筑的税收、金融优惠政策。房地产开发商开发绿色建筑在土地获取、项目审批、融资等方面还没有激励措施；消费者购买绿色建筑尚缺乏鼓励措施，市场需求拉动不足；现行的绿色建筑设计取费标准偏低，影响设计者的积极性。

6. 技术支撑能力不强

绿色建筑基础研究薄弱，绿色建筑重点和难点技术尚待突破，尚未形成符合地域特色和建筑功能的适宜技术体系。绿色建筑咨询、规划、设计、建设、评估、测评等专业人才和机构不足。绿色建材发展缓慢，建材与建筑产业融合度偏低，各类建材产品质量良莠不齐；建筑工业化刚刚起步，产业支撑能力不强。

二、对策建议

1. 坚持因地制宜和树立建筑全寿命期理念

按照不同气候区和建筑类型特点，结合当地经济发展水平和资源禀赋，充分考虑建筑在全寿命期（规划、设计、施工、使用及拆除等各阶段）的要求，因地制宜制定符合地方的绿色建筑标准规范、技术指南和发展规划，并综合考虑全生命周期投入产出效益，选择合理技术路线，实施有针对性的措施。

2. 完善绿色建筑的标准体系和法规制度

根据建筑节能与绿色建筑发展需求，适时制（修）订适合不同气候区、不同类型建筑的绿色建筑评价标准，完善住宅、办公楼、商场、宾馆的评价标准，出台学校、医院、机场、车站等公共建筑的细化评价标准。鼓励各地编制更严格的地方节能标准，积极培育发展团体标准，引导企业制定更高要求的企业标准,完善新时期建筑节能与绿色建筑标准体系。对现有的绿色建筑和建筑节能相关法律法规条款进行补充完善,在我国的建筑法、节约能源法等法律中统筹考虑绿色建筑的有关规定,为其他效力层次较低的法规制度提供上位法依据。加强标准国际合作,积极与国际先进标准对标,并加快转化为适合我国国情的国内标准。

3. 加大政策激励力度

建议加大对绿色建筑技术的研发、推广经费投入力度,加强对绿色建筑设计咨询服务业的扶持,完善绿色建筑的财政、税收、金融优惠的激励机制;一些对绿色建筑发展有促进作用的创新的市场和金融机制可以合理引入,如合同能源管理、碳交易和碳税机制等;另外,在土地转让、项目审批、绿色信贷等方面有针对性地推出鼓励绿色建筑发展的政策,改进和完善与绿色建筑和节能服务行业相关的金融服务,引导消费者购买绿色住宅,鼓励地方创新激励手段。

4. 严格建设全过程的监管

在现有建设工程质量监管体系基础上,逐步建立绿色建筑审查制度,加强规划、立项、土地出让、施工等环节的管理。在土地出让环节把绿色建筑发展的相关指标要求作为土地出让的前置条件,在施工图设计审查中增加绿色建筑审查内容,未通过审查的不得颁发施工许可证。此外,应建立建筑物拆除审批制度,对不符合条件的建筑物不予拆除报废。

5. 开展宣传培训

开展建筑节能与绿色建筑宣传,引导绿色生活方式及消费。加大对相关技术及管理人员的培训力度,提高执行有关政策法规及技术标准的能力。强化技术工人专业技能培训。鼓励行业协会等对建筑节能设计施工、质量管理、节能量及绿色建筑效果评估、用能系统管理等相关从业人员进行职业资格认定。引导高等院校根据市场需求设置建筑节能及绿色建筑相关专业学科,做好专业人才培养工作。

第八节　结　　语

绿色建筑顺应社会的自然发展趋势,在城镇化的浪潮中更显重要。我国的绿色建筑已从单体向区域发展,从城市向村镇发展,从产品到产业发展。继续大力推进建筑节能和绿色建筑发展,是落实国家能源生产和消费革命战略的客观要求,是加快生态文明建设、走新型城镇化道路的重要体现,也是推进节能减排和应对气候变化的有效手段。

“十三五”时期是我国全面建成小康社会的决胜阶段,人民群众改善居住生活条件需求强烈,住房城乡建设领域能源资源利用模式亟待转型升级,推进建筑节能与绿色建筑发展面临大有可为的机遇期，潜力巨大，同时困难和挑战也比较突出。应紧抓国家推进新型城镇化、生态文明建设、能源生产和消费革命的重要战略机遇，以提高建筑节能标准促进绿色建筑全面发展为工作主线，以“因地制宜、经济适用”为基本原则，并完善相关法规、标准、技术、市场、产业支撑体系等，全面提升建筑能源利用效率，优化建筑用能结构，改善建筑居住环境品质，为住房城乡建设领域绿色发展提供支撑。

本章参考文献

[1] 国务院关于印发“十二五”节能减排综合性工作方案的通知（国发〔2011〕26 号）. 2011-08-31.

[2] 科技部关于印发“十二五”绿色建筑科技发展专项规划的通知（国科发计〔2012〕692 号）. 2012-05-24.

[3] 住房城乡建设部关于印发“十二五”绿色建筑和绿色生态城区发展规划的通知（建科〔2013〕53 号）. 2013-04-03.

[4] 国务院关于印发“十三五”节能减排综合工作方案的通知（国发〔2016〕74 号）. 2016-12-20.

[5] 住房城乡建设部关于印发建筑节能与绿色建筑发展“十三五”规划的通知（建科〔2017〕53 号）. 2017-03-01.

[6] 国务院办公厅关于转发发展改革委住房城乡建设部绿色建筑行动方案的通知（国办发〔2013〕1 号）. 2013-01-01.

[7] 绿色建筑评价标准 GB/T50378—2014[M]. 北京：中国建筑工业出版社，2014.

[8] 于涛. 中国绿色建筑政策理论系统回顾与展望[J]. 经济研究导刊，2013 (25)：294-297.

[9] 田均森，张綦斌，赵丽坤. 中国绿色建筑政策发展路径研究[J]. 中国市场，2017 (32)：117-119.

[10] 张建国，谷立静. 我国绿色建筑发展现状、挑战及政策建议[J]. 中国能源，2012，34(12)：19-24.

[11] 李迅. 我国绿色建筑的政策导向[J]. 中国建设信息，2013 (13)：47-49.

[12] 何燕，胡晓，蒋平，徐西蒙. 经济激励政策对绿色建筑发展的促进作用分析[J]. 环境与可持续发展，2017 (6)：34-39.

[13] 马欣伯，宫玮，宋凌. 2013 年度我国绿色建筑政策总汇[J]. 建设科技，2014 (6)：36-44.

[14] 宋凌，马欣伯，宫玮. 关于我国实施绿色建筑强制政策的探究[J]. 建设科技，2014 (6)：45-48.

[15] 宋凌，张川，李宏军. 2015 年全国绿色建筑评价标识统计报告[J]. 建设科技，2016 (10)：12-15.

[16] 朱颖心，林波荣. 国内外不同类型绿色建筑评价体系辨析[J]. 暖通空调，2012,42(10)：9-14，25.

第二章

典型绿色建筑项目技术方案与性能研究

以大量能源消耗和破坏环境为代价所获得的舒适性“豪华建筑”不符合绿色建筑要求；而放弃舒适性，回到原始的房屋中去，虽然能源和资源消耗低，却并非绿色建筑所提倡的目标。正如世界上并没有包治百病的药一样，气候条件不同、当地资源条件不同、使用功能不同、规模和构型不同、室内人员的使用模式与习惯不同的建筑，所采用的适宜有效的技术策略也应该是千差万别的。但是在绿色建筑实践过程中，实际上有些项目仅着眼于对照绿色建筑标准中的核查表，为获得较高的评分和评价等级，堆砌了若干所谓的高档技术或设备。结果是一方面造成项目成本偏高，不具有普遍推广价值；另一方面，堆砌的高档技术或设备反而可能与建筑性能及人员需求并不兼容，导致项目实际运行效果不佳，能耗更高。而有些项目并未投入高昂的成本，却由于在设计时因地制宜，充分利用了气候环境等外界条件，并针对项目实际使用需求制定了最为合理的技术集成方案，从而实现了十分理想的运行效果。因此，真正的绿色建筑应该摒弃对昂贵“高”“新”技术产品，以及外表的显示效果的追逐，而应该具体问题具体分析，采用真正有效的、适宜的低成本技术。

我们在我国寒冷气候区、夏热冬冷气候区、夏热冬暖气候区、温和气候区四个气候区各选择1～2项典型绿色建筑项目案例，通过实地测试调研的数据，对这些案例的资源消耗及室内环境品质等实际性能进行了深入的评价和分析。结合这些项目所采用的绿色建筑技术类型，给出几类典型的技术集成建议，为未来的绿色建筑项目的设计和运行提供参考。

第一节　寒冷气候区

在寒冷气候区的设计中，绿色建筑最常见的节能做法就是增加围护结构的保温和门窗的气密性。这种技术策略对于降低寒冷和严寒气候区居住建筑的冬季供暖能耗是非常有效的，因为寒冷和严寒气候区的居住建筑的主要能耗是供暖需求，夏季空调降温的能耗需求很小。但是对于公共建筑来说，由于存在较大的内热源，因此空调降温的需求很大。由于很多公共建筑人员密集，通风换气的能耗需求也很大，特别是采用中央空调系统的公共建筑，空调系统中的水泵、风机往往消耗比制冷机组还要多的电量。此外，公共建筑的照明也是耗能大户。因此，公共建筑的绿色建筑技术策略中的节能重点就应该是降低空调与照明的能耗。

一、山东交通学院图书馆

清华大学建筑学院设计的山东交通学院图书馆位于济南，属于寒冷气候区。该建筑有地上5层、地下1层，总建筑面积约15 700m²。该图书馆于2000年6月开始设计，2003年5月竣工运行。作为国内较早探索绿色生态技术策略并予以实施的一个项目，山东交通学院图书馆综合运用生态设计策略，是采用普通技术条件下建成的绿色建筑。在有限的投资和运行费的条件下，不仅实现了节地、节能、节水、节材的目标，同时也创造了一个健康舒适的室内环境。因此，该项目获得了2005年教育部优秀建筑设计一等奖和2007年建设部绿色建筑创新奖一等奖，并被评为2007年中国建筑节能年度代表工程。2009年又成为第一批获得绿色建筑运行标识的建筑，获得了绿色建筑运行二星级标识，为发展我国低成本可推广的绿色建筑提供了一个有益的示范案例。

（一）场地设计

该图书馆区的场地原本为一废弃的采石场，用于倾倒垃圾。场地垃圾堆积深度达4～5m，与风化后的岩体混杂，还形成一个臭水塘，地貌环境恶劣。通过彻底清理垃圾，回填自然土壤，彻底改造水塘，开辟出了7000多平方米的建设用地和一个景观水塘，环境得到彻底改善(见图2-1)。

图2-1　山东交通学院图书馆北立面

（二）节能与室内环境

济南尽管地处寒冷地区，但夏季非常闷热，被称作新四大火炉之一，最热月平均温度达到27.4℃，最高温度常超过40℃，最冷月平均温度达到－1.4℃，最低温度低于－10℃。这样的气象条件导致完全靠被动式的环境控制方法是无法维持冬夏的室内环境在舒适范围内的，空调与采暖依然是必不可少的手段。同时，由于图书馆是一个大内区、人员聚集的建筑，充足的通风以保证良好的室内空气品质，以及提供充足的室内照度是必需的。如何最大限度地降低空调采暖和通风系统以及照明系统的运行能耗，同时又必须严格控制建设成本，成为该建筑主要考虑的问题。因此，低成本、适宜性节能技术成为该项目节能设计的首要选择。同时由于学校有寒暑假，因此最热月和最冷月期间图书馆运行时间变短，冷、热需求显著下降也是一个有利条件。因此，优化被动式环境控制设计是该项目的第一选择，包括遮阳、自然通风、天然采光、温室效应和地道通风等，同时考虑寒暑假存在的特点，来确定优化的暖通空调系统形式和控制策略。

1. 遮阳设计

该图书馆采用了不同类型的遮阳方式(见图 2-2)。该建筑的主入口在西立面,为了解决入口西晒的问题,又要避免西向房间有闭塞的感觉,在西侧立面设置了大尺度的分离式遮阳墙。东侧采取了退台式的绿化遮阳的方式,夏季利用落叶爬藤植物遮挡日晒,冬季落叶后则不会遮挡阳光。南侧玻璃咖啡厅的玻璃幕墙设水平遮阳,而且变废为宝,利用在库房搜集到的废旧日光灯管在顶部密集排布,形成了半透明的内遮阳装置,该内遮阳装置具有反射阳光直射辐射并兼具散射日光改善天然采光条件的作用。夏季利用水平遮阳格栅和顶部的内遮阳有效阻挡阳光的直射入射。冬天太阳高度角较低,顶部的内遮阳装置并不会影响阳光的直射入射,阳光可以透过水平遮阳格栅的缝隙进入大厅。而图书馆的屋面用作阅读和自由活动空间,屋面除了设置绿化草坪以外,还设置了很多固定式的植物攀爬架为读者遮阴。

(a) 西向入口遮阳墙及遮阳效果

(b) 东向退台植物遮阳

(c) 南向水平遮阳板

图 2-2　图书馆采用的各种遮阳方式

2. 自然通风

由于图书馆有大内区,因此热压通风的作用比风压通风对内区的作用更大。该建筑的被动式通风系统的组成主要包括:中庭与边庭的拔风烟囱驱动热压通风,外窗、窗下百叶以及内部隔断的顶窗等开口作为主要气流路径,边庭的温室作为温度缓冲区,地下风道为夏季和过渡季提供新风冷源、为冬季提供新风预热。拔风烟囱由出风百叶、风阀和滤网组成,在冬季需要降低热压作用的时候可以把风阀全部或者部分关闭。被动式通风的设计分别采用了 CFD 模拟和区域网络法模拟,所有窗户和气流通道的开启位置、开启面积及方向都根据模拟结果来确定。

中庭顶部设置的拔风烟囱利用太阳能加热空气产生热压,把室外空气通过门窗或者地道抽进来,把室内空气由顶部的烟囱排出去,这种方法可以在过渡季或气温适宜的夏季起到很好的通风降温作用。

在盛夏酷热期,白天关闭窗户,将温度较低的地道风作为空调系统的新风送入室内,并利用拔风烟囱从中庭顶部把热空气排出；夜间为安全起见，只需要管理人员手工打开窗下百叶引入室外空气，当烟囱内和室内温度高于室外温度时，顶部的拔风烟囱就会靠热压来驱动夜间通风降温。冬季则关闭南向边庭的顶部通风口，积蓄太阳辐射热，利用南侧玻璃咖啡厅的温室效应形成温度缓冲区，同时利用地道的预热作用来降低新风加热负荷，利用中庭烟囱的拔风作用将较为温暖的空气引入阅览室，减小采暖负荷。图 2-3 显示了该图书馆的自然通风策略。

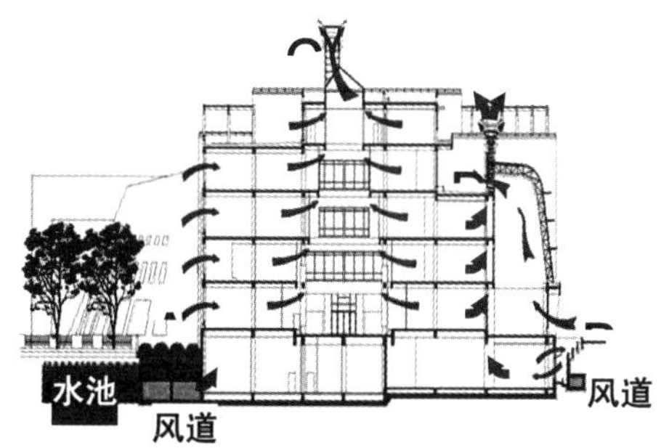

(a) 过渡季和凉爽夏季的自然通风模式

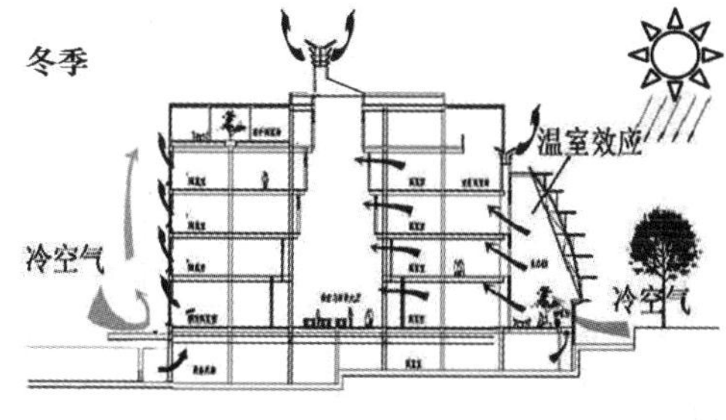

(b) 冬季温室效应与通风模式

图 2-3　图书馆的自然通风设计方案

3. 天然采光

中央中庭、南向的边庭和西北报告厅顶部的珍藏本阅览室均设计了采光屋顶，而阅览室的侧窗尽量开得很大，利用它们将自然光引入建筑内部。阅览室与中庭之间的隔断均为玻璃隔断，以综合利用外窗和中庭天窗的采光作用为内区照明，节约人工照明能耗。由图 2-4 可见，中庭顶部的拔风烟囱口和玻璃隔墙顶部的可开启窗的作用是为通过阅览室外窗到中庭烟囱的热压通风提供气流通道。这样的采光设计使该图书馆在使用期间需要开灯照明的空间和小时数都大大减少了。

(a) 中庭和边庭咖啡厅的采光屋顶

(b) 阅览室与中庭之间的采光隔墙

图 2-4　天然采光设计

4. 暖通空调系统与地道风

该图书馆的空调系统主要由风机盘管加新风系统与全空气系统组成。内区中庭、学术报告厅、录像厅等空间采用的是全空气系统，而以外区为主的阅览室采用的是风机盘管加新风系统，夏天供冷，冬天供暖。由于济南室外空气夏热冬冷，为了降低夏季空调和冬季供暖的新风负荷，该项目通过地道风来对室外空气进行预冷预热，同时在过渡季利用其作为免费冷源来改善室内环境。在地面下共敷设了两根 45m 长、一根 85 米长断面均为 2m ×2.5m 的地下风道，顶部埋深为 1.5m，平均风速为 0.45m /s。根据济南地温实测值和气温全年变化值，模拟计算得到当夏季风道进口最高气温为 36℃ 时，85 米长地下风道出口温度为 31.76℃，温度降低幅度约为 4℃。

该项目冬季供暖的热源是采用锅炉供热的校园集中热网。而降低建筑供暖能耗的关键之一是围护结构的保温性能。该建筑设计于 2001 年，但其围护结构的热工性能均优于 2005 年颁布的《公共建筑节能设计标准(GB50189—2005)》。根据 DeST 的模拟结果，该建筑的热负荷指标为 21.8W /m^2(含新风负荷，不含新风的采暖负荷为 14W /m^2)，冷负荷指标为 59W /m^2。可见，该图书馆的供暖、空调负荷指标均低于普通图书馆(采暖指标为 45W /m^2，冷负荷指标为 90W /m^2)。

由于该建筑的屋顶已经全部用作学生阅读和自由活动空间，因此不宜在屋面再设置冷却塔。冷源采用两台螺杆冷水机组，每台额定制冷量为 471kW，冷却水供回水设计温度为 32 /37℃，采用室外人工湖水作为冷却水源，在水池中设置了换热盘管。在设计阶段对利用池水替代冷却塔后的池水温度和冷凝器入口水温的变化进行了计算机模拟，暑假期间冷负荷按减半计算，结果显示冷凝器入口水温能够满足要求。

(三) 节水、节材及其他

该项目利用池塘周围的凹形地势，并在建筑上设置了雨水搜集池，将多雨季节的水收集起来，进行过滤沉淀消毒，用作池塘的补充水，或者用来浇灌绿地。水塘自然水除了用作冷却水以外，还用作室内水景用水循环使用。同时室内使用了节水洁具。

该项目 80% 的建材均来自当地。室内设计中，柱子及地下室混凝土墙都尽量利用素混凝土面装饰(见图 2-5)，中庭内墙采用外墙砖贴面，避免繁复的装饰用材，减少了装饰材料的耗费。同时合理利用场地清出的石料作为地面铺设和景观装饰(见图 2-2 的地面敷设材料)。在图书馆结构设计方面，采取的措施是荷载统一、柱网统一，以适应不同功能房间的多重要求。

图 2-5　素混凝土面与喷漆表面的装饰效果

图书馆边庭顶部的遮阳利用的是废旧的日光灯紧密排布制作成的(见图 2-6)，而报告厅的墙面吸声材料则用的是库存的废旧椅子面(见图 2-7)。这些把旧材料循环利用的措施有效地降低了业主的初始投资。

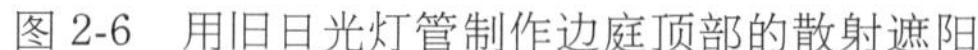

图 2-6　用旧日光灯管制作边庭顶部的散射遮阳

图 2-7　用旧椅面制作报告厅墙面的吸声材料

（四）实际运行测试效果

清华大学团队通过 2006 年暑假前对 3 条地下风道作用的实测，发现 85 米单管的降温效果为 6℃～8℃(见图 2-8)，45 米双管的降温效果为 2℃～2.4℃，而且室外温度越高，地道风的降温效果越明显，可承担 90% 的新风负荷。设计阶段模拟地道风效果时考虑的是最不利工况，实际上该图书馆尽量采用了自然通风降温，空调系统运行的时间比预想的要短，因此到暑假前地道的土壤热积累比较少，仍然保持着较强的降温能力。

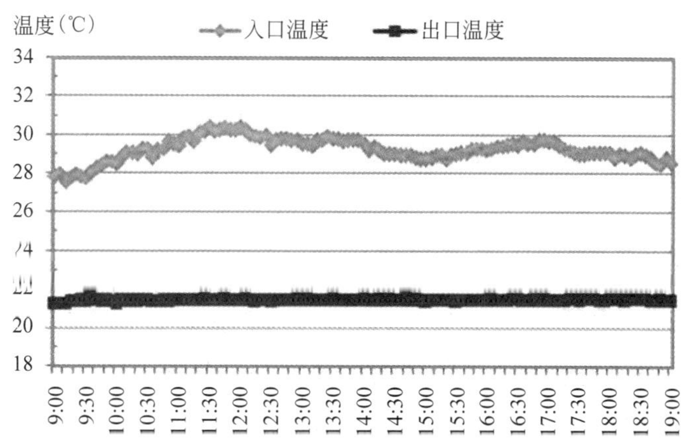

图 2-8　85 米长单管地道降温效果实测结果(2006 年 7 月 5 日)

该图书馆日间空调系统维持室内温度 26℃～26.5℃，夜间则打开外区阅览室下部的窗扇，通过窗下的百页和屋顶两排拔风烟囱进行自然通风降温。通过暑假前夕连续多个夜晚对图书馆不同朝向房间的室温进行了实测，并通过图书馆屋顶的拔风烟囱测量建筑整体的热压通风换气量，发现夜间热压自然通风可实现换气次数 2.5～3.5 次/h。

在过渡季对该图书馆进行的现场测试结果表明该图书馆的自然通风效果非常好。2009年6月6日10:00～15:00室外平均温湿度为24.6℃、65.5%，在这段时间内室内各房间温度范围为26℃～28℃，相对湿度为50%～60%，风速为0.1～0.6m/s，室内外温差不超过3℃，室内人员均感到舒适，不需要开空调。另外对图书馆各空间昼间天然采光效果的实测发现，80%以上的空间都能够满足最低照度要求，只有一、二层阅览室靠近中庭的内区部分有照度不足的现象，需要用人工照明来补足。

采用水池内沉入式盘管代替冷却塔是一个新的尝试，实际测试结果表明池水下部水温维持在30.5℃左右，最大负荷时冷凝器进口水温为33.7℃，出口水温为38.2℃，高于设计值32/37℃。但冷却水的实际流量为设计流量的150%，因此螺杆式冷水机组的COP仍然维持在4.0，单台冷水机组的实际最大制冷量达到604kW，比额定制冷量高28%，能够满足整个图书馆的供冷要求，不需要同时开启两台冷水机组。

根据该图书馆从2003年5月运行至2006年11月共三年半的电费记录和采暖用热记录，图书馆每年单位面积电耗为30kWh/m^2，其中年均空调耗电量为13.6kWh/m^2年。因为风机盘管和照明电耗与其他用电设备线路混在一起，电耗难以估算和拆分，因此该空调耗电量数据不包括风机盘管的电耗，但包括冬季采暖期水泵的电耗。冬季采暖耗煤量为7.7kg/m^2年，低于济南当地节能标准20%。空调能耗与供暖能耗均属于低能耗水平。而该建筑的建安费只有2150元/m^2，成本增加2.2%。

（五）小结

山东交通学院图书馆注重把生态技术构件作为建筑艺术元素进行处理，实现技术与建筑艺术的结合。外立面设计注重与教学楼群形成统一的建筑风格，屋顶的绿化构架及绿化、拔风烟囱、西向遮阳墙、南侧玻璃大厅遮阳板等，都构成新的建筑艺术表现因素，形成了该建筑的艺术特征。

通过实测发现，山东交通学院图书馆实际运行能耗低的原因除了建筑本体采用了大量被动式节能设计以外，运行期间注重充分利用被动式环境控制手段，有效减少空调系统的运行时间和人工照明时间的指导思想起到了非常重要的作用。

注重经济节约是该项目的一大特点。在设计中注重低成本技术及产品的集成和可推广性，设计中尽量采用普通建筑材料，着重技术的适宜性，降低材料与技术成本。最终建安费用为2150元/m^2，比当地同类建筑增加不到3%。该项目的经验与中国作为一个发展中大国的城镇建设国情相符合，易于在各种类型普通建筑中推广。

二、天友绿色设计中心

天友绿色设计中心办公楼位于天津市华苑新技术产业园区，为既有建筑改造项目。改造前为普通5层电子厂房，围护结构无保温节能措施，而且建筑进深大导致通风不畅，暖通空调系统为市政热网与局部分体空调相结合。经2012年改造后成为局部6层的办公建筑，第1层为绿色建筑展厅、会议室、图档室和冷热源机房等，第2～5层为办公区，第6层为加建的健身活动房、餐厅等。建筑无地下层，改造后的建筑面积为5700m²，高度为25m。该项目于2012年获住房和城乡建设部“绿色建筑和低能耗建筑示范工程”，2013年获得绿色建筑三星级设计标识，2014年获评清华大学建筑节能研究中心“公共建筑节能最佳实践案例”。

改造前的建筑是一座并无特色的多层电子厂房。缺点是：形象平庸，无保温和节能构造，大进深通风采光不畅。其优点一是建筑外形是简单形体，体形系数仅为0.19，在寒冷地区对降低采暖能耗有优势，二是作为工业用地的建筑有峰谷电价。因此可以因势利导，利用其原有的优势，改造其不足之处。建筑改造前后的外形见图2-9。

图2-9　天友绿色设计中心改造前(左)和改造后(右)的外形

由于改造目标是要建成绿色办公建筑，因此设计师将其绿色改造设计的核心技术策略集中在降低实际运行能耗、材料利用和健康环境几个方面，采用被动节能优先、主动节能为辅的设计方针。作为建筑设计办公室具有独到的用能特点，如设计行业加班的特点、大量电脑设备作为热源的特点以及对自然采光的需求等，都成为技术集成应用的前提。

(一) 建筑设计概要

该项目是将旧楼改造为节能建筑，策略是在原有简单建筑形体上采用加法原则，而不进行结构的削减和拆改。方法包括：在屋顶加建轻质结构；增加共享中庭和采光边庭；增设特隆布墙和活动外遮阳；在东西向种植植物做分层垂直绿化；在北向增设挡风墙；从增加太阳辐射和采光的角度出发加大了南向围护结构的窗墙比，等等(见图2-10)。

首先通过合理的平面功能布局与窗墙面积比相结合来减少能源消耗。项目改造时将楼梯、卫生间、辅助空间、会议室等非经常使用的功能空间布置在北面，而将开敞办公空间布置在南面；同时增大南向的外窗面积，使窗墙面积比达到0.4，冬季可充分吸收太阳光能和热能，减少供热负荷和照明负荷；北向的窗墙面积比改造为0.2，在满足采光的前提下减小窗的

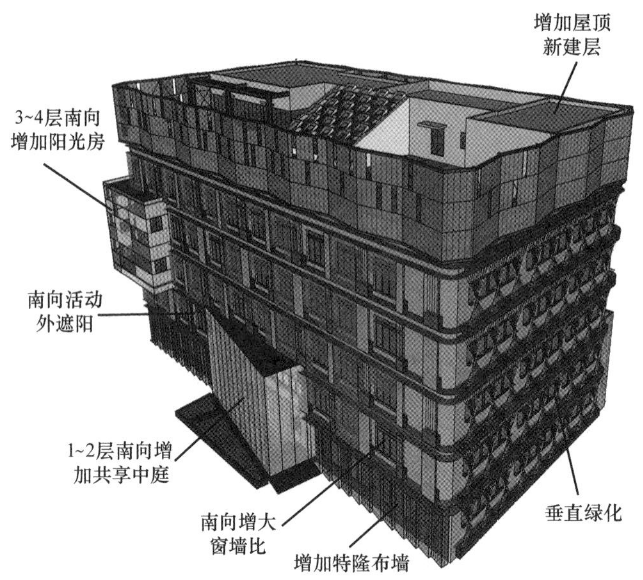

图 2-10 围护结构改造设计示意

面积，减少室内外的温差传热损失。

为了改善外墙保温蓄热性能，办公楼外墙除增设外墙保温层外，还在首层南侧利用黑色石材结合玻璃形成被动式蓄冷蓄热的特隆布墙（见图 2-11）。特隆布墙具有蓄放热能的特点，在冬季有阳光时通过热压作用免费向室内提供热量，以减少供热负荷。在办公楼 3 层的边庭还设置有活动的可开启木质隔热墙（见图 2-12），夏季夜间和冬季夜间通过人为开闭调节室内热量。

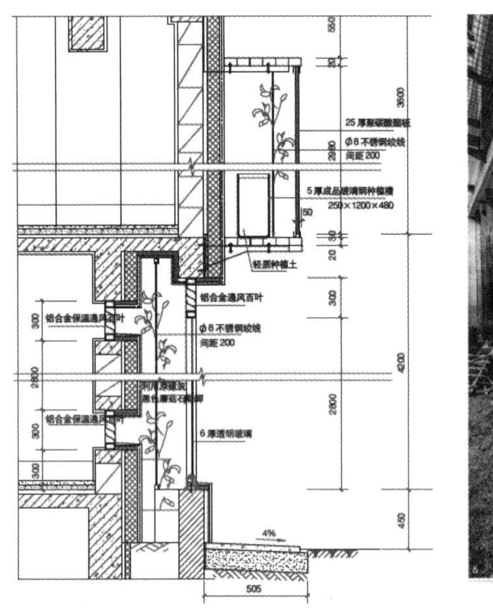

图 2-11 首层南侧加设特隆布墙的结构（左）和外形（右）

图 2-12　可开启的木质隔热墙

办公楼的南向开大窗增加窗墙比到 0.4，并在窗上设置反光板，将直射太阳光反射到屋顶再散射至内部工作区来增强内区的天然采光，减少室内照明设备开启率（见图 2-13）。

建筑增设了天窗、共享中庭和采光边庭。常规的玻璃中庭或者边庭在天津的气候下会出现冬季热量散失严重、夏季过热的问题。因此，南向加建的中庭和边庭没有采用玻璃幕墙，而是采用了 40mm 厚的轻质聚碳酸酯来制作幕墙（见图 2-14），既提供半透明的漫射光线，又提升保温性能。轻质聚碳酸酯幕墙的传热系数为 1.1W/(m^2K)，远超 Lew-E 玻璃的保温性能，可有效阻止冬、夏季室外冷、热量传入室内。聚碳酸酯还具有轻质、耐火、隔音的效果。幅长 20 米的材料无接缝，更具有快速建造的优势。

图 2-13　窗上安装的反光板

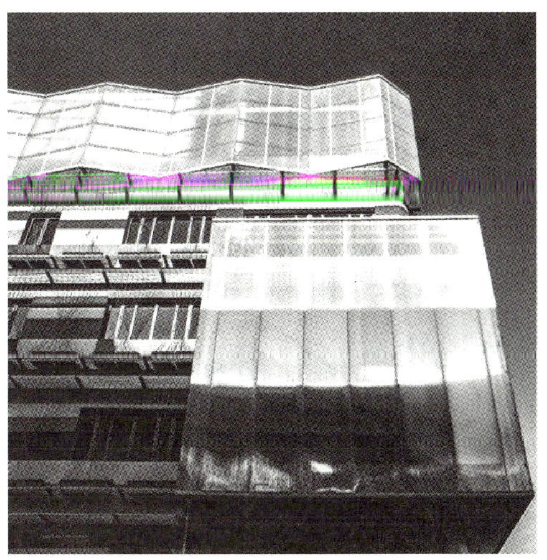

图 2-14　轻质聚碳酸酯幕墙

为了改善建筑的自然通风，建筑内部南北通透，大部分均为开放式办公区，且南北外窗均可开启，在过渡季节和初夏时开窗有非常好的自然通风效果。在各层敞开办公区特设均布的慢速吊扇，在自然通风和空调期间都可以起到辅助改善人体热感觉的作用。此外，办公楼首层的主出入口设置挡风墙，以改变室外的入口方向，可以减少冬季西北风的冷风渗透。

外窗选择 $K=2.3W/(m^2K)$ 的玻璃钢框中空玻璃窗，南向外窗采用冬季可完全升起的铝合金 50mm 电动外遮阳帘，固定在金属钢格栅外侧，与窗保留一定距离，形成光影斑驳的表皮，夏季阻挡太阳辐射热进入室内，可减少空调能耗 15%，冬季则可完全升起不阻挡阳光进入。

（二）空调供暖与冷热源系统

该建筑的空调供暖冷热源采用的是地源热泵加水蓄冷 /热系统，地源热泵的地埋管也能向空调系统直接供冷水以达到“免费供冷”的目的。空调供暖末端采用了多种类型，除常规风机盘管 + 新风系统外，还包括毛细管辐射地板、主（被）动梁、全空气变风量系统（VAV）、水环 VRV 系统、地板对流送风末端、工位个性化送风等，根据不同小区域的负荷与室内环境需求来设置。

该建筑的很多区域采用温湿度分控的方法，用不同的空调末端完成降温和除湿。在夏季冷热源可以用高温冷水降温（显热），用低温冷水除湿（潜热），这样可以提高地源热泵机组的能效（COP 值），减少能耗。

常规的地源热泵集中空调大多选用高性能热泵主机，而该建筑的改造设计则以达到全系统运行状态下的高能效比为原则，因而空调系统冷热源采用地源热泵与水蓄能相结合的方式。其热泵机组并非单一追求高性能而是根据空气处理过程所需要的不同水温采用模块化的高、低温 2 种热泵 /制冷机组，以便根据季节变化合理调配。主机包括一台热泵 /制冷机组 A（生产低温冷水和高温热水）和一台热泵 /制冷机组 B（生产高温冷水和低温热水），利用 2 台热泵机组在冬、夏季节分别制取不同温度的水满足不同的用途，同时尽可能地提高热泵 /制冷机组的能效。例如，夏季时机组 B 向地板辐射末端提供高温冷水降温（消除室内显热），机组 A 向新风换热机组的换热器提供低温冷水除湿，这样就可以保证机组 B 的高 COP 值（见图 2-15）。

立式水蓄能罐设于办公楼前广场东北角，为半径 2m、高 5m、体积 $60m^3$ 的圆柱体钢制罐，设有进出水阀门。充分利用天津市现行峰谷电价的能源政策，削峰填谷，低谷电价时蓄能（夏季蓄冷、冬季蓄热），高峰电价时放能，以减少空调运行费用。

常规的办公楼集中空调多选用风机盘管 + 新风系统，而该建筑的空调末端多种多样。其中地板辐射供热末端设计成既能冬季供热又能夏季供冷的地板辐射供冷供热末端，可在某些时段实现不开制冷机的地埋管直接“免费供冷”，在确保人体舒适度的前提下，大大降低

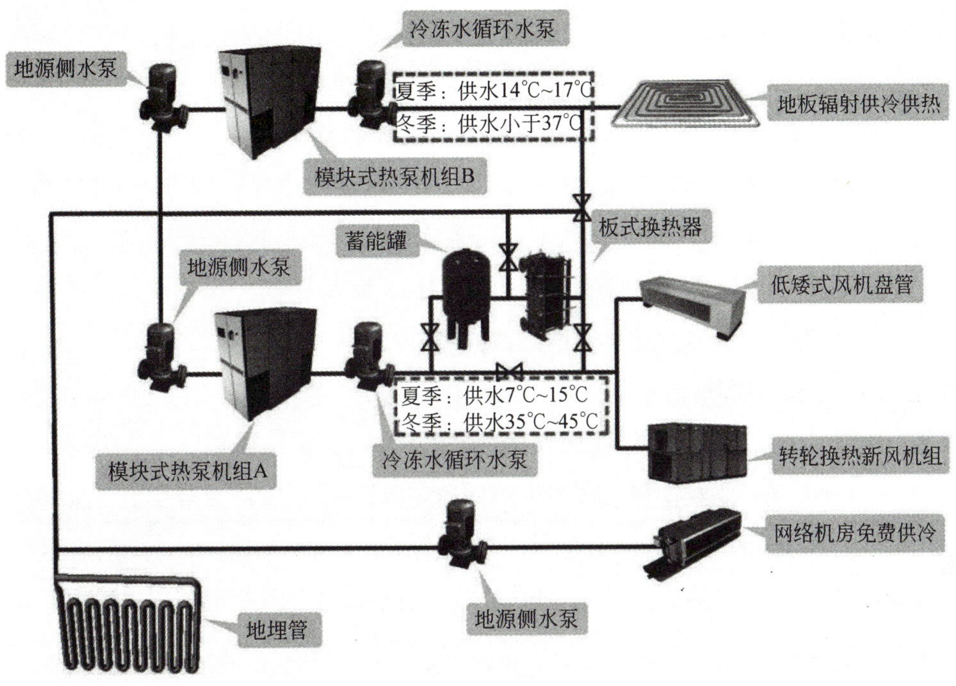

图 2-15　冷热源与空调供热系统原理示意图

夏季空调能耗与运行费用。

（三）空调供暖与冷热源系统运行策略

通过自然通风、吊扇的启停、地埋管免费供冷、低温热泵机组、高温热泵机组、蓄能罐蓄放能等多种形式的组合，可以针对夏季、冬季和过渡季形成多种运行工况，从而实现低能耗运行。

夏季常规的空调运行是根据气温变化单一开启或关闭制冷机和空调设备，并根据负荷需求调节其出力。该项目则根据气候变化采取各种空调设备和可调围护结构的组合调节策略。在初夏和夏末，室外温度不太高时，优先开启外窗利用自然通风消除室内余热，当单纯自然通风不能满足室内热舒适需求时，就开启吊扇，机械通风与自然通风相结合达到增强室内对流和改善热舒适的效果。在 6 月中下旬和 8 月中下旬，当自然通风加吊扇已经不能满足热舒适要求时，则利用地埋管直接提供冷水为室内辐射地板供冷，实现免费供冷。在 7 月和 8 月上旬高温高湿的盛夏阶段，则关闭外窗，开启地源热泵 /制冷机制冷，同时与吊扇相结合，从而达到适当提高室温的同时满足人体热舒适要求的目的。

由于女性的着装热阻和代谢率均低于男性，往往出现男性对室温感到满意而女性抱怨太冷的情况。针对这一问题，该建筑的地板辐射系统控制室温令女性感到满意，男士可根据需要开启自己所坐位置上方的吊扇，改善自己的热感觉，这样就可以达到男、女都感到满意的效果。

冬季运行方式是根据气候变化和夜间至白天的各时段，以及白天有无阳光等，采用不同的组合运行方式。23:00～7:00 开启 A 机组给蓄能罐蓄热，凌晨 1:00～8:00 同时既开启 A 机组制热直接供地板辐射末端蓄热(地板辐射具有较大的蓄热能力)，也是为地板辐射末端预热，实现低谷电时段蓄能罐和地板辐射末端双蓄热。白天 A 机组停止运行，蓄能罐将夜间储存起来的热量在 7:30～17:00 时段给 1、2 层的风机盘管供热，因为开始上班时段前，第 1、2 层室温较低，采用风机盘管供热可以迅速提高 1、2 层的室温。当天气晴好有阳光时，14:00～17:30 时段运行 B 机组制热水供给地板辐射末端给室内供热。若是无阳光的阴天，则 B 机组制热开启的时间提前至 11:00。

由于白天室内人员多，散热量大，设备散热也多，南向大窗墙面积比可实现建筑充分吸收太阳辐射热，加上前一晚夜间地板辐射供热储存在围护结构、室内家具中的热能等各方面因素，使得 8:00～14:00 时段内 3～5 层并无供暖需求。14:00～17:00 时段只需运行 B 机组为所有楼层供暖，从而使得白天高峰电价时段空调供暖系统的电耗峰值显著降低，由此可以大大节省运行费用。

(四) 实际运行效果

1. 室内环境品质

在天友绿色设计中心办公楼中，按照开放办公室、个人办公室、会议室、公共空间(前台、休闲区)等不同功能区选取 11 个典型测点，于 2013 年 12 月进行室内温湿度和 CO_2 浓度的现场测试。选取典型周(12 月 16～22 日)各测点在办公时间段(9:00～17:00)的数据采集分析，结果除 6 层员工餐厅外，所有测点的平均温度在 19℃～23℃范围内，均高于规范对冬季室内设计参数 18℃的要求，满足设计标准。

6 层员工餐厅的室内温度变化可以充分地说明天友绿色设计中心办公楼采用部分时间、部分空间的控制模式，在保证室内人员的舒适要求的同时有效降低建筑能耗。该餐厅南侧有大面积的外窗，主要在中午时段供员工用餐使用，其他时间基本无人使用。针对这一作息情况，餐厅区域在午餐时段通过利用厨房设备的发热量、太阳辐射得热、人员得热等热量，基本能保证餐厅使用时段的就餐人员的热舒适，并不需要额外开启供暖设备。由实测数据可知，餐厅全天温度在 13℃～22℃范围内，虽然平均温度只有 14.9℃左右，但是在有人在室的午餐时段(11:30～13:30)平均室内温度达到 20.5℃，完全满足就餐人员对温度的要求，并不需要供暖，只有遇到室外特别冷的情况才需要开启供暖系统。

对该建筑的个人办公室、开放办公区、会议室和前台公共空间人工照明环境下，对典型测点办公桌高度的照度值进行了测量，发现开放办公室和会议室的照度水平均高于国家标准要求的 300lx，而个人办公室和前台略低于国家标准要求。

对办公楼各测点的声环境进行测试后发现，个人办公室、开放办公室和会议室的室内环境噪声平均声压级分别为 42、48、53dB，后二者略高于国家标准要求，其中会议室主要噪声源来自投影仪的风机。

天友绿色设计中心开放办公室内的 CO_2 浓度较个人办公室和会议室更为稳定集中，会议室的 CO_2 浓度依其具体使用情况变化较大。整体上开放办公室、个人办公室和会议室内的平均 CO_2 浓度分别为 830ppm、827ppm 和 895ppm，均低于 1000ppm 的国家标准要求。

上述实际室内环境参数测试中，室内热环境和 CO_2 都满足设计标准的要求，但是有部分空间的室内光环境和声环境与相关设计要求有一些差距。但是室内人员对环境满意度调研问卷的回答结果表明，室内人员对该建筑室内热环境、光环境、声环境、空气品质等各方面满意度在冬季、夏季和过渡季都处于满意的水平，整体满意度均达到 +0.5（正值表示满意，负值表示不满意），处于较高的水平，如图 2-16 所示。

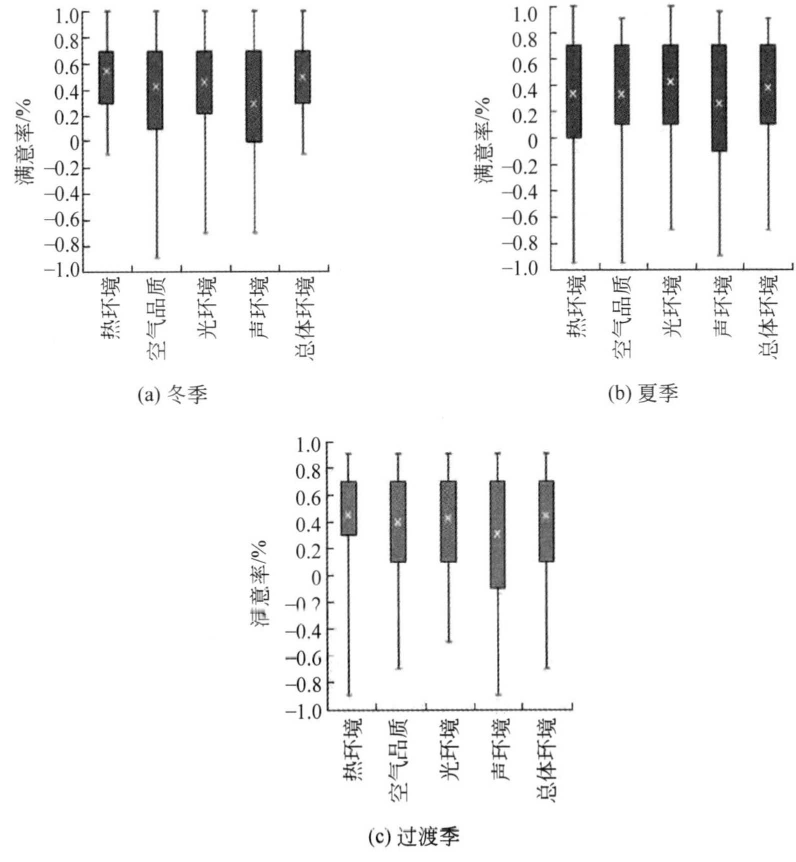

图 2-16 室内人员的环境满意度

2017 年秋至 2018 年夏清华大学团队再次对该建筑的室内热环境进行实测并对室内人员发放了调查问卷，结果显示绝大部分室内人员对各个季节的室内热环境感到不冷不热，即感到舒适,明确表示感到冷、热和不舒适的比例均不超过10%,如图2-17所示。

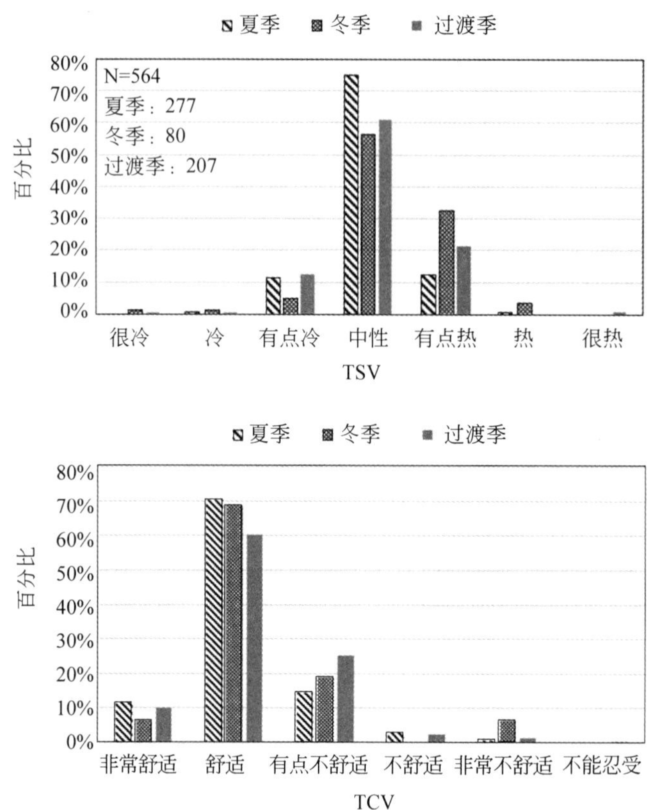

图2-17　2017年秋至2018年夏室内人员的热感觉(左)和热舒适(右)调查结果

2. 实际运行能耗

天友绿色设计中心消耗的能源主要是电力,用于空调、照明、办公设备等。清华大学团队对该建筑从2013年6月到2017年5月的能耗情况进行了检测,四年的分项能耗测试数据结果见图2-18,其中全年暖通空调电耗约占1/3。四年的数据有所波动,原因是在竣工后的第一年,系统还未得到很好的调节,导致能耗高于实际需求。第二年调节完成后的系统能耗大幅度降低,从第一年的69.6kWh/(m^2 年)降到47.5kWh/(m^2 年)。之后第三、第四年逐步增加为58.9kWh/(m^2 年)、69.7kWh/(m^2 年),其原因是室内人员和设备不断增加达到设计值。第四年的暖通空调电耗为23.2kWh/(m^2 年),约占33%;照明电耗为12.5kWh/(m^2 年),约占18%。

天津当地采用集中暖通空调系统的办公建筑其空调供暖通风能耗折合等效电约为50kWh/(m^2 年),因此该建筑的暖通空调能耗仅为当地同类办公建筑的47%,照明电耗为当地同类办公建筑的75%。

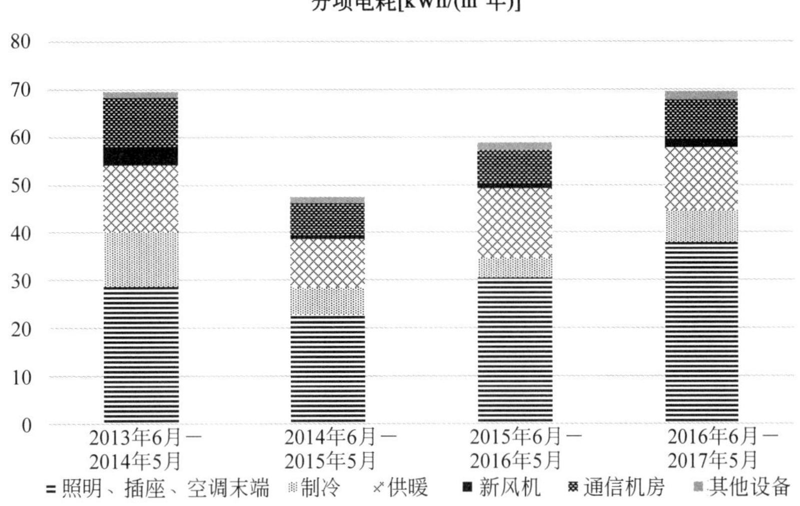

图 2-18　天友绿色设计中心 2013—2017 年的分项电耗

3. 小结

总体来看，该办公楼单位建筑面积能耗约为 69.7kWh/(m^2 年)，扣除通信机房能耗 8.33kWh/(m^2 年)后为 61.35kWh/(m^2 年)。其中全年空调供暖与通风能耗约为 23.2kWh/(m^2 年)，显著低于同类建筑。其成功的主要原因如下。

(1) 有效综合运用主动与被动系统设计与控制策略，包括夏季积极利用自然通风、地埋管为地板辐射免费供冷与吊扇相结合的混合通风策略，大大减少了夏季开启制冷设备的时间，而冬季则利用水蓄热、地板预热等策略，以及南侧大窗直接吸收太阳辐射热，从而实现了冬夏季空调供暖低能耗。此外在一些空间，充分实践了部分时间、部分空间的控制模式，优先使用自然通风、自然采光，也确保空调能耗和照明能耗处于较低水平。

(2) 实践证明，采用常规的空调设备，通过有效的调节也能实现低能耗运行。该项目将高、低温的热泵机组＋地板辐射空调末端＋风机盘管＋冷冻除湿的全热回收式新风机组组成主流空调系统，用于大面积办公区域，只是在小房间实验性地选用了多种高端空调末端(其运行时所占能耗份额可忽略不计)，尝试用低成本空调系统通过行之有效的运行策略和管理，在没有光电、光热设备下达到低能耗的创新方式。

(3) 从实测和问卷调查结果看，该建筑的室内热环境和 CO_2 浓度完全能够满足室内人员的舒适性要求，并得到了较高的满意度；大部分空间的室内光环境满足相关设计要求，且用户感到满意。在满足员工高舒适度的前提下，通过被动式节能优先和空调创新设计，以及运行策略的优化等措施实现了低能耗运行。

(4) 行为节能也是实现低能耗的重要因素之一。该建筑在空调系统、照明系统、新风供应和电梯运行方面，也充分考虑了使用者的行为节能，这是因为该项目的设计者和使用者同为一家单位，才使得设计者可充分把握需求，才使得运行后的环境品质提升和能耗降低可兼得。

第二节　夏热冬冷气候区

上海建科院莘庄综合楼位于上海市闵行区申富路 568 号，是上海市建筑科学研究院在莘庄科技园区的第四期开发项目，2010 年 5 月建成并投入使用。如图 2-19 所示，该项目是一座地上 7 层、地下 1 层的办公实验综合楼，总建筑面积为 9992m^2，其中，地上部分主楼 4573m^2，副楼 2402m^2，地下部分 3017m^2。主楼 1 层为大堂、报告厅、财务室等，2～7 层为办公室和小型会议室；副楼各层均为不同功能的专业实验室；地下室主要用于停车库，还包括配电房、水泵房等设备机房。

该建筑是一座自用办公楼，因此采用的绿色建筑技术路径是以被动设计策略为基础，集成成熟适宜的绿色建筑技术，通过优化的建筑形体和围护结构性能设计降低能耗需求，再通过用能设备系统优化设计和高效的运行管理模式，最终建成了建筑能耗低、室内环境舒适的环境友好建筑。该建筑获得 2010 年绿色建筑三星级设计标识、2011 年建设部绿色建筑创新奖二等奖。

图 2-19　上海建科院莘庄综合楼外观，右侧为主楼，左侧为副楼

一、优化建筑围护结构设计

该建筑位于夏热冬冷气候区，面临夏季隔热和冬季保温的双重挑战；在太阳能资源分布上属于资源一般的Ⅲ类地区，具备太阳能利用的潜力。因此该建筑的被动设计策略包括：自然通风、建筑本体遮阳、车库天然采光、空间优化利用、围护结构热工性能优化设计、立体绿化等。

该项目充分考虑了上海地区的全年太阳运行轨迹、日照辐射量、风向风速条件等关键因素，将绿色节能的技术策略与有吸引力的建筑形态进行有机结合，并注重与周边建筑和景观环境的协调及对环境的贡献。

该建筑的遮阳是通过建筑的外观的变化设计实现自遮阳，利用的是建筑自身体块的阴影效果，而不是在建筑表皮之外叠加外遮阳构件或控制复杂的电动遮阳系统。主楼逐层进行悬挑叠加，外挑幅度按照夏至日正午太阳高度角82°时计算确定，使上部楼板的阴影正好可对下部楼层形成自遮阳；而在冬季的时候，冬季太阳高度角降低，光线则可避开楼板的遮阳而直接进入室内，保证下层房间能够获得充足的日照(见图2-20)。

图2-20 逐层悬挑叠加利用自身体块实现自遮阳的主楼

该建筑的围护结构热工性能经过了精心的设计。根据朝向的不同采取不同的窗墙比，综合考虑了传热和采光的需求，东、南、西、北四个朝向的窗墙比分别定为0.55、0.35、0.25、0.33。外墙传热系数为0.36W/m^{2}K，屋顶传热系数为0.53W/m^{2}K。外窗采用的是双层low-E玻璃内置可调控遮阳系统，传热系数为2.5W/m^{2}K，实现了夏季遮阳、冬季保温、过渡季通风的多重功能。外窗可开启面积比例高达49.5%，以保证自然通风的效果。

由于主入口朝向西北，在夏季及春秋季存在下午西晒严重的问题，因此在门厅的玻璃幕墙外侧设计了钢结构网架，栽植了紫藤等攀缘植物，利用其落叶植物的特性实现夏季遮阳、冬季充分引入阳光的目标，改善了门厅夏季室内的热舒适环境，同时又营造了绿意融融的景观，一举两得，见图2-21。

为了更好地利用自然通风，主楼南向设置了错落分布的休憩露台，作为各层通风气流的入口。外幕墙设置大量可开启扇，可开启面积达11.4%，在过渡季节可形成良好的水平通风效果，有利于充分利用自然通风节能潜力，降低使用空调的小时数。此外，首层北侧设置了一处富有古典园林特征的照壁，作为景观小品也兼具了冬季挡风墙的作用，有助于减少冬季

图 2-21　西北朝向的入口门厅攀藤植物遮阳设计

西北风对大堂的冷风渗透。

为了降低人工照明的电耗，该建筑为地下车库设计了天然采光，引入天光照明，包括在地下室上方绿化带设置了两个采光天窗、在车库坡道侧面设置了下沉式边庭，见图 2-22。5 层的大会议室采用了反光吸声复合板，将光反射到天花板再散射至室内，不仅改善了天然采光的照度均匀度，而且可以使远离外窗的内部空间得到足够的照度。通过将反光板与吸声材料结合，可同时改善会议室的声环境。

为了降低空调系统运行的小时数和提高夏季空调室内设定温度以达到节能目的，办公室内还安装了吊扇作为改善热舒适的辅助设施(见图 2-23)。

图 2-22　采光天窗和下沉边庭

图 2-23　办公室安装了吊扇

设计团队采用能耗模拟软件对莘庄综合楼进行全年能耗模拟，求得全年暖通空调系统和照明系统的单位建筑面积能耗为 70.9kWh / m^2 · a，其中空调采暖能耗为 52.8kWh /m^2 · a、照明能耗为 18.1kWh /m^2 · a。

二、用能设备系统优化设计

针对上海地区夏季高温高湿的室外气象特点，该建筑主楼的空调供暖采用的是温湿度分控的策略，将室内负荷和新风负荷分开处理。室内显热负荷由地埋管水源变制冷剂流量的多联空调机组来承担，室内湿负荷由溶液调湿全热回收型新风机组来承担。由于上海地区土壤平均温度常年保持在 15℃～17℃，设计团队通过分析取热和放热的累积对土壤温度的影响，确认长期运行也能够保障地埋管的水温满足供热和供冷的需求。副楼由于均为各类小型实验室，使用时间和负荷特征相差很大，因此分别安装了房间空调器来控制室温。

主楼系统设计中将变制冷剂流量多联空调机组和地埋管系统相结合，相当于水环多联机，室内机侧为直接蒸发式系统，而水环侧由封闭式地埋管作为室外机的冷热源，同时安装了调峰冷却塔。该设计兼具 VRV 多联机系统的灵活性和地埋管水系统换热的高效性。一般水冷多联机组(冷却塔工况)的 IPLV 值在 3.5 左右，而该项目选用的多联机(土壤源工况)的 IPLV 值大于 4.5，可有效提高系统能效比，同时还保证了各房间的独立调控能力，满足各房间的个性化热需求。

地埋管采用单 U 管，共 100 孔，在结构工程桩的间隙菱形布置，竖直地埋管孔深 70 米。夏季土壤换热器每米井深散热量为 46W/延米，冬季土壤换热器每米井深取热量为 39W/延米。考虑到系统运行和管理需要，地埋管系统按每 4 孔并联同程式设置为 1 组，共分为 25 组，每 5 组设一套分集水器，系统共设置分水器和集水器各 5 台。实际运营中可实现根据负荷变换调节地埋管换热量，又能最大限度地降低由于个别地埋管破损对整个水系统造成的不利影响，保障了运行的安全可靠。

主楼的新风负荷处理采用溶液调湿全热回收型新风机组，相比传统的转轮热回收，具备节能高效、形式灵活的特点。由于整个热湿交换过程是在有浓度变化的吸湿溶液喷淋的多级填料中进行，显热和潜热的转换由溶液完成，新排风之间并无直接质交换，因此可避免新排风之间的交叉污染。新风机组自带热泵作为冷热源，排热用于稀溶液再生，冷量用于降低溶液除湿后的新风温度，也可在过渡季单独运行。新风从室外引入，先与排风进行全热交换，再由新风机组处理后送入室内。新风机组位于 1、4、7 层空调机房内，分别为地下 1 层和 1 层、2～4 层、5～7 层供应新风。

此外，该建筑还采用太阳能热水系统提供生活热水，办公室采用个性化调节的照明系统以及能耗分项计量系统来保证建筑用能系统的能耗最小。

三、暖通空调系统的运行策略

运行策略的制定需要考虑夏季和冬季的不同负荷率条件下的机组启停方式，同时也要在过渡季优先使用免费冷源，从而降低空调系统开启小时数。该项目采用了两套独立的冷热源，同时安装了吊扇等辅助设备，为制定和优化全年运行策略提供了可能性。

（一）过渡季运行策略

3 月中旬至 5 月、10 月属于过渡季。当室外温湿度条件有利时，采用开启外窗的方式利用自然通风消除室内余热，室外静风、微风情况或室外温湿度已超过舒适度情况时，办公区开启吊扇，增强室内对流换热的效果。

（二）夏季运行策略

6 月至 9 月下旬为空调供冷季。关闭外窗并放下双层窗的遮阳系统，控制进入室内的热量。夏季空调系统有两种运行策略：①当空调负荷未达到设计最大负荷的 50%时，仅开启溶液调湿新风机组供冷，同时开启吊扇，以混合通风方式提高人员热舒适满意度；②当空调负荷超过设计最大负荷的 50%时，以溶液调湿新风机组和多联机联合供冷。

在水源多联机开启运行的时间内，通过监测冷却水供回水温度的变化，调整分集水器的开启数量，从而节省地埋管侧循环水泵的运行能耗；若监测供水温度超过设定值，则将冷却水管路切换至冷却塔环路，以实现调峰作用。

（三）冬季运行策略

11 月上旬至 3 月上旬为供暖季。运行策略分为低负荷和高负荷两种模式：①当采暖负荷较低时，仅开启溶液调湿新风机组供热；②当采暖负荷较大，开启多联机联合供热，在水源多联机开启运行的时间内，通过监测地埋管侧供回水温度的变化，调整分集水器的开启数量，从而节省地埋管侧循环水泵的运行能耗。

四、实际运行效果

（一）室内环境品质

莘庄综合楼项目建立了建筑室内环境实施监测和运营管理系统，对室内温度、湿度、CO_2 浓度、照度等参数进行了实时监测和历史数据分析，生成运行报表提供给物业管理部门。

在这些监测平台的实时检测的历史数据中，提取 2013 年 7 月 15～20 日作为夏季典型周，2013 年 2 月 25～28 日作为冬季典型周进行观测。这些数据显示，夏季典型周工作时段的室内温度基本为 25.4℃～29.0℃，相对湿度为 42%～55%，基本满足室内舒适度的要求。小型会议室和开放办公区的监测点显示，会议室和办公区相比，温度波动幅度更为明显，这是由于会议室的间歇性使用特点导致的。

2013 年年底至 2014 年春，上海建科院研究团队又开展了室内环境客观参数与人员主观满意度的调查，监测点位布置在开放办公室、小型办公室、会议室、半开放区域（露台）、公共空间（前台）等七个功能区，对室内温湿度和 CO_2 浓度进行实时监测。其中露台属于室外区域，因此该测点可定义为室外监测点。

选取冬季典型周（2014 年 2 月 10～14 日）工作时段内的温度进行分析，结果表明，对于长期使用的开放办公室和小型办公室，所有测点的平均温度均在 18℃ 以上，满足设计标准要求。

会议室的室内温度变化，冬季与夏季相似，同样体现了其间歇性使用的特征。该会议室为部门内部使用，平均每天使用 2～3 小时，由于采用了 VRV 末端，可以采用灵活控制模式，在满足使用时段室内人员热舒适的前提下，达到低能耗运行效果。由实测数据可知，该会议室测点在统计时段内的平均温度只有 16.6℃，但是在实际使用时段温度为 18. 5℃ 至 23.5℃，满足室内人员对温度的舒适性要求。

前台测点的空气温度未能满足标准要求，主要原因在于设计工况和使用工况有所偏离。设计时该区域未考虑设置前台，仅作为人员短暂逗留区域进行空调系统设计，运行时由于大堂层高达到 5 米，且送风口离前台较远，因此冬季热风无法有效送至前台区域。这也提醒了设计者需要充分考虑建筑使用阶段功能变化的适用性。

图 2-24 为各测点在上述时段内的室内 CO_2 浓度分布图。可以看到，会议室的平均 CO_2 浓度最低，均值为 663ppm，其原因分析和热环境相似，同样源于其间歇性使用的特征；开放办公区由于人员密度较大，其 CO_2 浓度要高于小型办公室。但从整体上看，各区域的 CO_2 浓度均低于 1000ppm 的要求。

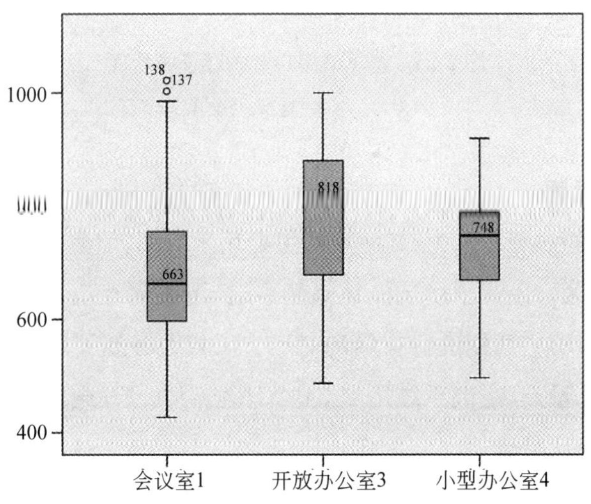

图 2-24　实测室内 CO_2 浓度（单位：ppm）

通过对大楼内的工作人员发放满意度调研问卷，进行人员主观满意度的调查评估。调查共收到 63 份有效问卷，统计分析后发现，无论冬季、夏季还是过渡季，大楼使用者对室内热环境、光环境、声环境、空气质量等方面的满意度均处于较高的水平，整体满意度达到+0.35(正值表示满意，负值表示不满意)，见图 2-25。

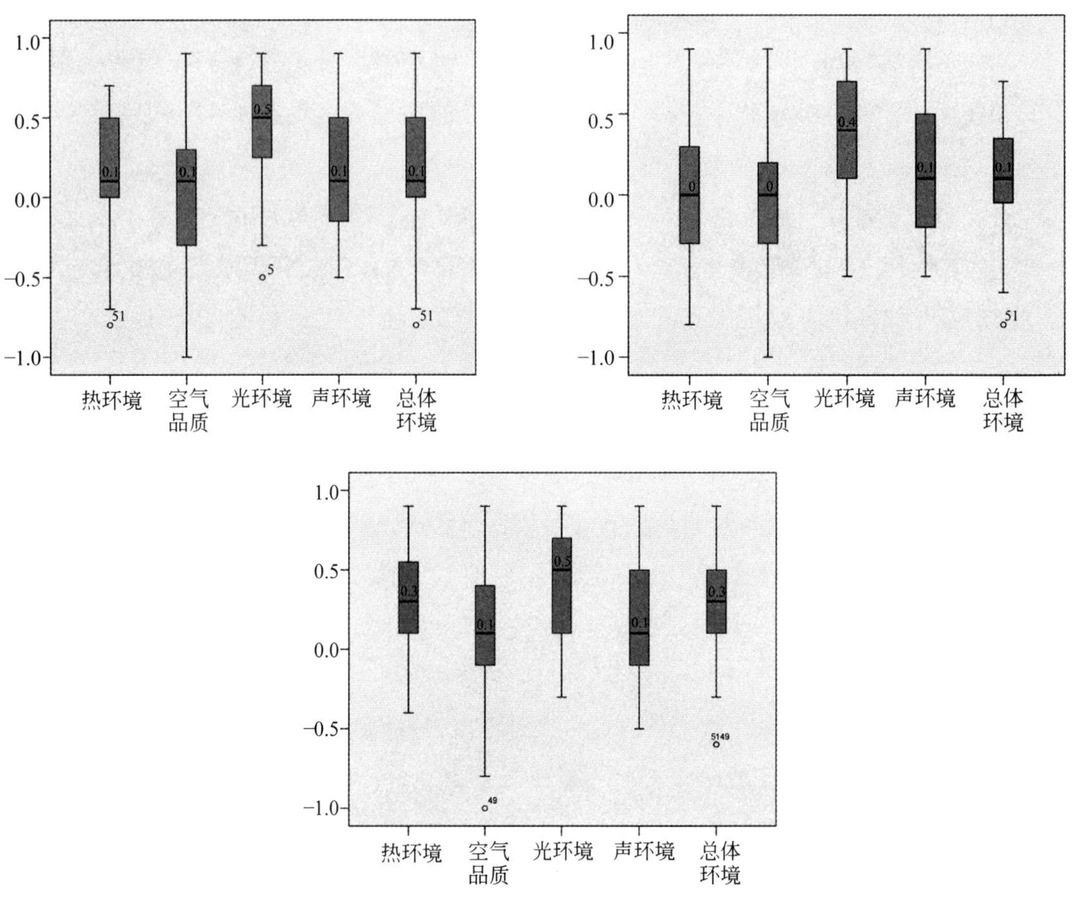

图 2-25　各季节用户室内环境满意度

(左起：冬季、夏季、过渡季)

(二) 实际运行能耗

莘庄综合楼消耗的能源是电力，其中主楼主要用于空调、照明、办公设备等；副楼还用于实验仪器和设备等。项目设置了建筑能耗监测平台，可实现建筑用能的逐日、逐月、逐年的总量和分项统计，并对历史数据进行存储和对比。大楼共设置了 71 个计量点位，其中照明插座系统用电 22 个计量点，空调系统用电 34 个计量点，水泵、通风机、电梯系统用电 11 个计量点，特殊用电 4 个计量点。

能耗监测平台自 2010 年 9 月开始正式使用，此处以进入正常负荷之后的 2012 年 1 月 1 日至 2012 年 12 月 30 日的能耗数据为依据，进行分项拆分和分析。

2012 年全年的建筑总用电量为 60.13 万 kWh，平均单位建筑面积的年用电量为 60.26kWh/m^2 年。如果扣除插座、动力和电梯用电，则全年暖通空调系统和照明系统应为

48kWh/m² 年左右，这个数值显著低于能耗模拟计算结果 70.9kWh/m² 年，更是远低于上海地区写字楼能耗调研的均值，同时也低于《上海市机关办公楼合理用能指南 DB31/T 550—2011》的合理用能指标要求。

将建筑能耗按照主楼和副楼分别统计，则主楼(办公业态)单位面积电耗为 50.68kWh/m² 年，副楼为 83.99kWh/m² 年，这是由于副楼并非单纯的办公建筑，其中的专业实验室里有很多耗电量大的实验设备，导致用电量增加。

对主楼用电进行拆分统计，得到空调系统分项用电 28.28kWh/m² 年，占比 56%，最高；照明、插座和动力的用电量均在 5.39～7.82kWh/m² 年范围内，各项差别比较小，尤其是照明用电远低于模拟值 18.1kWh/m² 年；电梯用电仅为 1.93kWh/m² 年，占比很小。

五、小结

上海建科院莘庄综合楼以被动式建筑设计为特色，从绿色建筑运行节能目标出发制定了因地制宜、经济适宜的技术体系，项目建成后在运行阶段经过绿色建筑性能后评估，在能耗水平、室内环境品质、员工满意度等方面均实现了预期的设计指标。2012 年单位建筑面积总能耗为 60.26kWh/m²·a，其中主楼办公区为 50.68kWh/m²·a，优于上海地区同类型建筑的能耗表现，基本实现了预定的节能目标。同时，建筑的室内热环境、光环境和声环境和室内空气品质等参数的实测值均达到设计要求，用户的整体满意度达到了较高水准。

该建筑的成功经验如下。

1. 结合气候地域特点的被动式建筑设计

根据上海本地的气候、资源特点，采用了本体遮阳、天然采光、自然通风、立体绿化等策略。其中，通过建筑本体叠合设计实现了夏季自遮阳，避免了采用外遮阳所带来的投资增量和后续维护问题，通过合理的进深控制和天窗边庭采光，改善办公区和地下室的采光效果；结合各楼层休憩露台，为自然通风打通了流通风道，强化穿堂风效果；错落分布的屋顶绿化以及爬藤绿化，在改善视觉环境的同时，也提高了建筑物的节能效果。

2. 创新性的空调供暖系统设计

空调系统方面，体现高效、灵活、便捷的特点，适应分部门办公的特性。采用温湿度独立控制思路，提出新的地埋管水源与 VRV 多联机空调机组结合的新系统，与溶液调湿新风系统配合，适应本地气候特点；此外，安装了能耗分项计量系统，既可实现根据部门的楼层计量，又可实现分用途计量，将收费系统和能耗诊断系统相结合。

该项目从绿色建筑的理念策划、建筑实现、适宜技术筛选与集成等方面所进行的创作和实践，亦可为相近气候地区同类型建筑性能的持续提升提供借鉴。

第三节　夏热冬暖气候区

深圳建科院大楼位于深圳市，为深圳市建筑科学研究院有限公司(以下简称深圳建科院)的总部大楼。该楼于2009年竣工，总建筑面积约为1.9万m^2。该楼曾于2009年获得国家绿色建筑设计评价标识三星级及建筑能效标识三星级，2011年获得绿色建筑运行标识三星级，并获得住建部绿色建筑创新综合一等奖。该建筑由于采用了本地化低成本技术，建安费仅为4200元/m^2。

2011—2013年，清华大学对深圳建科院大楼的建筑能耗与建筑环境状况进行了长期的深入调研，发现该建筑的能耗低于深圳市同类建筑能耗，且室内人员对室内环境品质感到满意。因此，该建筑为低成本、低能耗，而室内环境品质却能达到健康舒适要求的现代办公建筑。

一、建筑设计概况

深圳建科院大楼地上12层，其中有10层是室内空间，见图2-26。该建筑总高45米，最大进深30米。功能以办公为主。楼内使用者有350～450人。该建筑的窗墙比是0.39，墙体的传热系数是0.69W/m^2℃，窗的传热系数是3.5W/m^2℃，遮阳系数是0.34。

该建筑低区5层楼有大门中庭、展厅、实验室、报告厅、会议室；高区7～10层是办公室，其中8层和10层的层高是7.2米，内部均有一个夹层；11层和12层是专家公寓、员工活动区、食堂等。高低区之间有一个6层的空中花园，顶楼上有屋顶花园，利用太阳能光伏板和太阳能热水器遮阳。

该楼的建筑特点是敞开式的设计，充分结合华南地区夏热冬暖的气候特点，把建筑室内外空间融为一体。低区的大中庭是一个通过大门与室外相连的半敞开高大空间(见图2-27)。高区每层两个独立封闭区域之间由一个敞开式的平台相连，在这个敞开式平台上有供员工开小组讨论会的区域(见图2-28)、提供饮用水的茶水区、打印机区、楼层前台等功能区，还有公共走廊、电梯前室和楼梯。平台旁边还有部分封闭的室内空间，包括卫生间、电梯、机房等。

图2-26　深圳建科院大楼外观

各楼层的办公室的外窗均采用了可开启设计，供室内人

图 2-27 入口与中庭

图 2-28 高区各层办公区之间的敞开式平台

员自由开启。外窗上设有各种遮阳装置,如挑檐外遮阳对遮挡深圳当地夏季太阳高度角很高的日射非常有效;外窗的内外侧均设有把太阳直射光反射到室内白色顶棚上以加强室内天然采光效果,同时避免窗际眩光的天然采光反光板(见图 2-29)。室内的吊顶均喷成了白色,目的是结合天然光反光板的作用提高吊顶的亮度,使远离窗户的工位也能得到很好的天然采光。

图 2-29 外窗外遮阳装置,以及安装在窗内/外侧的反光板

在低区的 5 层,有一个跨两层高的 300 座报告厅。该报告厅的一个显著的特点是有一道完全可以打开的外墙,在室外气温适宜的时候可以完全采用自然通风,而不需要开空调

(见图 2-30)。报告厅的楼梯间也是完全对外敞开的。

图 2-30　外墙可以全部打开的报告厅

二、空调与冷热源系统

该建筑根据不同功能区的负荷特点,采用了多种类型的空调系统,包括风机盘管系统、溶液除湿新风系统、多联机系统和分体机。为了降低冷冻水的输配能耗,冷水机组均做到小型分散化,每一个区域都有独立服务的小型水冷式冷水机组,但冷却水系统是集中处理的,冷却塔集中布置在楼顶。

该建筑的大部分空间使用的是风机盘管加新风系统,风机盘管内使用的是 16℃ 的高温冷水,只处理室内显热负荷,湿负荷由溶液除湿新风机组承担,室内人员可以独立设定室内温度控制值。大报告厅配备有独立的冷水机组及新风处理机组;位于地下的实验室及一些功能区域(IT 机房、控制室等)均配备有单独的空调系统。位于 11 层的专家公寓等空间所配备的是分体式空调器,以适应这些区域使用时间不固定的特点。图 2-31 给出的是该建筑的空调与冷热源系统示意图。

三、实际运行情况

由于该建筑有很大面积的功能区如小组会议区、茶水休息间、打印机室、走廊、楼梯间等设计为敞开或半敞开空间,这些地方均不需要设置空调,而且在大部分的使用期间均不需要人工照明,因此大大减少了用能的建筑面积。

在空调季,规定的集中空调系统运行时间为工作日的早 8:30 至晚 6:00,在非规定时间外需提交申请才能开启冷水机组。由物业提供的实际运行记录可知,在非规定时间段通过打报告申请开启机组的情况非常少见。加班期间一般利用自然通风和电风扇来满足热舒适

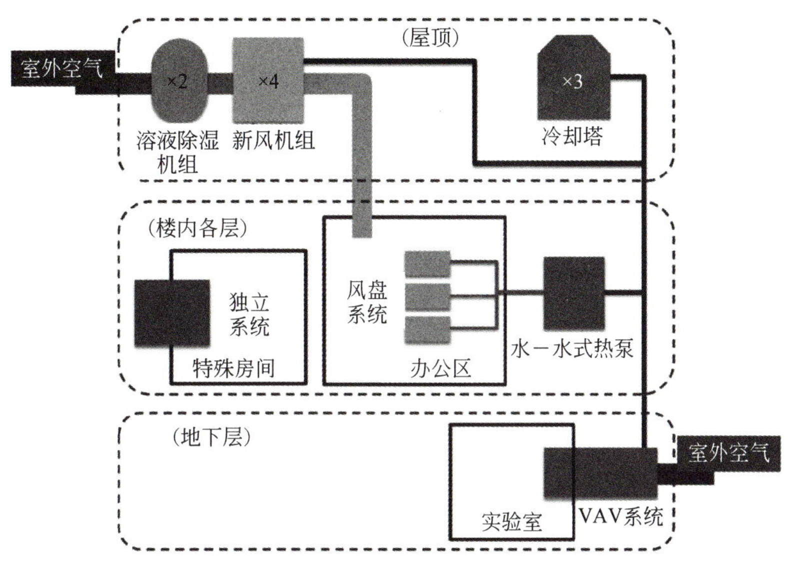

图 2-31　空调与冷热源系统示意图

需求。

尽管该建筑的空调和冷热源系统考虑到降低输配能耗和适应负荷变化的独立功能，但实际上在测试工作期间，系统并没有得到很好的调试，很多机组都未运行在最佳工况点，机组的 COP 偏低。因此，该建筑整体空调系统能耗低不能归因于空调与冷热源设备的高效运行。

在非空调季，办公区域人员主要依靠开窗和使用电风扇来保证室内环境的舒适性。图 2-32 给出的是空调季、非空调季室内人员开窗和使用电风扇的调查问卷回应的样本数。可以看到在空调季室外很热的时候依然有人开窗，在非空调季，也有很多人不开窗、不使用电风扇。由此可以看出个体热环境需求和对个体环境调节需求的差异性。

在 5 层的报告厅，尽管是在满员使用情况下，在室外温度为 25℃ 左右就不再开空调，而是全部打开外墙采用自然通风。在高区办公室的户外平台利用率很高。即便是在空调季，室内人员也更愿意使用户外平台开小组会，讨论工作，而不是选择有空调的会议室。

办公区域内电灯均由室内人员控制，可直接反映人员的采光需求。通过对 2012 年 4 月一周的 10 层办公室内人员用灯记录来了解室内人员对人工照明的需求情况，以及该建筑办公区域的天然采光设计的实际节能效果。这一周 5 天工作日内有 2 天为不下雨的阴天、3 天为大雨天。10 层办公室一周工作日的开灯情况记录证明，尽管在一周阴雨天的气候条件下，天然光条件相对比较好的时候，室内天然采光仍可满足人员需求，室内人员开灯比率很低或者都不开灯；即便是在大雨天，靠窗区域人员仍无须开灯，但内部区域需开启适量电灯

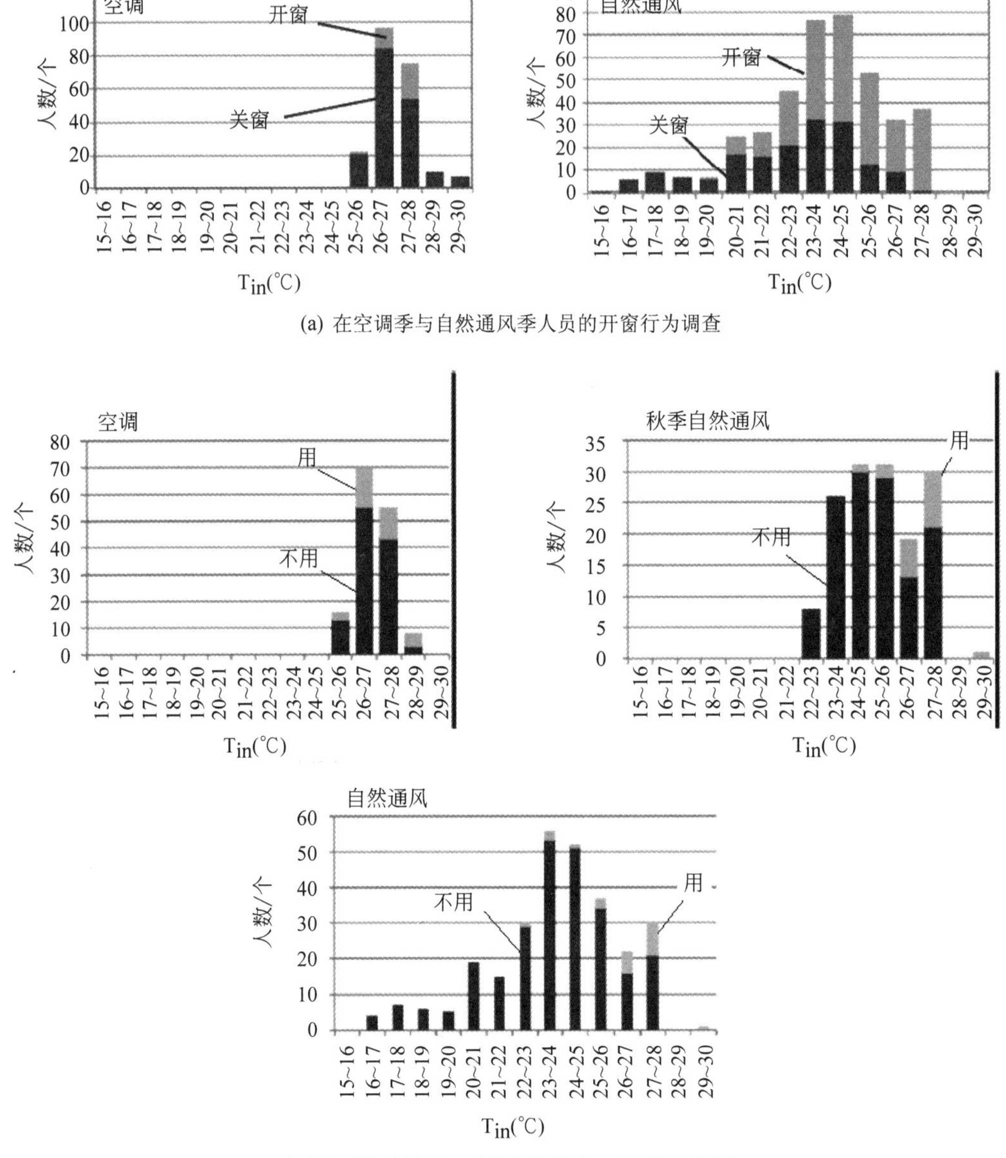

(a) 在空调季与自然通风季人员的开窗行为调查

(b) 在空调季与自然通风季人员使用电风扇的行为调查

图 2-32　不同季节室内人员开窗和使用电风扇的行为调查

以满足人员需求。

图 2-33 是 7 月在 7 层和 8 层办公区(总共 2020m^2 建筑面积)一周内的插座与照明电耗的情况。从这个结果可以看到,照明占办公区电耗的比例较小,而且插座电耗在工作日是比较稳定的,但照明电耗却有较大的变化,说明室内人员根据天然采光的情况主动调节了照明。

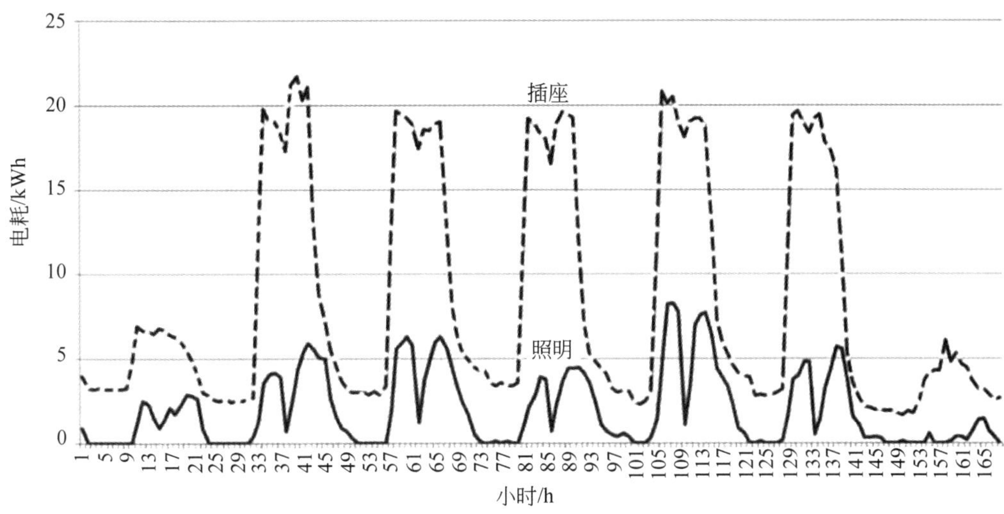

图 2-33　7 层和 8 层办公区在 2012 年 7 月初一周间的插座与照明电耗记录

四、实测室内热环境与热舒适水平

由于深圳建科院大楼集中空调开启时间短，利用自然通风的时间长，室内环境能否满足室内人员的热舒适要求？尤其是对于这种现代的办公楼来说，是否有可能达到了节能的目的却牺牲了室内人员的舒适、健康和劳动效率？

2012 年春至 2013 年秋，清华大学对深圳建科院的办公区、报告厅、室外平台等空间进行了热舒适参数测量和人员问卷调查，以评估该建筑的实际热环境水平与热舒适水平。其结论对回答上述问题具有非常重要的意义。

1. 办公区

在 10 层南侧办公室、10 层南侧夹层办公室进行了温湿度分布的长期监测，并对室外平台上的温度进行了连续监测。同时对这两个办公区的员工每周发放 1～2 次关于热感觉与舒适度的问卷调查，问题包括：座位附近的窗户的调节；是否使用电风扇；服装情况；对温湿度和风速的感觉与期望；有无其他加热、冷却策略；热舒适；对热环境接受度；感知的空气品质。2012 年 8 月至 2013 年 4 月 10 层办公区工作时间的室内温湿度和室外温度的实测记录显示，8～10 月夏季空调期间室内温度为 26℃～29℃，相对湿度多为 60%～90%；11～12 月秋季和 3～4 月春季自然通风期间室温为 20℃～26℃，相对湿度基本都在 60%以上；1～2 月冬季室内温度为 17℃～23℃，相对湿度多为 50%～70%。夏季空调期间实测的室内温湿度数据 90%以上均不在 ASHRAE-55 标准给出的夏季舒适区内（图 2-34 左图的 AC 状态点），而过渡季和冬季的室内温湿度数据大部分均落在 ASHRAE-55 标准给出的非空调建筑的热适应模型舒适区内，部分冬季 17℃～19℃的数据落在了热适应模型舒适区外（图 2-34 的右图的 NV 状态点)。

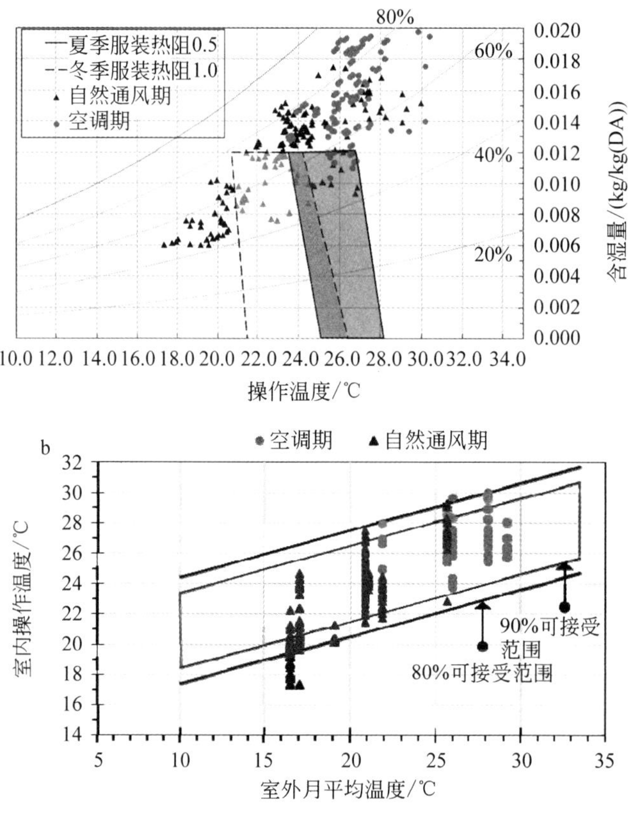

图 2-34 10 层办公区室内温湿度与 ASHRAE 舒适区

通过对室内人员的问卷调查,在空调期间,室温在 26℃以上人员的接受度可达 80%以上,但室温低于 26℃接受度则降到 65%,人们感觉偏冷。这个室温在 26℃以上的温度范围明显高于 ASHRAE 舒适区,但人们反而感觉更舒适,这反映了偏热气候区人群的气候适应性。自然通风期间,当室温高于 21℃时,人们的接受度和舒适感都比较高,而且 80%接受度的温度范围比空调期间的宽,反映了人们个体调节的正面作用。图 2-35 给出的是室内人员对办公室热环境的总体热舒适评价。依据热环境评价标准,微热和微冷范围均为可接受的热舒适范围,投票比例超过 90%。因此,办公区的热环境是完全满足室内人员的热舒适要求的。

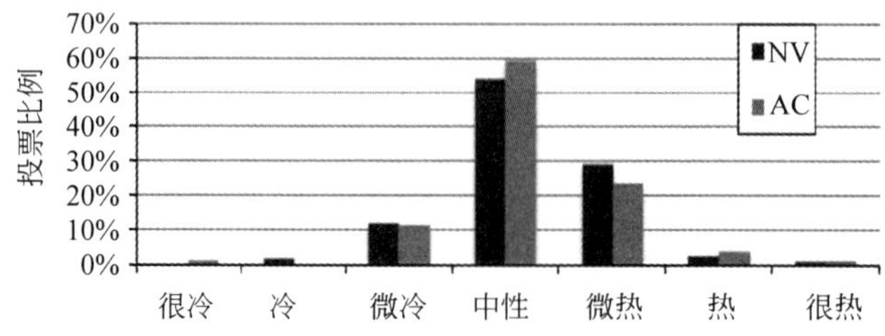

图 2-35 空调期(AC)与自然通风期(NV)室内人员的热舒适调查结果

2. 报告厅

报告厅设计特点突出，对自然通风的利用是报告厅降低能耗的主要手段。在《建筑节能年度发展研究报告 2010 年》中曾指出，2009 年 5 月 4 日，在室外温度为 25℃、报告厅满员全部打开外墙、不开空调，只采用自然通风的情况下，调查问卷结果表明使用者对报告厅的热环境满意，但当时并没有实测室内温湿度。2013 年 11 月 11 日清华大学团队再次对会议满员条件下仅采用自然通风的报告厅室内温湿度与风速进行了测量，同时进行了热舒适的问卷调查。此时报告厅外墙全开进行自然通风，不开空调。共布置 3 个室内测点和 1 个室外测点，测得室外温度约为 24.5℃，室内测点的空气温度范围为 26℃～27.5℃。位于报告厅靠近室外的测点 1 温度略低，走廊附近的测点 3 的温度次之，位于中部的测点 2 的温度最高。

与会者调查问卷结果如图 2-36 所示，投票微冷、中性与微热的比例超过 80%，还有约 10%的被调查者投票为冷和很冷，5%的投票为热和很热。靠近室外及过道的人员感觉偏凉，位于中部的人员感觉偏暖，与温度中间高两边低的趋势相同。

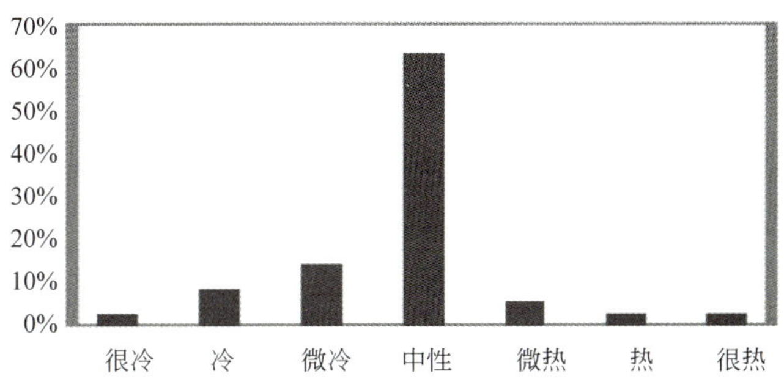

图 2-36　报告厅室内被调查者的热感觉投票百分比结果

3. 办公区室外平台

通过对该建筑的使用者询问调研，以及测试者自己的观测，发现该建筑的使用者非常喜欢使用办公区的室外平台作为非正式会议、小组讨论的场所。甚至在室外炎热的空调季，他们依然愿意舍弃空调温度为热中性的会议室而选择室外平台。2013 年 9 月 9 日对 10 层办公区的室外平台以及对空调办公室的热环境参数进行了测量，并对同时处于这两个区域的人员进行了热舒适问卷调查。

人员在室外平台逗留期间实测平台空气温度为 29℃～30.5℃，相对湿度为 66%～77%，而有空调的办公室当时室内温度在 26℃～27℃的范围内。图 2-37 给出的是室外平台与空调办公室内人员对这两个环境的热感觉和热舒适的投票调查结果。调查问卷的结果表明人们认为室外平台比空调办公室热一些，但是舒适感却显著比有空调的办公室的室内环境更舒服，这是他们更愿意选择室外平台的原因。而舒适感更好的原因主要是能够感觉到自然风，还有空气品质较好、有天然光、有好的视野等非热环境因素。

办公室 开敞平台
50%
40%
30%
20%
10%
0%
很冷 冷 微冷 中性 微热 热 很热

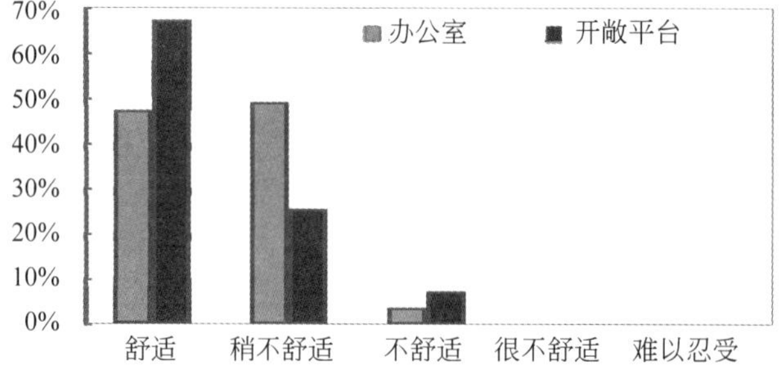

图 2-37　室外平台与室内人员的热感觉(上)热舒适(下)调查问卷结果

五、实际运行能耗

深圳建科院大楼消耗的能源主要是电力，用于空调、照明、电梯、办公室设备等。另外每年还会消耗 14 000m^3 左右的天然气用于食堂的炊事，在本书中并不涉及。该建筑的电耗数据来自建科院的能耗监测平台的逐月分项能耗数据、物业人员在部分配电箱的逐月手工记录以及交费的电费表等多个来源，并进行了交互核对分析，保证能耗数据的准确性，从而获得了 2011 年 11 月至 2012 年 10 月一年间的逐月电耗数据。该建筑由于存在实验室和公寓部分，为了能够与深圳市同类办公建筑进行比较，因此拆分出办公功能部分的用电量，得到单位建筑面积电耗为 60.2kWh /m^2 年。扣除太阳能光伏板产电部分，相当于该建筑的办公部分消耗电网提供的电量为 56kWh /m^2 年。

根据该楼的运行记录，以及从图 2-38 的逐月耗电量的分项数据可以看出，该建筑的集中空调系统运行时间是从 5 月到 10 月中旬，一共为五个半月，其他月份只有非常少量的分体机或者多联机电耗。而深圳市同类办公楼的集中空调系统运行时间基本为 10 个月。因此，深圳建科院大楼的集中空调系统的运行时间远远短于当地其他同类建筑，这就是该建筑能耗远低于同地区其他办公建筑的原因之一。

深圳市 2007 年对 57 座办公楼的能耗的调查统计结果显示，深圳市同类办公楼的单位

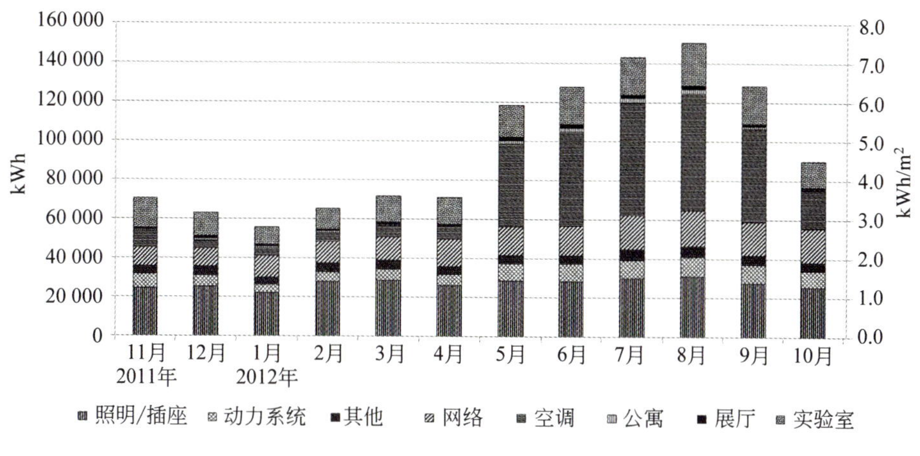

图 2-38 深圳建科院大楼办公部分逐月耗电量分项数据

建筑面积电耗平均值为 103.6kWh/m² 年。而现在的办公楼的单位面积建筑电耗比 2007 年又有所提高。图 2-39 给出的是深圳建科院大楼 2011 年 11 月至 2012 年 10 月期间的逐月单位面积电耗，同时给出了深圳市 57 栋办公楼 2007 年的逐月单位面积电耗以便对比。由此可见深圳建科院大楼办公部分的实际电耗仅为深圳市同类建筑统计平均值的 60%，低于统计标准差的下限，更低于 2006 年香港 19 座政府办公楼能耗的统计平均值 242kWh/m² 年。因此可以确认深圳建科院大楼是一座低能耗的现代办公建筑。

从对现场调查的结果，关于深圳建科院大楼可以得出以下结论：

(1) 该建筑的单位面积建筑能耗是深圳市同类建筑能耗的 60%，低于统计数据标准差的下限。

(2) 该建筑能耗低的主要原因在于建筑有效的被动式节能设计：很多功能空间设计为半室外空间，以及显著降低了需要空调和人工照明的建筑面积；由于建筑可以充分利用自然通风，因此需要空调的时间与同地区类似建筑相比缩短了 40% 以上；合理的天然采光的设计，有效地降低了照明能耗。

(3) 尽管该建筑当时的空调和冷源系统并没有运行在最佳状态，该建筑能耗依然很低。如果空调与冷源系统能够进行进一步的优化调试，空调能耗还可能进一步降低。

(4) 该建筑的室内热环境和光环境品质完全能够满足室内人员的舒适性要求与工作需求。室内外空间的有机联结不仅能够有效降低建筑能耗，而且能够为室内人员提供更为舒适、愉悦、健康的工作环境。

(5) 该建筑根据当地亚热带气候条件的特点，采用了完全不同于时下同类型建筑封闭式设计的室内外有机贯通的设计方法。实践证明，这种与气候相适应的建筑设计理念完全可以在现代办公建筑中推广应用。

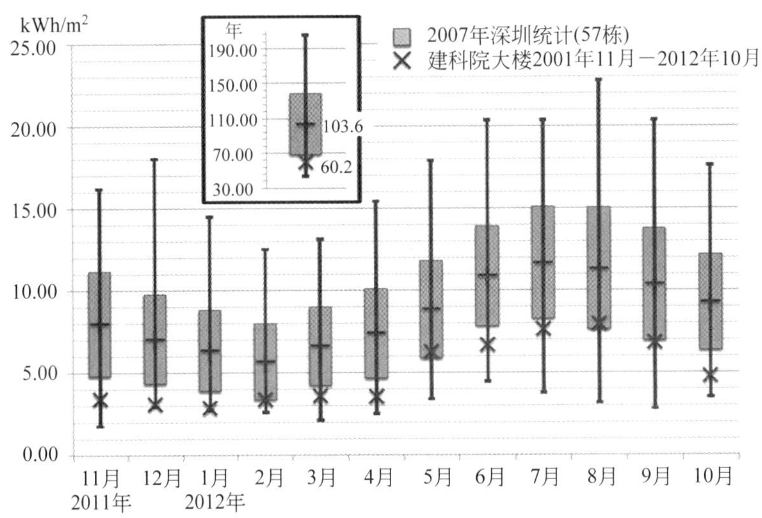

图 2-39　深圳建科院大楼电耗数据与 2007 年深圳市 57 座办公楼的电耗数据对比

（注：竖线上的点分别代表最大值、平均值和最小值，方框表示为标准差的范围）

第四节　温和气候区

清控人居科技示范楼（Tsinghua Eco-Studio，THE-Studio，以下简称“科技示范楼”）位于贵州省贵阳市贵安新区，是贵安生态文明创新园第一栋示范楼宇。生态文明创新园由贵安新区政府、清控人居建设（集团）有限公司（以下简称“清控人居集团”）和英国建筑研究院（Building Research Establishment，BRE）三方共建，以推动生态、低碳建筑环境行业的研究与发展，以期将该园区打造成为国际一流的生态、低碳城镇化建设示范区。

该建筑于 2015 年竣工运行。基于园区的背景，该项目能源系统的设计遵循 3 个原则：可持续性、适应性、示范性。可持续性是指采用主动式和被动式相结合的设计策略，在满足使用者基本需求的前提下，减小建筑的环境影响，实现低能耗、低排放和可持续的设计目标。适应性是指所采用的技术充分考虑当地自然条件的禀赋与建筑自身需求的特征。同时，考虑到项目的特殊性，科技示范楼在技术的选择上有一定的超前性与示范性，目的是将该建筑打造成一个技术集成的展厅和数据采集的实验平台。

该建筑并无设置常规的空调降温设施，而是通过被动设计和利用自然能源来获得舒适的夏季室内环境。尽管设置了一个生物质锅炉为冬天供暖，但实际上竣工后一直没有用过，因此该建筑的空调采暖部分是处于零能耗状态。因此，对其实际运行效果的考察主要是考察室内的热舒适水平。

一、建筑概况

科技示范楼建筑面积为 701m²，地上 2 层，地下 1 层，总用地面积为 1826m²。外观特征是一座由藤编表皮覆盖的南北高坡屋顶的建筑，见图 2-40。

图 2-40　贵安新区清控人居科技示范楼外形

建筑集展陈和园区游客接待中心为一体，故在建筑功能定位上分为大空间陈列展区、对外接待会议区及内部工作人员日常办公区三大部分。建筑北侧为内部工作人员日常办公管理用房，外加茶歇间及公共卫生间；南侧为对外接待及会议区；南北两侧之间，作为两层通高的中部展示大厅。

贵安新区地处贵阳与安顺两市之间，在建筑热工分区上属于温和地区。此地区夏季主要盛行西南偏南风，冬季则以东北偏东风为主导。亚热带湿润温和型气候特征明显：全年平均气温 15.7℃，最热月 7 月平均气温 24.0℃，最冷月 1 月平均气温 5.7℃，全年温度变化平缓，日平均温度波动范围是-1.1℃～27.4℃。贵阳地区气象条件比较温和，夏季温度很少突破 30℃，温和的气象条件为自然通风、遮阳等被动式室内环境营造技术提供了广泛的应用空间。贵阳日照时间短，太阳辐射量低，冬季太阳辐射累积量的平均值仅约为 490MJ，接近全国最低值，同时仅为其夏季辐射累积量的 38% 左右，冬季太阳能利用的空间不大。因此，设计上夏天要避免办公建筑内部过热，做好遮阳通风，围护结构做好保温，避免冬季室内散热过多而导致室温太低。

根据上述原则，该建筑采用了多种可持续技术集成，包括：充分利用自然通风的空间布局；天然采光与可调节外遮阳；对围护结构进行优化，采用了可调控的双层保温外墙；设置了地道通风，在夏季会议与接待的人员众多、发热量大的时候提供降温的冷源；雨水回用与生态景观相结合；利用可循环材料、本土材料和技术；另外还配置了生物质锅炉采暖系统以备冬季过冷的时候使用。

主体建筑在体型上呈南北坡屋面的形态，屋脊位于展厅中部，为中部展厅提供了较高的大空间，为大厅热压通风提供了条件。沿屋脊方向设置侧高窗，为大厅提供自然采光。科技示范楼主体建筑屋脊上方设有挡雨导风风帽，既能为开启高窗的迎水面挡雨，又在风帽下方形成负压区，加强屋脊顶部通风。风帽顶部设有太阳能光电和光热设备。其内部结构和主要可持续技术措施见图 2-41。

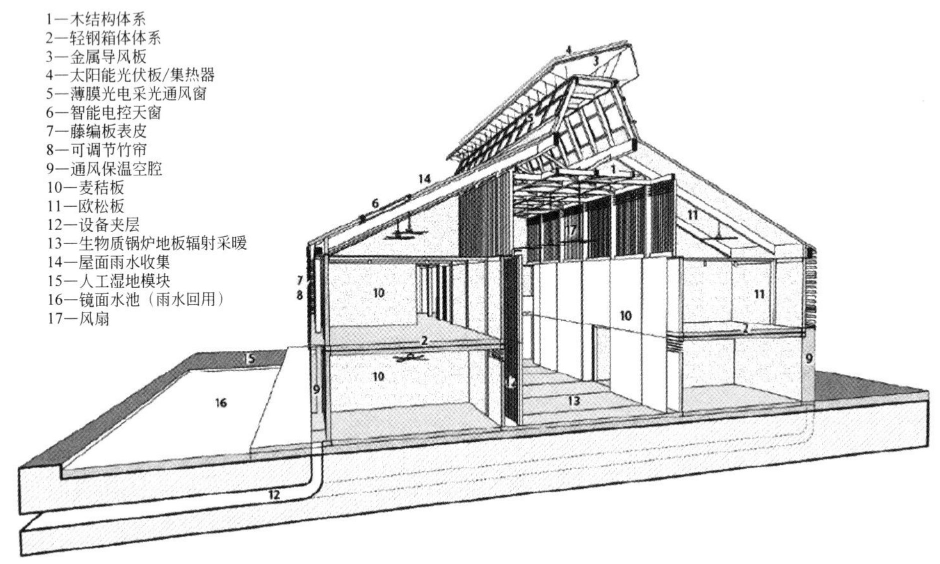

图 2-41　贵安新区清控人居科技示范楼的内部结构与主要技术措施

（一）围护结构优化

科技示范楼的外墙围护体系主要包含两部分：位于内侧的基础墙体和位于外侧的附加表皮。内侧的基础墙体是分隔室内外环境的常规意义的外墙，具有保温、防水等功能，其中首层采用预制复合金属夹芯墙板，在金属面层中填充 80mm 厚岩棉，传热系数约为 0.5W/(m^2K)，窗户采用双层中空 Low-E 玻璃，传热系数为 3.0W/(m^2K)。二层采用密肋木龙骨墙体，中填 120mm 厚岩棉，传热系数约为 0.37W/(m^2K)。窗户采用三层中空充氩气的 Low-E 玻璃(6Low-E+16Ar+4+20Ar+4Low-E)，传热系数为 0.82W/(m^2K)。

在上述内侧基础墙体的外侧，附加表皮进一步提升了外墙的整体热工性能。首层复合夹芯墙板的外侧设有单层玻璃的幕墙，幕墙上方设有保温通风百叶，下方设有 300mm 高的推拉式铝板通风口，幕墙与夹芯墙板之间形成了方便手动控制的通风保温空腔。在过渡季或者夏季的夜间，幕墙下部的通风口一直保持开启状态，保证自然风可以顺畅地进入室内；夏季，当室外气温过高时，关闭外窗，室内利用地道通风供冷，外窗空腔内形成自然通风，带走腔体和外墙表面的热量；冬季最低气温在 0℃ 左右，幕墙上部的保温百叶和下部的通风口保持关闭状态，形成封闭的空气间层，起到保温缓冲的作用(见图 2-42)。

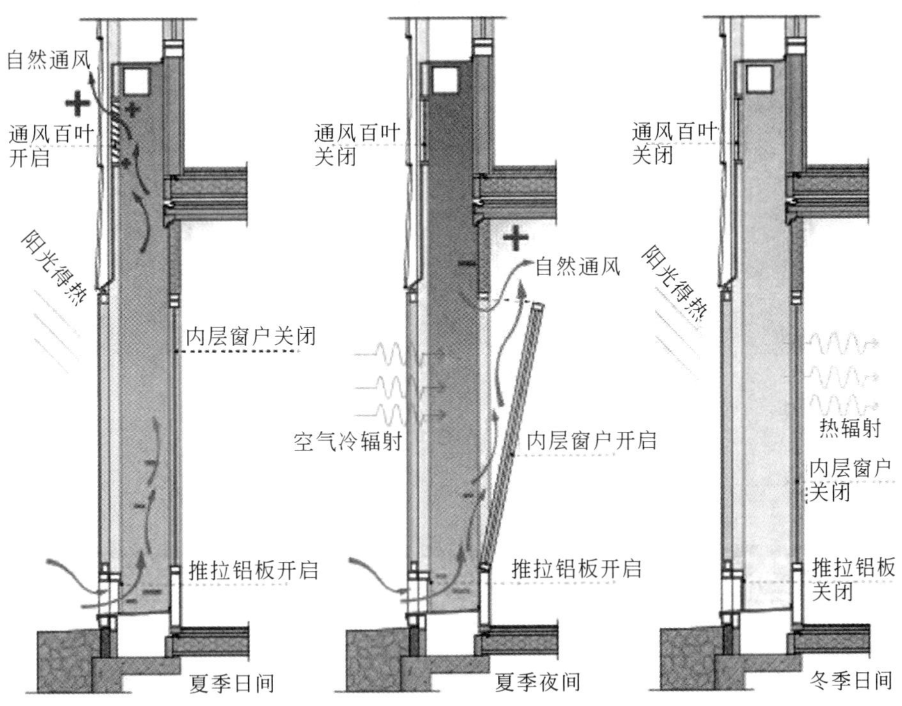

图 2-42　首层采用的双层皮幕墙

二层采用的是利用乡土材料制作的藤编表皮。二层的藤编表皮由标准化的单元板块组成，与外墙之间形成半封闭的夹层，夏季起到遮阳作用，尤其是东西山墙面积较大，可避免阳光直射外墙，减少辐射得热。南侧外窗部分设置藤板或可调节的竹帘外遮阳(见图 2-43)。此外，夹层促进了对流通风，带走外墙表面的部分热量。冬季，藤编表皮可起到一定程度的防风作用。

藤编表皮的目的是夏季遮阳。当地太阳辐射以散射为主，建筑各立面获得的辐射量较均匀，因此表皮整体上应以较为致密的藤编板为主。此外贵安夏季以西南季风为主，可利用其促进表皮空腔内热气的流动与排出，减少室内得热，故而建筑西、南两面需采用相对稀疏的藤编板；而冬季以东北季风为主，需通过表皮对冷风进行阻隔与屏蔽以达到保温的作用，故而建筑东、北两面需采用相对致密的藤编板。另外，冬夏季风会在建筑不同位置的表面形成不同强度的风压，加速藤材的老化与损坏。为消减这种不利影响，各立面根据风压的不同分级分别对应不同疏密程度的藤编纹样。一般而言，风压越大的地方，对应藤编板的透空率就越高。根据上述调节藤编疏密分布的基本原则，清华大学建筑学院设计团队与三穗县藤编工匠密切合作，开发出四种疏密不同的编织纹样，进而通过表皮模块的组合变化，使其在兼顾遮阳、通风、保温等功能的同时，提升表皮系统的结构稳定性与材料耐久性(见图 2-44)。

图 2-43　窗外可调节的竹帘外遮阳图

图 2-44　四种疏密不同的编织纹样

（二）热舒适环境营造

研究发现，气流作为动态热环境的重要参数之一，对人体热舒适有重要影响，尤其是在偏热环境下，通过增加室内气流扰动，能有效改善人体热舒适。

该建筑设计中，采用了强化自然通风的设计策略，围绕两层通高的展示中庭进行整体布局。展厅顶部设有电动开启高侧窗，在风压和热压作用的驱动下，自然风从侧窗通过各房间进入展厅，再从高侧窗排出室外（见图 2-45）。二层所有房间都有电动开启顶窗（见图 2-46），并配有电动遮阳。这些顶窗可用于热压自然通风，同时还可以起到天然采光的作用。在春、秋季以及夏初夏末充分利用自然通风，可有效缩短夏季供冷时间。

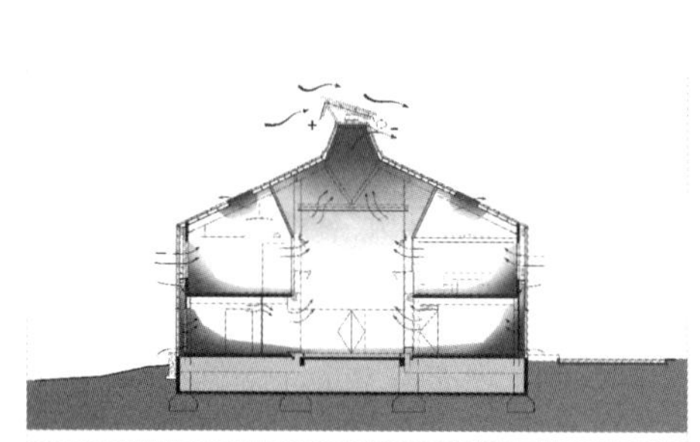

图 2-45　自然通风设计

图 2-46　二层房间的天窗与吊扇

在该建筑的办公室、会议室和公共区都安装了吊扇。吊扇增加室内的气流扰动，从而实现不用人工冷源维持室内的热舒适环境。

考虑到该建筑中庭大厅具有陈列展览和会议接待的功能，当举办活动时访客众多，如果室外气温接近 30℃，仅靠自然通风和吊扇无法保证访客的热舒适，因此该建筑还设置了地道风系统为一楼的展厅和二楼会议室送风（见图 2-47）。该建筑在 2015 年 6 月竣工开始使用时在展厅召开了记者发布会，参会人数远超过了设计最大人数，但仅通过地道风送风系统就完全保证了室内与会者的热舒适。

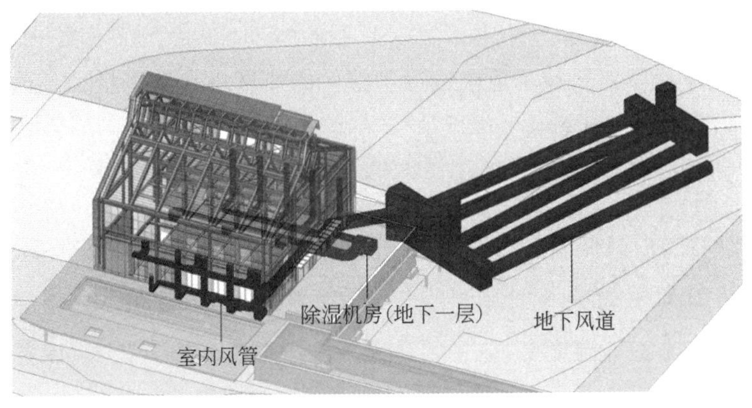

图 2-47 地道风的埋管设置(左)与会议室的室内送风口(右)

(三)可循环材料与乡土材料的利用

科技示范楼的主体结构以钢材和木材两种可循环建筑材料为主,采用木建筑+轻钢箱体模块的混合结构体系,外墙和屋面主要采用木龙骨、欧松板、木瓦等木材制品。室内装修大量使用农作物秸秆制成的麦秸板(见图 2-48),既满足零甲醛释放的环保要求,又实现对秸秆的再利用,减少了对森林资源的消耗。

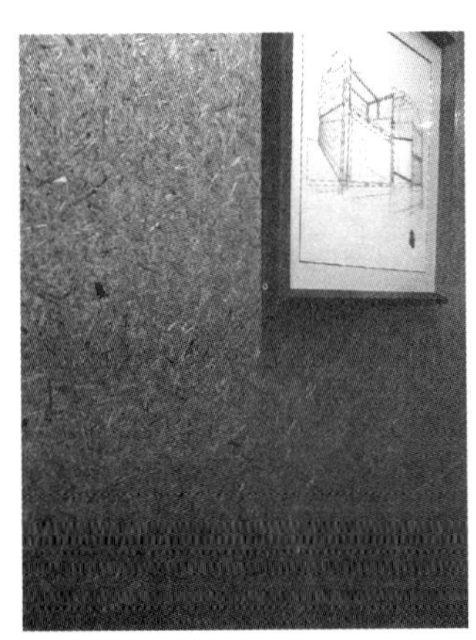

图 2-48 办公室(左)和展厅(右)室内装修采用的麦秸板

四周场地的地面均不作硬铺装,而是采用了蜂巢约束系统,即采用高分子纳米聚乙烯经超声波焊接而成的蜂巢式三维网状物。在路基上铺上土工布,再放上蜂巢约束系统,填入多种粗沙、石子、石英砂层层夯实,打造出便于人们行走、停车的平整可透水地面(参见图 2-40),符合实现海绵城市的目标,而且造价低廉。

二、实测室内环境与热舒适水平

2017年4月至9月，清华大学团队对科技示范楼进行了整体的热环境参数测量和人员问卷调查，以评估该建筑的实际热环境与热舒适水平。

（一）室内热环境

室内所有测点调研期间逐时最高、最低温度如图2-49所示。可见整个建筑中，从春季、夏季到秋季，大多数时间温度为16℃～32℃，对比室外空气温度可以发现，该建筑室内外空气温度较接近，而室内温度通常略比室外温度高，这主要是因为太阳辐射和室内人员、设备发热所导致。

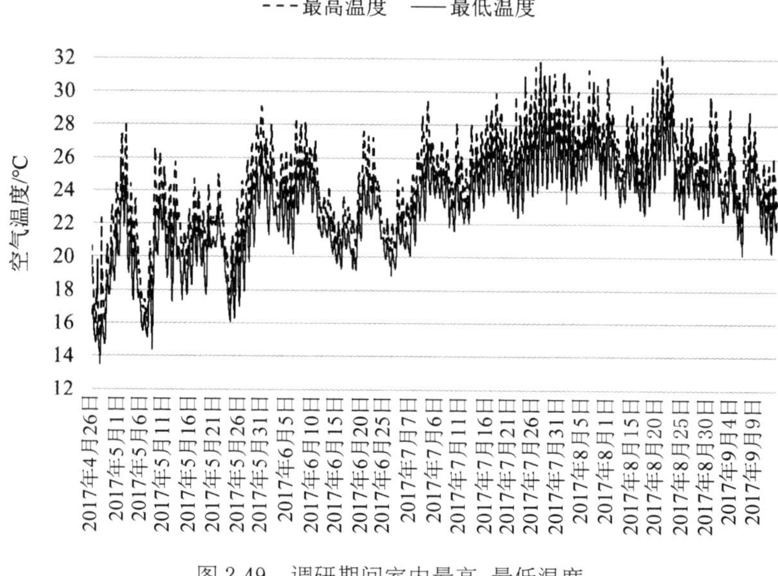

图2-49　调研期间室内最高、最低温度

该建筑中人员长时间停留的区域是二层的办公室，进一步对该区域的室内环境参数进行分析，环境温度分布如图2-50所示。可以发现，在办公室中，约有不低于82%的时间室内的空气温度为20℃～28℃，出现频率最高的是25.5℃～26.5℃，即大多数人的热中性区间。因此在大部分时间内，室内环境都处于较为舒适的状态。

在风速的测量中，测量过程中风速仪记录数据为0，这是因为室内风速小于0.1m/s，小于风速仪记录的最小分度。由于人体可感风速的阈值为0.15m/s，显然进行风速测试时室内风速处于人体可感的范围外，可能是由于两次风速测量的时间都处于过渡季（4月28日和6月2日），室内环境属于偏冷或刚好适宜，室内人员没有开窗或者开启吊扇，因此室内风速较小。

室内二氧化碳浓度测量的结果显示，办公室中二氧化碳平均浓度为452ppm，处于非常

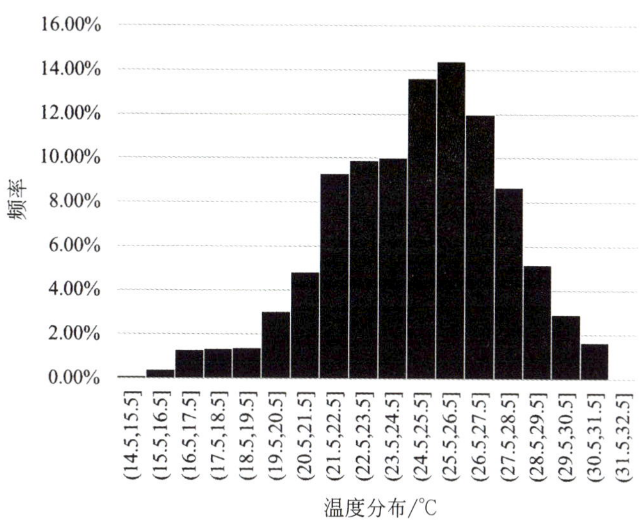

图 2-50　室内温度分布

低的水平，这说明虽然建筑中没有明显可感的空气流动，但是由于建筑的设计利于自然通风，保证了室内有非常好的空气质量。

（二）人员热舒适

建筑使用人员的热感觉投票(thermal sensation vote，TSV)见图 2-51。在该建筑中，室内人员投票的范围大部分在 ±1 之间，平均热感觉投票在 ±0.5 之间。由于 82%以上的时间段室内的空气温度为 20℃～28℃，此时人们的平均热感觉投票在 0～0.5 的范围内，这说明整体而言，该建筑的多数人员的热感觉都处于接近不冷不热的状态。

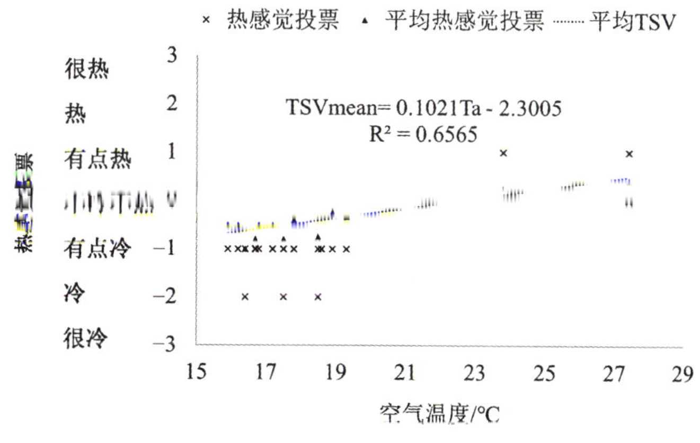

图 2-51　室内人员热感觉投票

三、小结

通过贵安新区清控人居科技示范楼可持续建筑的设计、建造与运行实践，可以得出如下经验：

(1) 温和地区由于其冬夏气候本身波动相对小，如果有效采用被动式系统设计策略，包括围护结构优化、强化自然通风等手段，可以有效地在保证建筑不使用额外的人工冷热源的情况下，维持室内建筑环境的舒适度，也就是说在该地区实现"零能耗"建筑是完全可能的。

(2) 使用自然通风或者采用吊扇等末端强化室内的气流扰动，可以有效地保证室内人员的热舒适水平，使得在该气候区的夏季并不需要安装常规的空调系统来供冷。

第五节　绿色建筑技术策略总结

本章介绍了在我国四个不同气候区的几个典型绿色公共建筑，可以看到它们采取的技术措施和设备各不相同，但在室内环境控制策略上有以下三个共同特点：

(1) 被动式节能手段优先，如均优先进行围护结构性能优化设计，以便在不同的季节达到隔热、保温、遮阳、自然通风、天然采光等目的，降低建筑能耗中占比最大的空调、采暖通风和照明的能耗需求。

(2) 充分利用当地的自然条件，因地制宜地利用自然的能力来营造舒适健康的建筑环境，降低建筑能耗与耗材。例如，利用地道风来降温通风，利用半敞开空间提供更为舒适的逗留区域，利用当地的藤、秸秆等乡土材料来制作围护结构等。

(3) 在被动式环境控制手段不能达到要求的情况下，所采用的主动式环境控制系统设备并不追求昂贵的高新技术和高度自动化，而是采用了适宜性的应用普遍、可推广的暖通空调设备与系统，尤其是采用便于独立开关和调节的设备与系统，甚至包括吊扇、台扇等低能耗的热舒适改善设备。这种做法不仅有利于满足室内人员的个性化需求，而且能通过部分时间部分空间运行而达到节能的目的。

正因为采取了适宜的技术策略，这些典型绿色建筑均在提供健康、舒适的室内环境的同时，尽可能地少消耗能源，并节省了各种资源。

本章参考文献

[1] 清华大学建筑节能研究中心. 中国建筑节能年度发展研究报告 2010[M]. 北京：中国建筑工业出版社，2010.

[2] 清华大学建筑节能研究中心. 中国建筑节能年度发展研究报告 2014[M]. 北京：中国建筑工业出版社，2014.

[3] Maohui LUO, Bin CAO, Jérome DAMIENS, Boron LIN, Yingxin ZHU. Evaluating thermal

comfort in mixed-mode buildings：A field study in a subtropical climate［J］. Building and Environment，2015 (88)：46-54.

［4］ Yingxin ZHU，Borong LIN，Bin YUAN. Low-cost green buildings practice in China：Library of Shandong Transportation College［J］. Frontiers of Energy and Power Engineering in China，2010，4 (1)：100-105.

［5］ 王者，刘加根，林波荣，等. 地道通风技术在贵安新区清控人居科技示范楼中的应用［J］. 动感：生态城市与绿色建筑，2015 (2)：62-67.

［6］ 陈晓娟，孙菁芬，林正豪，等. 可持续策略与建筑的整合设计——清控人居科技示范楼项目实践［J］. 动感：生态城市与绿色建筑，2015 (2)：41-47.

［7］ 牟迪，孟瑶，曹彬，朱颖心. 温和地区自然通风建筑热环境评价研究［C］. 中国绿色建筑与节能青年委员会 2018 年会论文集，深圳，2018.

［8］ 刘彦辰，何青，裴祖峰，林波荣，李淳. 天友绿色设计中心的运行性能研究［J］. 暖通空调，2015，45(4).

［9］ 任军，王重，丘地宏，徐晓光. 超低能耗既有建筑绿色改造的实验——天友绿色设计中心改造设计［J］. 建筑学报，2013(7).

［10］ 张颖，杨建荣，王瑞璞. 上海建科院莘庄综合楼绿色建筑运行效果研究［J］. 暖通空调，2014，44(11).

第三章

交通运输与经济深度融合研究

第一节　交通与经济互动机理

交通是社会经济发展的基础条件，为社会经济发展和人民生活提供交通服务。随着交通运输的不断发展，交通对经济发展的引领性和战略性不断显现。交通枢纽和通道的建设将对城市人口吸引、经济增长、产业集聚产生带动作用；智能化生产与高效物流将极大降低物流成本，提高生产效率；便捷的市域出行也会带来城市和乡村生活方式的极大改变。此外，虽然适度超前的交通发展水平能引领经济发展，但交通建设过度，不仅会造成严重的经济后果，往往还会对一个地区的社会发展起到阻碍作用。

一、交通投资对经济的拉动作用

发达的交通会扩大人们的日常生活范围。通勤圈的扩大会扩展居民就业范围，实现人才资源在更大范围内的有效配置；商务圈的扩大会为资源和生产的优化配置提供条件，激发经济活力。高铁等交通基础设施大通道对周边地区经济发展有显著的拉动作用。例如，郑徐客运专线沿线城市经济潜力提升程度在70%以上。

（一）交通布局与空间经济布局之间的关系

图3-1总结了交通布局与经济布局之间的关系。相邻地区之间，运输成本降低会促使运输成本相对较高的企业和产业逐渐集中，而运输成本相对较低的企业和产业向周围扩散。行业和地区之间的运输成本降低可以带来规模效应和劳动力迁移，进而能够带来产业和城市的扩张。

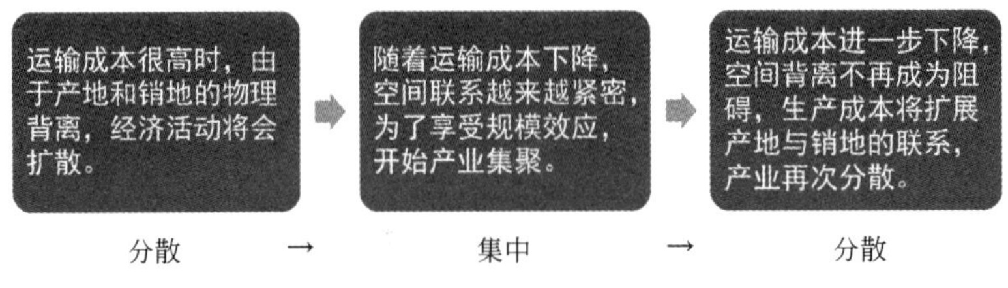

图3-1　交通布局与经济布局之间的关系

（二）交通服务水平与经济发展速度的关系

从交通速度提升对经济发展影响的研究可以看出，提速后的经济增长更快，而且对全要素生产率的提高有显著作用。

1994—2006 年，铁路 6 次提速促进了沿途站点的经济增长。相对于未提速站点，提速站点的人均 GDP 增长率提高了约 3.7%，在铁路提速后期，其促进作用更为显著。

1997—2007 年，交通服务水平的提高对全要素生产率有显著的正向影响。我国地区间全要素生产率具有明显的空间相关性，铁路和公路基础设施的增量带动我国全要素生产率增长了 11%，占全要素生产率增长的 59%。2001—2007 年铁路基础设施对全要素生产率有着持续显著的正向影响，1997—2000 年高速公路基础设施对全要素生产率有着持续显著的正向影响。

二、交通投资对经济的长期乘数效应

出行质量的更高要求推动了产业升级和新产业发展。随着人们对出行便捷、高效、智能、安全等要求的不断提高，创造了新动能、催生了新业态。出行者不再满足于传统可达性的需求，而是不断追求运输速度、流畅度、舒适度、安全度甚至智能化程度。随着铁路的 6 次大提速，汽车工业的高速发展，超音速飞机、新型动力船舶等高技术的发展，一卡通、人脸识别等技术在交通上的应用，智能驾驶、主动安全等技术的出现，国土利用和城市空间布局被重塑，人民的生活模式发生巨大变革，经济发展方向也随之发生了巨大转变，从传统以工业化大生产为主的产业结构逐步向以第三产业为主的方向变化。

与之对应，经济转型升级催生了出行新产业。随着经济的发展和人民收入水平的提高，近年来多样化的交通需求迅速增长，人们开始对交通的舒适度、私密性等有所要求。随着高铁的服务能力提升，人们对高铁准点率和舒适度的认可促进了高铁经济的发展；随着一批互联网公司的出现，人们对定制化出行的需求表现出来；相对于传统农业，近年来随着国际国内市郊和城际轨道交通的大规模建设，市民可以以极短的成本前往市郊从事农业活动或观赏农产品作为周末休闲娱乐的方式，新型的观光农业作为新业态涌现出来。同时，旅游业、交通服务业、港口经济、空港经济等也开始飞速发展。

第二节　交通与经济深度融合现状及案例分析

一、高铁建设对沿线区域经济发展的影响分析

高铁经济是伴随我国高铁飞速发展而产生的新概念，主要是指高铁建设和运营所延伸和（或）衍生的产业链在时间和空间上产生的综合经济社会影响，既包括微观的财务效益，也

包括中观的区域经济影响和宏观的国民经济影响。

高铁经济的影响和发展潜力大。高铁运量占铁路客运量的比重已超过 50%，且有持续增加的趋势。过去 10 年铁路投资和运输能力实现快速增长，高铁的建设和运营对社会经济产生了较大影响。2016 年版《中长期铁路网规划》[①]提出，到 2020 年，一批重大标志性项目建成投产，铁路网规模达到 15 万千米，其中高铁 3 万千米，覆盖 80%以上的大城市；到 2025 年，铁路网规模达到 17.5 万千米左右，其中高铁 3.8 万千米左右；展望到 2030 年，基本实现内外互联互通、区际多路畅通、省会高铁连通、地市快速通达和县域基本覆盖。

高铁与航空融合可以提高人们出行的便捷性。高铁建设和运营可以促进产业链协同发展。高铁与旅游融合，可以推动景区与客源地的连接。高铁快运主要面向批量小、价值高、时效强的商务文件、电商包裹、生物医药、冷链食品和应急物品等市场。高铁的建设促进人口流动，加快新型城镇化进程，对人口流动具有显著的诱增效应。

高铁对沿线经济和产业有巨大拉动作用。高铁建设和运营可以提高沿线城市的可达性，改善传统产业发展环境，提升市场竞争能力，高铁带动与高铁制造相关的上下游产业发展，同时拉动沿线旅游业、物流业、会展业等传统产业，诱发“高铁旅游”“高铁快运”等新业态，促进互联网＋、微创企业等新兴行业的发展。

高铁对区域经济社会发展具有如下促进作用。

（1）高铁车站产生大量客流聚集，为站区经济发展提供机遇。高铁站点地区建设首先会导致站点周边土地价值和经济活动的变化。高铁站区的建设并不强调单一的交通节点功能，而是力求发展成为集办公、商业、医疗、居住等多功能于一体的综合服务中心，强调其交通与场所功能的良好结合。

（2）高铁大幅提高城市的可达性，使核心大城市的优势地位更加突出，增强其辐射能力。京沪高铁的建设扩大了北京为中心城市群的空间范围，促使南京和上海为核心的城市群形成一个整体，并增加了徐州和济南周边城市对其的依赖程度，基本上形成了以北京、济南、徐州、南京—上海四个城市群为重要节点的组织模式。

（3）高铁沿线区域因为交通便利性提高使得资源配置更加优化，促进沿线城市产业结构调整、合理分工，缩小沿线地区经济发展水平差距及收入差距。根据对京广线和京哈沿线的调研发现，高铁对城市经济增长最明显的表现包括：城市房价上涨、城市基础设施配套不断完善、城市商业运作环境提升、城市居住人数和就业机会增加等。

（4）高铁的建设促进人口流动，加快新型城镇化进程（见图 3-2）。京沪、京广高铁建成后，既有铁路线客运量没有显著变化，高铁线的客运量却显著增加，其中京沪高铁线年均增

---

① 数据来自：https://wenku.baidu.com/view/5b90720fc950ad02de80d4d8d15abe23482f0327.html

长 85%，京广高铁线年均增长 50%。

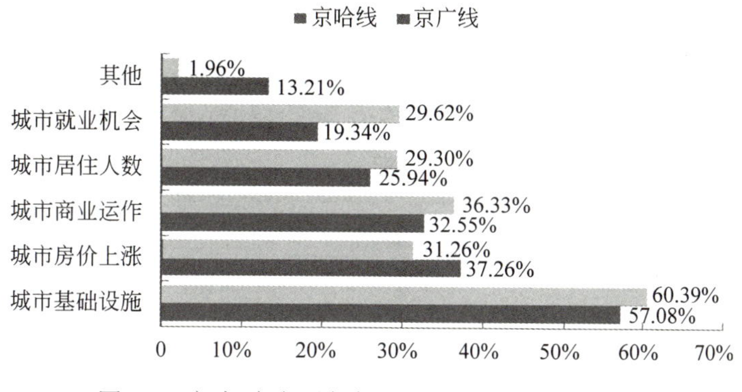

图 3-2　京哈、京广两条高铁线路对城市的带动效应

二、综合交通发展带动区域产业发展的案例分析

（一）郑州空港经济案例

空港经济是指围绕机场建立一个经济区，发展相关的优势产业，促进区域经济增长。空港经济是一个以机场为中心，沿交通线向外扩展，覆盖机场、产业和航空城的地理经济概念。

空港经济的发展空间越来越大。当前，世界已进入以效率、质量为特征的新经济时代，而航空已经成为高端货物运输的主要方式。我国航空客运年均增速 10%以上。新形势要求空港经济要提高质量，开发新商业模式，成为经济增长新引擎。

空港经济能够有效带动区域经济和产业发展。空港经济能够有效推动区域产业结构转型升级，引领带动地区融入全球产业链和产业分工体系，改变以重化工为主的产业结构，加快实现经济发展方式转变。

空港经济有利于要素聚集和国际影响力的提升。空港经济区可以依托民用航空业，通过航空运输带动人流、物流、信息流等要素流动，促使全球各种要素在机场周边集聚。同时建成区域连接世界的开放高地，能充分发挥航空最便捷的通道作用，使之融入全球产业链和产业分工体系，在更广领域、更高层次上参与全球经济合作。

截至 2016 年年末，郑州新郑国际机场国内航空枢纽已开通全货运航线 34 条（国际航线 29 条），客运航线 187 条（国际航线 26 条，洲际航线 2 条）。图 3-3 为 2006—2016 年郑州空港运输情况，2016 年旅客吞吐量 2076 万人次，全国排名由 2010 年的第 21 位跃升至第 15 位；货邮吞吐量 45.7 万吨，全国排名由 2010 年的第 22 位跃升至第 7 位。

2013 年 3 月 7 日，《郑州航空港经济综合实验区发展规划（2013—2025 年）》[①]获得国务

① 数据来源：国家发改委，http://www.ndrc.gov.cn/zcfb/zcfbghwb/201304/t20130422_588370.html

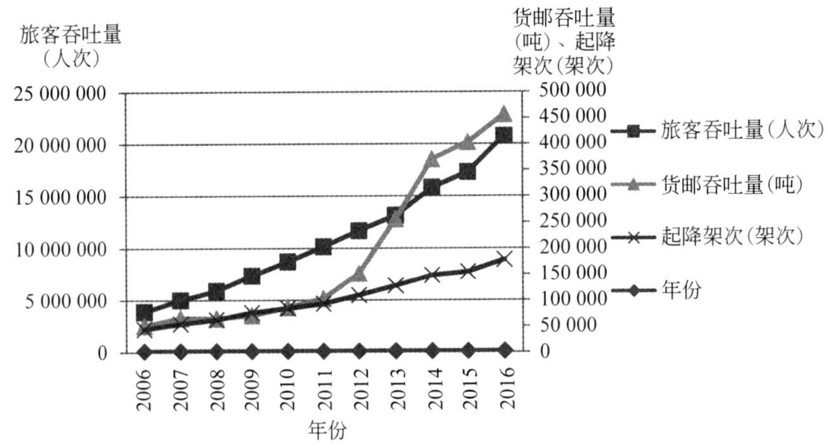

图 3-3　近 10 年郑州空港客货吞吐量与起降架次的变化趋势

院批准实施，郑州航空港经济综合实验区建设上升为国家战略。航空港实验区的五大定位是国际航空物流中心、以空港经济为引领的现代产业基地、内陆地区对外开放重要门户、现代航空都市、中原经济区核心增长极。

“十二五”期间，在全球经济复苏乏力、国内经济增速放缓的大背景下，郑州航空港经济综合实验区（郑州新郑综合保税区）逆势而上，各项经济指标持续快速增长。2015 年地区生产总值完成 520 亿元，是 2010 年的 6 倍，同比增长 21%，年均增长 43.3%；规模以上工业增加值完成 430 亿元，是 2010 年的 11 倍，同比增长 25%，年均增长 61.4%；固定资产投资完成 520 亿元，是 2010 年的 14.2 倍，同比增长 30%，年均增长 69.9%；一般公共预算收入完成 29.5 亿元，是 2010 年的 18.4 倍，同比增长 39.4%，年均增长 79.1%；进出口总额完成 490 亿美元，是 2010 年的 3487 倍，同比增长 30.1%，年均增长 411.1%，约占全省的 67.4%以上。各项指标都远高于全国、全省、全市平均水平。

郑州空港经济实验区发展目标明确，发展定位科学，总体规划及产业发展布局合理。尤其是中原经济区发展战略核心增长极的定位为实验区的发展奠定了良好的基调。郑州航空经济综合实验区还为河南省实现经济的转型升级奠定了良好的基础。

（二）上海虹桥综合交通枢纽案例

枢纽经济形式是以交通枢纽为中心，将枢纽条件转变为枢纽经济，在更大范围内统筹利用各类要素资源，通过对枢纽进行多种功能混合的土地综合开发，实现枢纽土地资源、多主体的合作、综合配套设施和城市环境资源的集约化利用，加速现代服务业聚集，推动产业转型升级。将枢纽优势转化成为城市转型发展优势和产业竞争优势，最终的目标是实现枢纽设施、枢纽产业和城市功能的深度融合发展。

枢纽经济具有很大的发展空间。我国大部分地区枢纽经济的发展仍处于转型阶段，枢纽经济更多局限于狭小空间或者区域内的基础设施建设和枢纽产业发展，未能与周边土地功能开发和城市整体的社会经济发展形成良好互动。

枢纽经济具有较强的辐射带动作用。枢纽经济区域通过极化效应聚集有利的生产要素，提升综合实力；同时，通过扩散效应促进腹地经济增长，不同等级枢纽相互协调，促进区域协调发展。

枢纽经济对外具有吸引各种生产要素（原材料、劳动力、资本）和经济要素（物质流、资金流、人才流、技术流和信息流）在本地区交汇的作用；对内具有大力发展本地区产业，并真正融入城市交通网络的能力。

2010 年虹桥综合交通枢纽建成投入使用之后，上海跨国公司地区总部数量出现快速增长，枢纽对于全市经济的带动作用明显增强。2016 年，上海经济有了进一步的发展，跨国公司地区总部已经达到 580 家。全市第三产业税收百强榜中，跨国公司地区总部占据了 12 席，图 3-4 展示了虹桥枢纽的功能定位。

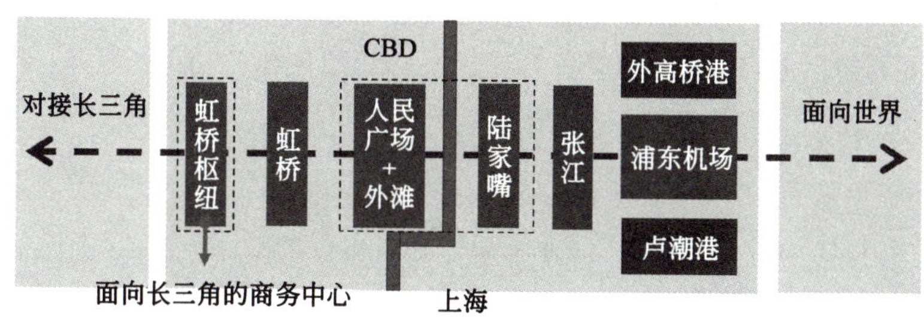

图 3-4　虹桥枢纽功能定位

上海建成浦东国际机场、虹桥空铁换乘综合交通枢纽，对外利用浦东和虹桥两个国际机场，打造“东亚一日往返航空圈”；对内利用虹桥高铁站，打造北至北京、西至武汉、南至厦门的“一日往返高铁圈”，覆盖了长三角等经济发达区域。便捷的对外交通联系与空铁换乘提升了上海在东亚交通网络中的地位。在上海市内部，利用地铁 2 号线将两个机场直接连接，并在此轴线上串联了上海市主要的商务办公、商贸活动区，打造“两场一轴”的城市格局，形成现代服务业的集聚效应，经济活动频率、效率均得到巨大提升。便捷的内外交通联系，加之上海市对于自贸区的优惠政策，使众多世界级企业纷纷将亚太区总部设置在上海，总部经济在上海得到快速发展（见图 3-5），从而加快了上海从“交通中心”向“经济中心”的演进。

三、交通提供美好生活服务案例分析

邮轮经济是指以邮轮为载体，为乘客提供观光、餐饮、住宿、娱乐、探险等为一体的综合服务业，适合“有钱有闲”的消费群体。邮轮产业链直接带动了船舶制造、港口服务、后勤保障、交通运输、游览观光、餐饮购物和银行保险等行业。

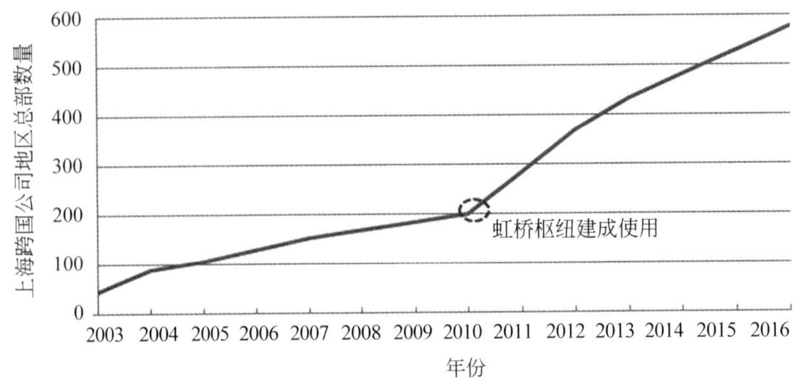

图 3-5　上海跨国公司地区总部数量变化

如图 3-6 所示，邮轮产业链的上游是指以邮轮设计研究所、船厂为代表的邮轮设计建造阶段；邮轮产业链的中游是指以邮轮公司为代表的邮轮运营阶段，包括航线设计、海上客运、酒店管理、购物休闲、市场推广、电子商务等；邮轮产业链的下游是指以港口码头为代表的邮轮到港服务，主要包括港口服务、口岸服务、船舶维修、船舶供应、船员服务、岸上观光、商贸娱乐和公共交通等。

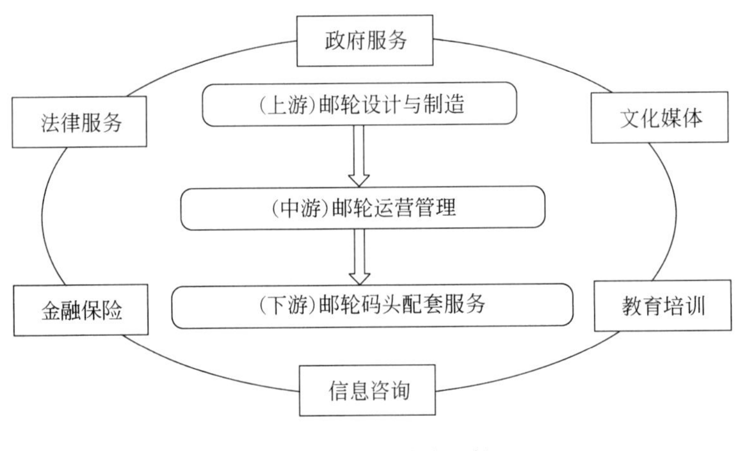

图 3-6　邮轮经济产业链

邮轮经济对产业链的上下游具有重要的拉动作用。邮轮到访能够带来大量的旅游观光者，增加当地的旅游和各种商业收入。邮轮建造是造船业的高端领域，其单位产值远远高于一般的船舶。邮轮的食品供应能够拉动当地的经济，而物料的供应能够带动相关的船舶配套产业的发展。

邮轮经济具有巨大的发展潜力。自 2006 年以来，中国邮轮产业从无到有，从星星之火成长为燎原之势，发生了巨大变化。国内邮轮的高速发展体现在母港邮轮航次、船队规模及旅客人数的爆发式增长上。2009—2016 年的年均增长率达到了惊人的 45%。2030 年中国邮轮市场将达到1530万人的市场规模，将比2016年增长5.8倍，发展潜力巨大。据中国港口协会邮轮分会统计，2016年以上海为母港出发的邮轮达到485艘次，出入境旅客总数超过280万人次。邮轮作为旅游目的地，素有水上酒店之称，庞大的邮轮人口背后是邮轮上巨大的日常消耗，邮轮公司及旅游行业已经享受到庞大的邮轮人口带来的丰厚收益。

同时，邮轮业对其所在城市的产业具有较大的拉动作用，包括拉动造船业、扩大消费、提升服务水平、拉动就业和提高城市知名度等方面。邮轮母港所在城市会加大道路、景观等功能性设施的投资建设力度，提升整个城市的集散能力、疏导能力和接待能力，进而带动城市发展。邮轮母港所在城市为了吸引更多的邮轮及邮轮旅客到访，会大力进行城市形象的推广和营销，从而提升城市的国际知名度。

邮轮业可以促进商业收入增加。邮轮产业中最为核心的产业是旅游观光业。《中国海洋经济发展报告2016》显示：2015年，全国共接待邮轮629艘次，同比增长35%，接待出入境旅客248.05万人次，增速达44%，邮轮市场收入规模为45.3亿元。

邮轮业还可以加快当地城市化进程。邮轮母港所在城市通常需要具备良好的景观、城市环境和生活配套设施，进而全面带动城市发展。2015年，青岛以邮轮母港为核心，借助邮轮经济带动老城区改造，规划包括邮轮码头、交通枢纽、住宅、办公、酒店、购物中心、室内主题公园、水族馆等。

四、交通过度超前会带来不必要的投资浪费

建设时机的正确选择对促进区域经济的发展有着重要的意义，如果交通基础设施建设过度超前，而运营期实际交通量偏低，容易造成资金的巨大浪费，不能保证经济的合理性，会增加政府的还贷压力。如果建设滞后，将可能错过最佳的建设期，无法满足居民出行的需要，从而制约区域的经济发展。

珠江三角洲地区空域是世界上最复杂、最繁忙的空域之一，在珠海机场兴建之前，已有香港启德、广州白云和深圳黄田三个国际机场以及湛江、梅县、佛山、汕头等小型军民两用型机场。珠海机场之后，又有澳门机场和香港新机场相继建成。

珠海机场在筹建期间，曾做了航空客货流量及收入预测。这份报告认为：珠海机场旅客人数将从1996年的73万增加至2011年的1121万，航空货运量也将从1996年的12 000吨增加到2011年的224 200吨，预计2011年机场收入为10.16亿元。

实际上珠海机场投入运营5年后的2000年，经营收入为1.0836亿元，客运量为57.9万人次，货运量为9454吨，连预测的1996年的水准都达不到。根据珠海市交通运输局和珠港机场管理集团的数据，2010年珠海三灶机场共完成旅客吞吐量181.95万人次，货邮吞吐量17 579吨，在全国175个机场吞吐量排名中分列第45名和第43名。2010年，珠海机场

全年共完成运输航班起架 16 750 架次。对于珠海这一常住人口只有 150 多万、GDP 总量在珠三角九市中排名第八的城市来说，这一业绩已经相当可观。而根据其设计标准，综合使用率尚未达到 10%。

伴随着港珠澳大桥建成通车及粤港澳大湾区、横琴自贸区和珠三角国家自主创新示范区建设的深入推进，以及珠三角城际快速轨道、广佛江珠城际轨道交通开建，2018 年 11 月 20 日，珠海机场年旅客吞吐量首次安全突破 1000 万人次大关，正式跨入国内第 35 个千万级机场行列。

第三节　交通与经济深度融合的国际经验

一、交通可达性重塑空间布局

（一）日本新干线

当前运营中的新干线线路如表 3-1 所示。

表 3-1　日本新干线运营情况

线路名	运营区间	运营长度	最高速度	最短运营时间
1 东海道新干线	东京—新大阪	552.6km	285km/h	东京—名古屋 1 小时 33 分 东京—新大阪 2 小时 22 分 东京—博德 4 小时 47 分 新大阪—博德 2 小时 22 分
2 山阳新干线	新大阪—博德	644.0km	300km/h	
3 东北新干线	东京—新青森	713.7km	320km/h	东京—仙台 1 小时 31 分 东京—新青森 2 小时 59 分
4 北海道新干线	新青森—新函馆北斗	148.8km	260km/h	东京—新函馆北斗 4 小时 2 分 新青森—新函馆北斗 1 小时 1 分
5 山形新干线	福岛—新庄	148.6km	130km/h	东京—山形 2 小时 26 分 东京—新庄 3 小时 11 分
6 秋田新干线	盛冈—秋田	127.3km	130km/h	东京—秋田 3 小时 37 分
7 上越新干线	东京—新潟	333.9km	240km/h	东京—新潟 1 小时 37 分
8 北陆新干线	东京—金沢	450.5km	260km/h	东京—长野 1 小时 20 分 东京—金沢 2 小时 28 分
9 九州新干线	博德—鹿儿岛中央	288.9km	260km/h	博德—鹿儿岛中央 1 小时 17 分 新大阪—鹿儿岛中央 3 小时 45 分

新干线的建设带来的效益主要包括两部分：建设效益和运营效益。建设效益包括新干线工程建设带来的就业岗位、收入等；运营效益包括出行者的时间缩短带来的效益、运输企业收入增加带来的效益、形象提升（新干线运营带来的城市核心形成等）效益和相关产业提升、土地价值提升和交通结构改善效果。

新干线高铁与经济发展的融合主要体现在以下三个层次。

(1) 新干铁和既有铁路线的融合共站，完善了公共交通网。

(2) 5 分钟步行圈(旅馆、办公楼)、15 分钟公交圈(公共办公大楼、住宅、学校、公园等，重点在于老城的联系和外城的辐射)。

(3) 高铁规划与土地开发利用规划的融合：广域(辐射范围广，超过 100～200km 跨区域)与区域交通的枢纽、新城格局形成、新产业形态。

日本制定了一系列政策来保障新干线建设与经济融合发展，包括：

(1) 交通政策基本法、区域公共交通活性化及再生法(前两个要求建设时形成区域公共交通形成规划)、全国新干线整备法；

(2) 区域公共交通形成规划——构建交通枢纽为核心的公共交通网络；

(3) 公共交通协议会——交通供给侧与需求侧的协调。

区域公共交通活性化及再生法律(简称活性化再生法)，于 2014 年 5 月修正，并于 2014 年 11 月实施。实施后，要求开始制定网络形成规划，这个规划是以各个地区公共交通的现状中存在的问题为依据，构建公共交通综合网络，以可持续发展为目的，区域公共交通相关主体(居民、交通运营者、交通行政管理者等)要发挥相应的作用。

为了实现这一目的，进一步提高公共交通网络的便捷性与效率性，对重点区域实施网络再建的时候，必须制定再编实施规划。

公共交通网形成规划进一步明确了与区域现状相匹配的公共交通网的蓝图/总体规划，它是依据国家所制定的基本方针，由地方政府在召开协议会与交通运营者等主体相协商的基础上制定的。

(二) 欧洲高铁

欧洲高铁的发展历史可以追溯到 1981 年法国巴黎和里昂高铁第一阶段的建成通车。之后，法国高铁网络逐渐成为西北欧高铁网络的核心。尽管德国和意大利同样在高铁专用线建设上进行了投资，但仅西班牙形成了与法国相当的规模。欧洲高铁在相对较长的建设与运营历史中积累的经验，特别是高铁与社会经济的融合、高铁建设过程中部门间的融合经验值得中国借鉴参考。

1. 关注建设时序

欧洲高铁的规划、建设、运营优先考虑财务效益。在通常情况下，欧洲高铁不会利用政府的补贴来承担主要建设成本。因此，如果一个铁路路网不能充分地缩短城市之间的旅行时间，或者吸引充足的客流，运营后的效益将很难达到所承诺的效果，这是投资方所不愿看到的。例如，法国北部的第一条高铁线建成后的评估结果显示，巴黎—布鲁塞尔—伦敦高铁线路在法国的运量远低于预期(见表 3-2)。欧洲之星所经营的伦敦—巴黎或布鲁塞尔之间的高铁列车运量，原预计自 1994 年开通运营后的 4 年内可运送至少 1000 万次的客运量，但直到 2012 年仍未实现该目标(当年的客运量为 991 万人次)。

表 3-2　巴黎—布鲁塞尔—伦敦高铁线路预期与实际流量

线　　路	预测旅客量(10^6人)	实际旅客量(10^6人)	误差(%)
巴黎—法国北部	10.9	6.4	41.3
巴黎—布鲁塞尔—阿姆斯特丹—科隆	7.2	5.5	23.6
巴黎—布鲁塞尔—里尔—伦敦	20.6	7.3	64.6

资料来源：Bilan LOTI de la LGV Nord，RFF，May 2005

首先，根据世界银行报告显示，高铁对人口密度要求较高，只有在人口密度高、接近主要铁路车站(里尔等)的地区，才有可能实现预期上座率和客票收入。因此，在法国、德国、西班牙、荷兰、英国等欧洲国家，高铁的发展模式都是首先连接人口密集的大城市。例如，巴黎 3700 人/km^2，伦敦 5600 人/km^2，马德里 4800 人/km^2，柏林 3000 人/km^2，巴塞罗那 4500 人/km^2，罗马 3500 人/km^2，里昂 1400 人/km^2，里尔 2400 人/km^2，阿姆斯特丹 3300 人/km^2。除了满足自身财务效益，高铁带来了大量的商务旅客、游客及通勤人流，也为高铁站点所在的城市带来了发展商业、金融业、休闲娱乐业、旅游业等产业的新机会。而服务业需要依靠人群的聚集促进消费，因此充足的客流是让高铁发挥集聚效应的基础。

其次，新站的选址、中间站点的设置以发挥高铁的竞争优势为目的。考虑到建设成本等情况，欧洲普遍认为高铁的最佳运营距离为 400～600 千米。在此范围内，城市之间可以在 2～3 小时范围内到达，高铁较航空和公路运输业具有明显的优势。特别是在大都市区，高铁服务的目标是尽可能地与民航保持相当的竞争力。根据相关研究结论，如果出行时间为 3 小时，选择高铁和民航的比例大概是各 50%；如果出行时间少于 2.5 小时，65%的出行者会选择高铁出行。为了尽可能提升与民航的竞争力，巴黎—里昂高铁线路避开了主要的居民聚集区，从而缩短了超过 100 千米的距离。

2. 高铁引导城市发展

本节以法国里尔市的高铁车站地区综合开发项目欧洲里尔为例，分析在一定的社会经济条件下，里尔市顺应时代要求，对各种优势条件进行整合，借助高铁车站成功实现经济结构转型的经验。

从 20 世纪 60 年代末开始，里尔市受到传统工业衰退的打击，煤炭、钢铁、机械制造和纺织等传统支柱产业不断萎缩。由于缺少发展新型工业(如电子等高科技产业)的基础和动力，里尔地区相对于法国其他地区处于发展劣势，高科技产业和相关服务业的岗位数量一直比较少。里尔市作为法国北部最大的工业城市，随着失业等社会问题的凸显，面临日趋衰败的命运，迫切需要经济结构的转型。里尔市开始积极寻找经济转型、发展第三产业的机遇。

1973 年，皮埃尔·马龙(Pierre Mauroy)开始担任里尔市市长，也开始了里尔建设高铁车站的时代。

如图 3-7 所示，里尔市的地理位置十分优越，距比利时边境仅 10 余千米，处于伦敦—巴黎—布鲁塞尔三角地的中心。这也是欧洲人口最稠密、经济最活跃的地区。法国国家铁路公司(SNCF)主张将 TGV(法国高铁系统)的车站设在里尔市南部的塞克林，这样既可节约建设成本，也可缩短路程时间。为此，皮埃尔·马龙提出“不要让高速列车停在沙漠中”，并力主在里尔市中心设站。后来，SNCF 得到了 8 亿法郎，用于补偿其提高的建设成本和损失的利润，使其改变了初衷，把 TGV 车站改至里尔市中心。该补偿金由法国政府、北加莱海峡大区、里尔市共同承担(分别为 4 亿法郎、2.64 亿法郎和 1.36 亿法郎)。

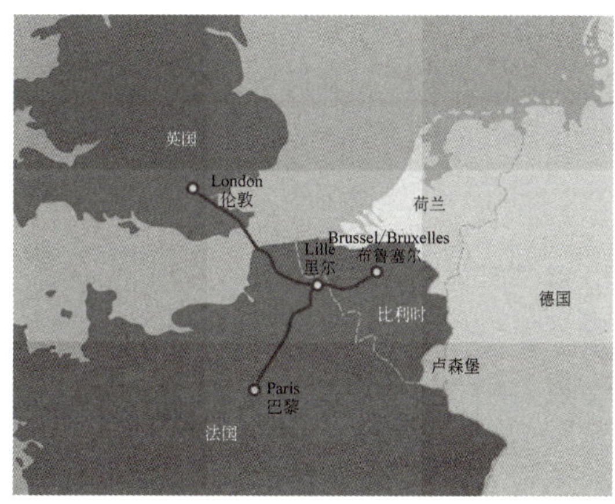

图 3-7　里尔市在欧洲的地理位置

在地方分权、市镇获得一定自主权的大环境下，欧洲里尔这一耗资巨大的项目充分运用联合开发的方式，借助多方力量，促使开发建设顺利进行。为了推动规划的实施，常常由具有一定商业背景的公共机构或者市镇政府作为股东的有限责任规划组织，组成综合开发机构。1988 年年初，欧洲里尔开发公司成立。这是一个私人开发公司，包含一个研究机构，对该项目进行可行性研究。经过研究机构的评估，开发委员会确定了建设新的 TGV 车站，以及包括办公、服务、商业、文化、居住、公共设施及城市开放空间在内的综合开发项目。

欧洲里尔开发公司由多位有影响力的人物组成，并由欧洲里尔的项目负责人贝托(Jean-Paul Baietto)负责指挥。由于里尔市长皮埃尔·马龙曾在 1981—1984 年担任法国总理，凭借他的政治影响力及开发公司的推动，逐渐有多家银行、SNCF 及地方商业机构向欧洲里尔项目投资。1990 年，公私合作组织 SAEM 取代了原有的欧洲里尔开发公司。SAEM 代表了多个层面：从区域政府来说，有里尔地区的多个城市(里尔、鲁贝、图尔昆、维伦纽夫)、北加莱海峡大区、里尔城市联合体等；从投资组织来说，有法国国家银行、里昂信贷银行、法国东方汇理银行；还包括里尔、鲁贝、图尔昆的具有一定私营成分的工商业联合会以及多家地区级银行。

里尔高铁车站开发分为如下三个圈层(见图 3-8)。

第一圈层的建筑分别为里尔会演中心和火车站商业中心。设计师把它们和里尔车站都集中在一个巨大的三角形的建筑基座内。里尔会演中心(位于基地南侧),是供演出、会议、展览等的综合性场所,展览部分建筑面积为 2 万平方米,会议部分建筑面积为 1.8 万平方米;火车站商业中心部分的建筑面积为 9.2 万平方米,娱乐及其他活动部分的建筑面积为 1510 平方米,演出大厅的建筑面积为 2810 平方米,里尔商业高等学校部分的建筑面积为 1.14 万平方米,其上高层塔楼部分的建筑面积为 4.3 万平方米,停车场有 3400 个车位。

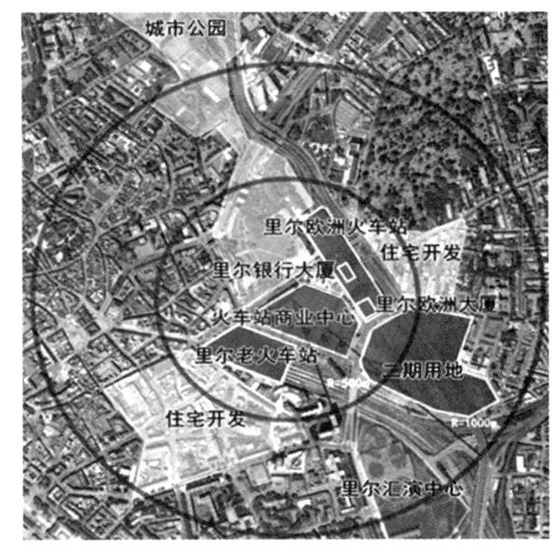

图 3-8 里尔高铁车站开发的三圈层

第二圈层:辐射半径约 1.5 千米,建设了里尔银行大厦、欧洲大厦和城市公园。里昂银行大楼紧邻商业中心东北侧,跨于新火车站之上,为办公建筑,建筑面积为 1.46 万平方米;里尔欧洲大厦紧邻商业中心东北侧,跨于新火车站之上,为办公建筑,建筑面积为 25 124 平方米;城市公园位于商业中心北侧、新老火车站之间,占地约 10 公顷。

第三圈层:辐射半径约 3 千米,建设了 Seint-rice 街区住宅、Carnot 街区住宅。

TGV 与新旧车站、国际与国内、城际与城市内交通网络的良好接驳,使里尔一跃成为欧洲可达性最好的城市。这让里尔在欧洲的重要性获得提升,成为法国北部边境的门户。欧洲里尔的建成使当地的失业情况有所改善。1996 年,欧洲里尔共有 2800 个就业岗位,其中 2000 个是新增加的。按照规划,全部项目共有 5000 个就业岗位。欧洲里尔项目完成以来,商业活动十分繁荣。与里尔市中心的传统商业相比,欧洲里尔的商业开发侧重特色精品店,更时尚且更国际化,从而与里尔市中心实现了错位发展,互为补充。欧洲里尔吸引了周边城市及比利时等地的大量年轻消费者。同时,也为紧邻的里尔市中心带来了众多游客,保存完好的 19 世纪工业城市风貌得以充分展示。

在法国,地方政府通常把引入 TGV 网络作为振兴当地经济的契机,并积极运作,希望拥有 TGV 站点,并且雄心勃勃地为车站地区制订各种发展规划。但是,越来越多实践经验和研究表明,与其说高铁车站是发展地方经济的动力源,不如说它重新分配了既有的经济资源。高铁作为一种高效的交通方式,最根本的作用是通过缩短时空降低出行的时间成本。高铁扩大了资源流向的选择范围,而资源是否流向某个站点所在的城市,则由该城市自身各方面的潜力来决定。因此,高铁扮演的是“催化剂”的角色,并不直接参与拉动地方经济,只有在地方经济基础等各种条件都具备的时候，它的催化作用才能真正体现。

欧洲里尔的筹划阶段，地方经济已渡过传统工业的结构转型的危机，正向服务业和高科技经济转型。城市迫切需要创造转型的契机。时值英法海底隧道计划确定，北部欧洲 TGV 网络建设提上日程，这都是不可多得的机遇，为高铁发挥"催化剂"作用提供了温床。

二、交通带动区域经济发展

（一）鹿特丹港

鹿特丹是一个以港而生的城市，16 世纪起开始修建码头，为对外交通和贸易奠定了基础，使鹿特丹由一个小渔村逐渐转变为商港、港口城市。19 世纪因鲁尔区兴起对鹿特丹港的煤炭、矿石运输需求大增，港口作用开始加强。"二战"后大力发展石油、化学和造船工业等临海工业，形成一条包括炼油、石油化工、船舶修造、港口机械、食品等部门在内的临海沿河工业带，鹿特丹将港口和工业发展相结合，发展成为港城一体化国际城市。为适应港城发展，鹿特丹港口建设不断向马斯河口下游转移。20 世纪 60 年代港口逐渐离开了市区，往下游的马斯河口发展，建造了石化、矿石等大宗散货的 Europoort 码头；70 年代通过填海造田先后启动马斯平原垦地计划一期和二期，将置换出来的老港区除保留部分集装箱码头外，都转作城市功能进行土地开发。鹿特丹港口的演变过程见图 3-9。

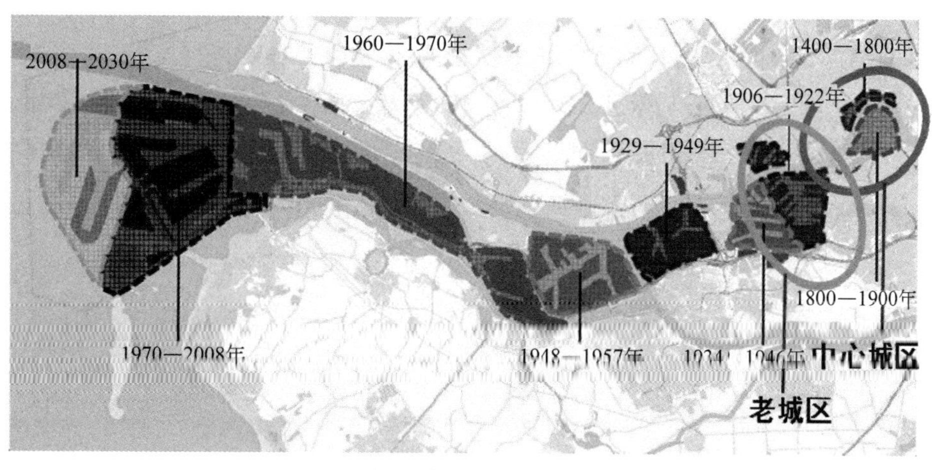

图 3-9　鹿特丹港口的演变

鹿特丹港的经验分析如下。

(1) 多元支撑，港城一体。第一，鹿特丹具有多功能、多层次的港口经济模式。鹿特丹不仅是荷兰和欧盟的货物集散中心，同时也是西欧的贸易中心，是牵动全球经济活动和资源配置的国际航运枢纽。第二，鹿特丹港具有强大的腹地经济的支持。以鹿特丹为中心，周边的英国、德国、比利时、瑞士等西欧国家的主要工业区是其主要经济腹地。这一地区工农业生产和贸易高度发达，为鹿特丹港提供了充足的货源。第三，鹿特丹是港城一体化的国际城市。鹿特丹通过其港口作为重要的国际贸易中心和工业基地，是一个典型的港城一体化的国际城市。第四，拥有通达的集疏运体系，形成铁路、公路、内河、管道、城市交通一体化的集疏运系统。图 3-10 给出了鹿特丹港口各部门收入比例。

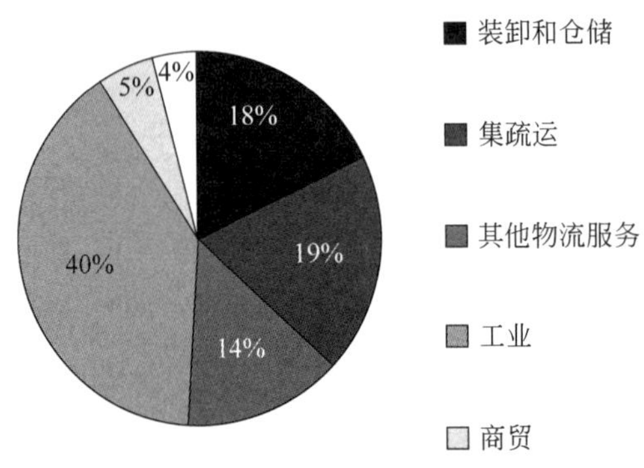

图 3-10　鹿特丹港各部门收入比例

(2) 产业波浪推进，空间拓展延伸。产业以鹿特丹港口为圆心呈同心圆作"波浪"式向外发展，产业在空间上形成的"波及效应"对周边区域的社会生活、经济结构、土地利用、城市建设等产生深刻影响。

（二）新加坡港

工业化前期，新加坡从事东南亚转口贸易，经济结构单一，转口贸易占国民经济比重高达 80%，港口是转口贸易的核心物流节点，此时城市高度依托港口发展。工业化时期，新加坡政府开始发展临港工业——裕廊工业区，为统筹港口规划建设，该阶段城市经济从转口贸易向进口替代转变，大力发展食品、印刷、纺织、辅助、木材加工等产业。由于新加坡资源缺乏，需要依托港口大量进口原材料。20 世纪 80 年代开始经济转型为出口导向型，开始承接发达国家劳动密集型产业转移，依托港口大力发展造船、电子、炼油工业，临港工业快速发展，港口产业在城市经济中占据重要地位。工业化后期，临港工业规模不断扩大，大型集装箱码头出现，新加坡港积极实施走出去战略，1996 年首次在国外(中国大连)投资码头，开始搭建全球化的港口服务网络，港口对城市的辐射带动作用进一步增强。1997 年港务局政企分开，成立新加坡港务有限公司。后工业化时期，实现更高层次的深度融合，港口物流成为国民经济的支柱产业，实现港城聚集效应。新加坡凭借优良的港口软硬件环境发展成为著名的国际港口城市、国际航运中心。

适时升级临港产业，带动港城产业互动。20 世纪 80 年代，面临人口与资源的矛盾压力、临港污染重工业与城市环境之间的冲突，新加坡及时升级临港产业，推进产业成功转型，实现港城深层次互动发展，见表 3-3。

表 3-3　新加坡港城关系发展阶段特征

发展阶段	工业化阶段 (20 世纪 50—80 年代)	工业化后期 (20 世纪 80—90 年代)	后工业化时期 (2000 年至今)
港城功能特征	港口相关产业向港区聚集，城市扩张，但是港城关系还不显著	港口成为跨国运输贸易平台，一体化服务、增值服务等新功能要求涌现，港城规模扩大、功能复杂、联系密切	港口成为全球供应链和资源配置的重要节点，港城是区域经济利益的共同体
港城产业特征	20 世纪 60—70 年代劳动密集型产业：大建工业区、发展石化； 20 世纪 80 年代资本与技术密集型产业：电子机械领域	20 世纪 80 年代智力密集型产业：制造业以电子和生物工程为重点；以资讯业为代表的高级服务业；以生命科学为代表的高科技产业	推出三大战略："高科技战略""中国战略"和"扩大腹地战略" 产业定位：生物制药、电子及精密工程、工程及环境服务、资讯及媒体等
港口策略	自由贸易和临港加工的产业推动政策	向高级服务业等高层次产业转型	

第四节　交通与经济深度融合政策建议

交通运输与经济社会深入融合涉及各种运输方式有效衔接，土地空间综合利用，实体经济、科技创新、现代金融协同发展，央地、政企、部门多方协调等综合性问题。同时，我国区域间发展水平、体制机制也存在一定差异，情况多样、复杂，也涉及很多新业态，没有成熟的经验和解决方案。因此，需要在深度分析交通运输方式的技术经济特性、当地的社会经济发展比较优势、需求特性等的基础上，做好顶层设计和分析论证，扎扎实实推进交通与经济的深度融合发展。

、人员出行业态创新

对人员出行而言，交通系统的根本目标就是通过实现一站式出行提高交通服务质量。这里通过从信息服务的完善性、运营服务的连通性及末端服务的多样性三个角度分析当前一站式出行服务各环节亟待解决的问题，并提出政策建议。

（一）存在的问题

随着科技的进步、社会经济的发展，人们对于出行的需求日益增长，效率和质量已成为出行的关键。传统的出行模式往往是各种交通方式自成一派，方式间界限明显，购票、安检、换乘等出行过程复杂烦琐，尽管交通方式本身的速度提升了，但出行的时间并未压缩，其根本原因就是各交通方式间未能实现运营组织一体化，缺乏有效的交通大数据开放共享系统。

目前住建部和交通运输部均有城市一卡通的项目，但覆盖的城市并不完全一样。现有全国公共交通IC卡技术标准不统一，公共交通一卡通行业缺乏统一的管理，一卡通公司各自为政，导致行业欠缺规范性管理。

在这种人民日益增长的出行需求和交通各方式独立发展的矛盾激发下，"一站式出行"理念应运而生。

（二）政策建议

1. 促进交通大数据的开放共享

建立交通大数据综合开放共享机制，制定"交通公共服务大数据发展战略"（顶层设计），以多种形式开展政府间合作和政企合作，政府为企业发展提供良好环境和多种服务。

交通具有公共服务性，应当建立政府主导、企业参与、市场运作的交通大数据平台。针对政府数据：制定各级政府各部门分类型的可公开共享或需共享的数据类型清单（白名单、红名单；公开、保密），不涉密应全部公开，信息分为免费开放（对公众、对各部门）和有偿开放（用于商业开发时）两大类。针对企业数据：第一步，提供渠道鼓励民间各企业等实体开放数据清单目录，为开展各类合作奠定基础；第二步，实现企业数据的非盈利、公益性用途的无偿使用。

确立民间企业等实体开放数据的机制与鼓励、激励政策。制定交通大数据平台的各类数据接入标准规范、数据甄别流程与技术要求、交通相关数据的开放共享标准与要求等，包括数据融合等技术规范。制定交通大数据的综合使用规范要求及保障数据安全的政策措施。

2. 促进客运交通"一站式"服务的市场化发展

建立基于市场机制、政府监管、利用政府开放共享数据，同时整合企业共享数据的综合交通信息服务平台，为各类服务提供基础平台。

促进大交通+城市交通的全方式出行一站式服务，要求大交通和城市交通的运行信息整合，为市场一站式服务提供信息基础。制定保障各综合交通枢纽不同方式间实现一体化运营组织管理的政策措施，实现各种交通方式的无缝衔接、零距离换乘。制定政策要求已建成的各综合交通枢纽不同方式间应实现运营组织一体化，避免出现高铁到站而城市轨道交通停运等问题，针对没有建成的综合交通枢纽要通过一体化的规划、设计、建设、运营、管养实现各方式间全环节无缝衔接、零距离换乘。

针对共享单车问题，政府应组织从业企业制定行业规范、技术标准，对企业基于新技术进行监管，监督企业建立相关分析系统，作为准入门槛；同时督促企业推广针对乱停乱放的电子围栏监管措施。政府引导、市场运作：鼓励城市整合所有停车资源，建立统一管理机制，制定统一开放共享标准，明确责任，实现停车可预约、电子支付、共享停车（实现预约、管理、支付全环节的一键式无接触停车服务系统)。

完善基于大数据分析的“顺风车”“合乘车”等的监管体系,通过制定服务标准、技术标准等制度,鼓励企业提供高水平的“顺风车”“合乘车”出行服务,避免“专车化”。

鼓励出行服务企业实现行前、行后、行中服务联动,提供包括增值服务的全过程管家式服务,打造线上服务智慧互联共享平台(交通 + 金融 + 信息 + 旅游 + 餐饮 + …),提供多元化、高端化、外延化客运服务,满足出行者的多样化需求。

二、推动城市配送优化

(一) 意义与问题

城市配送是面向城市,以商业活动、居民活动和城市工业等为主要服务对象,满足城市经济社会发展需要的物流活动。电子商务从无到有,并快速转变为超高速增长,快速消费品需求急剧增长,诱发快递和城市配送量井喷。城市配送在城市范围内通过商流、物流及信息流的紧密接合,将城市货物定时、定点、定量地交给各类用户,为众多用户提供个性化、多样化综合物流配送服务,其效率的高低从根本上影响着城市整体运行质量的好坏。由于城市配送物流更多的是短距离配送过程,所以也常常被称为“最后一千米”。

从全国城市配送发展的现状来看,我国整体发展向好,但也存在许多问题,主要表现在基础设施建设不足、整体效益发挥不足,市场管理粗犷,管理内容纷繁复杂,多种矛盾重合并存,市场秩序亟待整顿。

(二) 政策建议

1. 实现配送模式创新,解决物流“最后一千米”难题

物流“最后一千米”问题是一个与人们密切相关的社会问题。从政府或物流企业的角度,“最后一千米”直接影响物流的效率、物流的成本及物流服务质量,从社会效益的角度,以数量众多的快递小车为代表的末端配送所带来的交通拥堵和居民出行安全问题层出不穷;从顾客的角度,“门到门运输”虽然方便,但也时常给出差在外的上班族带来困扰。因此,为了实现绿色物流的发展战略,提高物流的时效性与服务质量,城市需要在现有的门到门配送的基础上进行配送模式的创新,即推动城市配送与货物自提相结合。具体实现途径有以下两条。

(1) 在小区、单位、学校等公共场所搭建“智能自取柜”。随着电子商务的普及,高频度的电商物流给公共场所的管理带来极大困扰。开放式的小区、单位、学校由于允许配送车辆出入而失去安全的步行环境,封闭式的则会导致货物在小区物业处或传达室随意放置,监管困难。针对这样的问题,可在派送区域的这些公共场所内根据货运量设置相应面积的智能自取柜,派送员给收件人发送箱号和密码通知取件。智能自取柜分为大中小三种规模,可满

足不同货品需要,两端装有摄像头,对取送流程进行监控。

(2) 便利店代收模式。便利店模式是对小区、单位自提模式的补充,电商或物流企业借助便利店直接与顾客对接的优势,将便利店作为电商和快递企业的社区末端网点开展自提业务、快件揽投业务,打造"物流企业 + 便利店"合作模式。在日本,与黑猫宅急便展开合作的便利店已达到20多万家,物流企业依托这些便利店可解决城市配送难题,同时收货点设置在便利店也可刺激人们进行消费,实现双赢。

2. 实现配送信息化、智能化,全面提升配送效率

在国内外科学技术飞速发展的带动下,物联网技术、车联网技术、物流电子商务交易平台技术、物流公共信息服务平台技术、云物流技术、射频识别技术、物流塔技术等已经逐步走向应用层面[10]。这些现代物流系统中物流新技术的应用,成为推动和促进现代物流业快速发展的强大驱动力,也是提高配送效率的重要保障。

(1) 集约化的共同配送模式

采用共同配送模式,集中处理各企业的配送任务,车辆的实载率更高,规模经济效率更好。整合物流配送的供需信息,实现共同配送集约资源。

(2) 城市物流配送信息平台

城市物流配送信息平台是物流信息综合平台的子平台,是专业的配送信息交互和配送方案设计平台,在整合配送供需双方信息和资源的基础上,实现基础信息管理服务、相关信息发布与查询服务、运输计划追踪服务、配送方案设计服务、增值服务等功能。企业通过实时、动态定位货物运行数据,进行运输业务监测、服务质量监测和运行绩效监测等,使行业治理水平大幅提升,保障行业整体服务能力切实增强,实现行业"降本增效"目标。

三、推进综合交通枢纽与周边土地综合开发利用

(一) 枢纽经济发展背景及存在的问题

我国大部分地区枢纽经济的发展仍处于转型阶段,枢纽经济更多局限于狭小空间或者区域内的基础设施建设和枢纽产业发展,未能与周边土地功能开发和城市整体的社会经济发展形成良好互动。

不管是以综合交通枢纽为主体的综合土地开发,还是以轨道交通车辆段和车站为主体的轨道物业上盖开发,都是属于TOD(以公共交通为导向的开发)的范畴,均属于多主体、多用地类型的综合土地开发利用,面临的挑战从宏观层面上讲是城市开发与交通协调发展的问题,从微观层面上讲是综合土地利用的问题。总结起来,主要是四个方面的问题:TOD的综合开发理念并未达成一致,缺乏系统的顶层设计;要素(轨道或枢纽等交通主体建筑)规划

与城市规划两层皮，建设时序不一致，导致建设进度、协调度均打折；土地政策存在一定的障碍，包括土地出让政策冲突、土地分层政策缺乏细则、地下空间缺乏政策支持、交通设施及轨道周边土地容积率偏低等；此外，政府、轨道企业及开发商之间在协作及利益共享方面存在一些问题。

（二）枢纽综合开发建议

(1) 推进综合开发的规划、审批、建设的一体化发展。在城市规划过程中，整合交通规划和用地规划，实现“多规合一”，在枢纽场站及周边实现“一个规划和一张设计图”；在建设过程中，严格遵循规划设计方案，建立“规划 + 交通 + 建筑 + 经济 + 工程”等多部门的协同合作机制，确定各自角色及任务安排，并通过“责任制”建立统筹协调机制，最终实现枢纽规划、审批、建设的一体化推进（见图 3-11）。

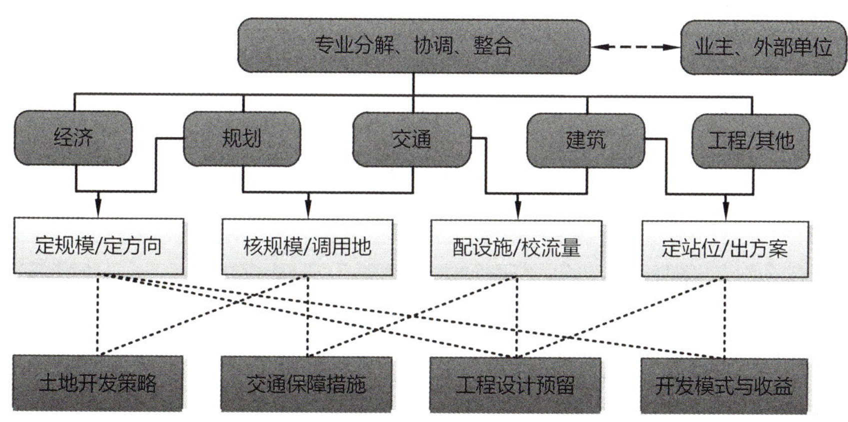

图 3-11　枢纽功能集合的跨专业合作机制

(2) 创新枢纽用地综合开发的土地政策。首先，创新土地出让方式，针对同一块土地上不同性质的用地，采取不同的出让制度。按照空间与交通枢纽是否可以拆分，以及空间是否具有可经营性，将交通枢纽及周边的土地分为三类。其次，加强国家层面及地方立法建议，通过立法的形式适当提高枢纽周边土地规划容积率，按照区域平衡、适当集中的原则，以枢纽为中心进行不同强度的开发，优化空间结构，与地区发展整体联动。

(3) 建立政府、枢纽企业、开发商之间的工作协同和利益分享机制。在综合开发的前期规划阶段、物业开发阶段和物业经营管理阶段，制定联合开发操作流程，各主体之间应确保责任划清、权利分明，避免条块分割造成利益分割不明、用地浪费、换乘低效等问题；同时，为多主体联合开发提供有效法律保障，建立健全激励约束、风险分担、利益共享及争议解决机制，制定配套措施和实施细则。

第五节　结　　语

交通是国民经济的重要组成部分，也是经济发展的重要推动力量。未来社会将由承载信息的互联网和承载实体的交通网双网支撑。交通运输不仅是一种工具，而且是重要的生产力和社会公共资源。与传统交通不同，交通与经济深度融合（“现代交通＋”），将会激发经济社会发展的新动能，形成新业态和发展新模式。

改革开放以来，交通与经济融合发展为经济和交通均带来了良好的发展机会。交通供给的增加、交通出行量的提升可以有效带动经济发展。通勤出行扩展了居民就业范围，实现了人才资源在更大范围内的有效配置；商务出行为资源和生产的优化配置提供了条件，激发了经济活力。

随着人民对出行便捷、高效、智能、安全等要求的不断提高，创造了新动能、催生了新业态。出行者不再满足于传统可达性的需求，而是不断追求运输速度、流畅度、舒适度、安全度甚至智能化程度。与之对应，经济转型升级催生了出行新产业，可以看到近年来多样化的交通需求迅速增长。

进入新时代，高速、便捷、网络化的现代交通既要为我国经济社会发展提供高质量的交通服务，也应发挥先行引领作用（“即现代交通＋”）。具体而言，包括下面几个方面。

发挥“现代交通＋”引领作用，建设交通大通道，构筑经济走廊，打造发展的脊梁。构建国家经济地理新格局，促进新型城镇化等国家战略的实施。推动对外交通主骨架基础设施建设，支撑“一带一路”战略实施，承载我国经济、文化走出去。落实推广 TOD 模式，实现城市与交通一体化发展，提高土地使用效率，实现城市用地集约高效发展。

发挥“现代交通＋”引领作用，依托高速交通，缩短时空距离，加快经济运行节奏，优化资源配置，放大同城效应和促进区域一体化，提高经济社会运行的效率效益，重塑生产生活模式。

发挥“现代交通＋”引领作用，激活交通乘数效应，催生高铁经济、港口经济、空港经济、自由贸易区和自贸港等发展新形态，成为经济发展的新引擎。

发挥“现代交通＋”引领作用，适应人民新需求。融合互联网，发展智慧出行、现代旅游和现代物流，支撑“门到门”、个性化、多样化服务，使人们享受出行快乐。

交通运输与经济社会深入融合涉及各种运输方式有效衔接，土地空间综合利用，实体经济、科技创新、现代金融协同发展，央地、政企、部门多方协调等综合性问题。同时，我国区域间发展水平、体制机制也存在一定差异，情况多样、复杂，也涉及很多新业态，没有成熟的经验和解决方案。因此，需要通过创新发展破解交通运输与经济社会深度融合问题，通过示范探索和带动实现交通运输与经济社会的不断深入融合。

本章参考文献

［1］ 李稚.转轨时期基础设施营运机制的改革思路——《1994年世界发展报告》评介[J].管理世界,1995(3)：215-216.

［2］ 世界银行.1994年世界发展报告：为发展提供基础设施图书馆目录[M].北京：中国财政经济出版社,1994.

［3］ 周浩,郑筱婷.交通基础设施质量与经济增长：来自中国铁路提速的证据[J].世界经济,2012,35(1)：78-97.

［4］ 刘秉镰,武鹏,刘玉海.Infrastructure's contribution to China's total factor productivity growth[J].China Economist,2010(5)：72-81.

［5］ 中华人民共和国统计局.中国统计年鉴，http：//www.stats.gov.cn/tjsj/ndsj/

［6］ 贾善铭，覃成林.国外高铁与区域经济发展研究动态[J].人文地理，2014(2)：7-12.

［7］ 苏文俊，施海涛，王新军.京沪高铁对鲁西南沿线主要城市的影响[J].复旦学报(自然科学版)，2009(1)：114-119.

［8］ 张萃.高铁对城镇体系发展影响的研究[D].天津：南开大学，2009.

［9］ ZHANG Q，YANG H，WANG Q. Impact of high-speed rail on China's Big Three airlines[J]. Transportation Research Part A Policy & Practice，2017,98：77-85.

［10］ 柳志刚.论新技术在智能物流中的应用[J].现代商业,2015(9)：28-29.

第四章

基于大数据深度应用全面推动货运节能减排

第一节　目前中国货运节能减排存在的主要问题

一、货运结构不合理、节能减排空间巨大

1. 各种货物运输方式衔接不畅，实现多式联运货运的比例偏低

目前我国各种货物运输方式之间衔接不畅，实现多式联运的货物比例偏低。重点体现在铁路、公路、水运、航空等运输方式未能有效整合，运输组织与管理存在问题，货运“最后一千米”问题仍待解决。并且基础设施衔接不好、集疏运不畅。铁路进港最后一千米瓶颈问题突出，铁路货运站场进出通道能力不足，港口公路集疏运通道不完善。缺乏多式联运专用站场。铁路集装箱中心站数量很少，已有公铁联运站场规模小，半挂车专用滚装码头设施、机场空陆联运分拨设施等严重不足。

2. 甩挂运输还没有得到全面推广

虽然交通运输部建立了甩挂运输试点专项资金，遴选发布了 75 个甩挂运输推荐车型，确定了 95 个国家甩挂运输试点项目，带动山东、江苏、福建、广东等 8 个省(区、市)启动了省级甩挂运输试点，但是需要加大推广力度和支持力度，进一步优化运输结构，提升公路运输行业的资源利用效率。

3. 铁路货运整体服务水平不高、节能减排还有较大空间

第一，货运节能减排铁路能够发挥重大作用，但目前我国铁路服务衔接与组织不到位，铁路货运组织状况、能耗管控水平、奖惩措施尚须改善。运输组织上存在问题，如与其他运输方式的无缝对接、门对门服务的完善、货物运输方式的单一、回空率的上升等；专用车辆不能满足市场需求，如汽车运输、小件集约化包装运输；零散货物办理布点与城市物流运输的合作；运输周期过长，不能及时满足市场对货物送达速度的要求。

第二，铁路货运结构不合理。货运品种结构、能耗结构有待优化。2008 年以来，铁路集装箱运量占铁路货运量的比例一直不足 3%，铁路集装箱运输周转量占铁路货物周转量的比例在 5% 左右徘徊，铁路集装箱平均运距相比铁路货物平均运距较长，一般在 1600 千米以上，将近铁路货物平均运距的 2 倍。

第三，节能减排技术还需要改进。运输设备（机车性能、车辆自重状况等）、能源计量设备、运输网络现状还没有得到根本性的改善；机车节能性能尚待改善，大部分车辆尚未实现轻量化。能源计量设备还存在一定的问题，不能准确进行能耗计量。

铁路货运市场份额持续下滑，随着公路、水运、航空运输规模不断扩大，货物运输市场竞争日益加剧，而铁路运输产品单一、服务滞后、运到时限无法保证、与其他运输方式衔接不足等问题使其在市场竞争中处于不利地位，产业结构调整带来的运输需求结构变化进一步加剧了铁路运量的流失，导致铁路货物运输市场份额持续下滑。2010—2017 年，铁路货运量市场份额（不含远洋）从 11.44%下降至 7.83%，货物周转量市场份额从 28.84%下降至 19.59%。

4. 内河航运比较优势尚未充分发挥

内河船舶运输与公路、铁路、民航比较，具有运量大、成本低、能耗少的优点，但是由于交通运输结构性矛盾尚未根本解决，内河航运仍然是综合运输体系中的薄弱环节，综合运输组合效率尚未充分显现。

二、货运管理与组织环节薄弱、系统效率不高

1. 缺少统一的物流信息及服务平台

从全国、区域到城市，都缺少完善的物流信息及服务平台，跨区域、跨行业、跨方式间的物流服务更是欠缺，物流行业整体缺乏智能化、高效的运输（物流）组织，道路运输空驶率高，2015 年为 40%，与美国、欧洲 20%～25%的空驶率相差很大，多式联运信息平台建设严重滞后，整体运输效率有待提高。

2. 城市配送整体水平不高

货运市场集约化程度整体偏低，统一管理难度大，城市配送专业化水平不高，共同配送仍处于起步阶段。北京城市共同配送货物所占比重仅为 7%，远低于东京的 71%。

客车载货现象仍较突出，影响城市交通运行。客车载货运输货运量占中心城货运总量的比重为 7%，但车次达到 1389 万车次，占运货车辆总车次数的 38.16%。

城市货运节能减排工作还面临现有货运激励措施效果减弱、节能减排效果难以评估等问题。

3. 运输生产效率有待提高，节能减排监管力度尚需加强

就整个道路运输行业而言，经营主体分散，企业集约化、组织化程度较低，运输效率水平不高。2014 年中国货物运输业户平均车辆数为 1.92 辆，个体运输户比例达 91.9%。数量众多的个体运输业户缺乏节能减排技改资金投入，致使运输生产组织化程度无法提升，国

家、行业的节能减排的引导性政策措施在个体运输业户及小型运输企业内不能得到有效落实;能耗统计工作开展难度大,能源利用基础数据精度不高;政府监管能力和手段仍有待提高。

4. 配套管理制度、机制建设滞后,既有政策实施被打折扣

限于交通运输发展阶段和理念的双重约束,中国交通节能减排管理还处于起步阶段,虽已制定并出台了一系列交通低碳发展政策,但缺乏实施层面的配套和必要的分析研究手段,既有政策的节能减排效用不高。

三、交通节能减排的技术创新及应用有待提高

1. 标准规范缺失

关于货运的节能减排方面目前缺乏相关的统一标准规范,包括多式联运标准规范、城市配送标准、车辆标准等。

2. 新、清洁能源车辆比例、车辆排放标准低

从能源结构来看,北京市货运车辆 96% 以柴、汽油为主,新、清洁能源车辆比例不足 0.5%。从排放结构来看,北京市目前已实施第五阶段排放标准(相当于欧Ⅴ标准),但国三排放标准及以下排放标准的汽柴油货车仍占 50%。从车龄结构来看,北京市货运车辆平均车龄为 4.6 年,大于美国、德国等国家 3 年的平均车龄。

北京 2008 年开始实施绿色车队政策和老旧车辆淘汰政策,以加速行业高排放车辆淘汰为主要目标。绿色车队规模较小,车辆总数 5 万辆,仅占备案载货车辆总数的 24.6%。由该政策促使的车辆淘汰规模仅占行业车辆更新总量的 3.2%,政策引导或激励作用不足,难以撬动行业自发优化发展的内生动力。

3. 技术创新及应用有待提高

中国正在从提高运输工具能效、发展新能源车、推广可再生能源、发展“互联网 +”货运等方面积极推进交通技术减排,取得了一定成效,但因起步较晚,与发达国家仍有很大差距。

货运节能减排数据积累严重不足。交通能源消耗及排放等数据采集、反馈、分析、处理的政策管理和政策机制不健全,数据整合、利用能力低,实时性、可靠性不高。

ITS(智能交通系统)、ETC 联网(电子收费系统)、物联网、车联网等智能交通发展滞后。这些技术减排手段应用的巨大潜力未能充分发挥。

此外,中国在发展重载列车、货运车辆大型化专业化、甩挂运输等方面的技术也不尽如人意。

四、政策、机制等保障体系不完善

1. 政策的系统性、前瞻性、战略性有待加强

由于中国交通运输在大部制改革前长期实行部门分立的管理体制，加之相当长时期内交通运输能力滞后于经济社会发展需求，优先缓解能力约束成为交通建设的主基调，交通节能减排政策基本上是各种运输方式原主管部门分别制定的。在交通运输大部制改革后，尤其是交通运输能力从严重制约转变为基本适应后，交通节能减排发展政策也逐步由各部门孤立的政策向各种运输方式协调发展的政策方向转变。但由于体制机制未彻底转变，中国交通运输节能减排、低碳发展政策并未突破各交通方式条块分割的樊篱，无法通过各种运输方式合理分工和有机衔接形成综合运输体系下的最优化节能减排发展模式，政策顶层设计不够，政策的系统性、前瞻性、战略性均有待加强。

2. 节能减排政策制定缺乏全面的成本效益理念和考核机制

中国交通节能减排政策出台缺乏成本效益分析和明确的思路，部分政策的成本效益较差，减排成本很高。交通运输节能减排政策的成本效益理念欠缺，不仅导致对科学的成本效益标准认识滞后，而且缺乏较为系统权威的考核标准，降低了交通节能减排政策的权威性和严肃性，也使一些成本效益高的政策和措施实施力度不够，如节能驾驶未能普及，能源统计、核算、核查制度建设跟进缓慢，导致成本效益高的管理性政策效应无法发挥。

3. 既有政策经济支持力度不足，并存在一定的方向性偏差

投资政策方面，各种运输方式的网络布局相对独立，缺乏从综合运输合理供给结构层面统一调配各种投资，使基础设施投资不能合理投向能源消耗少的运输方式，不利于交通运输实现综合节能减排发展。税收政策方面，除消费税、车船税按车船排量、等级实行差别税率外，其他各税种均按相同税率征收，没有充分体现消费者负担全部外部成本的理念。价格政策方面，各种运输方式货物运输比价关系没有充分纳入外部成本。碳交易政策方面，交通领域通过碳市场产生的交易量非常少，通过碳交易的低碳发展路径尚未打通。

第二节　大数据技术应用对提升货运节能减排的作用

近年来，交通大数据技术与应用得到了快速的发展。从传统的通过线圈、红外、微波、视频和 GPS 检测到的交通流数据，向手机信令等新型检测手段以及集约的交通传感器布局和稳定的多源数据融合方向发展。与传统交通数据相似，交通大数据描述了城市现状物理空间结构，休现了交通出行个体的运行状况，反映了交通系统的供给与需求特性，表现了交通

运行状况的其他环境要素。交通大数据为“感知现在、预测未来、面向服务”提供了基础的数据支撑，给货运节能减排提供了新的机遇，之中存在的货运组织、管理等问题都可以借助大数据得到改善。

一、货运大数据的内涵

大数据技术是为了更经济地从高频率获取的、大容量的、不同结构和类型的数据中获取价值而设计的新一代架构和技术。大数据技术的特点是：数据体量巨大、数据类型繁多、价值密度低、商业价值高、处理速度要求高。

通过大数据技术将先进的网络、信息、智能、控制、自动化、运筹学等技术综合运用于交通运输、服务控制和车辆制造，从而实现车辆、道路和使用者之间的紧密联系，实现运输过程的安全监管、高效节能等环节的信息化、网络化、自动化，提高运输效率与精准程度。

通过对货运系统进行合理设置和改进，提高能源利用效率和运输效率，降低空驶率，最大限度降低货运行业能耗，减少温室气体的排放，实现经济社会发展与生态环境保护双赢的运输生产活动。其实施途径主要包括：合理选择运输工具和运输路线，克服迂回运输和重复运输，以实现节能减排的目标；改进内燃机技术和使用清洁燃料，以提高能效；识别并自动防止运输过程中的泄漏，以免对局部地区造成严重的环境危害。

二、货运大数据的来源与特征

随着信息技术的发展，大规模、多类型数据的获取成为可能，货运行业数据主要包括以下几个方面。

1. 企业运营数据

企业运营基本业务单据，如物流企业、客户档案、物流网点、货运单等，包括客户信息、货主信息、司机信息、车辆信息及交易信息，可分为注册数据、交易记录数据（见表 4-1）。这些信息多为事务性信息、结构化的数据，变更较频繁，数据量较大，可用关系型数据库进行管理。

表 4-1　货运企业数据构成

数 据 类 别	注 册 数 据	交易记录数据
司机、货主数据	年龄、驾龄、信用	—
车辆数据	车型、车牌、容积、载重、车龄	—
货物数据	—	货物种类；货物重量（体积）；货物价值

续表

数据类别	注册数据	交易记录数据
运行数据	—	轨迹数据；车辆配载数据；承运交易额（运价）；平台渗透率
评价数据（信用体系）	—	发货人对承运人的评价；承运人对发货人的评价
安全（事故）数据	—	事故数据：地点、时间、人群、车、货

2. 行业管理数据

交通管理部门的车辆登记及年检信息、驾驶员登记及年检信息、违章记录，车辆厂商的车辆及保养维修信息，保险公司的车辆保险及理赔信息等。这些信息变更不频繁，多为结构化的数据，数据量不是很大，可用关系型数据库进行管理。

3. 道路交通实时监测数据

来源于交通管理部门的交通流检测网络通过线圈、红外、微波、视频和 GPS 检测到的交通流数据，包括：道路监控探头的视频、图像；各卡口识别设备采集的图像；电子警察抓拍的图片；高速公路收费口及 ETC 数据；城市公交系统监控视频、图片等。

上述数据的特点是数据量巨大、需要实时处理、所含价值复杂。利用大数据技术对上述数据的处理，可以获得车辆的位置及轨迹，以及道路交通流量实时信息。

4. 手机信令数据和社交网络信息

LBS 基站定位是基于位置的服务，通过无线电通信网络获取移动终端用户的位置信息。利用手机信令，根据起源蜂窝小区（COO）、到达时间（TOA）、到达时间差分（TDOA）、到达角度（AOA）、增强观测时间差分（E-OTD）等数据，获得手机所在小区的识别号，就可以知道手机所在区域（基站小区的经纬度），定位精度 50～1100m。

驾驶员、相关人员等在社交网络上发布的信息，可以通过网络数据挖掘技术，将所关心的文本、图片等内容收集起来，还可以通过网络日志收集相关人员上网行为数据。这些信息可能包括途中经过的地点、天气信息、车辆状况、突发事件等，结合其他数据，通过关联分析，获取有价值的业务信息。

5. 车辆轨迹数据

GPS 是根据高速运动的卫星瞬间位置作为已知的起算数据，采用空间距离后方交会的方法，确定待测点的位置。卫星定位不仅可以确定终端的位置，还能确定终端移动的速度、方向及高度等额外属性值，而且在车载 GPS 数据中还可以确定车辆载重情况、作息时间等信息。

6. 物流跟踪信息

物流跟踪信息是伴随货物的流动，利用条码技术生成的一系列位置、状态信息。完善的追踪系统甚至可以精确到运输、分拣、中转、配送每个环节的精准时间。现在国内的物流和快递公司大多提供网站、手机、电话查询，一个单号对应一件托运物，根据单号可以查询货物到达每个中转站的时间。

物流跟踪信息有很大的优势。当顾客需要对货物的状态进行查询时，只要输入货物的号码，马上就可以知道有磁货物状态的信息。查询作业简便迅速，信息及时准确；通过货物信息可以确认货物是否将在规定的时间内送到顾客手中，能及时发现没有在规定的时间内把货物交付顾客的情况，便于马上查明原因并及时改正，从而提高运送货物的准确性和及时性，提高顾客服务水平。通过货物跟踪系统所得到的有关货物运送状态的信息丰富了供应链的信息分享源，有关货物运送状态信息的分享有利于顾客预先做好接货及后续工作的准备。但是建立货物跟踪系统需要较大的投资，如购买设备、标准化工作、系统运行费用等。

三、大数据对货运节能减排的作用

1. 利用大数据提高多式联运比例，实现货运行业降本增效

我国多式联运刚刚起步，公铁联运尚未得到真正发挥，铁路货运虽然获得了由高铁成网运行而释放的大量运能，但铁路缺乏协调公路运输资源或者直接调用公路运输资源的意识和能力。目前铁路、公路、水运、航空等运输方式未能有效整合的主要问题在于运输组织与管理，而大数据成为创新多式联运的关键手段。

实现公路、铁路、海港等运输方式乃至国际航空、境外陆运等各运输环节的有效衔接，需要多式联运综合服务信息平台的互联互通和信息共享。因为没有任何一个单一主体或企业能全盘驾驭多式联运的资源和业务。比较科学的方式就是通过数据平台来驱动多式联运的运作和管理。借助互联网的相关技术来构建多式联运相关要素的连接，从而实现多式联运的透明、协同，实现多式联运的高效运作。只有对货物信息强大的掌控能力，发挥不同运输方式的优势与组合效率，才能提高运输效率、减少货损货差、降低物流成本、促进节能减排。

2. 利用大数据平台实现资源优化配置，减低空驶率

根据中物联发布的《中国公路货运发展报告(2015—2016)》，2015 年，公路运输空载率高达 40%，车辆停配货的间隔时长平均长达 72 小时左右，与美国、欧洲 20%～25%空驶率相差很大。

大数据带来的各类信息使货主、车主、司机、第三方物流(货代)等多方之间的信息沟通更加清晰和顺畅。通过信息共享平台，发布货源、车辆等信息等资源信息，个性化推荐、机器

学习、智能调度等技术手段分析车辆与货运情况，精准匹配车源和货源，从而实现业务需求匹配，尤其是在匹配回程车的车主和有货运需求的货主的应用上，让车主回程“不白跑”，提升行业效率，实现资源优化配置，减少空驶带来的损耗。

3. 借助大数据平台掌握货运需求特性，优化线路布局，提高运输效率

目前大量数据的沉淀，为掌握全国货运需求特性提供了基础。基于大数据对全国及区域运力流量、流向、运载工具、货类等信息的宏观分析，实现全国重要节点之间、区域节点之间的货运关系的可视化，分析区域内货运总量特征、货运出行时间和空间分布特征等信息，从而分析货运基础设施分布与货运需求的合理匹配程度，为优化线路布局做支撑。

例如，物流大通道建设可依托分析结果识别出货运主通道，识别出主要的全国及区域不同层级的货运节点以及省内区域的主要运力分布情况及省内主要货运节点与省外其他节点之间的关系情况，对货运优化路径提供支撑，从而达到节能减排的目的。

4. 利用大数据提高城市共同配送，提高货运资源的利用效率

城市配送具有需求高度碎片化的特点，货和车遍布全城，要解决这些散布在全城的配送需求，传统的通过大量布局运力来满足市场需求的货运运营模式已经无法支撑企业在效率及运营成本方面的诉求。而大数据技术为运营提供有力支持，通过技术驱动，深度洞察货主需求，形成同城运力调度平台，高效协调、组织社会运力，从而提供既符合货主需求，又能有效配置物流资源的城市配送服务。

通过信息交流平台收集各类信息，导入数据库结合时间、地点等信息综合分析得出最优的配送计划的线路，将其发送至配送人员手中，配送人员按规定路线配送。在配送过程中实时获取路况信息，如果遇到突发情况，系统也可以及时优化路线，最大限度地节约时间，降低车辆、人员、油料等费用。

大数据也能为共同配送的实施提供坚实基础。共同配送是指多个客户联合起来，共同由一个第三方物流服务公司来提供配送服务，通过作业活动的规模化降低作业成本，提高货运资源的利用效率。城市配送属于城市末端，物流流量小，经济属性很差，而将各信息系统之间的数据打通，实现共同配送，货车一趟装运多个商超的货物，分摊下来的配送成本降低，运输配送效率更高。

四、大数据在节能减排应用中面临的问题与挑战

1. 区域范围内货运信息共享存在困难

虽然大数据能够对资源配置、需求分析、优化路线等起到积极的作用，但实现全国、区域、城市各层级完善的货运信息及服务平台充满困难。

2. 多领域、多行业和多环节的协调难度大

形成共同配送与货运信息服务平台是一项系统工程，涉及多行业、多领域、多环节，投入大，公益性强，需要纳入城市整体规划，并与相关规划衔接，协调难度大。

3. 多式联运信息服务平台涉及多方利益协调

对于多式联运信息共享平台的构建，需要协调公路、铁路等多方式多部门，这其中又存在运价与运量之间的竞争。

4. 大量多源异构数据的梳理提取难度极大

对于企业资源共享、信息交换，甚至公布客户物流信息也是极大的难题。同时，大数据的整合处理过程费用高、成本大，对构建资源共享平台产生一定的压力。目前的数据结构复杂多样，统一标准规范难。大数据时代，信息资源非线性化，超文本、超媒体信息逐渐成为主要的方式；同一服务器上的信息资源也可能在数据结构、字符集、处理方式等方面存在差异，使得整合体量庞大的信息资源困难重重。

第三节　国内外大数据技术在货运节能减排应用中的经验

一、欧洲大数据技术在货运节能减排中的应用经验

1. 欧洲绿色货运车辆

研究表明同一司机在同水平路面情况下，空载和满载对车辆燃油消耗有着不同影响(见图 4-1)，在以下方面有所体现。

(1) 欧盟允许通过改善车辆的动力学性能，优化车辆的风阻，减少排放，改善车辆的视野和机动性。

(2) 两轴、三轴的代用燃料的货运车辆和三轴铰接客车均允许增加 1 吨的额外重量用于新能源的使用。

(3) 协调组织运输模式及信息网，改善车辆空驶率。通过多式联运、规范货运装备等方法提高运输效率。

2. 马士基轮船公司——实时监测保持最佳航线实现节能减排

全球最大的集装箱船运公司——马士基轮船有限公司 2014 年节省的燃料量相当于近乎中国一天的石油消耗量，即约 1000 万桶石油。

马士基轮船公司通过实时监测船只运行情况，通过对货运船只的速度、燃料使用情况及天气情况等进行实时监测，确保所有货运船只保持最优的航速，从而减少能源消耗、节省燃

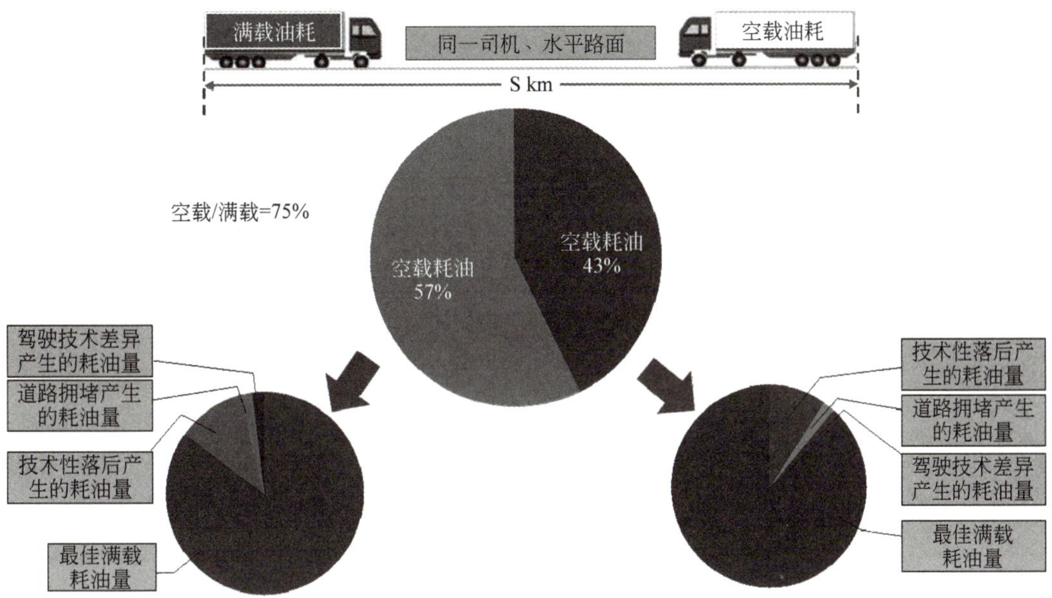

图 4-1　商用车辆燃油油耗影响因素

料、减少温室气体排放。控制室里经验丰富的海员通过大数据分析比较每艘轮船的航线与资料库中的最佳航线，确保轮船走最佳航线，并在航线偏离时及时帮其调整。

3. 德国通过港口情报系统进行各运输方式之间的高效协作

德国汉堡港建立了欧洲一流的港口情报系统——DAKOSY（数据通信系统）。该系统不仅能在港内进行数据交换，而且可用于各种运输手段之间的协作，是货主选择最佳运输方案的手段。汉堡港 2016 年的货物吞吐量达 1.382 亿吨，集装箱吞吐量达 890 万 TEU。

二、美国大数据技术在货运节能减排中的应用经验

1. 不断提高信息化水平，大幅降低空驶率

美国公共物流信息平台将区域内所有物流基础设施资源视为系统内诸要素，融合了地理信息系统（GIS）、智能交通系统（ITS）、无线射频识别技术（RFID）和电子标签等先进技术，推动物流信息化和现代化，实现卡车运输的高度信息化，降低货车的空驶率。

美国所有规模化的物流运输企业都拥有发达的信息网络系统，这也成为甩挂运输长效运转不可缺少的条件。目前美国道路货运空驶率已降至 20%～25%，节能减排作用巨大[2]。

2. 建立发达的集装箱运输信息系统

美国铁路公司不断投入成本对信息系统进行升级换代，以实现运输管理的现代化和自动化，对铁路运营管理自动化系统的投资约占铁路总投资的 7%，信息化程度非常高，每个公

司都拥有庞大的信息研发和系统维护队伍。美国铁路货场普遍采用绿洲系统(货场管理系统)进行管理。绿洲系统在美国铁路多式联运货场中使用的比例已达到70%,该系统采用手持电脑或道口光学字符识别系统(摄像系统)与中央控制系统联网对货场集装箱进行管理,集装箱底盘车定位摆放、数据录入、指令下达等工作环节全部采用微机网络进行管理。

3. SmartWay 交通运输计划,增强环境和供应链的可持续性

SmartWay 记录申请加入时公司的排放基线,并每年更新各公司排放水平,用于业内评比和表彰。托运人通过参考车队的排放绩效数据,结合其业务需要和环境目标来选择最合适的绿色货运承运人(见图 4-2)。

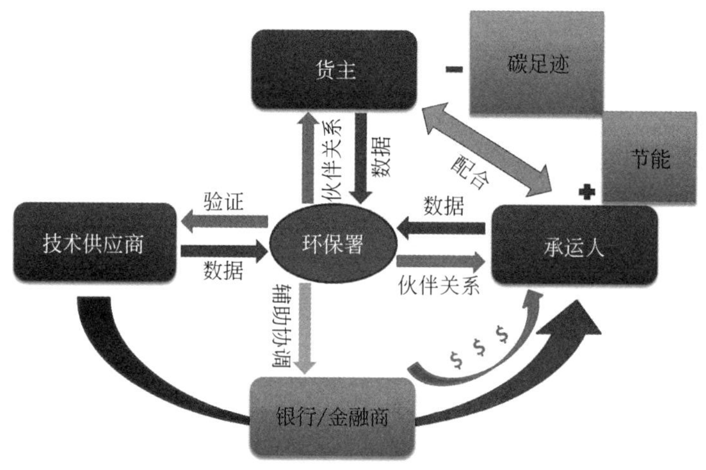

图 4-2 SmartWay 交通运输伙伴关系图

2004—2012 年美国 SmartWay 计划的成果如下。第一,节油:8 年来共节省了 6 500 万桶油。第二,省钱:SmartWay 帮助美国企业节省了 81 亿美元的油耗成本。第三,保证工作机会,拯救经济:美国企业界 680 万就业人群中有 1/6 与卡车业相关。第四,强化行业组织化程度:提供统一供应链计算工具和方法;面向小企业提供专业技术支持;推动绿色供应链战略实施。

4. UPS 末端最优路径规划,实现高效配送

联合包裹速递服务公司(UPS)通过大数据实现配送末端最优路径的规划,其尽量右转的配送策略节约了燃油成本,增加了包裹配送量。

UPS 最著名的大数据分析案例就是送货卡车不能左转。根据 ORION 系统分析:左转会导致货车在左转道上长时间等待,不但增加油耗,而且发生事故的比例也会上升,所以 UPS 基于城市车流大数据绘制了“连续右转环形行驶”的送货路线图(见图 4-3),实现高效配送。

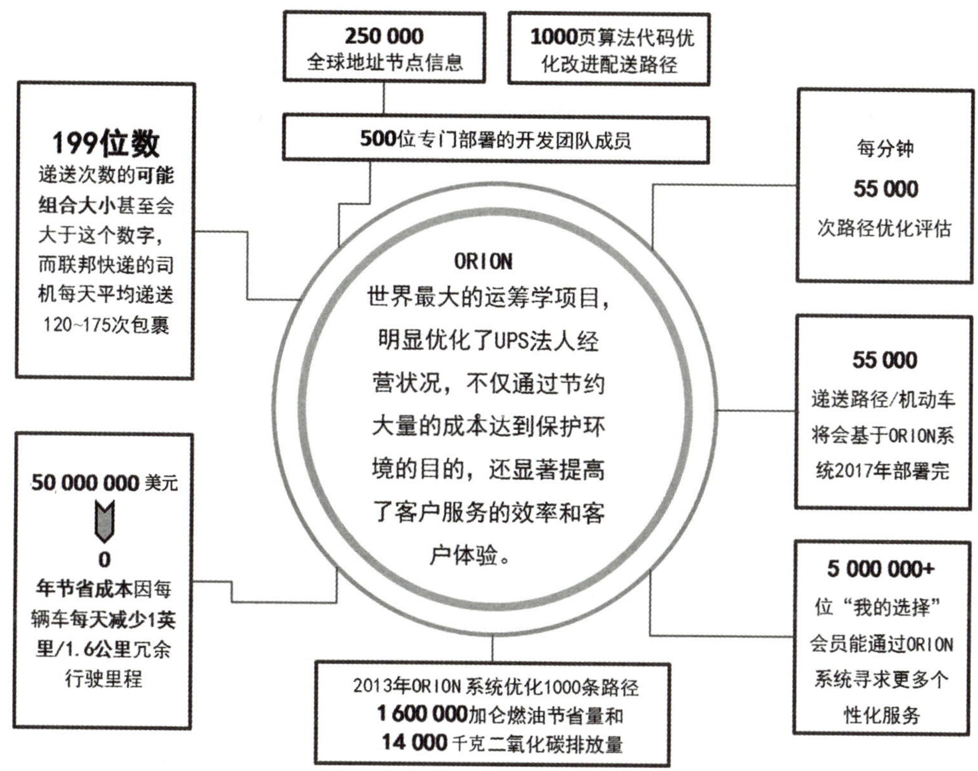

图 4-3　UPS 末端最优化规划路径成果及右转配送策略

三、日本大数据技术在节能减排中的应用

日本多式联运的发展在世界上一直处于领先地位，不仅发展了海、陆、空多种运输方式合理组成的多式联运，还利用与作业相互适应的信息技术为高效的运输组织提供了保证，如日本于 2000 年年初进行的智能系统 Cyber Rail 研究，大幅提高了铁路信息在多式联运中的灵活性和开放性。

同时，日本铁路货运公司还根据不同的物流形态开行不同的班列，以满足顾客的个性化需求。特别是强调要大力发展集装箱运输，把大量的集装箱货物公司从公路吸引到铁路上来。

四、我国大数据在货运节能减排中的应用

1. 无车承运人运行监测，有效提升运输组织效率

2016 年 8 月，交通运输部办公厅印发《交通运输部办公厅关于推进改革试点加快无车承运物流创新发展的意见》(交办运〔2016〕115 号)，正式开启全国无车承运人试点工作。

根据文件内容，无车承运人依托移动互联网等技术搭建物流信息平台，集约整合和科学调度车辆、站场、货源等零散物流资源，能够有效提升运输组织效率，推动货运物流行业转型升级。无车承运人试点工作启动后，全国遴选出283家企业进行试点。2017年1～6月，试点企业累计完成运单总数近119万单，有效减少了车辆的等货时间，同时多式联运、集装化标准化运输正成为货运新趋势。

2. 鲸眼系统

陆鲸"鲸眼系统"通过开放式架构，融于传化智联"传化网"中。通过与传化网内多个业务场景的连接，鲸眼系统的数据来源也实现了对物流全场景的覆盖，数据维度、厚度较之单一平台具有先天优势，海量多维的数据带来更精准的用户画像和运力调度。

鲸眼系统依靠技术手段解决大货车通行效率低、高速收费口拥堵的问题，为货车司机提供更省时、更省钱、更省心、更安全的高效货运体验，带动公路运输节能减排、节约用地，降低国家高速公路管理成本及提高高速公路通行费收入。同时，依靠大数据平台，陆鲸卡车司机的平均配货时间提升为6～9小时，相比72小时的传统配货方式，效率大大提升。

3. 货运云商平台

我国有货车1000多万辆，货车司机3000多万人。货运云商以3000多万货车司机生命周期中的吃住行修等行车轨迹作为定位，以车主核心需求作为出发点开发产品，打造出B2B2C的创新商业模式，即货代、物流公司、配货站等传统物流企业+货运云商+货主/车主。这种模式通过解决传统物流信息不对称等问题，提高效率，同时重新梳理整个价值链条，提高收益降低风险，从而带动整个传统物流行业的顺利升级，创造共赢的局面。

目前货运云商的核心产品——专用导航已经覆盖全国95%以上的道路，通过为货车司机量身定制路线，提前规避限高、限行、限重等静态风险，有效提高了运输效率。

4. 航运大数据平台 CargoEDI

通过完善系统的智能化监测分析技术，可以消除港口航运业在节能减排领域决策判断的模糊性，全面实现调控效果预判和评估、能耗排放特征分析、发展态势判别等，为解决港口节能减排问题提供可能。

通过CargoEDI对传统操作模式进行EDI方式改进后，中远物流每年可节约人力成本和耗材成本共计15.52万元，大大缩短了物流工作链，提高进出口供应链操作效率，降低耗能，保护环境。

第四节　大数据在货运节能减排中的应用

一、多种运输结构信息交互共享，大数据技术促进多式联运发展

利用大数据技术整合铁路、水运、公路运输以及集装箱管理系统、货票系统、调度指挥系统等信息资源，实现各方式之间的协作运营，发挥不同运输方式的优势与组合效率，提高货运多式联运比例。

同时，加强与国际多式联运沿线国家的铁路公司信息交换和对接，实现铁路口岸信息互换，动态掌握货物全程运行信息，实现联运信息共享共通，降低物流成本、促进节能减排。

二、运载工具能源利用效率的提升

利用大数据技术不仅能改变供应链运作的方式，调整制造商和供应商、消费者之间的关系，两者的应用还能显著提升卡车司机能力，减少耗油量，降低成本，从而减少对环境的负面影响，为交通行业带来显著益处。例如，在过去，要研究一辆卡车的耗油量需要记录这辆卡车在两次加油之间所行驶的总里程，而如今，发动机运行时每一秒的耗油量都可以被自动记录，还可将车速、发动机的输出功率、轮胎压力、地理位置、司机的身份等因素相关联，甚至司机正在听的音乐。通过收集、分析这些数字庞大的卡车数据来研究提高燃油经济性最经济有效的手段已成为可能。

尽管大数据的很多方面看上去只适用于大型公司，但其实个人小型车队也可以从这样的信息技术和大数据中获益。如今，很多卡车制造商都会为司机提供分析硬件和软件，司机还可以充分利用已售卡车的经验。将来司机可以通过在线货运交流平台，从能效的角度决定是否接受承载货物。

三、运输路径的规划

通常是帮助平台用户或企业，特别是运营商制定货运最优路线的增值服务，制定路线时会对路线长度、拥堵情况、收费站、道路条件等加以考虑。路线规划服务通常与货运地图一起提供，例如高德的实时货车导航。

四、适当运载任务的分配

收集燃油消耗数据可以帮助货运公司更好地明确适合其承担的工作，提高车辆绩效。美国一家区域货运公司发现，公司的一些车辆并没有达到燃油经济性的目标，因为其卡车配

置并不适合在多山地区运输货物。经过数据分析，该公司将卡车配置调整为适合多山地区，调整后的卡车相比之前可以节省20%的燃油。

五、识别效率低下的来源和原因

美国速运公司利用每5～10分钟监控几千辆卡车超过900数据字段的信息，精准识别该公司的运输车队中的怠速控制是提高燃油经济性的关键，通过对司机进行专门的怠速管理训练，公司每年可以降低价值2000万美元的柴油消耗。

六、大数据提高货运安全水平

除了收集卡车本身的数据，数据系统还可以收集、分析司机的数据，包括他们的驾驶习惯，如可能会引发事故的不安全驾驶或者疲劳驾驶。现在很多系统都会提醒司机不要进行超速驾驶、低效换挡、急停等行为，先进的数据系统已经能够帮助车队经营者将司机的驾驶习惯和人力资源记录结合起来，用一种更加高效安全的方式对司机进行培训。例如，阿肯萨斯安全交通运输公司通过收集车队的大量数据发现，司机如果6天以上不工作，发生事故的可能性会更大，从而可以采取措施注意与长期休假的司机沟通讨论安全问题[8]。

第五节　货运节能减排中大数据应用的关键问题

一、多源异构数据融合问题

（一）大数据整合难点

实现货运大数据的整合，目前存在很多困难。原因是数据联系着不同利益主体，存在利益相关；而且有不同的数据结构，数据来源不一、标准不一，质量参差不齐，部分数据缺失，政府部门的货运数据分别被不同部门和区域控制，而不同部门和区域间的数据标准各异。

利用大数据技术解决货运节能减排的问题，其中最重要的基础是要实现货运数据的整合。数据整合是进行需求特性精准分析和预测的基础，准确掌握和预测货物总量、时空分布、运输距离、货物价值等特性；是优化运营管理、提高效率和效益的关键，实现司机端和货主端信息的匹配，减少交易成本、空驶率和排放；是实现安全运输、监管的高效手段，方便政府行业监管，便于事故地点、时间、主要原因、主要货物、主要人群的分析与定向监管。例如，货车帮打通了与交通信息系统的数据接口，开展在线办理车辆购置、违章查询、罚款缴纳、车辆年审等相关业务，高效服务于民，现已实现贵州交警模式，成为中国第一家互联网车管所。

（二）目前国内货运大数据整合应用情况

1. 国家交通运输物流公共信息平台

国家交通运输物流公共信息平台是2012年由交通运输部和国家发改委牵头，有科研院所、软件开发商、物流企业等多方参与共建的一个公益、开放、共享的公共物流信息服务网络，旨在统一物流信息标准，提供数据交换和公共信息两大服务，满足企业间、政企间、行业间、国际间的物流数据交换需求，促进各方信息互联互通。

目前国家物流信息平台提供标准服务、交换服务、数据信息服务。目前已整合687项数据元、104个代码集、68个单证、17个服务功能调用接口，涉及主要的国家和行业标准。在全国部署了9个交换服务器，实现了45万用户的互联，日均交换单据量峰值超3000万条。国家物流信息平台依然存在很大的问题：首先是接入的数据量远远不够，目前主要是接入浙江的省内数据；其次是参与的企业和地区不够，缺乏持续发展的动力。

2. 云上贵州系统平台

贵州省建成了全省政府数据统筹存储、共享开放和开发利用的云服务平台——云上贵州系统平台，推进数据共享开放试验，探索建立数据共享交换技术体系、服务体系和制度体系，打造一体化的政府数据中心，推动政府数据共享开放和应用。平台向上连接国家电子政务外网中心，向下连接市（州）、县政府，横向连接省级政务部门。建成省级政府数据共享交换平台，各部门、各层级政府数据在此共享交换。108家网站与省政府门户网站实现数据交换，实现跨部门数据共享和业务协同应用。云上贵州平台2017年5月接入国家电子政务共享交换平台，成为国家电子政务云数据中心体系（试点示范）建设项目南方节点。

云上贵州在数据整合与共享方面做了很多尝试。一是整合行业内数据。2016年，完成了交通建设、公路养护、高速路运输、数据中心等19个已建业务系统迁移，租用云上贵州平台云服务器169台，CPU1050核，存储空间141376GB，内存3703GB。汇聚路、桥障、人、车、户等基础数据，实时采集高速公路、国省干线、水路、客车场站、应急车、无人机等视频数据、交通流调查数据、高速公路收费数据、两客一危GPS，公交车GPS等。为区域内数据共享交换打下了坚实的基础。二是推进跨行业在线协作。与交警实现视频数据共建共用，已实现卡口数据接入，正在推进驾驶人员数据、车辆数据、交通事故信息、交通违法违规信息、交通管制信息等共享，已接入旅游景点信息、部分景点实时人流量信息，已获取气象预报及预警信息，在路网运行管理、查车找车、应急救援和公众服务等方面提升大数据应用能力。三是促进跨省区交通要素数据的共享。由交通运输厅牵头建立了贵州、重庆、云南、四川、陕西、湖南、湖北“六省一市”交通运输行业信息交换共享机制，目前共聚集运政从业人员、运输业户、营运车辆、跨省路况等数据信息1400多万条，同时争取到西部六省交调数据落户云上贵州，将在运政监管、协同执法、安全应急、交通出行等方面开展跨省业务协作。但是目前融合的基本都是客运方面的数据，关于货运的数据比较少。

3. 多式联运大数据平台建设滞后

目前我国公路货运系统相继建立一些大数据共享平台，提高了公路货运的效率，也为我国货运大数据的应用奠定了基础。多式联运作为货运行业降本增效的主要方式，目前在我国的发展还严重滞后，不仅由于多式联运基础设施建设落后，市场机制不健全，更是由于多方协调机制缺失，难以实现联运信息交换共享。关于多式联运大数据平台的建设问题在下文将详细分析。

（三）实现货运大数据的整合策略与途径

1. 保留“数据底牌”，打造三级平台，国家级、区域级、企业级货运大数据平台

目前，车货匹配平台的建设在我国方兴未艾，此类平台有利于整合运力资源，建立可控的运力资源网络。通过在线上建设一个“运力池”，可以提高车货匹配服务的效率，达到整合车货资源的目的。服务平台的经营者将“运力池”内车辆的型号、功能等信息进行拆分处理，就可以知晓每辆车的行驶效能，从而为承运方提供参考。在“运力池”周围的是“货主圈”。服务平台的经营者对各类数据进行分析，就可以实现企业运力与货主个性需求之间的匹配。服务平台作为第三方，其作用就是将各类信息进行拆分、整合，为公路货运企业和货主提供决策参考。

传统数据分析的基础是对数据资源有绝对的拥有权。在大数据时代，人们通过整合各类数据来创造价值，服务对于消除数据整合过程中的各种障碍、协调各利益主体之间的关系十分重要。在实际工作中，可采取“数据底牌”的形式，利益主体可将信息的管理权交给第三方，第三方没有数据的所有权，第三方将信息整合后按照利益主体的要求进行反馈，从而使其受益。在这种模式下，第三方提供的平台就是连接各利益主体的桥梁和纽带，大数据平台的任务是将各利益主体提供的数据进行科学合理的整合。

建立统一的物流信息与综合服务平台，打破区域间和运输方式间的管理分割，加大信息整合力度，加强现代货运信息服务网和物流管理信息系统建设，实现运输信息共享，优化交通流的时空分布，减少无效运输、不合理运输。目前，很多大中型货运企业都拥有自己的货运平台，企业掌握着大量的运力，并利用私有平台对运力进行调整。将企业的私有货运平台与公共信息平台进行对接，在技术上并不存在太大的困难，公共信息平台在对数据进行简单处理之后就能实现运力资源的共享。当企业私有平台的运力资源饱和后，多出的那部分运力资源就被置于公共信息平台上，这既有助于货运企业降低车辆空驶率、节约资源、减少污染，也有助于货主找到符合自己要求的货运企业。因此，各地要认真做好货运信息平台的建设工作，以货运信息平台建设为切入点，不断提高公路货运行业的信息化水平。要逐步实现车源、货源信息统一收集、发布，建立完善的货运信息交换系统。

2. 统一数据标准、编码、接口、软件

2015 年交通运输部正式向社会发布了“交通运输物流信息互联共享标准”，2017 年 11 月，国家物流信息平台会同相关单位在 ISO 国际标准化组织立项启动了物流信息互联国际标准的编制。根据 2015 年版《物流标准目录手册》统计，美国与物流相关的标准约有 1200 条，德国与物流相关的标准约有 2500 条，而我国只有 835 条。

3. 数据精细拆分与存储

只对已获得的数据进行整合，不进行精细的分类，就无法进一步分析和挖掘，也就无法知道数据之间是否具备因果关系。所以只有在整合的同时进行充分的拆分、清洗和处理，才能对数据之间的关系有比较清晰的认识，然后把结果整合到一个公共信息平台上，有利于人们作出科学决策。由于各类信息在数据结构、处理方式等方面存在差异，整合在一起并非易事。对基础模块进行科学拆分和分类存储是有效利用数据信息的基础，仅仅将数据机械地整合在一起是无法充分发挥大数据技术作用的。

4. 建立货车联盟

小型配送/运输公司越来越难以抗衡较大的经营商，联手组建运输联盟后小型企业能够集中资源和优势，以赢得和管理更大、更丰厚的物流合同；能够实现综合的车队管理，大部分运输公司联盟有一站式 IT 系统，可以在网络上跟踪所有车辆。合作伙伴可以使用该系统为其他成员的拖车或退装货物提供牵引，或将该区域内自己的拖车部分装载，有助于提高车辆利用率，减少空载运行；便于信息共享，通过合作伙伴关系获得共享信息，可使合作伙伴获得宝贵意见，如商用车队管理软件方面的意见，而不必耗时耗力地单独追踪，使管理部门的工作人员能够监控车辆和驾驶员操作的所有方面。这保证了车辆运行的效率，最大限度地提高了司机的工作时间；也便于设施共享，合作伙伴经常会利用对方的设施停放车辆，使自己的车辆能够为该地区的客户提供服务。数据的共享便于利润的清算，每个合作伙伴必须就每个客户和每个目的地的牵引和货物运输率达成协议，这在伙伴公司间应当是完全透明的，以免造成纠纷。

5. 构建多方协作机制，实现联运信息交换共享

在总结我国现有班列运营经验的基础上，开发和培育一批不同速度等级的多样化班列产品，不断满足客户和市场需要；与公路、水运等大客户建立合作共赢的市场合作机制，充分发挥各自优势，实现合作共赢；加大对铁路集装箱、运载车辆、装卸机具等技术装备的投入力度，不断提高现代化水平；充分利用互联网、物联网先进技术，建立适应现代物流的多式联运信息平台，积极推进多式联运信息系统，加快信息化技术在铁路多式联运中的应用。

6. 培养大数据人才

数联寻英公司发布的《大数据人才报告》显示，我国目前大数据人才仅46万人，3～5年内大数据人才的缺口将高达150万人。

全面落实中国商业联合会数据分析专业委员会于2017年11月在第五届中国数据分析行业峰会现场正式发布的《中国大数据人才培养体系》中提出的大数据人才培养战略。高校可与社会相结合，多层次培养交通大数据人才。

(1) 扩大交通物流大数据专家级人才

选拔具备大数据应用骨干人才培训资质的社会教育机构，以货运物流行业应用为课程导向。探索建立大数据人才能力评价体系，完善大数据人才的认定标准，为培养大数据领域创新型领军人才创造条件，吸引海外交通大数据高层次人才。

(2) 规范培训体系，提高行业人员的数据能力

规范数据分析基本培训和认证项目，通过工具化、便捷化的基础技能培训让从业者学会使用常用工具，获得必要的数据准备和分析技能、数据获取能力、简单的数据呈现能力、数据特征描述能力及基本的数据统计分析能力。建立规范的培训体系、科学的课程体系、高效的服务体系，依托全国高校和分布在当地的授权机构，培育若干全国领先的数据分析培训组织和机构。进一步优化数据人才培养环境，将技能考核和工作实践相结合，聚集一批高潜力的数据人才。

7. 完善的管理与保障体系

(1) 组织协调保障。建立国家级物流数据综合协调机制，负责物流统筹管理，协调物流数据平台建设发展中的重大问题，同时充分发挥物流协会的桥梁和纽带作用。

(2) 综合鼓励、扶持政策体系。从税收、资金、物流用地等方面，制定相关鼓励、扶持系列政策，吸引企业积极参与。进一步放开融资渠道，引导社会资金投资发展货运物流大数据行业，同时制定相关大数据技术系列标准规范等。

(3) 完善物流行业信用体系。建立健全物流行业信用机制和信用体系，在保障信息安全的前提下向社会信息服务机构有序开放，建立健全企业信用预警机制、失信企业惩戒机制和严重失信企业淘汰机制。

二、体制机制的协调问题

(一) 明确大数据管理职能部门

截至2017年9月，全国至少已有13个省成立了21家地市级以上的大数据管理机构。国内最早设立大数据管理机构的，可追溯至2014年2月，广东成为这项试点的“先行者”。

它以广东省经信委内设机构的形态出现在公众面前，负责研究拟订并组织实施大数据战略、规划和政策措施，引导和推动大数据研究和应用等方面的工作。第二年，中西部城市相继加入“先行先试”行列。浙江省、贵州省在省级层面先后新设了大数据管理机构，广州、成都、沈阳、兰州、云南省保山市的大数据管理机构也纷纷挂牌。

贵州省大数据发展管理局在 2015 年 10 月挂牌成立时，便是贵州省政府直属的正厅级事业单位，由贵州省政府副秘书长兼任局长，以增强对其他政府职能部门的协调能力。贵州省在对大数据发展管理局的三定方案中，还进一步明确：这一新机构负责“协调大数据发展和应用重大事项，推进全省信息系统统一平台、数据统一存储和统一管理，促进信息资源整合共享”。

进入 2016 年，更多的大数据管理机构出现在了中西部地区：沿海地区仅有江门、宁波 2 城；中西部地区则有贵阳、银川、昆明、咸阳、黄石 5 地。这一趋势在 2017 年进一步加强。2017 年新设的 6 家大数据管理机构中，有 5 家位于中西部地区。

以青岛大数据发展促进局为例，该局成立之后进行顶层设计，形成了青岛市促进大数据发展的实施意见，作为纲领性文件。同时，在产业方面也形成了大数据、云计算产业发展的指导性意见。通过青岛市政府数据开放网站开放 52 个部门的政府数据资源 1034 项，API 服务 730 个，涉及经济发展、教育科技、卫生健康、信用服务等 14 个主题。

综合来看，上述大数据管理机构都是在政府层面的组织下实现信息资源整合共享。因此，大数据系统的构建需要在政府层面组织，建立相关管理机构，明确大数据管理的职能，制定纲领性文件。通过职能部门实现公、私数据的整合、管理、筛选、加密、发布和利用等。

（二）大数据使用和共享模式

1. 国外经验

(1) 美国开放位置数据库服务商 Factual

美国开放位置数据库服务商 Factual 成立于 2008 年，是一个提供实时数据交易市场的网站平台。

Factual 致力于开发世界上最大的位置相关数据集。该平台不仅向大公司提供数据，还面向规模较小的软件开发商，每条信息都有 17～40 条的相关描述，用户可以把该公司提供的数据与已有的其他任何地理位置数据进行相互参照，创建新的应用程序。

目前，Factual 拥有的数据覆盖 7500 万个位置，涵盖 50 个国家的商户、公园和其他的景点。包括 Facebook、CitySearch、AT&T 在内的一些大公司都会使用 Factual 来获取相关信息。总部位于美国西雅图的创业公司 BDEX 开发的大数据交易平台提供实时的数据交易市场，不仅提供数据买卖，还提供数据托管、数据评分、买卖双方评分等服务。

（2）日本富士通的数据交易市场 Data plaza

2013 年日本富士通公司宣布建立自己的大数据交易市场 Data plaza。在 Data plaza 上，用户可以通过列表选择需要的数据进行下载。数据在对全部个人信息进行匿名化处理后进行交易。价格因数据量和内容不同而不同，一般在数万至数千万日元之间。

此外，加入该市场还需要缴纳每月数万日元的会费。会员可以在 Data plaza 买卖的信息还包括智能手机的位置信息、社交网站（SNS）的帖子等。以上平台的数据，在被交易前需要对全部个人信息进行匿名化处理，这就在满足大数据分析需要的同时，杜绝了个人隐私及商业秘密的泄露。

由此来看，国外的数据平台多由市场化企业自发形成，通过买卖交易进行数据的采集与使用。

2. 国内经验

（1）银川大数据管理局

银川大数据管理局为了突破阻力，在统一政府数据共享和开放标准的同时，还创新管理模式：在市级层面设立智慧城市建设领导小组，由市委书记任组长。智慧城市建设领导小组办公室直接设在市委督查室，通过督查监督部门落实。此外，银川市还通过人大立法程序，制定了《银川市智慧城市建设促进条例》。其中明确政府部门数据共享开放的要求，赋予大数据管理局作为智慧城市建设主管部门的法定权力，划明相关政府职能部门的职责和义务。

（2）贵阳大数据交易所

贵阳大数据交易所自 2015 年 4 月 14 日起正式运营，平台上交易的数据是经过清洗、建模、分析之后的数据结果。数据价格由交易所与数据卖家协商制定，数据内容和交易价格在平台网站上挂出。买家看中拍下，交易即告成功。

正式运营当天，贵阳大数据交易所就成功撮合了国内第一笔大数据交易。同年 12 月 24 日，贵阳大数据交易所与深圳一家物流贸易企业签署了 1000 万元/年的数据采购框架协议，这也是到目前为止，国内最大的一笔大数据交易。

截至 2015 年年底，贵阳大数据交易所交易金额突破 6000 万元；会员数量超过 300 家，包括泰康人寿、京东、华为、神州数码、阿里巴巴余额宝等各领域内极具代表性的企业。目前在交易所可以交易的数据总量已经超过 50PB。

通过形成政府层面的领导小组，制定政策、标准或者法规等，支撑职能部门获取可靠数据。以市场介入的方式，推动数据共享、信息共享，放大数据价值，通过技术的创新和商业模式的创新，为大数据产业的发展提供源源不断的活力，推动大数据产业的健康持续发展。形成由政府主导、市场化运作的模式，具体来说，由政府以政策支撑搭建好基础设施层、系统平台层后，再将云应用平台层、增值服务层、配套端产品层进行市场化运营。

三、货运平台建设问题

我国公路货运市场长期以来处于“小、散、乱、杂”的状态。2017 年，我国物流费用占 GDP 为 14.6%，约为欧美国家的两倍；我国 85%以上大型货车为个体户，空载率达 40%，平均找货卸货时间 3～5 天，经营散乱，效率低下。

为指导我国货运行业的健康快速发展，国家、区域、企业相继建立货运平台，整合社会资源，降低社会的物流成本，提高运输效率，将总量庞大、价值潜力巨大、实用性强的货运数据应用到解决实际生产问题当中，但是众多货运平台的运行效率以及实际取得的成效却参差不齐。

（一）我国公路货运信息平台发展现状

1. 国家交通运输物流公共信息平台

2007 年，浙江省交通运输厅启动浙江交通运输物流公共信息平台建设。

2008 年，浙江、福建、湖南等 16 省联合共建交通运输物流公共信息平台。

2009 年，交通运输部和浙江省人民政府签署合作协议，部省共建推进交通运输物流公共信息平台试点示范项目建设。

2012 年，交通运输部召开平台联席会议和技术专家组会议，正式启动国家物流平台建设。

2014 年，国务院印发物流业发展中长期规划(2014—2020 年)，将国家物流平台建设列为“主要任务”和“重点工程”。

2015 年，国家物流平台在第二届世界互联网大会上首次发布了三大类政府基础服务产品——标准服务、交换服务、公共信息服务，并推出了园区通、跨境电子商务等八款“平台＋”应用产品，向公众展示了与国家物流平台互联互通带来的深刻变化。

2016 年，国务院办公厅关于转发国家发改委《营造良好市场环境推动交通物流融合发展实施方案》的通知中提到要依托国家物流平台等，建设承载“一单制”电子标签码赋码及信息汇集、共享、监测等功能的公共服务平台。对接铁路、航运、航空等国有大型运输与物流企业平台，实现“一单一码、电子认证、绿色畅行”；对接社会化平台，引导其结合自身实际对赋码货物单元提供便捷运输。

国家发展改革委、交通运输部印发《关于推动交通提质增效提升供给服务能力的实施方案》，明确将国家交通运输物流公共信息平台列为“推动交通提质增效百项示范项目”。

2017 年，交通运输部网站发布《关于进一步鼓励开展多式联运工作的通知》，要求依托国家交通运输物流公共信息平台等现有信息管理系统建立多式联运公共信息资源平台，实现行业信息共享。

2018 年，国家物流信息平台管理中心召开 2018 年度工作会议，明确以交通强国示范区建设为引领，以服务“大战略”、建设“大数据”、完善“大网络”、构建“大体系”为重点，高水平打造国际物流公共信息大枢纽。

2. 基于大数据的车货匹配信息平台

互联网背景下催生了以货车帮为首的车货匹配类平台，为货运市场提供了极大便利。

1）货车帮

货车帮是中国最大的公路物流互联网信息平台，建立了中国第一张覆盖全国的货源信息网，并为平台货车提供综合服务，致力于做中国公路物流基础设施。截至 2017 年 7 月 31 日，货车帮注册司机会员车辆达 450 万辆，货主会员数达 88 万。

货车帮通过“大数据、云计算、移动互联网”等现代信息技术手段，以互联网 + 物流破解了“企业找车难，司机找货难”的难题，精准匹配车源和货源，促进快速达成交易，减少车辆空跑及配货等待时间，提升货运效率。2016 年货车帮累计为社会节省燃油 615 亿元，减少碳排放 3300 万吨。

(1) 其线上针对货主端推出“货车帮—货主”客户端产品，服务涵盖找货找车、发布货源、在线车库、货运保险、车辆定位、增值服务（包含身份验证、物流名片）等；针对司机端推出“货车帮”APP，帮助司机订阅查找货源、ETC、商城等。线下推出货车帮智慧物流示范园区。

(2) 大数据产品：全国公路物流指数。货车帮联合阿里云大数据团队共同打造的全国公路物流指数，反映了全国领土范围内公路物流货物运输流向、货物分布情况、车辆分布情况。指数的发布丰富了物流统计指标体系，弥补了现行物流统计的不足，增加了观察、预测、分析我国物流业运行发展趋势的新视角，为进一步加强物流运行与国民经济的关联性研究奠定了基础，为指导企业生产经营与投资等活动提供了依据。

通过货车帮的整合，极大减少了公路物流运输的资源浪费，提升了行业效率。

2）运满满

运满满是国内首家基于云计算、大数据、移动互联网和人工智能技术开发的货运调度平台，是公路物流领域高新技术综合应用的典型代表，已经成为中国最大的整车运力调度平台、最大的智慧物流信息平台和最大的无车承运人。其开发的 APP 主要功能包括寻找车源信息、货源信息、发布车源信息、发布货源信息等。运满满致力于公路运输业，为车源方及货源方提供各自需要的信息。

目前，运满满平台注册车辆 520 余万、货主会员 125 余万，每日货源信息 700 万条、线下服务网点 1200 个，已经成为全球出类拔萃的整车运力调度平台和智慧物流信息平台。

运满满平台用数据为用户创造价值，提高司机月行里数，缩短平均找货时间，节省柴油费用，节省碳排放等。目前，运满满已与多个品牌达成战略合作，搭建基于重卡全生命周期和整个公路战线物流的全产业链的消费服务生态体系，推动公路物流更快更好地向自动化与智能化发展。

运满满平台的主要产品功能如下：

(1) 交易监测实时反馈。区域内始发及到达货源、货源线路及驾驶员活跃度、单日成交时间节点峰值监测，实时反映当地货运情况。

(2) 智能寻迹，全程追踪。平台所有货车的运行轨迹，均可实现全程追踪和可视化。加强对单笔交易的监控，显著提升公路干线物流的安全性。

(3) 供需预测，宏观掌控。对区域内车辆发布、发货情况进行监测，展示当地车辆供需偏差情况，基于大数据算法，预测未来车辆供给及货源数量。

3) 中储智运

中储智运平台自 2015 年以来开展无车承运人业务，承担货物运输安全与服务保障，通过后台注册数据，建立车、货、人“数据库”，精准抓取并分析整个业务链所涉及的车、货数据，将它们与注册司机诚信背景数据进行智能匹配，开发最优运输路线规划、返程空车货源匹配等效能提升算法，最大限度解决空跑、运力闲置、车货不匹配的问题。

中储智运平台的业务目前已覆盖 30 个省份及自治区，辐射全国 328 个城市，涵盖运输线路近 8000 条，日均运输量达 31 万余吨，平均每 10 秒成功完成一单交易，平均为货主降低成本 10%，司机找货时间减少 28%。

中储智运平台主要有以下优势：

(1) 运用大数据解决运力问题。平台目前已经实现智能抓取司机、车辆及货物的多维度数据信息，为货主在对的时间、对的地点，找到更专业的运力。

(2) 用竞价解决运费问题。通过“运费竞价机制”，让货主发单，司机自主报价，把运费定价权还给市场，从而使物流价格更合理，最大限度地降低货运成本。

(3) 平台集合大量货主企业的货运需求，实时为货车司机智能匹配运输时间、运输线路、运输价格合适的货源，提升货车司机的找货效率，解决返程空跑问题，增加司机收入，为货物运输提供创新模式和技术保障。

作为国家第一批“无车承运人”试点企业，中储智运不是仅停留在无车承运人模式的应用上，而是创新地将无车承运人模式与运力竞价机制结合，创立了全运途可视化监控、全流程规范化财务、全时段专业化客服为一体的物流运力竞价交易共享平台(见图 4-4)。

未来，中储智运智配将与企业的订单系统对接，根据企业生产订单，实时匹配最优运力，实现“产运一体化”的产业升级，真正做到让“智能运算”推动企业创新，让“大数据”服务日常

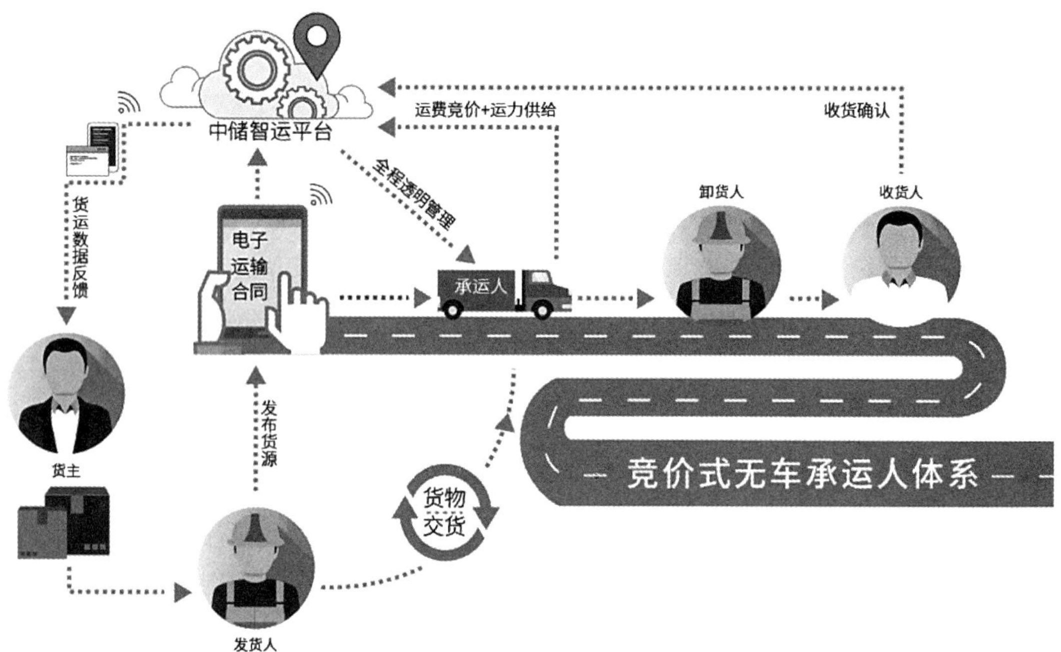

图 4-4　中储智运平台

生活;在对企业货物流量、公路车流量,以及司机人流量、车流量及运输需求等数据进行采集、分析的基础上,平台将通过大数据算法将每个企业的运输需求与全社会运力进行智能匹配,动态解决社会运力匹配问题,持续为整个物流行业降本增效,并为企业物流管理优化输出有效解决方案,推动物流运输与管理标准化、智能化。

4) 天天有货

天天有货是一个实时更新海量货运资源的货运信息平台,也是一款基于移动互联网技术开发的永久免费手机 APP 应用技术产品,旨在通过移动互联网的方式让司机和货主更加方便快捷地配货、找车,提高匹配效率,提升双方的收益。用户也可以通过软件不断拓展物流朋友圈,管理、发展自己的货运生意。

天天有货 APP 涵盖所有物流行业的货运运输,包括发布车源、货源,寻找车源、货源,运单交易,论坛发帖等功能。无论需要发“冷藏”“大件”货源的货主或信息部,还是想“空车载货”和“回程车”的物流公司或车主,天天有货都可以找到合适的整车或零担货源。

天天有货旨在通过移动互联网的方式让司机和车主轻松掌握货源信息,让空车、回程车更容易配货,提高司机配货效率,减少空载率,增加车主收益;并可以拓展自己的物流圈,建立车主自己的卡车队伍。天天有货看重的是如何帮助货主、物流公司随时手机配货,轻松掌握车源信息。货主可在天天有货 APP 软件上发布自己的实时货源,让自己的货源随时随地都有货车配送、托运。

5）福佑卡车

福佑卡车专注于城际整车运输，以大数据和 AI 驱动整个运输节点的智能化重构，为货主企业提供质优价优的阳光整车运输服务，是国家首批无车承运人试点企业，与京东物流、顺丰速运、德邦快递等企业都达成了乘车业务合作。

目前整车运输业务覆盖全国 30 个省、直辖市，平台整合多元化运力，包括自有车队、外协车队、个体司机等，以海量的运力资源保障货主的多样化需求。基于大量货源订单，运用大数据和预测算法，把零散整车订单进行打散、重构、整合，构筑多边线路循环。福佑卡车是国内首家可以规划多边线路的平台，不同于常规的双边线路，多边线路由系统根据平台上的货源订单实时计算得出，可以最大限度地降低卡车空驶率、缩短司机等待配货的时间。通过对订单的重构整合，福佑卡车为货主和运力提供可计算的运输价格，在提高运输效率的同时，大幅降低运输成本，实现多方共赢。

福佑卡车致力于数据重构物流，技术驱动创新，立志为中国公路运输装上科技引擎，用技术和数据驱动公路运输更加智慧、更加高效。

大数据、互联网等的引入为公路货运交易带来了新的发展空间。原本小、弱、散、差的公路货运运输企业通过公路货运交易平台的整合，效率大大增加。我国应该以公路运输、大数据管理等相关职能部门为主导，发展若干综合业务较强的优秀平台（能集合 80%以上的货运信息），一方面作为支撑数据库信息的来源，另一方面作为地方（企业）信息平台，建立与区域信息平台的互联互通。

（二）公路货运大数据信息平台发展对策

目前我国公路货运信息平台的管理能力和企业战略发展较好，而在平台的数据质量、易用性方面却有巨大的提升空间。平台的安全性、线上规模、线上运营、投资效果也有进步空间。在大数据的环境下，公路货运产业与大数据的不断融合发展，对于解决货运信息不对称、降低车辆空载率、实现物流资源整合、实现节能减排提供了一种创新模式。

推进国家货运大数据信息平台发展，整合企业资源，有利于促进货运信息与公共服务信息的有效对接，实行区域及行业内部的货运信息共享发展，实现互联互通，增加运输效率，减少排放。以下给出了我国公路货运信息平台发展规划的建议。

1. 全国各地设立省级货运大数据管理局

目前，各个行业正在迈步进入人工智能时代，其关键在于大数据和云计算两大因素，我国各省市大数据匮乏的核心在于各级政府及人员缺少汇集大数据的意识与汇聚数据困难，因此最关键的是建立货运相应的大数据机构。专职机构的设立也能够促使各级各部门更重视货运大数据建设，进而帮助当地政府更好地整理、汇集货运相关数据，建立共享的信息平台，为全国乃至各地的货运平台建设提供基础。

2. 加强货运标准化建设

加紧完善货运标准体系，按照重点突出、结构合理、层次分明、科学适用、基本满足发展需要的要求，完善国家货运标准体系框架，加强数据相关货运标准的制定工作，形成一批对全国物流业发展和服务水平提升有重大促进作用的货运标准。注重货运标准与其他产业标准以及全国各地货运标准的衔接，加大货运标准的实施力度。

3. 建设国家级公路货运公共信息平台

由交通运输部和国家发改委牵头，组织职能部门、科研院所、软件开发商、公路货运企业等多方参与，汇集多方数据，共同建立一个公益、开放、共享的货运信息服务平台，由政府主导推进公路货运信息化、智能化发展。

公路货运大数据平台关注冗余资源利用，并且能够改善车主方信息不对称的问题，整合货主方碎片化需求，并且降低双方交易成本。大数据技术的应用使信息的实时发布、快速处理和匹配得以实现，提升了运作效率。例如，在公路互联网货运平台进入市场后，我国货车空驶率从 40%降低到 32%，解决了货源发布不及时或信息不对称的问题，有效地将运输需求与供给相匹配。公路互联网货运平台通过后台的数据计算，将货源信息和车源信息进行快速、精准的匹配整合，节约了人工成本和交易成本，消除信息“孤岛”，降低车辆的空载率，使公路运输效率大幅提升。

公路货运平台的产生是由于随着物流市场的扩大，用户对信息平台功能的需求越来越大。为了更好地利用公路货运平台的特征，应当提高货物匹配率和货车满载率，减少信息不透明现象。为了更好地实现节能减排，公路货运大数据信息平台应当做到以下几点。

(1) 体现政府智能。建立的公路货运信息平台应该能够进行政策发布、行业调查、从业企业/车辆/人员的资质/信誉查询，依据大数据，合理配置整个社会的货运资源；推动政府职能的转型，利用政府资源，建立信用认证体系和货运行业标准体系，统一规划，营造良好的市场环境。

(2) 做好平台数据的整合、拆分、交换。在大数据时代，人们通过整合数据来消除障碍、协调各个利益主体之间的关系。逐步实现车源、货源统一收集、发布，对数据进行更科学的整合和拆分，有利于建立比较完善的公路货运信息交换平台。特别是构建多式联运信息共享平台时，需要协调公路与其他方式的数据信息。利用好大数据对资源配置、需求分析、优化路线等可以起到积极的作用，实现信息共享，减少空车率，增加运输效率，提高市场竞争力，并且协调公路货运业与现代物流发展的需求，从而实现节能减排。数据交换应作为平台的核心优势。

(3) 确保平台信息的高效性和真实性。信息的及时性、准确性和层次性对于公路货运平台十分重要。然而现实的货运市场中，信息失真严重降低了平台的工作效率。公路货运信息平台应保障信息的真实性，实现全国信息联网、信息共享，货运合理分配，并建立政府部门进行有效监管，维持市场经营的合法化和规范。只有通过政企多层次合作，依托保障体系、诚信体系、标准化流程，才能形成系统化、完善化的公路货运大数据信息平台。

(4) 推广移动端车货匹配平台。货运公路货运业承担 70%～80%的货运运输任务，为公路货运业的高速发展起到了带头作用，基于移动端的车货匹配平台的发展是大势所趋。考虑到公路货运市场的特点，车货匹配信息平台应该由轻模式向重模式转变，并且依靠跨区域与本地化双轮驱动发展，目标市场将更加聚焦公路运输细分领域。借助移动端车货匹配平台，能够更有效地促进公路货运大数据信息平台的发展。

(三) 完善国家、区域和地方(企业)信息平台互联互通的对策

为实现信息平台的互联互通，国家、区域和地方(企业)之间需要更好的分工协作，循序渐进的、分阶段性的计划有利于不同平台之间的融合与发展。

第一阶段，政府应制定国家规范，为信息平台的互联互通做好准备，针对实现过程中的困难，预备相应的措施，提高互联互通的效率。同时制定鼓励措施，促进第三方数据市场的稳定增长，使企业内部能够做好数据拆分和整合，保留有效数据，清理不必要数据，为数据互通提高效率。

第二阶段，鼓励大力发展各区域的公共信息平台。在地方(企业)有了规范的数据整合的基础之上，利用第三方提供的平台作为连接各利益主体的桥梁和纽带的特点，除了将各利益主体提供的数据进行科学合理的整合之外，将企业的私有货运平台与公共信息平台进行对接，使企业私有平台的运力资源饱和后，多出的运力资源在公共信息平台上得到有效利用，并且鼓励企业间的合作交流。

第三阶段，为建立完善的货运信息交换系统，在各区域的信息平台得到良好发展的情况下，区域间的信息平台应做好融合。除了鼓励不同区域针对自身特点进行发展外，相互间更应取长补短，为实现国家信息平台建设和完善的目标提供经验，最终实现运输信息的共享，交通流的时空分布的优化、城市配送专业化水平的提升，建立统一的物流信息与综合服务平台。

第四阶段，为实现信息平台的可持续发展，相应的保障规范有助于保证平台和各利益主体的权益。同时，应做好数据的更新和完善，根据国家的发展变化做好应对措施。

四、多式联运大数据平台的构建问题

(一) 国外多式联运经验

1. 基础设施和装备技术

国外基础设施和装备技术的经验可以总结为如下三点。

一是运输装备标准化，包括运载单元/货运车型的标准化，以及由此决定的载运机具、转运设备的标准化和通用性。美国的运载单元分为集装箱和半挂车。集装箱分为海运箱和内陆箱两类，其中内陆箱以 53 英尺为主，相应半挂车外廓尺寸也是以 53 英尺为主，实现了箱、挂、车的标准高度协同。美国的卡车车型有 8 种，冰茶法案后又发展起了超长汽车列车，但不管通用型还是超长型汽车列车，仍然是一个长单元和短单元的不同组合，只不过长单元变成以 53 英尺为主，短单元变成以 28 英尺为主，不管组合成双挂（一长一短、两长、两短）还是三挂（仅限三短）汽车列车，都没有改变运载单元和卡车车型的基础标准。

二是设施衔接无缝化，不同运输方式的路网要全面互联互通，关键是枢纽站场及其集疏运体系要实现无缝衔接，尽量减少转运中的无效或低效短驳。在欧美主要港口，铁路集装箱转运设施一般都深入港口作业区，甚至把铁路修通直达港口码头前沿，积极追求铁水联运的无缝衔接，同时，欧洲（如德国政府）大力支持把铁路修进大型综合物流园区，支持物流园区发展多式联运业务。阿拉米达铁路货运通道成为洛杉矶促进港口海铁联运的全球典范（见图 4-5）。洛杉矶的阿拉米达通道穿城而过，总共 32 千米中有 16 千米属于沟堑式（地下通过），是典型的 PPP 建设模式，总投资 24 亿美元，其中联邦政府支持 12 亿美元，洛杉矶市政府支持 3.5 亿美元，余下是港口、铁路公司投资和其他社会融资。

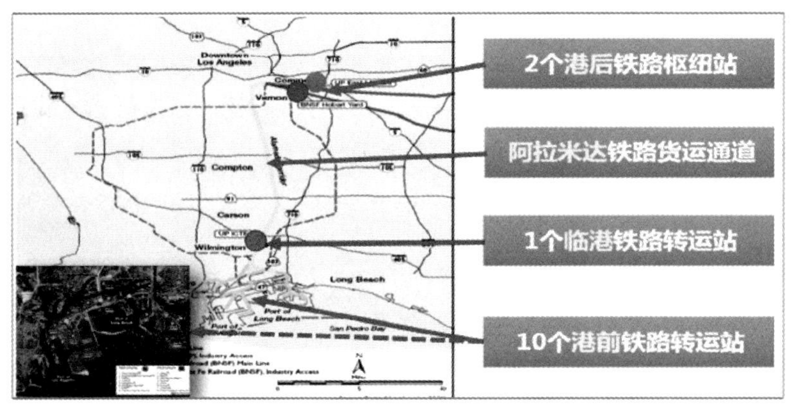

图 4-5 洛杉矶双子港三种转运模式的集疏运体系

三是枢纽场站专业化，多式联运枢纽的核心功能是快速转运，枢纽内的功能布局和操作流程设计都要服务于快速转运。欧洲公铁联运的枢纽布局都是根据整个业务流程进行科学设计，站场既可以操作集装箱又可以进行半挂式的驮背运输。大型联运枢纽（内陆港）对客户最好的服务价值即为货物的快速转运，这应当成为联运枢纽的核心功能。以美国最大的铁路运营商 BNSF 的芝加哥多式联运枢纽为例，总计占地 3770 亩，没有一间仓储设施，操作上追求最高效的快速转运，且用于公路半挂车、牵引车、集装箱拖架的停车面积达到 971 亩，即近 1/4 的面积留给公路接驳服务，而我国现在的铁路物流基地（包括集装箱中心站）较少考虑公路的接驳功能要求，且大量配建仓储设施，与欧美国家高度专业化的多式联运枢纽功能设计尚有理念上的根本差距。

2. 组织机制保障

美国对多式联运管理的组织机构与职责非常明确。美国的 ISTEA 法案（冰茶法案）专门用了一个章节的篇幅对联邦多式联运机构的机构组成和职责目标等内容予以明确。首先，法案修改了联邦交通部的职责，将"协调多式联运的联邦政策并制定新的政策以提升美国的多式联运效率"的职责明确列为交通部的法定职责之一。法案授权设立国家多式联运委员会（National Commission on Intermodal Transportation），由该委员会向国会提出有关立法建议，并为联邦多式联运政策的制定与推行开展研究和调查工作。其次，法案明确了多式联运机构的具体工作目标。法案第 5005 条（b）款规定国家多式联运委员会的主旨是"将在美国和国际范围内进行一次完整的多式联运调查和研究"。委员会应当确立多式联运的现状、存在的问题及促进多式联运所需要的资源等。为实现上述目标，法案还要求在联邦交通部内设立由联邦的高速公路局、航空管理局、海事管理局、铁路管理局及运输管理局等多个交通管理部门共同组成的多式联运顾问委员会。

3. 信息化技术的应用和大数据信息的共享

美国的多式联运立法中非常重视基础性的交通数据信息系统的建立。交通部多式联运顾问委员会与多式联运办公室等组织机构的一项重要职责就是建立和管理多式联运的数据信息库，并负责组织相关问题的研究工作。ISTEA 法案明确要求交通部的多式联运办公室建立多式联运数据库，规定该办公室应当通过运输统计局扩展、保存和发布多式联运数据。该部门还应当协调政府和都市规划组织的数据搜集工作以促进数据库的发展。这些数据应包括：①在相关分类中，通过多式联运方式运送的人员和物质的数量信息；②根据出发地和目的地的相关分类，通过多式联运运送人员和物质的运输方式信息；③公共或私人投资多式联运设备和服务的信息。法案还规定该办公室应确保数据库的信息能够有效地向公众开放。

在铁路参与的多式联运中非常重视技术手段的应用，主要包括采用先进列车控制技术安全有效地运行列车；通过场站作业系统软件管理、规划、优化场站作业，并提供场站作业的可视化；通过移动端应用程序为托运人提供可视化服务；使用移动设备提高铁路员工的劳动生产率；通过预测分析和传感器，检测即将发生的铁路设备路障；使用物联网和传感器查看并控制新鲜农产品等敏感货物；使用先进的门禁系统，提高卡车进出站效率。

4. 推进联运研究工作与政策引导

与基础性信息和数据工作相对应的是，法案还列出了多项要求多式联运委员会应当积极着手进行调查和研究的项目。这些项目囊括了技术手段、标准规范、管理问题等多个层面的问题，具体包括：①多式联运标准。②所示联运对公共基础工程的影响。③高效多式联运的法律障碍：委员会应当确认影响多式联运效率的法律障碍。委员会特别需要研究的是，现行的运输管理体系与多式联运管理体系之间的效率。④财政问题：委员会应当对改善多式联运资金效率的障碍因素进行调查。⑤新技术：委员会应当研究推动多式联运发展的新技术，以及将这些新技术具体运用到多式联运中的相关问题。⑥单证：委员会应当研究来源于多式联运过程中的单证，并提出使这些单证规范一致、有效率及简化的正式建议。⑦生产效率：委员会应当调查运输费率、运输成本及经济生产率与多式联运的关系。

5. 总结

从美国的经验来看，发展多式联运包括如下关键措施。第一，应当加强地面交通系统的综合性管理。在国家层面设立一个能够有效协调公路、铁路、航空、海运、内河水运及都市公共交通系统的综合性货物运输管理机构非常必要，这不仅是制定和执行多式联运政策和制度规章的机构保障，也是推动多式联运标准化和一体化进程的组织手段。第二，应当通过立法规范交通统计信息的搜集、归类、整理和发布工作。交通统计信息是促进多式联运效率、提升多式联运管理水平、推动多式联运研究工作、科学评价多式联运交通设施项目的基础性工作。如果缺乏立法保障，这方面的工作难免在资金、技术手段和权限方面多有障碍，因此有必要通过法律规范明确建立多式联运交通信息系统的责任与权限，并给予必要的财政保障。第三，应整合政府、企业及其他研究机构的研究资源，形成相互协作、资源共享、切合国家多式联运公共政策的研究体系，并重点将政府研究资源投入多式联运标准化、多式联运管理技术等公益性、基础性研究计划中。

（二）国内现状以及存在的问题

1. 基础设施和装备水平

与欧美国家相比，我国运输装备因标准协同不足、标准执行不力等原因，运载单元和卡车车型的标准化水平极低。一方面，除了海运及沿海陆路运输外，国际海运集装箱在内陆地区使用不是很普遍，关键是我国还没有建立符合中国国情的内陆集装箱技术标准体系；另一方面，我国市场在用的半挂车外廓尺寸多种多样，长短高低不一，车型极为复杂（超过 2 万种）。正是因为非标准化的运输工具大量使用，滋生出公路超限超载等乱象，大大制约了我国多式联运的发展进程。此外，我国公路运输厢式化程度很低，内陆地区大量使用平板、栏板、仓栅式半挂车（占在用挂车比例达 80%），且车辆非法改装屡禁不止。2016 年 9 月我国正式实施了新的 GB1589—2016 国家标准，该标准完全对应欧洲车型标准，把挂车的外廓尺寸回归到 45 英尺，但现有市场在用非标车型车辆如何加快淘汰，仍未找到有效的解决办法[18]。

我国的问题是基础设施衔接不畅，集疏运矛盾相当突出，铁路进港最后几千米瓶颈制约难以根本缓解。例如，上海洋山港作为全球集装箱大港，离铁路集装箱中心站超过 30 千米；武汉阳逻港作为内河主要集装箱港口，距离铁路集装箱中心站 60 千米，由于前期规划统筹不足，导致铁路进港问题多年得不到有效解决。我国的海铁联运理念距离欧美国家还有很大差距。欧美国家在新一轮港口设施建设或改造中，均把铁路直通港口码头前沿作为重点工程项目，而我国尽管在加快推进疏港铁路项目建设，但铁路进港到什么程度，是进入港口一级平台还是二级平台，仍然存有争议，真正将铁路深入港区作业场地的港前站目前既没有实践先例，也没有设计规范要求。

2. 协调机制与市场化水平

2008 年 3 月 11 日，在全国人民代表大会上提出了国务院机构改革方案，方案指出为改进运输组合效率、发挥系统整体优势，组建新的交通运输部，将交通部、中国民用航空总局的职责，建设部的指导城市客运职责，整合划入该部。同时，组建国家民用航空局，由交通运输部管理。为加强邮政与交通运输统筹管理，国家邮政局改由交通运输部管理。此次机构重组的目的是构建一个“便捷、通畅、高效、安全的综合运输体系”，新的交通运输部将主要负责制定公路、水运和民航的发展政策和标准。考虑到我国铁路建设和管理的特殊性，铁总并未纳入交通运输部，意味着一定时期内铁总仍将独立于交通运输部存在。

我国目前的交通规划主体较为混乱，国家中央政府过多承担了具体规划方案方面的工作，导致各地方和部门为了获取国家提供的公共资源而着眼于将项目纳入国家的规划方案中，规划成了获得项目审批的跳板，无法发挥有效配置公共资源的作用。建议转变国家政府在多式联运规划中所扮演的角色，从运动员转变为裁判员，负责制定长期的多式联运发展目标并明确可供利用的资源总量，由各地方和部门负责制定具体的多式联运规划方案，并确保这些方案符合国家政府所提出的考核标准或规范。

3. 信息技术的应用

信息化技术在集装箱多式联运及物流业发展中起到了重要的作用。先进信息技术在美国铁路中的应用十分普遍。从铁路运输组织过程看，几乎没有纸面单据，全部通过信息系统对信息进行整合。铁路集装箱场站采用计算机管理，除了集装箱进出货场在必要时需要一份纸质交接单外，货场内各工种和作业岗点全部联网，各种信息都通过网络传递。客户在铁路公司互联网站上可以看到运输产品、价格、车站分布、安全须知、装载工具等信息，也可以在网上提出订车、支付、查询货物位置等需求。港口全部由计算机控制中心与客户、货代公司、海关、保险及其内部联网，并且对装船系统、堆放场管理系统、物流管理系统等进行智能化管理，运作效率很高。我国铁路应充分利用互联网、物联网先进技术，建成适应现代物流和集装箱多式联运的信息平台，进一步完善铁路货运电子商务系统，形成统一集装箱运输信息平台，积极推行电子运单和电子支付系统，加快信息化技术在铁路多式联运中的应用。

（三）构建基于物联网和云计算技术的多式联运大数据平台

铁水联运港作为我国多式联运系统中的重要节点，是国家构建综合运输体系的重要组成部分。随着我国信息化进程的不断推进，推动传统行业大数据应用、提升运转效率成为我国各行业的发展趋势。目前我国也在不断地推进互联网与货物联运的发展，取得了一些效果。在文件《关于积极推进"互联网＋"行动的指导意见》（国发〔2015〕40 号）中，鼓励互联网与行业进行深度融合，提出利用大数据建立物流信息服务平台，挖掘交通运输相关规律与需求，整体提升交通运输行业服务品质，不断推动"互联网＋交通运输"的深入实施，促进铁水联运升级发展。2016 年，交通运输部、中国铁路总公司等部门联合发布《关于进一步鼓励开展多式联运工作的通知》（交运发〔2016〕232 号），加快多式联运发展，构建高效顺畅的多式联运系统，实现行业信息共享，为多式联运信息化发展指明方向。交通运输管理部门对信息化的关注逐渐聚焦在数据的共享和信息整合上，进一步打破部门之间的信息壁垒。

目前我国公路货运系统相继建立了一些大数据共享平台，在一定程度上提高了公路货运的效率，也为我国货运大数据的应用奠定了基础。但是多式联运作为货运行业降本增效的重要环节和手段，目前在我国的发展还严重滞后，不仅由于多式联运基础设施建设落后、市场机制不健全，还有一个重要原因是多方协调机制缺失，难以实现联运信息交换共享。在此背景下，项目组提出建设基于云计算技术的多式联运大数据平台，将在信息共享、整合以及联运方案生成、时刻表对接等方面扮演重要的作用。运输联运的环节的顺畅和高效，对节约资源和减少排放具有不可替代的作用和意义。由于铁水联运是多式联运最重要的部分，下面是以铁水联运为例对联运平台的建设提出具体的方案。

1. 铁水联运数据平台架构和数据流分析

在分析铁水联运的工作流程和数据产生的过程基础上，设计以下横向和纵向的双轴模型（见图 4-6）。

横轴是以行业管理部门、经营主体作为划分依据，以船舶运输、港口经营、铁路运输经营主体及管理部门作为职责分工节点，将铁水联运港物流流转划分为三个过程。第一个过程主要涉及船舶运输经营主体和水路运输管理部门，包括进出港水路运输，以及进入港区范围内，但还未靠泊的这一段水域的航行，数据主要包括货物和船舶的种类、数量，以及市场供需关系等方面。第二个过程主要涉及港口经营主体和港口管理部门，包括货物装卸、转运、储存等，数据主要是港口范围内设施使用价格、时间、磨损情况等。第三个过程主要涉及铁路运输经营主体和铁路运输管理部门，主要是班列进出港的"最后一千米"运输，数据主要包括货物与班列的具体信息、运输始发地（或目的地）、内陆城市市场需求变化等。

从纵轴来看，不同过程、不同阶段会产生不同的数据，而收集、掌握这些数据的主要是不同过程的经营主体与行业管理部门。在数据收集过程中，经营主体收集的数据主要是自身

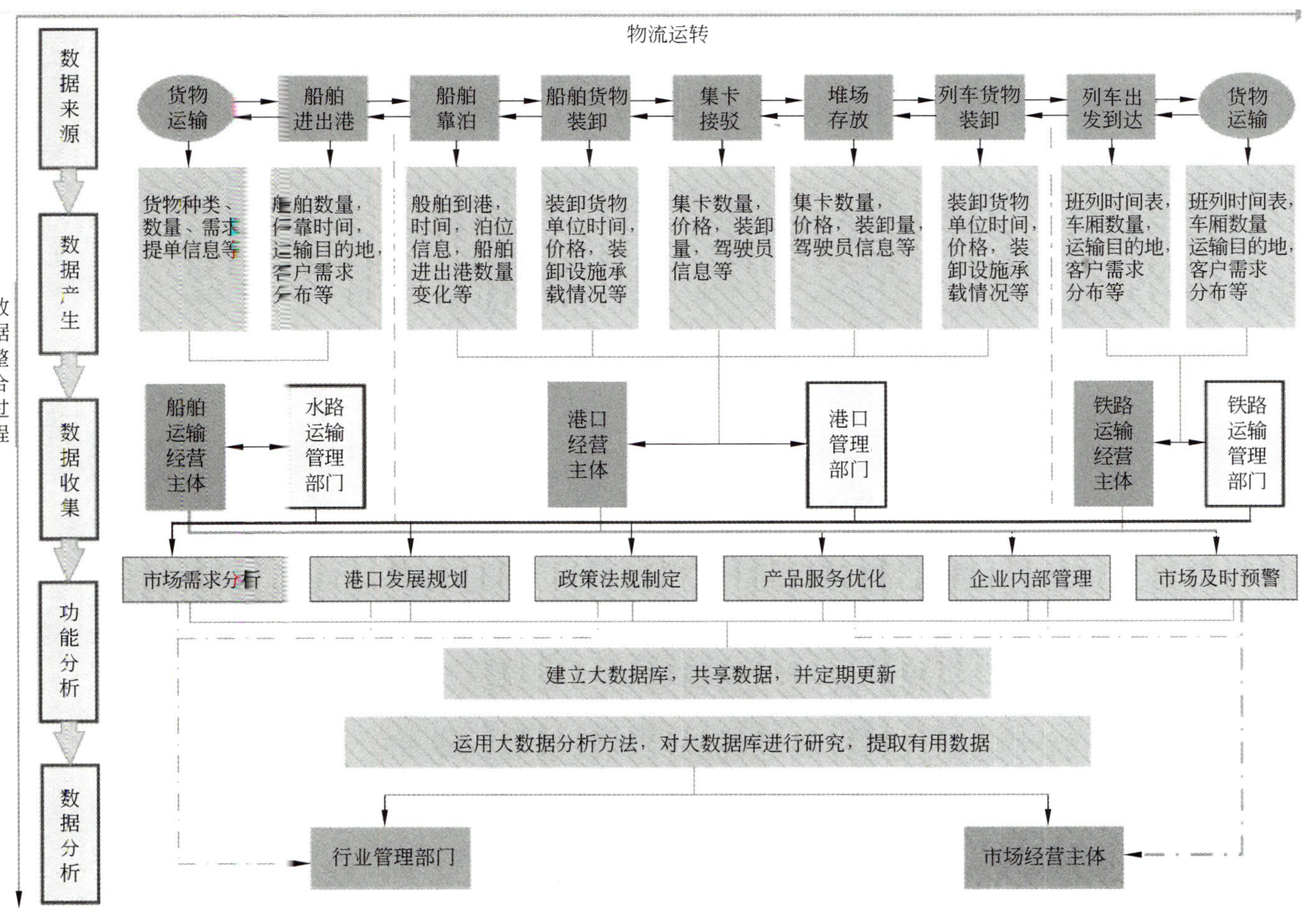

图 4-6　平台架构和数据流分析

资料来源：江枫林.借助互联网＋大数据打造货运云商平台[J].中国公共安全，2017(7)：72-74.

运营过程中产生的微观数据,管理部门掌握的是整个运营市场的宏观数据。在数据分析过程中,由于市场地位不同,经营主体与管理部门对数据分析和应用方向也有所不同,经营主体主要从市场微观角度出发,从产品服务、内部管理、市场预警方面对数据进行整合、筛选和应用,提升自身在市场中的竞争力;管理部门主要从市场宏观角度出发,从宏观调控、行业规划、政策制定的角度对数据进行整合、筛选和应用,促进市场良性运转。因此,需要对经营主体及管理部门相关数据进行整合,打破不同经营主体与管理部门之间的信息壁垒,加强铁水联运港大数据应用。

平台的优势包括以下几点:一是将传统物流运转与新兴大数据整合进行融合,确定不同物流节点产生的不同数据;二是明确职责分工,结合物流运转过程中有关部门职责分工节点,确定大数据收集主体;三是不同部门数据分析与应用方向的区分,结合管理部门与经营主体的市场地位及职责,对铁水联运港大数据进行分类,指导不同主体从不同角度对铁水联运港大数据进行分析运用;四是不同部门的数据可在数据库中融合共享。

2. 铁水联运数据平台支撑实现功能

1)行业管理部门

(1)进行精准市场需求分析,汇总并分析行业管理部门大数据,为管理部门准确判断铁水联运港整体市场需求提供数据支撑。一是把握市场价格需求。按照双轴模型将多个管理部门掌握的市场价格的有关数据进行汇总并分析,对水运运价、港口计费价格进行有效监管,准确把握水运、港口市场价格的走向,同时为推进铁路市场价格化提供数据支撑。二是了解市场区位需求。利用铁水联运港大数据整合双轴模型,可以整合港口物流相关数据信息,掌握铁水联运港铁水联运物流中转量及附近城市物流供需情况,有利于了解物流市场区位需求,合理调配铁水联运港车船停靠数量,提高港口铁水联运中转效率。三是加强市场宏观调控。通过对市场需求的分析,管理部门可以利用宏观调控手段,对可能产生的市场预测波动进行调节,进一步稳定市场。

(2)支撑港口规划。管理部门利用大数据可以对铁水联运港进行规划和预测。一是通过整合铁水联运港的大数据,针对铁水联运港节点做出具体的预测和规划。例如,通过了解一定时期内该铁水联运港船舶、班列的进出港频率,港口管理部门能够对铁水联运港的规模进行预期,避免港区范围过大或过小;通过对铁水联运港物流信息进行采集与分析,可以明确该铁水联运港中转货物主要种类、数量等信息,港口管理部门针对铁水联运港装卸设施等做出具体的布局,鼓励船舶运输经营主体安排特定类别货物在该港口进行中转,铁路运输经营主体能够安排班列进行运输。二是通过整合全国铁水联运港有关信息,对每个铁水联运港发展做出具体判断,明确其发展定位,增强铁水联运港之间的衔接作用和互补作用,提升我国铁水联运港在世界上的竞争力。

(3) 出台管理制度。一是可以提高铁水联运港管理部门服务的规范性，提高政府服务满意度；二是为大数据应用提供安全保障，通过加强大数据应用的监督管理，有效保护大数据信息，提高大数据分析过程的安全性。

2) 经营主体企业

对经营者而言，从自身利益角度出发，运用双轴模型对大数据进行分析应用可以优化自身产品与服务，增强对铁水联运市场的预测和预警，从而提高企业在市场中的竞争力。

(1) 产品服务优化。经营主体可以详细了解用户需求，进一步优化自身产品和服务，有效提高企业竞争力。一是优化产品及服务，如船舶运输经营主体对不同港口的不同种类货物数据进行挖掘，找寻其中规律，针对运输服务做出相应的配置。二是降低服务成本，将铁水联运港货物、船舶、班列有关信息数据进行收集，从中查找变化规律并结合规律调配车厢数量、船舶数量等，以有效避免空载，降低服务成本。

(2) 预测预警。经营主体对铁水联运港中涉及自身个体的微观数据进行分析，可以有效应对市场风险。经营主体通过对铁水联运港大数据的分析，对未来市场走向(如运输供需关系、运价变化趋势等)进行预测预警，并依据分析结果，在市场风险到来之前进行防范。

3. 打造联运混合数据系统模式

基于移动互联网和云计算的物理发展结构基础层包括支撑信息平台的硬件和软件。硬件包括服务器、网络设备、信息存储设备、PC 等。通过软硬件结合形成针对不同功能的三种集合。

1) 公有云模式

通过第三方运营商提供包括软硬件及系统的维护等在内的物流企业云服务，物流企业无须自建网络信息平台和进行维护，随着物流业的全球化发展，会有越来越多的物流企业投入公有云的建设中。

2) 私有云模式

私有云模式是物流企业自己构建基础云计算设置的大数据方式，因在内网与外网之间设置了防火墙而具有较高的安全性，缺点是需要非常高的投入成本，因此除少数国际大型物流企业外很少有企业能够拥有建立私有云的经济能力。

3) 混合云模式

混合云是将公有云和私有云进行结合的模式，将部分核心系统功能放置在私有云中，不仅能够提高资源利用的效率，还能够降低云服务成本。可以说混合云模式是更适合现代物流业发展的一种中间模式。

物流业对物联网及云计算的应用还处于起步阶段，在私有云向公有云和混合云发展的过程中需要第三方运营商及物流企业首先奠定三个基础：首先要建立物流业专属的安全稳定的网络；其次要建立一套适合物流行业特点的、系统较为成熟的信息平台；最后需要进一步统一物流业中的相关规范并与国际接轨。

第六节　基于大数据的货运节能减排战略和实现途径

一、大数据驱动货运节能减排的战略

如图 4-7 所示，大数据驱动货运节能减排的战略包括如下内容。

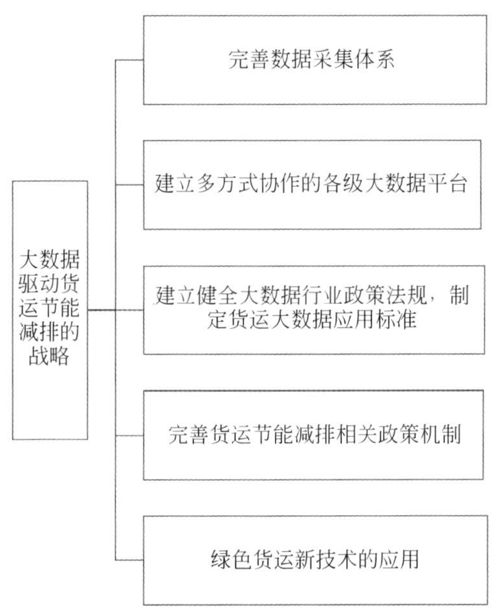

图 4-7　大数据驱动货运节能减排的战略

(1) 完善数据采集体系

- 政府出台政策制定数据采集工作规范和标准；
- 建立统一协调数据采集的政府管理机构；
- 完善数据隐私保护的法律法规。

(2) 建立多方式协作的各级大数据平台

- 以政府为引导，政府参与建立各级大数据平台；
- 制定各级大数据平台工作标准；
- 建立以大数据平台为基础的物流体制机制。

(3) 建立健全大数据行业法规，制定货运大数据技术应用标准

- 推行大数据行业标准、政策体系的制定；
- 建立健全大数据行业法制体系；

- 建立统一协调大数据应用的政府管理机构；
- 制定大数据货运平台技术应用标准。

(4) 完善货运节能减排相关政策机制

- 建立完善的组织保障；
- 建立完善的考核机制；
- 建立综合鼓励、扶持政策体系。

(5) 绿色货运新技术应用

- 制定多式联运的标准、规范，包括公铁联运标准集装箱等；
- 建立绿色物流通道网络；
- 创新集装箱运输，实现高效率货运换装、编组的货物运输体系；
- 改进与提高货运装备技术及应用；
- 调整车辆能源结构，严格车辆排放，提高节能减排运输工具使用比例。

二、大数据驱动货运节能减排的实现途径

利用大数据技术对交通数据进行深度分析进而优化货运调配，是提高货运效率、降低物流成本、实现安全运输的全新利器。如图 4-8 所示，大数据驱动货运节能减排有如下途径。

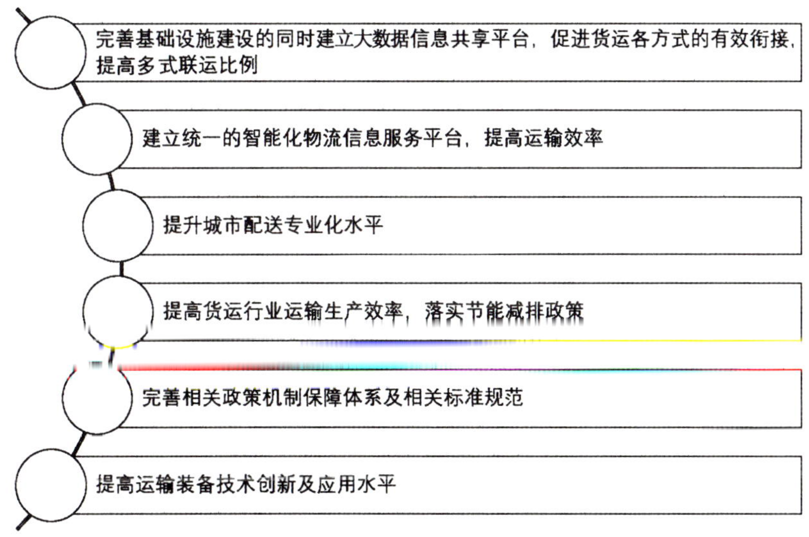

图 4-8　大数据驱动货运节能减排的实现途径

(1) 完善基础设施建设的同时建立大数据信息共享平台，促进货运各方式的有效衔接，提高多式联运比例。当前存在下列问题：基础设施衔接不好、集疏运不畅，铁路进港最后一千米瓶颈问题突出，铁路货运站场进出通道能力不足，港口公路集疏运通道不完善；缺乏多

式联运专用站场；各种货物运输方式衔接不畅，实现多式联运的货物比例偏小，建立多方式铁路、公路、水运、航空等运输方式未能有效整合，货运“最后一千米”问题仍待解决。因此，在全面提升基础设施建设水平的同时，建立多方式全面协调机制和信息共享平台，有助于提高综合货运效率。

(2) 建立统一的智能化物流信息服务平台，提高运输效率。从全国、区域、城市，都缺少完善的物流信息及服务平台，跨区域、跨行业、跨方式间的物流服务更是严重缺失，物流行业整体缺乏智能化、高效的运输组织，多式联运信息平台建设严重滞后，整体运输效率有待提高。因此，应加快建立各级大数据平台，推进大物流机制建设。

(3) 提升城市配送专业化水平。货运市场集约化程度整体偏低，统一管理难度大，城市配送专业化水平不高，共同配送仍处于起步阶段。目前北京城市共同配送货物所占比重仅为 7%，远低于东京的 74%。客车载货现象仍较突出，影响城市交通运行。客车载货运输货运量占中心城货运总量的比重为 7%。但是车次达到了 1389 万车次，占运货车辆总车次数的 38.16%[10]。通过信息共享平台，能够实现城市共同配送的效率。

(4) 提高货运行业运输生产效率，落实节能减排政策。目前，数量众多的个体运输业户缺乏有效的管理和组织，致使运输生产组织化程度无法提升，国家、行业的节能减排的引导性政策措施在个体运输业户及小型运输企业内不能得到有效落实。因此，应提高货运行业的管理水平以及节能减排政策的配套管理制度和机制体制建设水平，充分发挥政策效应。

(5) 完善相关政策机制保障体系及相关标准规范。加强我国交通运输节能减排、低碳发展政策的顶层设计，同时加强政策的系统性、前瞻性和战略性。完善节能减排政策的考核机制，加强政策经济支持力度。完善大数据应用标准、货运及节能减排相关的标准规范，包括多式联运标准规范、城市配送标准、车辆标准等。

(6) 提高运输装备技术创新及应用水平。我国正在从提高运输工具能效、发展新能源车、推广可再生能源、发展“互联网＋”货运等方面积极推进交通技术减排，取得了一定成效，但因起步较晚，与发达国家仍有很大差距。应着力推进并发展以 ITS(智能交通系统)、ETC 联网(电子收费系统)、物联网、车联网等智能交通技术为依托的减排手段。同时，应加快发展重载列车、货运车辆大型化专业化、甩挂运输等方面的技术。

本章参考文献

[1] 百度百科. 物流追踪[EB/OL]. https://baike.baidu.com/item/%E7%89%A9%E6%B5%81%E8%BF%BD%E8%B8%AA/10336269. (2015-01-17)[2018-10-04].

[2] 陈伟. 中外智慧物流发展的差异比较及经验借鉴[J]. 对外经贸实务，2016(6)：86-89.

[3]　彭艳.如何引导中国货运行业走上切实的节能减排之路,美国 SmartWay2004—2012 八年经验的启示[J].交通世界,2013(8):87-89.

[4]　Robert Earley.大数据下的绿色货运——卡车传感器与实时数据如何改进卡车效率并降低维护成本[J].运输经济世界,2015(7):84-85.

[5]　8 大欧美物流领域大数据应用案例 [EB/OL].(2017-07-03)[2018-10-04]. http://www.sohu.com/a/154078063_649545.

[6]　物流大数据到底有多"大" [EB/OL].(2017-05-06)[2018-10-04]. http://news.163.com/17/0516/11/CKI7T148000187VE.html.

[7]　国家交通运输物流信息平台.http://www.logink.org/col/col38/index.html.

[8]　汪玚.欧洲车辆如何适应绿色货运[J].交通建设与管理,2016(4):62-63.

[9]　宛岩.德国低碳型多式联运模式对我国的启示[J].宁波工程学院学报,2013(6):23-27.

[10]　刘昭然,诸立超.我国货运需求发展趋势分析[J].交通企业管理,2018(1):1-4.

[11]　赵辉,李汉卿,王硕.基于大数据的公路货运数据价值挖掘研究[J].综合运输,2017,39(12):77-83.

[12]　贝恩&G7.中国公路货运市场研究报告,2017.

[13]　祁娟.从"绿色货运"到"绿色运输"且行且期待[J].运输经理世界,2017(11):24-27.

[14]　张丽,赵征.大数据时代物流信息平台构建与建设对策的思考[J].商场现代化,2017(14):71-72.

[15]　崔晨.大数据技术对公路货物运输的促进作用[J].新乡学院学报,2017,34(2):8-10.

[16]　毕建涛,曲翠玉.大数据价值挖掘在货运行业的应用初探[J].综合运输,2015,37(12):17-21+28.

第五章

绿色产业的转型治理模式

改革开放以来,我国的经济社会发展取得了举世瞩目的成就,但“先污染后治理”的资源环境治理模式也使我们付出了沉重的代价,粗放型经济发展方式的转变已经刻不容缓。近年来日益凸显的资源和环境问题,也引起了社会公众的广泛关注。党的十八届五中全会把“绿色发展”作为五大发展理念之一,强调绿色是永续发展的必要条件和人民对美好生活追求的重要体现[1]。而产业是一个中观经济单位,当我们讨论经济绿色发展的时候,自然离不开对绿色产业发展的讨论。实际上,绿色产业是指包括农业、工业和服务业在内的所有产业的绿色化,而这个绿色化的过程需要通过产业的转型治理来实现。本章以广东省揭阳市印染污水零排放项目和浙江省湖州市顶层设计促进城市绿色发展为例,来透视我国在绿色产业的转型中遇到的问题及治理模式创新,以期为进一步的政策制定和执行改善提供依据。绿色产业治理本质上还是环境治理,本章就先从治理与环境治理谈起。

第一节　治　　理

治理是个人和各种公共的或私人的机构管理其共同事务的诸多方式的总和。它是使相互冲突的或不同的利益得以调和,并且采取联合行动的持续的过程。治理既包括有权迫使人们服从的正式制度和规则(即机制),也包括使各种人们同意或认为符合其利益的非正式的制度安排(即过程)。通过这些机制和过程,公民群体可以表达他们的利益诉求,并在履行他们的合法权利和义务的时候,缩小相互之间的分歧[2,3]。总体而言,治理在性质上是合作的,在主体构成上是多元的,在合作范围上是广泛的,在治理手段上是多样的[4]。

在党的十八届三中全会通过的《中共中央关于全面深化改革若干重大问题的决定》中,就用了“社会治理”这一概念来替换“社会管理”,并首次提出国家治理体系和治理能力现代化[5]。虽然字面差别不大,但“治理”(governance)和“管理/统治”(government)的内涵有着很大的不同。治理是一种新兴的政府管理过程,像传统的政府管理一样需要权威和权力,最终目的也是维持正常的社会秩序,这是二者的共同之处,但二者在权威的来源、权力运作向度上具有本质的区别。具体而言,首先,治理虽然需要权威,但这个权威并非一定是政府机关；而统治的权威则必定是政府。其次，治理主要依靠合作网络的权威，实质上建立在市场原则、公共利益和认同之上，其权力向度是多元的和上下互动、权力双向的；而统治主要依靠政府法规或行政命令的权威，其权力向度是单一的和自上而下的[2]。由此观之，前文提及的"国家治理体系"，实际上是一个政府、市场和社会的共治体系[6]，除了强调政府与公民社会的合作、管理主体的多样性以及自上而下的管理和自下而上的参与相结合外，在管理性质上也应该强调政府对公民的服务，并在管理的技术上强调引入市场机制[7]。

治理理论的兴起，是与市场的失效和国家的失效联系在一起的。市场的失效指的是仅运用市场的手段，无法达到经济学中的帕雷托最优。市场在限制垄断、提供公共品、约束个人的极端自私行为、克服生产的无政府状态、统计成本等方面存在内在的局限，单纯的市场手段不可能实现社会资源的最佳配置。同样，仅仅依靠国家的计划和命令等手段，也无法达到资源配置的最优化，最终不能促进与保障公民的政治利益和经济利益。诚然，治理可以弥补国家和市场在调控和协调过程中的某些不足，但治理不是万能的，也可能存在治理失效的情况[2]。

第二节　环境治理

环境治理，也可称为生态治理，是国家治理的一项重要内容[8]。沿用上文"治理"的概念，"环境治理"可以定义为政府机构、公民社会和跨国机构通过正式或非正式机制，管理和保护环境自然资源、控制污染及解决环境纠纷[9]。而这里提到的"环境治理"(environmental governance)，与我们日常所说的"环境（污染）治理"(environmental pollution abatement)是不同的，后者指的是对生态环境进行保护和修复的行为和过程，可以理解为"防治"[10-12]，它侧重环境污染物的总量或浓度的降低，而这正是前者想要实现的目标之一。

当前，我国的环境治理现状存在一个深刻的悖论，现行模式亟待变革。一方面，中央政府领导人对环境问题表现出了高度关切，在环境治理的政策方面已经制定了大量的法律法规，环境政策工具的种类也日趋多样，经济激励手段和社会管理手段的应用也逐渐得到重视，治理方法由末端治理趋向源头治理、过程治理；另一方面，很多环境政策的实施效果却未能取得预期效果，大气、水等环境质量持续恶化[13]。我国现在仍然以行政主导型的管理模式为主，这种模式在应对大范围、跨区域、长时间积累的环境问题时难免显得捉襟见肘，而且在地方政府的执行过程中也屡屡受阻，暴露出难以形成管理合力、环境信息不透明、缺乏公众参与等弊端[14]，环境治理模式的创新势在必行。

从另一个角度来看，环境问题的特殊性也要求其治理过程必须具备开放、参与和合作的多元治理的特点[15]。作为一种特殊的公共物品，环境本身是不能说话的，也不能被代表，所以环境问题具有很严重的复杂性、长期性、不确定性和科学技术的有限性。加之环境污染物具有流动性，环境治理通常需要跨地域、跨流域开展，但目前环境治理的跨区域合作仍然受到现行行政体制的分割性等多重因素的制约[16]。因此，环境治理模式的创新应考虑政府、企业、社会公众等的多方共同参与，除了提高中央的政策置信度与强化地方的问责制外，还要多鼓励社会公众参与环保，以提高环境污染治理的效率[17]。

第三节　产业的绿色转型

作为环境治理的一部分，经济的绿色治理也经常被人提及。在与环境有关的语境中，“绿色”往往意味着单位产值能源消耗、资源消耗更少，所产生的废弃物更少，废弃物被再次利用的比例更高。而绿色治理是指集合环境、理念、科技、文化等多元系统，以绿色、节俭、低碳为理念，通过绿色技术的创新，推动经济、社会的绿色化发展的方式。经济的绿色治理能够有效平衡生态环境保护与人类福利[18]。

现阶段，产业的绿色转型是我国经济绿色治理的内在驱动力[19]。虽然过去三十余年传统产业的发展已经使中国制造走向了世界，但长期以来传统产业存在产业结构不合理、产品技术层次不高、企业自主创新能力弱、产品附加值低等问题，在做大的同时未能真正地实现做强，未能有效地推进传统产业整体上的升级，仍然停留在低加工阶段[20]。而产业绿色转型的实现，能在一定程度上缓解甚至解决上述问题，助力经济可持续发展。本章我们将关注产业绿色转型的基本内涵及其实施困局。

一、产业绿色转型的基本内涵

产业的绿色转型，重点是从高能耗、低附加价值的发展模式向低能耗、高附加价值的发展模式转变；从单一、初级的产业结构向多元、高级的产业结构转变[19]；从不合理的资源配置向合理的资源配置转变。如图 5-1 所示，产业的绿色转型由产业升级、产业结构优化、产业组织形式演进三个方面组成，也可以称之为资源型产业绿色改造、非资源型产业绿色再造、竞争型企业绿色创造[11]。

其中，资源型产业绿色改造包括资源产业绿色开采和传统产业绿色改造，前者如煤炭、煤层气综合开采，或者边开采、边回填；后者如三氧化二铝从使用煤炭到利用煤层气进行焙烧，既节约了煤炭资源，又对伴生的废弃物进行综合利用[11]。资源型产业绿色改造实质上是一个产业升级的过程，在这个过程中产业由低技术水平、低附加价值状态向高新技术、高附加价值状态演变[21]。

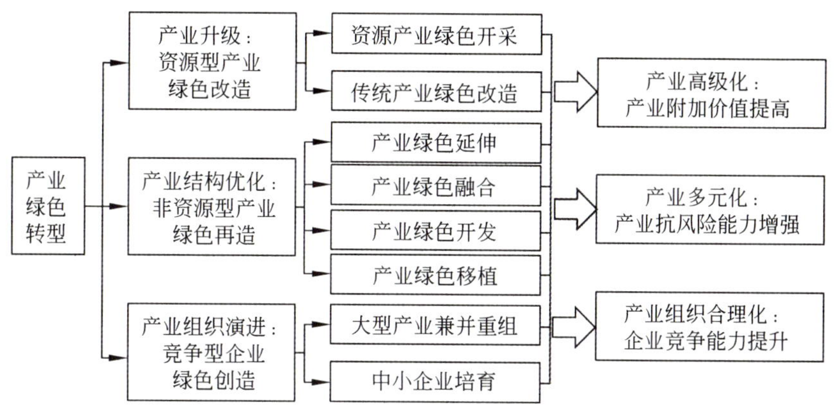

图 5-1　产业绿色转型[11]

非资源型产业绿色再造主要包含四种形式：产业绿色延伸、产业绿色融合、产业绿色开发及产业绿色移植。其中产业绿色延伸主要是基于技术创新与工艺革新，延伸资源产业链条，提高资源的利用率与产业的附加价值。产业绿色融合是通过资源产业与其他产业之间的融合或者原有产业新理念的融合以促进新产业的兴盛，如煤炭旅游、煤炭金融、煤炭物流，以及生态旅游、生态农业等新产业的发展，如山西高平市的潞城丝绸文化产业，将传统纺织产业融入文化的理念形成文化创意产业。产业绿色开发是通过挖掘本地新资源优势，发展具有比较优势且节能环保的非资源型产业，如山西的旅游业、农副产品加工业等。产业绿色移植是从区外引进的具有高技术含量、低耗能的高新技术产业或者劳动力密集型产业，如山西长治高新区 LED 四条生产线的引入与发展、成功汽车生产线的引进与发展[11]。非资源型产业绿色再造实质上是一个产业结构优化的过程，而产业结构的转变是后发国家加快经济发展的本质要求[22]，也是促进经济增长的核心原因[23]。

竞争型企业绿色创造，一是针对国有大中型企业，可以采用同类企业、上下游企业及横向关联企业之间的兼并重组，加强企业之间的联合，尤其是引入资源消耗少、创新能力强、人力资源丰富的非资源类项目，增强企业集团的活力和创新能力，二是加强中小型企业的培育与扶持发展，增强企业的竞争能力与就业吸纳能力[11]。竞争型企业绿色创造实质上是一个产业组织演进的过程，它实现了从以往单一的纵向一体化的产业组织模式向供应链网络模式的转变，产品生产环节与价值链条由单个企业扩散到了多个企业[24]。

总体而言，产业绿色转型的目标是实现产业的高级化、多元化及产业组织形式的合理化，提升产业的附加价值、增强产业抵御市场风险的能力、增强企业竞争力以适应市场的需求[11]。

二、产业绿色转型的实施困局

目前，政府和企业在推动产业绿色转型的内在动力和外部条件上均面临一些障碍，这些障碍主要表现在以下几个方面。[25]

1. 产业绿色转型的体制障碍

我国产业的绿色转型面临的最大障碍是体制问题，现存的很多体制与经济绿色发展相悖[26]。

地方政府官员的考核晋升机制不合理，使地方政府着眼于短期经济发展而非长期可持续发展，阻碍产业绿色转型的相关政策法规的执行。现阶段，以 GDP 为导向的晋升机制决定了我国地方政府官员的自身特殊利益及其政治收益大小[27]。这个考核体系带有明显的“压力型体制”的特征，并在地方政府的决策中发挥着重要影响。政治晋升的压力往往会使政府官员们忽视长期效果而注重短期目标，在任期内尽可能地促进经济增长[25]。而在这种经济导向的政治激励模式中，产业绿色转型的绩效与官员的仕途升迁几乎没有实质性的联系，因此也难以形成地方官员对产业绿色转型的激励机制[28]。目前，中央与地方政府在转型升级中面临的压力实际上是不对称的。中央政府不仅要从全局考虑宏观经济运行中的种种风险以及经济社会的可持续发展问题，还要承受来自国际上对碳排放的巨大压力，而中央政府的这些压力仅靠节能减排指标和环境问责制来传导，最终也很难将地方政府推向转型升级的轨道。现实的情况是，对于 2860 多个县级经济单位而言，节能减排指标考核很难对其发展本地经济的决心构成威胁，而对工业绿色转型这样高投入、见效慢的长期工程缺乏兴致[25]。

市场机制的不完善，使相应的环境经济政策和手段未能发挥应有的功效，一定程度上阻碍了产业转型升级。由于我国社会主义市场经济是由传统计划经济体制演进而来，这种特殊的制度变迁过程使我国在经济发展和环境治理过程中环境经济手段的运用显得相对滞后，这也成为我国环境问题日益凸显的重要原因[29]。目前比较突出的一个市场问题是要素价格形成机制改革不彻底，要素价格的扭曲阻碍了产业的转型升级。资源资产产权制度的不完善，使我国目前仍未形成体现资源资产稀缺程度的要素价格体系，在该体系中仍需要非市场化的定价手段发挥一定作用。但这种要素价格的扭曲可能造成两个方面的影响：一方面，如果这种价格信号对企业微观主体的引导作用出现呆滞或时滞现象，会使企业缺乏转变经营方式或改进技术工艺的动力；另一方面，如果要素资源价格上涨过快，会使一大批中小企业因在短时间内难以消化价格上涨压力而倒闭，这些企业也将会失去参与绿色转型的机会[25]。另一个比较突出的市场问题是环境补偿机制的不健全，导致生态脆弱或资源富集地区的利益长期受损，丧失了地区经济发展的机会，资源企业也难以得到进行绿色转型的市场激励。以资源型城市的国有大中型企业为例，它们是当地财政收入的主要来源，但这些企业中有一定比例为中央直属企业，所得税上缴中央财政，对地方财政贡献少，这也导致了大多数资源型城市呈“资源丰富，经济贫困”的尴尬局面，城市自我发展的能力明显不足[30]，不利于产业的绿色转型。目前我国没有建立体现公平和效率的“污染者付费机制”和“环境贡献者得利机制”。尽管也有一些经济补贴、经济处罚手段，但因为覆盖面窄、力度小等原因，不能提供有效的经济激励和约束机制[29]，制约了我国环境治理能力的提高，并最终导致技术升级受阻、产能过剩[31]等问题。

社会监督机制的不健全，使公民对政府和企业的监督流于形式，难以形成监督产业绿色转型的合力。这种不健全主要体现在：在政府决策与政策执行过程中，多方利益主体缺少有序参与的制度性保障；公众和社会组织参与环境保护缺乏必要的信息；公众和社会组织参与环境保护也缺乏必要的能力和意识。但产业的绿色转型具有很强的正外部性，需要社会公众广泛地参与对政府和企业的监督。此外，中央和地方垂直的监督体制也存在一些问题，需要接受社会的监督，如隶属地方政府的环境管理机构受制于地方政府，环境监管能力弱化和监管缺位，给高污染、高排放、低产出的企业留下了生存的空间[25,27]

2. 产业绿色转型的技术障碍

产业的绿色转型离不开绿色技术的支撑，但目前我国的绿色核心技术储备远远落后于西方发达国家，以技术为主导的竞争优势还没有形成。总体而言，我国绿色技术的创新能力低，国家创新体系尚未建立起来。虽然近年来我国的发明专利申请数量已经跃升至世界第一[32]，但目前我国企业的创新还是以外围技术和外观设计等细微的加工改造为主，少有涉及核心技术的创新，特别是在一些高新技术领域，国外拥有的有效发明专利数量数倍于国内，如 2015 年在光学和发动机领域，国外拥有的发明专利数量分别为国内的 1.6 倍和 1.5 倍[33]。而且，产业的高新技术发展与高新技术自身的发展未必是同步的。例如，我国本土出口型企业的技术提升速度缓慢，对国外订单、国外投资和进口装备、核心元器件的依附性较强。虽然我国的对外贸易超高速增长，但出口产品的技术含量并没有得到大幅提高[31]。

究其原因，产业绿色技术水平较低，本质上还是体制的原因。首先，技术创新的投入不足。事实上，我国产业的绿色转型面临一个两难的抉择，即研发自主的绿色技术可能需要花费大量时间和金钱，而且需要从零开始，但如果从发达国家直接引进和利用绿色的成熟技术，会产生所谓的“锁定效应”[26]。目前我国只有少数行业的研发投入占销售收入的比重是高于欧美水平的(如航空航天产业)[34]，大部分工业企业仍落后于世界先进国家水平至少 0.5%，与世界 500 强企业的差距更为明显；而且我国企业的创新投入项目更注重应用性强的技术，基础研究相对薄弱，不利于技术创新的长期积累[25]。其次，技术创新的知识产权保护薄弱，行业内产品的同质化现象严重，低档产品通过假冒伪劣等手段影响中小企业的自主创新主动性，导致近年来行业自主创新研发投入不足，人才流失严重，行业自主创新能力总体较差，缺少核心竞争力[35]。最后，由于技术标准和设备类型不同，导致绿色技术在我国工业领域难以获得更广泛的应用[25]。

3. 产业绿色转型的区位障碍

从发展清洁产业的角度来看，产业的绿色转型需要结合当地的资源环境状况（如资源数量、资源特色、资源开发强度等）[36]，合理规划产业结构的调整。而从早期依托当地资源的开发利用而形成并发展的资源型城市来看，产业的绿色转型将面临“产业锁定”的困局；同时，当地先天自然环境与后天城市发展的劣势，也构成了阻碍资金和人才吸引的区位障碍。资源型城市的生产要素会向资源部门集聚，整个城市经济发展对资源也具有高度的依赖性。当地资源的采掘业与配套产业早已作为主导产业形成紧密的产业链，产业间关联度大，配套产业的依附性强，人力资产和技术设备的专用性也很强。这样的城市产业结构难以对资源型产业的衰退产生缓冲作用，产业转型的基础薄弱。同时，这些资源型城市大多是在穷乡僻壤或戈壁荒滩上建立起来的，城市基础设施建设成本较一般城市高；而且“先生产后生活”的发展模式也使城市基础设施的建设落后于生产发展，破坏了当地的生态环境，这些都导致了资源型城市在吸引资金和人才方面难以与东部城市竞争[30]。

4. 产业绿色转型的阶段障碍

我国的产业绿色转型是在工业化快速发展这样一个特殊的发展阶段进行的，而这也正是我国企业节能减排艰难的根本原因。虽然近十年来我国的产业结构已经有所优化，但是第二产业，尤其是重工业的比重仍然过高，这也决定了我国能源消费的持续增长，以及由此而产生的温室气体排放总量大、增速快及单位 GDP 的排放强度高。例如，当前我国已经是世界最大的碳排放国家[37]，但由于能源结构的刚性，以及能源效率的提高受到技术和资金的制约，我国控制二氧化碳排放的前景仍然不容乐观。而且，目前我国工业化的进程仍将持续一个相当长的时期，“高碳”成分的工业仍然需要保持相当长的快速增长时期。如何在工业化保持高速发展的同时，抑制二氧化碳排放的增速，实现绿色增长是我国经济发展面临的巨大挑战[26]。

第四节 绿色产业的转型治理①

通过上面对绿色产业转型的实施困局的分析，我们可以发现，绿色产业的转型面临来自政府、市场和社会三方面的体制障碍，同时也受到技术、区位、发展阶段等因素的限制。因此，绿色产业转型的模式应该有创新，需要实现从传统的命令控制等行政主导型的管理方式

---

① 这里的从“产业的绿色转型”变为“绿色产业的转型”的表述的转换，实际上并没有改变前者的实际内涵，因为“绿色产业”实际上应该指对所有的一、二、三产业实现绿色化。当下人们对“绿色产业”的理解是存在误区的，不应该将绿色产业片面等同于一些相对清洁的产业（如环保产业）。传统产业和新兴产业的绿色化都需要覆盖整个生产过程。下文将继续使用“绿色产业的转型”的表述。

到政府、市场和社会的共治体系的转变,即实现绿色产业的转型治理。在这个多元主体参与的环境治理模式下,政府的政策设计与执行效率得到提高;同时市场将产生绿色创新的推动力,帮助企业将环境外部性问题内部化。此外,公众和社会对环境事务管理的参与度提高,也能够更好地维护自己的环境权利和利益。

虽然绿色产业的转型治理是一个包含政府、金融机构、科研机构、中介服务机构、用户、设备供应商等主体共同参与的体系,但这种多元参与中政府仍然需要发挥主导作用。因为在公民社会尚未发育成熟、公民精神尚未凸显的前提下,完全自由平等的环境合作治理可能会导致无政府主义的清洗,将治理引向混乱的深渊;而且缺乏政府在制度设计和机制整合上的引导,可能导致多方主体的劣势叠加,最终造成治理败局[4]。因此,绿色产业的转型治理仍然需要政府主导。而应对绿色产业的转型中面临的实施困局,政府可以通过创新治理工具、治理能力和治理体系,达到绿色转型治理的预期效果。

一、治理工具创新

治理工具是指政府所使用的一系列政策工具的组合。政府颁布的政策法规在推动绿色产业的转型中起关键作用,而且在产业发展的不同阶段,起主要驱动作用的政策要素也大为不同。例如,美国环境产业协会的主席格兰特·费里尔提出,在环境产业的形成期和发展期,环境产业发展的驱动因素主要是环境法律法规;在成熟期,随着环境法律法规的逐渐完善,公众环境意识日益提高,企业承担环境责任的能力不断提升,环境法律法规对环境产业的推动作用降低,主要驱动因素转变为经济刺激手段[38]。因此,政府需要根据对产业发展阶段的判断,合理运用政策工具及其组合,助力绿色产业的转型。现阶段,在市场经济的条件下,政府的行政调控作用相对弱化,传统的命令控制模式已无法满足污染治理的最优目标。政府应该减少对经济的直接行政干预,通过财税、补贴等经济激励政策,让市场在污染治理中发挥基础性作用,引导优质生产要素向环境治理领域集聚,引导绿色产业的转型治理得到不断的改善。

针对前面讨论的绿色产业的转型障碍之一的环境补偿机制不健全,政府在考虑运用经济手段时,应从“污染者付费”和“环境贡献者得利”两个机制入手。“污染者付费”是一种对环境造成污染、破坏、损害的经济行为进行惩罚的机制,通过提高企业的经营运行成本,降低其利润以达到限制产出、减少破坏的目的。该机制具体可以通过向造成环境污染和破坏的产业、企业、产品征收环境税、资源税、污染税等惩罚性税费,提高相应产业、企业的融资利率,提高其信贷审批难度来实现。而“环境贡献者得利”是一种对使生态环境、自然资源状况得到改善,从而有利于环境治理的行为进行奖励的机制,通过降低企业成本、提高利润,达到鼓励产出、改善环境的目的。该机制具体可以通过对环境友好型的产业、企业、产品提供财政补贴，降低税费，进行税费减免以及提供融资担保和优惠贷款，鼓励优先金融支持等手段来实现[29]。另外，除了强制性的命令控制型政策和自主性的市场激励型政策外，政府也可以考虑引进非正式的环境规制手段，包括信息公开计划或项目、环境管理认证与审计、生态标签和环境协议等，以对传统的命令型和激励型规制模式进行补充[39]。

上面对治理工具的讨论，只是针对单独的政策工具，实际上，政府也可以根据传统行业的效益特点，结合综合效益指数和绿色经济的发展特征，通过政策工具的组合来实现更好的治理效果，即可以通过选择采取鼓励引导、改造提升、产业链延伸等工具组合进行绿色转型升级。其中，对于经济社会效益高而环境资源效益也较好的行业，如电气机械及器材制造业、通用设备制造业、纺织服装服饰业、汽车制造业、仪器仪表制造业等，可以通过鼓励引导来推动传统产业的绿色转型升级。具体可以通过以下方式实现：重点培育和引进龙头企业，加大对企业绿色转型和绿色企业发展的政策与各类要素资源等方面的倾斜，确保基地建设、资金信贷、人才引进、市场准入、品牌建设、技术创新、上市发展等优先保障和优先安排。而对于经济社会效益高，但环境资源效益较差的行业(如皮革、毛皮、羽毛及其制品和制鞋业，橡胶和塑料制品业，金属制品业，化学原料及化学制品制造业等)，可以通过改造提升的方式实现行业的绿色转型升级。具体可以通过以下方式实现：培育绿色企业和淘汰落后企业，出台行业的项目投资筛选准入政策，完善企业综合评价机制，加大技术改造投入；通过建立并完善产业园区的建设实现污染物的集中治理和产业聚集发展，并推动传统产业技术创新和产学研一体化。对于经济社会效益不高，同时环境资源效益较差的传统产业，如纺织业、造纸及纸制品业等，可以加大淘汰力度，通过延伸产业链的方式，推动产业的绿色转型升级。具体而言可以通过以下方式实现：完善企业综合评价机制，提高行业内落后企业的淘汰比例，加快行业内落后企业的淘汰进度；引导资本投入研发中心、营销中心和地区总部建设，积极鼓励传统企业和资本走出去，在推进技术创新的同时将中低端加工制造环节转移[20]。

二、治理能力创新

治理能力是指在多元主体的治理语境下政府运用合适的治理工具和技术策略以控制、引导、规范、协调和平衡各方利益主体间的活动的能力。这种能力的提高受到多种因素的影响，既包括民众环境需求提高的外部压力，也包括经济增长后保持可持续发展的内在动力。目前，我国的经济发展的环境承载能力已经达到或接近上限，政府必须提高环境治理能力，以应对经济发展的资源环境瓶颈[29]，具体可以从以下几方面入手。

一是提升科学民主制定政策规划的能力。主要包括：运用现代科学分析为相关政策制定提供依据的能力，以及吸收各利益相关方参与决策过程并达成共识的能力；加强政策制定过程中的成本效益分析，完善法律法规以明确立法过程中利益相关方的识别原则及其参与立法的权利、途径和程序；对政策制定者进行科学决策和政策制定过程的培训；创新和完善绿色转型立法人才的培养机制；加强信息化系统的建设等[40,41]。

二是强化政府的环保职能，提升司法机关的司法能力。主要包括：建立以绿色 GDP 为核心的地方政府考核和监督机制，完善相应的环境问责制度，确保环境保护中的权责一致；建立环境财政协调机制以及转移支付制度，改善地方环保投入的来源与结构，鼓励地方政府的环保投入多元化，减少地方政府财政收入对污染型产业的依赖；增强环境保护部、公安部及司法机关在环境执法和诉讼方面制度的互补性和兼容性，增强环境执法的效力；加强对各级公职人员进行绿色转型的知识培训等[27,40]。

三是提升市场推动绿色创新的动力和将环境污染外部性内化的能力。主要包括：建立健全环境产权制度，改革重要资源型产品的价格机制，促进资源节约利用；通过优惠税收等政策，激发绿色产业的市场活力和社会创造力，创建有序竞争的市场环境；推动政府绿色采购，促进龙头企业自愿推行绿色供应链管理，促进技术创新，带动行业技术与管理升级；通过企业环境信用评价使企业利益与环境成本形成联动，同时为绿色信贷的实施提供基础信息，解决资金短缺并提高治理和保护的效率；推动政府、企业和研究机构联手建立绿色资源和技术共享网络[40]。

四是提升公众和社会组织推动绿色创新及参与环境保护的能力。主要包括：完善法律，明晰公众的环境权利和义务，明确公众参与环境事务的渠道和程序，保障民众的环境知情权和环保参与权，保障社会媒体报导环境事件的新闻自由权利[27,42]；通过机构改革设置相应的处室，突出环境保护部统筹与推动公众和社会组织参与环境保护的职能；完善政府与社会力量在环保领域合作的体制与机制，建立各级环保部门与从事环保工作的群体组织、社会企业、合作社等的沟通协调机制、信息共享机制、项目合作机制等；完善部门规章，加大政府对环保社会组织的监管与支持力度，在资金、人才、信息等方面给予扶持，并降低环保社会组织登记注册的门槛；创新绿色消费和环境保护宣传教育的方式方法，鼓励公众在环保领域的创新创业[40]。

三、治理体系创新

治理体系是指政府管理地方事务的制度体系，包括经济、政治、文化、社会等各领域的体制机制、法律法规安排等。过去，我国对绿色产业的转型采用的是行政主导的体系，这个体系将统一监督管理与分级分部门管理相结合，具有高度分权化的特点[43]。它由三类主体构成，即管理者、被管制者、关注公共利益的民间组织。行政主导的环境管理体系将环境管理体制当作只是针对政府内部机构的设置，而社会公众的监督参与被视为环境管理体制的外部作用机制，企业作为被管制者一般不纳入治理体系的范畴[12]。但在具体的实践中，有可能出现管制者被“收买”成为被管制者的“俘虏”的情形，环境政策法规形同虚设。而且，行政主导的环境管理体系不能有效地应对区域、流域污染问题，不能有效地应对生态系统管理问题，不能有效地解决涉及多个行动主体的环境问题[43]。因此，需要实现从行政主导的管理体系向整合行政、市场和社会参与三种机制的力量的合作管理的治理体系的转变。

“合作管理”是用来描述一种多组织的安排、协议、协商、共同行动等。合作管理的环境治理体系的构建围绕两个维度进行：环境行政机构内的合作，体制内行动者和体制外行动者之间的合作。体制内的行动者包括国务院，环保部，相关部、委、局，地方政府，地方环境行政机构及其他国家机构；体制外的行动者包括环保民间组织、企业、国际组织等。根据合作的行动者地位、性质等，合作管理又可以分为垂直型合作和水平型合作。垂直型合作强调的是多层次行动主体的合作（国际组织、中央政府、地方政府等），水平型合作强调的是同一层次的行政部门以及行政部门、私营部门、第三部门之间的合作[43]。

值得一提的是，在这个合作管理的治理体系中，仍然是以政府作为主导的。不同于行政主导体系，政府需要做出职能上的改变。强化公共服务是治理模式创新的核心，即需要实现从管理型政府到服务型政府的改变。服务型政府是以公民服务为宗旨并承担公共服务责任的政府。服务型政府的构建，需要通过治理工具、能力的创新来推进政府职能社会化、市场化，构建多元的公共服务供给体系。而在绿色产业的转型治理中，政府可以通过规范产业带布局，合理设立高新技术开发区、工业园区，搭建服务企业平台等为企业实施绿色转型提供更好的服务[44]。

第五节　案例分析

在绿色产业的转型治理中，地方政府是治理的关键主体。这主要是由三个原因决定的：一是从执行过程的角度，绿色产业的转型治理的关键与难点是政策的执行环节，而地方政府正是执行环节的主要参与者和推动者；二是从政策受众的角度，传统的自上而下的命令控制型的环境管理模式，在涉及量大面广的中小企业时会遭遇执行困难，而这类企业也是由地方政府直接管辖的；三是从创新规律的角度，从“管理”到“治理”的模式创新呈现“自下而上”的发展规律，因此地方政府对绿色产业的转型治理的经验对于探讨治理经验具有特殊意义[6, 45]。下面我们围绕广东揭阳电镀废水零排放和浙江湖州工业绿色发展计划两个案例展开讨论。

一、广东揭阳电镀废水零排放

1. 背景简介

揭阳位于广东省东南部，是一座新兴的制造业城市，1991 年设立为地级市，陆地面积

5240 平方千米，海域面积 9300 平方千米，户籍人口 694 万。揭阳民营经济活跃，产业基础扎实，拥有金属、服装、制鞋、玉器、食品、医药、石化等特色支柱产业。2014 年，全市生产总值 1780.44 亿元，增长 10.7%，增速列全省第 2 位。

金属产业是揭阳的传统支柱产业，全市现有金属企业 7608 家，其中规模以上企业 458 家，从业人员约 30 万人，总产值近千亿元，钢材年交易量超过 4000 万吨，铰链、导轨市场份额约占全国的 80%，是我国重要的金属产业生产基地、进出口基地、材料集散地和五金不锈钢制品加工研发基地，全国两大不锈钢制品质检中心之一就设在揭阳。

然而，揭阳的金属产业虽然规模庞大，但总体处于价值链的低端，企业小、散、弱等传统产业的通病明显，在经济发展新常态下，资源环境更加趋紧。作为金属加工的关键环节，电镀是长期困扰揭阳发展的主要病灶之一，全市原有电镀及相关配套企业有 600 多家，由于没有电镀园区进行集中处理，电镀废水乱排乱放，电镀污泥随意弃置，对环境造成极大破坏，企业纷纷要求建设电镀园区，实行集中治污。

在市场的自发行动与政府的积极推动下，2012 年，揭阳市组建了金属企业联合会，采取“党政指导、协会主导、市场运作”的新型模式，以治理电镀污染为切入点，联合德国有关方共同规划建设中德金属生态城，为金属产业可持续性探寻新的出路。经过两年多的努力，以“零排放”为目标的金属表面处理中心首期已经建成，全市 600 多家电镀企业整合为 40 多家，转型升级入园生产。

2. 主要做法

（1）工业园区的建设

揭阳市中德金属生态城的建设是一种平衡地区的环境保护和经济发展的做法。过去，揭阳市的传统产业主要由家庭作坊成长起来的中小企业构成，企业散落在城乡之间，政府难以对产业形成资源集聚的有效治理体系。而且单个企业由于规模小、力量弱，无力承担环保治污、转型升级等平台建设。针对传统产业野蛮生长过程中积累的一系列问题，揭阳市以金属产业为试点，规划建设总占地面积 3.7 万亩的中德金属生态城，布局打造原材料供应及产品营销、研发设计、金属制品生产与机械制造、废旧金属产品回收再利用、人力资源、产业金融六大产业公共平台，推动金属产业主题化集聚、就地转型升级，着力破解有产业无园区、有园区无产业的发展困局。金属表面处理中心是打造金属制品生产与机械制造平台的关键，也是中德金属生态城的启动工程，总规划用地 800 亩，计划总投资超过 25 亿元，计划于 2020 年全部建成。而电镀产业作为金属产业的关键环节，电镀企业也首批入驻了金属表面处理中心，该中心最多可容纳 500 多条电镀生产线进驻。

除了统筹企业发展、打造平台服务产业的转型升级外，中德金属生态城的规划也体现了绿色发展的理念，努力将生态文明贯彻到工业园区规划建设的全过程，融入行业的生产生活。中德金属生态城选址于山谷之间，总规划控制面积的近一半被用作森林保护区。在此基础上，揭阳市与联合国工业发展组织还计划在生态城内共建绿色工业示范区，构思建设"车间在大树底下、家庭在工厂旁边、孩子在父母身边，园区在万亩森林环绕之中，生产、生活、生态三生一体"的新型城镇，在园区中有中德万亩森林公园、有"一河两岸"和生态雕塑公园，真正实现森林围城进城，形成"大树下的幸福产业""大树下的幸福生活"。这种可持续发展的规划建设理念，也在 2014 年 8 月中国共产党与德国社民党的第二次党际对话会上获得了高度的评价。

中德金属生态城要求所有入园企业必须实施技术改造，提高了环境准入的门槛。这个生态工业园区改变了传统园区平移式转移的做法，实行登高式转移。在首批电镀企业入驻金属表面处理中心前，都必须参加由揭阳市金属企业联合会举办的企业家培训班，并组织赴德国等地考察学习，强化转型升级观念，掌握转型升级的门路。目前，已入驻金属表面处理中心的 33 条电镀生产线，每条生产线投资 2000 万元左右，全部引进先进电镀技术，实现自动化控制和智能化生产。通过机器换人的技术改造，每条电镀生产线的操作人员从 50 多人减少为 5～6 人，生产效率和产品质量大幅提高，且每条生产线都实行全封闭运作，对人体不造成毒化作用。同时，金属表面处理中心还引入德国工程师，为入园企业提供技术服务，及时解决技术问题。

总体而言，中德金属生态城的建设为中小企业的绿色转型指明出路，破解了环保执法难的问题，也避免了一刀切的"休克式疗法"对社会民生造成的不利影响。通过对生态城内整个金属产业进行整体设计，扭住电镀这个金属产业关键环节的"牛鼻子"，打造绿色产业高地，形成全产业链平台，进而带动金属制造业集聚发展。企业入园后，虽然增加了污水处理成本，但可以从消除违法成本、降低人工成本、提高产品附加值及联合会的让利补助中获得回报，真正让污染者成为治理者，让治理者成为受益者。电镀企业家表示，入园后不用偷偷摸摸、躲躲藏藏，可以光明正大地发名片、做品牌，壮大规模，赚钱更加心安。

(2) 企业联合会的设立

吸引中小企业进入生态工业园区确实能够显著减少中小企业带来的环境污染，但这一目标的实现却并非易事。对此，揭阳市政府以动员中小企业参与企业联合会为抓手，利用政策和管理优势鼓励中小企业入园，提高产业的绿色转型治理绩效。具体而言，中德金属生态城不用政府投资、不设管委会，而是成立了揭阳市金属企业联合会，由联合会发起、会员单位自愿认购，创立金属生态城产业投资基金，由产业投资基金注资成立具有独立法人地位的中德金属集团作为开发运营主体。政府向联合会放权赋能，由联合会组织行业企业入园集聚，为入园企业提供人力资源培训、科技服务、融资帮助以及与德国对接等全方位的服务，真正实现了产业家园的共建共享，使企业从"单打独斗"转变为产业的"集团作战"。这种转变也开启了抱团治污的新模式。虽然目前金属表面处理的成本为 38 元/吨，但金属企业联合会给予电镀企业每吨 20 元的补助，最后只收取 18 元/吨，联合会每年支出 3000 万元，买一个产业高地，买一个良心工程。这一体制机制上的创新，解决了地方政府在绿色产业的转型治理过程中的政府阻碍和市场阻碍，形成了一套中小企业参与环境治理的卓有成效的机制，这也是本案例最大的特色。

虽然企业联合会是非政府的政策执行者，但它在协调政府、企业和环境规制之间的矛盾上具有以下两方面的优势。一是从资源基础理论来看，符合市场规律运作的企业联合会的资源利用效率高于政府的资源利用效率，因此这种模式能够高效利用有限的资源帮助中小企业获取外部金融扶持、政策奖励、技术信息，有效解决政府办园脱离企业需求的问题，也能够帮助中小企业提升自身的管理水平。二是从资源依赖理论来看，企业联合会可以规制中小企业的环境行为，既可以利用资源引导企业向可持续方向发展，还可以通过企业主之间的相互监督，约束中小企业污染排放。企业联合会的设立，实现了生态工业园区开发建设由行政主导向更多依靠市场力量的转变，有效地解决了污染治理的投资建设和组织管理等方面的一系列问题，防止了企业办园片面追求利益最大化的倾向，实现了需求导向的集群利益的最大化，体现了效率与公平的统一。目前，揭阳市已将这种模式复制到服装、食品等行业，组建了纺织印染行业协会并规划建设纺织服装生态园，组建食品工业行业协会，规划建设海峡两岸食品药品绿色产业合作区，以加快全市产业的绿色化发展。

(3)“零排放”与产业转型

在中德金属生态城的规划建设中，揭阳市自我加压，提出了电镀产业“零排放”的理想目标，预期通过建设金属表面处理中心，将除极少部分蒸发外的 99.6% 的电镀废水处理转化为生产用水回用，力争成为全国第一家全部企业采用全自动化生产线、全部企业实现清洁生产、工业废水“零排放”的电镀园区，以及全国第一家集预警系统、在线监控、自动化控制为一体的数字化管理园区。

而上述目标的实现，都依托德国的先进技术。揭阳市提出要一步到位与全球制造业标杆的德国合作，借鉴莱茵河治理和鲁尔区改造的成功经验，实行引进型创新，让揭阳从工业 2.0 直接对接到工业 4.0[①]，从微观层面的跨阶转型升级实现产业的可持续发展。企业联合会要求电镀企业在入园前必须经过工业 4.0 的培训，组织赴德考察访问，并在园区内改用全自动智能化的生产线。通过和德国达姆斯塔特工业大学 IWAR 研究所的合作，生态城内将建设全球领先的半集中式污水处理系统，将“零排放”扩展到园区生产生活的全领域。生态城内还会引进全球十大资源再生及环境服务企业之一的德国欧绿保集团的“绿色燃料”技

---

① 工业 2.0 是用电力驱动机器取代蒸汽动力，从此零部件生产与产品装配实现分工，工业进入大规模生产的时代（和讯新闻）。而工业 4.0 是指利用信息化技术促进产业变革的时代，就是智能化时代（中国物联网）。

术，建设国内首家采用德国第三代生活垃圾处理技术的示范工厂，对电镀污泥进行环保处理，实现循环经济。接下来，揭阳还将与德国相关机构建立电镀研究院，引进德国最先进的电镀技术，建立国家级的电镀检测中心，建设全球电镀高地，把电镀建成新的朝阳产业。同时，利用对德合作优势，建设德国先进技术推广中心和德国先进装备国产化中心，推广应用余热发电、炭黑等德国先进环保技术和设备，既提供可推广、可复制的绿色化发展模式，又提供可操作、可运用的绿色化发展技术和设备。

通过宏观领域"零排放"的产业治污平台的打造和微观领域"工业 4.0"的产业转型升级，揭阳市有效地改造了金属产业的"病理基因"，走出了"凡金属必电镀、凡电镀必污染"的困局，促进了金属产业的可持续发展。预期实现电镀从灰色产业到绿色产业的转变。目前，揭阳市金属企业联合会已经在德国设立了 6 个办事处，与德国工商大会、雇主企业总会、家族企业基金会等 9 大协会和阿德勒斯霍夫科技园、埃斯林根应用科技大学、弗劳恩霍夫研究所等 20 多家科研机构建立合作联合会，为两地的中小企业合作搭建起桥梁。中德金属生态城也成为中德经济合作委员会成员和华南地区首个中德中小企业合作区。2015 年 5～6 月，在两国经济部门的支持推动下，揭阳市举办了首届中德中小企业合作交流会，德国、西班牙、奥地利组织了 122 家企业来揭阳对接，并对无排放表面处理等 105 项科技成果进行展览展示。现场共签订合作协议、意向及合作会谈纪要 180 份，参加活动的揭阳企业家表示，"过去 30 年企业的发展是量的积累，现在与德国企业合作是质的突破。"

二、浙江湖州工业绿色发展计划

1. 背景简介

湖州地处太湖南岸，因湖得名，是一座具有 2300 多年历史的江南古城，现辖吴兴、南浔两区和德清、长兴、安吉三县，总面积 5818 平方千米，人口 264 万。湖州山水清丽，生态优美，拥有南浔古镇、大竹海、裸心谷等知名景区，是"绿水青山就是金山银山"理论的诞生地，是全国首个地市级生态文明先行示范区，并先后获得了中国投资环境百佳城市、中国最幸福十大城市等诸多荣誉称号。

在产业发展方面，湖州坚定不移地实施"生态立市、工业强市、产业兴市、开放活市"战略，2015 年人均 GDP 达 7.9 万元，已初步形成了休闲旅游、绿色家居、智能电梯、新能源、生物医药等产业集群，将加快发展信息经济、高端装备、健康产业、休闲旅游四大重点主导产业，改造提升金属新材、绿色家居、现代纺织三大传统优势产业，积极培育地理信息、新能源汽车等若干引领发展的新增长点，打造"4 + 3 + N"产业新体系。

生态文明工作是湖州城市发展的首要工作，湖州市政府对生态创新先行先试的意愿强烈。比如：湖州在全国首先尝试官员任期内的环境资产负债表核算；率先将"绿色 GDP"纳入对县区和市级部门的考核指标体系，实行领导干部生态环境保护“一票否决制”和环境损害责任终身追究制；率先尝试“企业用能权交易”试点，引入市场机制、公众参与，支撑绿色金融模式探索。上述工作得到了国家信息与工业化部、环保部、住建部、农业部、工程院等部委的支持与认可。为了更好地推动湖州市绿色产业的转型升级，一方面，中央政府给予了地方政府试点示范的机会；另一方面，地方政府也以落实中央政府指导精神为地方政策事务的核心工作，围绕环境治理，系统梳理地方的政策体系。通过中央政府与地方政府的协同探索，湖州体系化地解决了地方政府在产业绿色转型治理过程中遇到的源自政府、市场与社会三个方面的体制障碍。

2. 主要做法

（1）政府政策组合强化生态环境监管

环境监管是地方政府提升环境质量的有限的政策手段，但是我国长期以来，环境监管体系薄弱也是不争的事实。在环境监管的全过程中，立法、组织体系、监管工具、问责机制、监管能力环节的潜在缺失，都会导致环境监管效率的下降，最终影响城市的环境表现。湖州市政府则通过政策组合的方式，强化了对企业的生态环境监管，主要通过以下几个方面实现。

一是针对环境监管立法不健全的困难，湖州率先出台《生态文明建设条例》，完善了绿色制造的法律保障；二是针对组织体系的缺失，湖州建立了系统的领导体制和工作机制，以评促改，将生态文明先行示范区建设、大气污染防治计划落实、五水共治等城市发展行动结合起来，确保城市制造业的绿色发展不会成为一纸空文；三是针对监管工具有限、监管能力不足的短板，湖州引入市场化的方法，全面实施排污权的有偿使用，率先尝试用能权的交易管理办法；四是湖州政府从根本上改变了我国政府传统的“地方竞争”发展模式，克服政治考核对污染排放的负面激励，从根本上解决现有政府评价体系中缺乏环境问责机制的困境。湖州率先对县区和市级部门核算绿色 GDP，推行三级绿色生态考核办法和乡镇差异化考核办法，实行领导干部生态环境保护“一票否决制”和环境损害责任终生追究制度，对领导干部执政之间的自然资源资产履行离任审计

（2）外部环境压力与企业盈利预期共同促进制造业可持续发展

湖州在绿色产业的转型治理中先行与示范的意义，不仅在于政府层面，更在于企业层面。作为绿色制造的主体，企业在绿色发展中始终承担决定性作用。企业的环境行为直接决定了城市绿色发展的效果。而通过对湖州市的实地调研我们发现，在环境规制逐渐严格的条件下，企业能够主动将外部的环境压力与企业盈利预期相结合，并作为企业绿色发展的内部驱动力。这种驱动力又可以进一步细分为企业的环境行为动机与企业的环境行为能力两方面的研究视角。

在企业环境行为的动机培育方面，环境总量与强度控制，配合排污权、用能权的交易，能

够最大限度地激励企业环保行为的动机。以湖州市传统制造企业之一的美欣达的转型升级过程为例，这所全国十佳的印染企业在地方政府严格的环境规制压力下，不但没有放弃印染这一饱受社会诟病的“污染”行业，反而全身心投入印染废弃物零排放新工艺的研发，甚至从印染固废污染治理经验中发现商机，系统构建并开发固体废物深度利用技术。最终，该企业在全国率先启用数十家生物废弃物处理和环保服务工厂，既为企业发展增添了新的经济增长机会，又为国家环境技术升级提供了成功的探索，成功借助绿色转型的契机实现了企业的跨越式发展。

在企业环境行为的能力建设方面，环境规制的加强对于湖州产业的能力迅速提升同样起到了促进作用。湖州蓄电池产业的发展，就直接验证了环境规制显著提升对产业发展的影响。2011 年，湖州市德清县铅酸蓄电池产业导致工厂部分职工和周边居民血铅超标。该事件成为当年国家环保方面的热点事件，进而导致当地铅酸蓄电池产业面临国内最为严格的环境规制监管。过去 6 年的实践发展表明，湖州市针对蓄电池产业的环境规制并没有打击地方的蓄电池产业，反而成为行业发展与企业能力建设最为重要的驱动力。以天能蓄电池为例，作为全球新能源企业 500 强(26 位)、中国民营制造业企业 500 强(19 位)、中国民营企业 500 强(32 位)、中国电池行业十强第一，仅 2014—2016 年就开展了 100 余项研发项目的开发，有 85 项已进行科研成果转化，拥有国家重点新产品 13 项，累计拥有发明专利 150 余项，省级新产品和高新技术产品 130 余项，多项科技成果填补了国内空白。此外，该集团还成功建设了天能循环经济产业园，打造了“电池制造—废电池回收—铅再生—电池制造”的闭环型绿色循环产业链。天能集团将产品全生命周期的理念融入企业技术发展与升级过程，电池回收再利用也成为该企业重要的盈利环节，从根本上驱动企业绿色制造的发展。湖州天能蓄电池企业的案例也说明了环境规制的加强能够促进企业创新能力的提升，从而使行业环境表现显著改善。

以上两个方面都说明随着环境规制强度的增加，企业社会责任的自我觉醒反而让企业从环保投入中发现了盈利预期，这也显著加速了行业自发的环境创新能力与环保治理能力的培育。湖州市绿色产业的转型治理也为其他将绿色制造作为区域主要发展方式的城市积累了宝贵的经验。

(3) 第三方参与全面推进绿色制造

实际上，湖州市绿色产业的转型治理并非企业或者政府的“独角戏”，也不是“企业一政府”之间的“二人转”，而是多方利益主体协调共生的生态系统。其中，特色最为鲜明的就是第三方质量监测机构对童装企业绿色发展的促进作用。因为在日常的市场竞争中，童装对于面料的环保性十分敏感，使第三方质量监测机构能够在该行业中作为一种新型的非政府政策执行者，参与市场主体之间的互动，促进传统童装企业的绿色转型升级。

以湖州今童王制衣有限公司为例，其早在2004年便投入资金成立专业的检测中心，对面料和染料进行全检和抽检，并允许其他企业以会员制的方式检测产品，重点检测染料和面料的甲醛指标。这种对产品绿色性能的检测投入进一步带动了该企业技术、设备的全面转型升级。在2016年企业工业总产值下降0.2%的情况下，主营业务收入增长了0.9%，利税总额增长了0.7%，企业利润增长了1.5%。说明企业正在逐步向产品高端化转型升级。童装产业所在的织里镇受此启发，也成立了公共的质检中心。一方面，该中心能够通过对相关企业的面料的质量监测与及时发布信息，依托市场的品牌作用，促进童装企业更加关注产品原材料的绿色转变；另一方面，该中心也集聚整合了公共资源，减少了公共平台的粗放式发展，形成第三方机构绿色可持续的发展机制。在我国推进公共管理多元治理的宏观氛围下，可以推断，将会有越来越多的第三方机构以不同的途径加入我国绿色制造推进过程，地方政府与社会应该对这种第三方机构予以适当的重视，建立公共的技术、标准服务平台，加速推进我国绿色制造。

三、启示意义

总体而言，要应对绿色产业转型中面临的政府、市场、社会三个体制方面的实施困局，政府可以通过创新治理工具、治理能力和治理体系，达到绿色转型治理的预期效果。其中，政府可以利用政策工具组合来发挥市场的决定性作用，并打造产业的公共服务平台，推动多元合作管理的治理格局的形成。

本章参考文献

[1] 新华网．新华网评：把绿色发展理念植入血脉　加快打造国际名片．http://news.ifeng.com/a/20151202/46483876_0.shtm(2015-12-02)[2017-09-10].

[2] 俞可平．治理和善治：一种新的政治分析框架[J].南京社会科学，2001（9）：40-44.

[3] 汪乃澄．论治理理论的中国适用性[J].当代社科视野，2010（12）：8-12.

[4] 杜辉．论制度逻辑框架下环境治理模式之转换[J].法商研究，2013（1）：69-76.

[5] 国际在线专稿．十八届三中全会首提国家治理体系和治理能力现代化．http://gb.cri.cn/42071/2013/11/13/7211s4320432.htm (2013-11-13)[2017-09-10].

[6] 薛澜．国家绿色转型治理能力研究[J].中国机构改革与管理，2016（12）：37-38.

[7] 李景鹏．中国走向“善治”的路径选择[J].中国行政管理，2001（9）：16-19.

[8] 王树义．环境治理是国家治理的重要内容[J].法制与社会发展，2014（5）：51-53.

[9] LI W. Environmental governance：Issues and challenges[J]. Environmental Law Reporter，2006，36

(7)：10505-10525.

[10] 吴舜泽. 规划视角下的生态环境治理体系和治理能力提升[J]. 环境保护，2016，44(1)：16-20.

[11] 孙毅. 资源型区域绿色转型的理论与实践研究[D]. 长春：东北师范大学，2012.

[12] 吴舜泽，秦昌波. 构建多元生态环境治理体系[J]. 社会治理，2017 (1).

[13] 冉冉. "压力型体制"下的政治激励与地方环境治理[J]. 经济社会体制比较，2013(3)：111-118.

[14] 刘小泉，朱德米. 合作型环境治理：国外环境治理理论的新发展[J]. 国外理论动态，2016 (11)：67-77.

[15] 俞可平. 治理与善治[M]. 北京：社会科学文献出版社，2000.

[16] 杨妍，孙涛. 跨区域环境治理与地方政府合作机制研究[J]. 中国行政管理，2009 (1)：66-69.

[17] 李胜. 两型社会环境治理的政策设计——基于参与人联盟与对抗的博弈分析[J]. 财经理论与实践，2009，30(5)：92-96.

[18] 郑素芳. 农产品流通产业链绿色治理的影响因素及创新路径[J]. 商业时代，2017 (7)：167-169.

[19] 李云燕，殷晨曦. 绿色发展背景下的京津冀大中型城市产业转型模式研究[J]. 环境保护，2017 (4)：33-39.

[20] 朱彬，唐庆蝉，宋跃群. 传统产业绿色转型升级路径选择研究[J]. 环境科学与管理，2015，40(12).

[21] 刘志彪. 产业升级的发展效应及其动因分析[J]. 南京师大学报(社会科学版)，2000 (2)：3-10.

[22] 干春晖，郑若谷，余典范. 中国产业结构变迁对经济增长和波动的影响[J]. 经济研究，2011 (5)：4-16.

[23] PENEDER M. Structural Change and Aggregate Growth[R]. WIFO Working Paper，2003.

[24] 陈志新，张忠根. 产业组织演进与供应链网络治理：一个理论综述[J]. 经济学家，2010 (6)：38-43.

[25] 中国社会科学院工业经济研究所课题组，李平. 中国工业绿色转型研究[J]. 中国工业经济，2011 (4)：5-14.

[26] 蓝庆新，韩晶. 中国工业绿色转型战略研究[J]. 经济体制改革，2012 (1)：24-28.

[27] 李金龙，游高端. 地方政府环境治理能力提升的路径依赖与创新[J]. 求实，2009 (3)：56-59.

[28] LIEBERTHAL K. China's governing system and its impact on environmental policy implementation[J]. Tiao-kuai，1997.

[29] 王金胜. 经济"新常态"下以经济手段提升环境治理能力的探讨[J]. 环境保护，2015，43(23)：59-62.

[30] 张米尔，武春友. 资源型城市产业转型障碍与对策研究[J]. 经济理论与经济管理，2001，V(2)：35-38.

[31] 金碚，吕铁，邓洲. 中国工业结构转型升级：进展、问题与趋势[J]. 中国工业经济，2011 (2)：5-15.

[32] 晁毓山. 我国发明专利申请连续 6 年位居世界首位[EB/OL]. (2017-01-23)[2017-09-12]. http：//paper.chinahightech.com/html/2017-01/23/content_23729.htm.

[33] 环球网科技. 中国专利申请量全球第一：发动机、光学太弱[EB/OL]. (2016-01-15)[2017-09-12]. http：//tech.huanqiu.com/science/2016-01/8387102.html.

[34]　陈熊海. 去年研发投入占销售收入比例高于欧美[EB/OL].(2016-11-22)[2017-09-12]. http://epaper.southcn.com/nfdaily/html/2016-11/22/content_7599236.htm.

[35]　陈小朋. 温州市产业集群升级与结构转型研究[D]. 兰州：西北师范大学，2009.

[36]　席广亮，甄峰. 绿色产业发展适宜性评价研究——以江苏省为例[J]. 河南科学，2008，26(10)：1276-1280.

[37]　蓝庆新. 国际碳关税发展趋势析论[J]. 现代国际关系，2010 (9)：1-6.

[38]　丁军. 环境产业融资研究[D]. 上海：同济大学，2007.

[39]　张红凤. 政府规制视角下环境与经济发展的双赢[N]. 中国经济时报，2007-12-03.

[40]　环境网. 中国环境与发展国际合作委员会 2015 年年会发言摘登[EB/OL].(2015-11-11)[2017-09-15]. http://www.aqhb.gov.cn/html/xinwenzhongxin/huanbaoxinwen/20151111/12467.html.

[41]　刘新民，夏溶娇，吕晓彤，杨珊珊. 提升环境治理能力，完善环境治理体系[J]. 环境经济，2017 (1)：36-39.

[42]　李艳芳. 美国的公民诉讼制度及其启示——关于建立我国公益诉讼制度的借鉴性思考[J]. 中国人民大学学报，2003，18(2)：122-129.

[43]　朱德米. 从行政主导到合作管理：我国环境治理体系的转型[J]. 上海管理科学，2008，30(2)：61-65.

[44]　高抗，周建民，何显明，等. 经济转型升级与地方治理模式创新：基于浙江长兴县的个案研究[M]. 北京：学林出版社，2010.

[45]　刘朋，周可迪，延建林，周源，薛澜. 促进绿色制造技术扩散的政策模式创新研究[J]. 中国工程科学，2016 (4)：101-108.

第六章

绿色发展政策和公众认知与态度研究

第一节 引　　言

当下我国已经进入了城镇化快速发展的时期。2011 年我国城镇化率首次超过 50%，意味着城镇人口首次超过农村人口；2016 年我国城镇化率达 57%；预计到 2030 年我国的城镇化率将达到 70%左右（UNDP 2013）。然而，伴随着城镇化水平的提高，其带来的空气污染、水资源过度使用、绿地面积缩减等问题给城市环境带来了不少压力。可以说，生态环境恶化已经成为我国城镇化发展过程中面临的严峻挑战。例如，据《2015 中国环境状况公报》，全国仅有 21.6%的地级以上城市环境空气质量达标，全国城市空气平均超标天数比例仅为 23.3%。大气污染、水污染和土壤污染等备受公众关注的环境问题依然令人忧心忡忡。

改善环境可持续性所面临的最大挑战之一，是平衡温室气体排放与日益增加的经济发展和社会进步需求之间的关系。中国作为一个发展迅速的国家，车辆的不断增多不仅造成严重的交通堵塞（特别是在大城市），而且严重污染空气。接触细颗粒物（PM2.5）会加重患有慢性呼吸道和心血管疾病的病人的病情，削弱人体的防御能力，损伤肺组织，甚至导致过早死亡和引发癌症。研究表明，道路交通是 PM2.5 的主要来源之一，在我国主要城市（如北京、上海、广州、杭州和南京），废气中 PM2.5 的排放量占 25%～30%。控制交通废气排放量已成为我国城市实现可持续发展目标的关键。

考虑到我国传统的政策程序是自上而下的，公众表达自己的意见或试图影响政策的渠道有限。随着社会团体和互联网及通信技术（ICT）领域的发展，我国公众开始有更多的权利意识，希望更好地参与政策进程，更好地表达意见。近年来，公众也可以通过不同方式表达对政策的反对意见。在此情形下，如何实现绿色治理已经不仅是社会问题，而是上升为重要的政策议题。

第二节 文献综述

一、绿色发展政策与公众认知的互动模型

绿色治理是面向可持续发展目标的社会政治治理过程（Meadowcroft，2007）。一方面，

低碳发展带来了政府治理方式的转变(Mol,2009),政府由单纯地强调经济发展向重视城市经济、社会、生态全面发展转变;另一方面,绿色治理是参与式、协作式治理(Newig and Fritsch, 2009),强调多层次、多主体的共同参与(Griffin,2010;Shiroyama et al.,2012)。绿色治理对于改善城市自身的环境质量、平衡资源需求与环境承载力的关系有着重要意义。

在各个国家积极推动绿色可持续发展的过程中,公众对相关政策的认知程度和可接受程度是其对特定政策环境的反应。绿色发展同环境保护的最大不同在于绿色发展是人类发展过程中设定的多目标任务。绿色发展的理念结合了两个政策目标——环境清洁和经济发展,力图在保持环境质量、实现可持续性的前提下保持一定的发展速度。在人类的发展历程中,社会经济发展通常与环境保护相互抵触和矛盾。工业革命后长达 100 年的快速经济发展就是以牺牲环境质量、牺牲可持续发展为代价的。能否成功将两个目标结合不仅取决于政策设计和执行是否可以系统化协调各个参与者的利益,也取决于公众能否同时接受两个目标,对设计的绿色低碳发展政策有清晰的认知和相当程度的可接受度。一般认为,积极的公众参与有利于形成科学合理的可持续发展政策,监督配合政府可持续发展政策的实施(戴亦欣等,2017;Newig and Fritsch,2009;Portney,2005;Rydin and Pennington,2000)。

根据现有文献,政策类别、认知形成机理及公众行动的相关关系是研究和制定绿色低碳发展政策时需要深入探讨的理论问题。图 6-1 简述了三者之间的理论联系,将作为指导本章研究的理论框架。

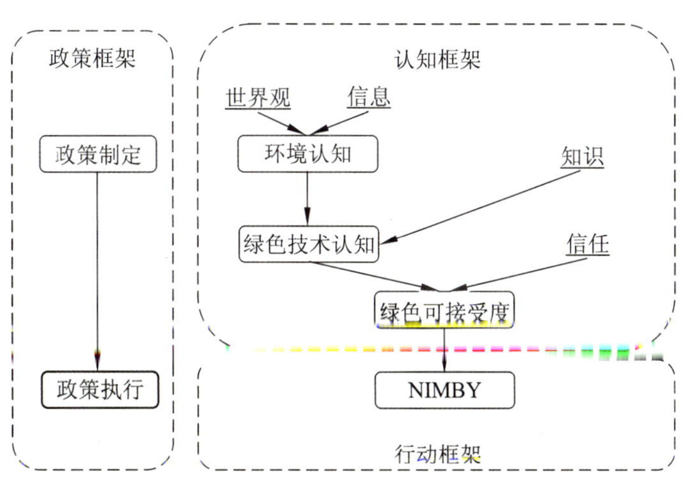

图 6-1　绿色发展政策与公众认知互动模型

二、转型中的中国环境治理与地方绿色政策创新

伴随着经济和城镇化发展进程,中国面临越来越多的环境风险和生态挑战。在此背景下,中国政府的环境治理模式也发生着重大的变革,突出表现在以下三个方面。

第一，地方政府对于绿色可持续发展所面临的诸多挑战做出了更多的回应，表现为一系列的绿色发展政策试验和政策创新行动。

在过去10年中，中央政府对环境可持续发展做出了更大的努力和更多的承诺。党的十九大报告明确了新时代中国社会的主要矛盾是“人民日益增长的美好生活需要和不平衡不充分的发展之间的矛盾”，而优美生态环境正是民众对新时代美好生活的重要期待之一。习近平同志在十九大报告中首次将“美丽”一词纳入中国社会主义现代化的建设目标。“十一五”规划以来，中央政府将环境目标与经济、社会发展的目标紧密结合，明确将“节能减排”等环境指标纳入对地方政府的工作考察中（Kostka，2016）。

已有对于中国环境政策执行与治理模式的研究认为，尽管在中央层面，政府已经建立了更强有力的环境保护机构和组织，制定了更为完善的环境保护法律体系，但是地方政府在可持续发展政策行动上却存在“执行偏差”“选择性执行”和“执行不力”等问题。一方面，横向和纵向的行政分割弱化了环境保护的权威性（Kostka and Mol，2013；Ran，2013）；另一方面，中央对地方的激励，使地方政府将更多的注意力放在追求经济发展等短期目标上，而忽视环境保护等长远目标（Ran，2013），地方在环境保护上没有形成持久的动力，由此便会出现中央和地方的绿色治理行动不一致的情况。

然而，细看当今中国的环境治理现状，会发现“执行不力”问题无法完全解释所有地方政府的环境治理行为。近年来，地方政府在生态保护、污染治理、能源利用等领域开展了一系列的可持续发展政策试验和政策创新项目（Carter and Mol，2006；Mol，2009；Kostka and Mol，2013；Miao and Lang，2015），积极探索环境保护的新路径。这些举措充分说明地方政府在环境保护上并不是一味地“懒惰”和“逃避”，而是以积极的姿态投身可持续发展中。

与此同时，中央政府也启动了不同类型的可持续发展政策试验项目，以此来激励地方政府在生态保护、污染减排、能耗降低、宜居城市建设和低碳发展等方面有更多的行动和举措（Khanna et al.，2014；Shin，2017）。这表明，地方政府积极参与这些试点示范项目，主动竞争这些试点示范头衔（Miao and Lang，2015），甚至与地方产业、专家、协会及有一定影响力的非政府组织（NGO）共同对中央政府进行游说，以获得开展政策试验的机会（Shin，2017）。

第二，尽管处于封闭式的环境治理中，民众对环境问题的关注度仍呈上升趋势，越来越多的公众愿意参与环境治理过程。

一般认为，中国环境政策与环境治理仍然主要遵循政府主导的封闭式的环境治理模式（洪大用，2007；Chi et al.，2013），信息透明度不够、公开不足等问题阻碍了公众在环保领域内的参与（Mol and Carter，2006；Enserink and Koppenjan，2007；Kostka and Mol，2013；王书明 & 杨洪星，2011）。尽管中央政府将公众参与放在环境治理的重要位置（Tong，2007；Boland and Zhu，2012），明确“公众是国家环境治理的重要主体之一”，然而地方政府在生态环境保护、绿色发展等领域主要是基于中央政府的要求来落实相关政策和开展地方政策行动。这就有可能导致地方的绿色发展政策行动仅仅是响应中央号召，而忽视地方居民的实际需求和意愿。

然而，也有越来越多的研究发现，随着环境问题的日益严峻，中国公众对环境的关切度上升（Kostka，2014），更多的公众及环境保护 NGO 对环境政策参与抱有积极的态度（Mol，2013；Steinhardt and Wu，2016）。实际上，中央开展的一系列绿色发展领域的政策试点示范项目，都将公众参与作为对地方进行评估的重要标准之一。获得试验头衔便意味着地方政府有更多的机会向公民宣扬环境保护和可持续发展的重要性，理应能够促进居民环境意识和意愿水平的提升。在这一新情景下，传统的政府政策行动与公民意识、行为相互割裂的两个封闭运行系统的认识是否仍然成立有待进一步检验。

在严峻的环境形势下，无论是中央还是部分地方政府都在积极启动或参与可持续发展政策试验和政策创新项目，以谋求可持续发展路径。政策试验是中国政府面对内外部环境的不确定性和模糊性，探索政策工具的贯行方式。这一方式诞生于中国土地革命时期，家庭联产承包责任制、农村合作医疗制度、营业税改增值税等政策都采用的是地方先行探索，后在全国推广开来的模式。作为政策试验的最终决策者，中央政府决定政策试验的目标、内容和地点（Mei and Liu，2014）。中央政府往往会选择具备不同的地理、社会和经济条件的城市开展政策试验，以保证试验城市更具代表性，从而在全国范围内推广（Khanna，Fridley and Hong，2014），抑或是选择地方条件最佳的地点来开展政策试验，以降低政策试验失败的可能性（Heilmann，2008a，2008b）。在环境治理模式尚不统一、环境目标尚不清晰的情况下，政策试验正是地方政府实现可持续发展的可行路径。

第三，政府不再单一依靠环保政策，而是采用更为广泛的政策工具组合，利用政策网络的效力解决环境治理问题。

低碳转型政策的复杂程度使它不再可能依赖单一政策工具完成，而是需要综合多个领域的政策，形成复合式的政策工具设计和政策工具组合，且具有政策目标多元化、政策周期长、难于预测等特点（Sterner，2003）。对于较为明确、单一的政策目标设计，现有的理论讨论较为成熟，通常建议政策制定者根据政策目标选择单一或是少数几种政策工具组合来实现（Sterner，2003）。例如，禁止在公共场所吸烟的政策目标通常采用政府规制工具强制实现，并辅以烟草税等市场手段调节。然而在低碳转型政策工具的设计中，现有的理论并不能有效提供复合工具设计的基础理论和实践指导。例如，雾霾治理是低碳转型过程中急需处理的环境问题。但是雾霾成因复杂，雾霾整治要根据城市的地理和气候条件、当地居民的行为习惯和模式、工业发展需要和分布以及区域之间的相互影响进行综合考量。即便是需要设计政府规制性工具，也难以明确责任的主要承担方、政策的具体执行方及最有效的政策工具。仅从工业政策角度调节无法满足环境治理的目标，而单一的环境政策则可能牺牲公众出行的自由度和地区经济发展的速度。因而，政策工具的有效组合成为必要的尝试。

近年来，不同领域的政策研究学者们致力于拓展政策工具组合(policy mix)理论的研究(Lehmann，2010，2012；Howlett and Rayner，2007；Rogge and Reichardt，2016)。政策工具组合不只是简单地将各种工具集合在一起，关注不同类别政策工具之间可能存在的相互影响，而是关注政策工具组合的过程或是制度，希望提取复杂政策环境下(如低碳转型政策)政策工具组合的关键要素、过程、特点，并对政策组合的设计进行专门的界定和探索(Rogge and Reichardt，2013)。

在低碳转型的政策实践中存在相当数量的政策工具“组合”的现象。例如，为了保证我国在 2020 年达到可再生能源发电占比 15%的要求，为了能够在 2030 年前后实现碳排放峰值，我国从 20 世纪 90 年代开始大力鼓励风电技术的发展和应用。相关的政策工具涵盖了法令法规(如《可再生能源法》)、市场工具(如碳排放权交易、直供电)及金融工具(如碳金融产品)等政策工具的组合。这些“组合”和本书所提到的政策工具组合的概念有所不同，它们更多地呈现了“被动”的状态，即这些政策工具“组合”虽然涵盖了不同类别的政策工具，但是并没有在战略层面进行设计和安排，没有能够有机地融合在一起；相反，它们来源于长时间的政策设计积累，或是来源于不同部门在不考虑其他部门政策的前提下的独立设计。

将政策工具简单地拼凑会产生政策设计中的冲突，造成政策设计和执行的偏差。例如，可再生能源政策要求“保障可再生能源发电量百分之百上网”，电网管理政策则要“确保电网调度在不同能源品种之间的公平、公正、公开”，从中央层级而言，发改委的规划政策要“确保中央风电规划的准确执行”。这些政策工具分别体现了中央各个政府部门之间、地方政府、风电企业、电网等多方主体的利益，存在天然的相互矛盾性。(例如，在电网可以吸纳的电量有限的前提下，如果全面接纳风电，就可能造成电网的不稳定性，这时候应如何决策?)而这些矛盾在经济进入新常态、社会用电量增幅明显减慢的前提下是否激发了更多的矛盾？当不同的政策目标指导下的政策工具之间存在潜在矛盾的时候，作为政策工具设计者的中央各个部门，以及作为政策工具执行者的地方政府和企业如何界定中央—地方在风电政策工具设计中的地位？他们能否自然化解矛盾，促进政策工具的成熟应用？这些都是需要及时解答的实践挑战。而从理论层面看，政策工具组合中各个工具之间的一致性程度(consistency)、工具组合的效率(efficiency)、效果(effectiveness)以及工具设计过程和合理性(process legitimacy)都亟待讨论，并需要实证验证(Rogge and Reichardt，2016)。

三、绿色发展政策影响公众环境意识的理论模型

在过去 10 年中，大量研究讨论了政策试验在政策制定、政策扩散过程中的作用(如

Heilmann,2008a,2008b;Mei and Liu,2014)。但是,这些研究主要关注政策试验在官僚领域内部发挥的作用,较少有研究跨越官僚部门,探讨政策试点过程中政府政策行动和公众态度之间的互动,特别是政府在绿色发展上的创新行动在提高居民环境意识和支付意愿方面的溢出效应。研究认为,地方政府在绿色发展方面的政策创新过程中通过传递信息和意义、环保宣传和动员,塑造公众的环境意识和行为。

1. 已有文献综述:公众环境意识与支付意愿的影响因素

现有学者对居民环境意识和支付意愿影响因素的研究可以概括为微观和宏观两个层面。微观影响因素表现为居民的社会人口属性和社会心理特征等(Dietz and Guagnano,1998; Jones and Dunlap,1992;Samdhal and Robertson,1989;Shen and Saijo,2008);宏观层面对居民环境意识和意愿影响因素的探讨主要表现在经济(Inglehart,1995;Franzen and Meyer, 2010)、环境(Dunlap and York,2008)和政治三个维度。

(1) 微观层面的影响因素

① **年龄与环境意识和意愿**。在年龄与环境意识和意愿关系的研究上,中国学者尚没有得出一致性的结论。Shen and Saijo(2008)、朱婷珏(2015)等学者基于中国调查数据发现,年长居民更关心自身的生活环境,所以有着更高的环境关心水平。洪大用等学者(2015)基于 2010 年 CGSS 数据指出,青年人相比老年人对环境问题更为关切,年龄并不会直接作用于居民的环境关心,而是间接通过教育机会上的差异使民众在环境关心水平上产生差别。聂伟(2014)则发现年龄与居民环境关心之间呈正 U 形关系,随着年龄的增长,居民的环境关心水平先降后升。Xiao and Hong(2012)更是基于全国调查得出年龄和居民的环境关心水平之间并不存在显著关系。

② **性别与环境意识和意愿**。考虑到环境意识和意愿测量指标与调查语境的区别,学者在性别与环境意识和意愿的研究上并没有达成一致性的结论。就中国语境而言同样如此,部分学者研究认为女性的爱心特质促使她们对威胁到社会和家庭安全的环境问题更为关注,从而具备更高的环境关切(Liu and Mu,2016;Xiao and Hong,2017)。但也有学者研究认为相比女性,男性对环境保护等公共事务和公共议题更为敏感,因而表现出更高的环境意识和意愿(洪大用 & 肖晨阳,2007;聂伟,2014;朱婷珏,2015)。

③ **受教育水平与环境意识和意愿**。无论是在西方还是在中国学者的研究中,受教育水平始终是一个强有力的解释因素。学者普遍认为,拥有更高受教育水平的居民会表现出更高的环境意识和意愿水平(Jones and Dunlap,1992;Dietz and Guagnano,1998;Booth,2017;Xiao and Hong,2012,2017;Xiao et al.,2013;Liu and Mu,2016)。

④ **收入与环境意识和意愿**。在收入对环境意识和意愿的影响上,学者同样没有得出一致性的结论。支持正向关系的学者认为收入更高意味着具有更高的需求层次,所以更倾向

于关心环境(Jones and Dunlap,1992;Dietz and Guagnano,1998;Booth,2017);支持二者无关的学者认为低收入群体可能会面临更复杂的环境问题,所以对环境更为关切(Dunlap and York,2008)。基于中国数据的研究在两者之间同样没有发现一致性的结论。例如,Shen and Saijo(2008)基于对上海居民的调查发现,拥有更高收入的居民更加关心环境问题;而Xiao and Hong(2012)基于全国调查数据却没有证明收入是一个显著的影响因素。

⑤ **就业状况与环境意识和意愿**。就业状况与环境意识和意愿间的关系也是学者普遍关注的问题。学者研究发现,在北美国家,相比在家工作的人,在外工作的居民会对经济利益更为关注,所以环境意识和意愿水平较弱(Davidson and Freudenburg,1996)。基于中国的调查数据,Harris(2006, 2008)以及 Xiao, Dunlap and Hong(2013)等学者研究发现在政府部门工作的居民对环境问题会更加关注;但 Chung and Poon(1999,2001)研究发现是否在政府部门工作与居民的环境意识和意愿高低间呈现负相关关系,即在政府部门工作的居民的环境意识和意愿水平反而更低。Shen and Saijo(2008)通过对上海市居民的调查发现,全职或自主就业的居民有更小的概率采取环保行为,因为相比环境保护,这些人可能更关心自身的工作和经济状况。

⑥ **居住地与环境意识和意愿**。居住地同样是影响环境意识和意愿的重要因素。一般认为,城市居民相比农村居民对环境问题更为关切(Buttel and Flinn,1974;Tremblay and Dunlap, 1978;Jones and Dunlap,1992)。但是近年来很多西方学者的研究发现,城乡居民的环境意识和意愿差异正在逐渐减弱甚至消失(Mohai and Twight,1987;Marquart-Pyatt,2008)。然而在中国,城乡居民在环境意识和意愿水平上仍然保持着较大的差异,农村居民比城市居民有着更低的环境意识和环境支付意愿(聂伟,2014;范叶超 & 洪大用,2015)。一方面,相比农村居民,城市居民遭遇环境风险的可能性更高,因而对环境给予更多的关注(范叶超 & 洪大用,2015);另一方面,城乡二元结构差异是导致城乡环境关心显著差异的重要原因(聂伟,2014)。

(2) 宏观层面的影响因素

① **经济发展与环境意识和意愿**。从宏观层面出发,学者首先聚焦经济发展程度和环境状况对居民环境意识和意愿的影响。基于国家间的比较研究发现,生活在经济较发达国家的居民往往有着更高水平的环境意识和意愿。Inglehart(1995)提出“后物质主义价值观”,认为当经济发展到一定阶段后,经济的快速增长有助于居民由“物质主义价值观”向“后物质主义价值观”转变,追求包括环境可持续发展在内的更高层次的生活需求;此外,“富裕理论”也认为,居民的环境意识和意愿水平会随着经济发展而上升;经济发展程度越高也意味着政府能够为环境保护提供越多的物质和制度资源(Franzen and Meyer,2010)。

② **环境问题与环境意识和意愿**。“后物质主义价值观”和“富裕理论”并没有得到所有

学者的认同(Dunlap and York,2008;Marquart-Pyatt,2012)。有学者指出 Inglehart 所选样本主要集中在工业化国家,无法清晰地反映欠发达国家的情况(Dunlap and Mertig,1997;Brechin,1999)。如果说财富是解释居民环境意识和意愿的最有利变量,那么应如何解释在欠发达国家不断兴起的环境抗争和环保行动呢?因此,相比主观价值观转变,居民的环境意识和意愿水平更多由客观的环境问题决定(Knight and Messer,2012;Echavarren,2017)。居民在面对更糟的环境状况和更高的环境风险时,会表现出更高的环境意识和意愿水平。欠发达国家的居民更加依赖自然资源谋生,环境破坏带来的成本和危害会更大,因此表现出更强的环境保护动力。当然,环境问题理论的提出并没有淡化后物质主义理论的作用。经济发展程度与环境问题都对居民环境意识和意愿差异具备一定的解释力。

③ **政府治理与环境意识和意愿**。在经济发展和环境条件这两大宏观变量之外,从治理角度出发研究对居民环境意识和意愿的影响近年来受到越来越多环境社会学家的关注。根据世界政体理论(world polity theory),世界政体通过各种途径,尤其是国际非政府组织(INGO),影响人们的意识和行为,从而增加民众对某一问题的关注(Givens and Jorgenson,2013)。这一理论同样可以推演到环境治理领域。在全球环境体制(global environmental regime)的影响下,国际环保 NGO、环境保护部门及其他类型的环境保护组织通过保障政策合法性、宣传动员等手段,提高居民的环境意识水平和环保行为意愿(Givens and Jorgenson,2013;Guerin et al.,2001)。

然而,现有对于治理与民众环境意识和意愿间关系的研究更多停留在国际层面,偏重国家间的比较研究,而很少涉及国家内部不同城市间的比较。但是,城市作为政策的具体执行者,对民众的影响更为直接,城市的可持续发展政策对居民的环境意识和意愿存在何种影响有待进一步探讨。此外,在中国语境下,除了少部分学者(洪大用和卢春天,2011;Liu and Mu,2016)外,对居民环境意识和意愿的解释大多停留在个人因素层面。我们将针对近年来不断兴起的可持续发展试点示范项目,从治理与居民环境意识和意愿关系的角度出发,探讨可持续发展政策是否会对公众环境意识和意愿产生某种程度的外部溢出效应。

2. 政策反馈:地方环境治理对居民环境意识的影响机制

对政策和民意关系的研究可以帮助我们更好地理解可持续发展政策对公众环境意识和行为的影响。以往对政策与民意间关系的研究通常将民意看作独立于政策系统的外生变量(Gusmano, Schlesinger and Thomas,2002),侧重民意对政策的影响;而现有学者指出,政策反过来也能够影响民众的意识和行为(Pierson,1993),政策不仅仅是民意的输出,也可以成为民意的输入。Pierson(1993)提出了政策影响行动的两种反馈途径:一是资源效应(resource effect),强调政策带来的资源对政策行为体的影响,资源为政治活动提供手段和激励;二是解释效应(interpretive effect),强调政策作为信息源对政策行为的影响。在

Pierson 提出的两种政策反馈机制的基础上，Mettler 进一步提出，资源效应意味着政策通过其分配的工资、商品、服务、教育和其他物质资源来达到影响舆论的目的。解释效应强调公共政策在整个政策设计和实施过程中为公众制定规则和程序，从而影响公众的舆论和行为（Mettler，2002；Mettler and Soss，2004）。

不同的政策设计能够带来不同的政策反馈，Campbell（2012）提出影响政策反馈的五项因素：①受益规模：较大的受益能够带来更多的政治参与；②受益的可见性和可溯性：属于政策反馈中的信息效应，利益若更能被感知和追溯，便更能给接收者传递信号，从而影响接收者的态度和行为；③与受益者的临近距离和扩散程度；④受益的持久性；⑤项目管理、项目架构、组织文化等都会影响政策反馈的效果。政策设计上的变动和差异会随之带来政策反馈上的变动和差异。例如，Im and Meng（2015）通过探究四种福利政策（养老金政策、教育津贴、医疗保险和最低生活保障）对民意的影响发现，享受养老金福利的民众之所以认为政府应该对养老金补助负责，主要原因在于此项政策与民众的生活，尤其是与自身利益息息相关；享有教育津贴的民众虽然也形成了积极的政策反馈，但其背后的机理却不一样。与养老金补贴政策不同，支持政府对教育津贴负责的民众并不一定是出于自利心态，而是因为政策实施者向民众传递了教育津贴政策是“值得的”这一态度和观念，所以能够引起民众的积极反馈。相比之下，医疗保险和最低生活保障的享有者却没有对相应的政策形成积极的反馈，政策对居民态度没有影响，甚至会产生反效应。原因便在于民众认为当下医疗政策和最低生活保障政策没有得到有效的落实。

四、公众环境意识影响绿色发展政策的理论模型

1. 公众对绿色发展政策的可接受程度的前期研究

本书着重于公众可接受度这一概念，它表明公民对地方执行绿色发展项目或政策的支持度。现有文献就“可接受程度”一词有不同定义。Batel 等人区别了接受和支持的概念，认为社区和个人可能接受能源技术，但不一定支持这些技术，甚至可能不知道它们存在于四周。Wustenhagen 等和 Dermont 等区分了社会接受的三个维度，即社会政治接受、社区接受和市场接受。我们调查的内容属于“社区接受”的范畴，它指的是当地利益相关者，特别是当地居民对某些项目的具体接受。考虑到我们研究的是当地居民对建议政策而不是已经批准的项目的可接受程度，根据 Dermont 等的研究，该因变量为“公众对拥堵费政策的偏好”。

我们重点关注如何通过交通政策（特别是拥堵费政策）减少雾霾情况，因此，在雾霾控制和交通控制研究中，我们使用“政策的公众接受度”作为选定术语。为免混淆，我们使用了“政策可接受”一词，并澄清它不是指执行接受行为，而是公众对政策本身的偏好。现有的文献主要是基于来自欧洲或美国的数据，调查了公众接受拥堵费政策的关键决定因素。我们

从两个视角测试不同的因素，即个人行为视角和与政策相关的视角。

行为主义研究以个人价值判断和行为为基础，认为公众接受拥堵费的程度受到社会规范、个体自由的损失和社会人口学等因素的影响。拥堵费包含一种社会困境，即在这种情况下为缓解拥堵问题，个人的自身利益（如舒适驾驶）将与集体利益发生冲突。政策依从性强的社会规范会产生积极的影响。如果公众预测其他人也愿意遵守同样的社会规范，自己也将倾向于遵守。当引入拥堵费时，个人会觉得自己是在放弃自由，因为以前是不收费的，因此他们的接受水平会因为自身自由受到侵犯而下降。社会人口因素（如年龄、性别、汽车拥有量、驾驶频率等）对市民对拥堵费的可接受程度亦有显著影响。

另一个重要问题是，政策设计和执行如何影响公众对政策的接受度，以及政治相关因素，如感知有效性、感知公平、信任政府等。政策的有效性和公平性与公众对拥堵费的接受程度正相关。如果收费方案能有效缓解交通拥堵，则市民更有可能支持这项方案。同样，当个人认为某个拥堵费方案的收费标准公平，并且大多数人可以从中受益时，个人对该政策的可接受程度就会提高。从以往的研究来看，对政府的信任度是决定公众接受程度的重要因素。学者们已经发现，政治信任对于公众对政府监管的态度和遵从程度都有积极的影响。特别是对于收费政策（如拥堵费），公众对政府的信任程度可能比感知到的公平或个人利益更重要。

2. 影响绿色政策可接受程度的新因素：雾霾关注和预知雾霾风险

考虑到在交通政策讨论中一般会忽视交通拥堵费政策的可持续性特点，我们借鉴了以可持续发展和环境保护为研究重点的公众接受理论。在该政策领域，学者们指出，公众对某些环境问题的雾霾关注和感知风险与其对环境负责的行为正相关，可能会提高可持续发展政策的接受程度。值得注意的是，中国城市政府在制定交通拥堵费政策时，强调与雾霾控制有关的目标。例如，“2013—2017 年北京清洁空气行动计划”明确规定，拥堵费收费政策的目标之一是控制雾霾。因此，我们认为公众的雾霾意识（包括雾霾关注和感知雾霾风险）都是可接受程度的影响因素。

首先，根据现有文献，我们将环境关注定义为个人对事实的态度、行为或他人的行为，及对环境造成后果，我们将雾霾关注定义为个人对雾霾危机控制的态度，在此以公众的支付意愿（WTP）作为衡量标准。一般而言，公众的环境态度与公众的环境责任行为之间存在正相关关系。特别是在存在雾霾危机的情况下，持支持环境的态度并表现出控制雾霾愿望的人，理应更愿意接受拥堵费政策。其次，风险感知这一概念来源于学者对公众对核能、风能和气候变化政策的态度的研究，是指个人对某一特定危害的不利后果或对环境或自身健康威胁的主观判断。我们所称的雾霾感知风险，是指一般公众对雾霾危机造成的不确定性风险的感受程度。对此，我们采用让公众自我报告风险感知的方法加以衡量。大量研究表明，公众接触 2.5 PM 或更小(PM2.5)的颗粒物可导致慢性呼吸道和心血管疾病,削弱人体防御能力,并损害肺组织。因此,如果人们认为雾霾危机对健康有害或有预期危害,他们就会倾向于支持征收拥堵费以减少废气排放,从而减少雾霾。

除了测试公众对雾霾政策可接受度的直接影响,我们通过行为和政策相关因素,强调它们对公众接受拥堵费的影响。Fujii 等人比较了日本、我国台湾地区和瑞典的数据,发现在任何一个否认直接因果关系的回归模型中,环境关注都没有显著的影响。然而,在所有三个样本的相关检验中结果都是正向和有益的,这说明环境关注可能通过其他一些自变量(如公平性)对可接受度产生间接影响。至于感知风险的调节效应,我们遵循了 Moon 和 Balasubramanian 的研究结果,他们认为风险感知是政治信任及其他社会人口因素等影响因素的调节因素,根据在美国和英国收集的大量调查数据,风险感知塑造了公众对农业技术的态度。由于技术上的不确定性和政策解决方案的复杂性,我们认为感知雾霾风险在公众对拥堵费的接受度方面具有类似的调节作用。

第三节　实证研究一:城市绿色政策创新对居民环境意识的影响[①]

一、研究问题与分析框架

实证研究一从政策行动对公众认知和态度的影响机制出发,着重关注地方城市的绿色发展政策创新行动对提升公众环境认知和行为的溢出效应。基于政策对居民环境意识和意愿影响理论,探讨以可持续城市试点示范项目所代表的地方政府绿色发展政策创新行动对居民环境意识和意愿是否存在某种程度的影响,以及是否存在城乡二元分异;借用政策反馈理论和政策试验理论,探讨不同类型的可持续发展项目对居民环境意识和意愿是否存在不同的影响(概念框架见图 6-2)。

我们收集了城市可持续发展试点示范项目,构建"可持续城市试点示范项目数据库",结合中国综合社会调查(CGSS)数据,建立多层统计分析模型,考察地方政府的绿色发展政策创新行动对当地居民环境意识和意愿的影响程度,探讨地方政府绿色发展政策对居民环境意识和意愿是否存在溢出效应,具体回答下面三个研究问题。

---

① 研究的部分成果已发表于:LIU Z L, WANG J, WANG Y J. Understanding individual environmental concern in the context of local environmental governance in China: A multi-level analysis[J/OL]. Society and Natural Resources. DOI: 10.1080/08941920.2018.1456595; ZHOU L Y, DAI Y X. How Smog Awareness Influences Public Acceptance of Congestion Charge Policies[J]. Sustainability, 2017, 9(9): 1579.

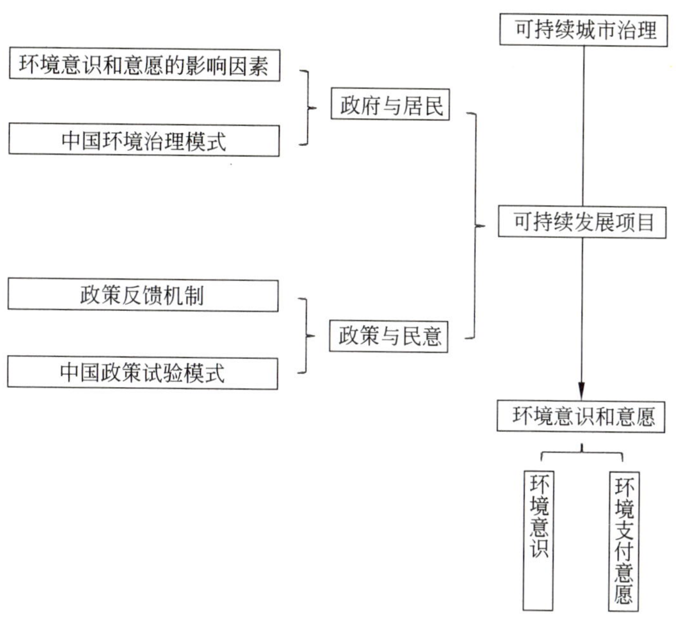

图 6-2　分析框架：地方政府绿色发展政策创新对居民环境意识与意愿的影响

1. 绿色发展政策创新行动对居民环境意识和意愿的总体影响

这一模块的问题将从治理—居民关系的角度探讨地方政府的可持续发展政策行动是否会对居民环境意识和意愿产生影响，从而对传统的“政府封闭性”认识进行验证。在环境意识和意愿的理论框架下，越来越多的学者从治理角度出发探讨居民环境意识和意愿的影响因素，但是大多为跨国比较研究。我们立足地方政府，关注城市间可持续发展政策行为的差异，从而弥补现有理论文献的不足。

我们结合中国综合社会调查（CGSS）数据，通过构建多层统计分析模型，考察地方政府可持续发展政策行为对当地居民环境意识和意愿的影响程度。由于 2010 年 CGSS 数据库仅包含 85 座城市，研究将从“地方可持续发展试点示范项目数据库”中截取样本城市获得的试点示范项目总数表征城市在绿色治理中所做的努力，即为核心自变量。同时，考虑到环境政策对居民环境意识和意愿的影响会受到时间期限的限制，我们将头衔授予期限限定为2006—2010 年，最后共计 13 项可持续发展试点示范项目符合要求。

基于已有文献和前期研究，我们旨在验证如下假设：地方政府的可持续发展项目对居民的环境意识和意愿水平具有显著的正面影响。地方政府在项目中更多的动员、宣传手段有助于提升居民的环境意识和意愿，进而推动环保领域内的公众参与。

2. 绿色发展政策创新行动对居民环境意识与意愿影响的城乡差异

长期以来，中国的可持续发展政策行动存在城乡二元差异，更多偏向城市地区，而对农村地区的重视不够。特别是自 20 世纪 80 年代开展“省直管县”系列改革以来，地方政府充分调动地方发展的积极性，对城市发展给予更多的重视(Chung，2007)。城市不仅是地区的经济发展中心，同时也是行政中心，其掌握的资源和权力远超城市之外的部分。但是，由于地方官员通常居住在城市内部，他们的决策往往更倾向于城市内部而不是城市之外，尤其是农村地区。由于受到来自上级的经济增长压力，地方政府自然会将更多的目光投向作为地方经济发展重要动力的城市地区，而对农村地区的发展和农村居民的健康舒适生活给予较少的重视(Yang and Wu，2015)。以往的案例研究表明，在可持续发展项目中，地方政府在产业转型、环境治理、宜居城市建设等可持续发展举措方面进行了诸多尝试，而这些行动更偏向于对城市居民产生作用(Liu and Qiu，2015；Caprotti et al.，2015)，对农村居民的影响甚微。

因此，我们将进一步探讨政府可持续发展政策行为对居民环境意识和意愿的影响是否存在城乡二元差异，并检验如下假设：地方政府的可持续发展项目对居民环境意识和意愿的影响存在城乡二元差异，其能够显著提高城市居民的环境意识和意愿水平，而对农村居民没有显著影响。

3. 不同领域的绿色发展政策创新的影响

依据政策反馈理论，不同的政策设计会带来不同的政策反馈效果。我们在所收集整理的城市可持续发展试点示范项目的基础上，依据政策领域的不同，将试点示范项目划分为生态环保型项目和生活宜居型项目，探讨不同领域的绿色发展政策创新行动在带来的政策反馈效果上是否存在区别。基于已有文献和前期研究，我们旨在验证如下假设：不同类型的可持续发展项目对居民的环境意识和意愿具有不同的影响。相比生态环保型项目，生活宜居型项目更贴近民众生活，所以能够产生更积极的政策反馈。

二、主要变量与数据来源

1. 因变量：居民环境意识

目前学界对环境意识的定义和衡量并没有形成统一的结论，现有文献从不同维度出发对其进行测量，包括对环境问题严重程度的认知(Xiao and Hong，2012)、日常的环境行为(Diekmann and Preisendörfer，1998)、环境保护的支付意愿(Marquart-Pyatt，2012)、环境保护与经济利益的比较权衡(Xiao et al.，2013)等。总的来看，对环境意识的研究维度可以总结为环境认知和环境保护行为两方面，其中，环境认知侧重公众对环境问题的关注程度及对环境问题严重程度的感知，而环境保护行为更强调具体的环境保护行动，特别是公众在多大程度上愿意参与环境保护行列，包括为了保护环境而牺牲个人的利益与生活方式(环境支付意愿)，甚至是参与环保公益行动。

我们基于2010年中国综合社会调查(Chinese General Social Survey，CGSS)中的环境模块调查数据，从环境认知(environmental awareness)和环境支付意愿(environmental willingness to pay）两个维度来考察中国公众环境意识和意愿的基本特征。在环境认知上，我们主要考察居民在多大程度上关注环境保护问题；在环境支付意愿上，我们主要考察居民在多大程度上愿意为环境保护的需要而牺牲个人利益或放弃现有的生活方式，包括支付更高的能源价值、缴纳更高的税及降低现有的生活水准。

中国综合社会调查（CGSS）始于 2003 年，是我国最早的全国性和综合性学术调查项目。2010 年 CGSS 调查同样采用多阶分层抽样的方法，涉及中国 31 个省份 89 个城市中的 11 785 位居民，其中环境问题模块包含 3672 位受访者，考虑到有些样本城市在城市层面数据的缺失，研究最终样本数量确定为 85 个城市的 3584 位居民，其中城市地区居民 2301 位、农村地区居民 1283 位。

我们抽取样本的人口统计学特征如表 6-1 所示。抽样调查的设计满足合理的样本分布特征。3584 名受访者中，男性和女性大致持平，男性受访者占 47.2%，女性受访者占 52.8%。受访者的平均年龄为 47.4 岁，其中，中老年人群占了受访者的大多数；年龄为 23～39 岁的受访者占比为 28.74%，而不小于 40 岁不大于 59 岁的受访者占总调查人数的 42.97%，年龄在 65 岁以上的受访者占比为 23.49%。就受访者的受教育程度来看，小学及以下的受访者占 33.8%，29.2%的受访者为初中文化水平，20.3%的受访者为高中文化水平，16.7%的受访者接受过大学及以上教育。就受访者的就业状况而言，从事非农工作的受访者有 2166 人，占受访者总数的 60.4%，务农或无业的受访者仅占 39.6%。就家庭收入而言，受访者的家庭年收入的平均值约为 43.16 万元。

表 6-1　调查样本的人口统计学特征

		总样本		城市样本		农村样本	
		总数	占比	总数	占比	总数	占比
性别	女性	1891	52.8%	1228	53.4%	663	51.7%
	男性	1693	47.2%	1073	46.6%	620	48.3%
就业状况	非农就业	2166	60.4%	1142	49.6%	1024	79.8%
	其他	1418	39.6%	1159	50.4%	259	20.2%
受教育水平	小学及以下	1209	33.8%	479	20.9%	730	56.9%
	中学	1044	29.2%	649	28.3%	395	30.8%
	高中	727	20.3%	597	26.0%	130	10.1%
	大学及以上	597	16.7%	570	24.8%	27	2.1%
年龄[a]		47.4 (15.8)		46.5 (16.1)		48.8(15.1)	
家庭年收入 (1000 元)[a]		43.16(103.04)		54.86 (125.66)		23.68 (37.50)	

a 括号外数值为平均值；括号内数值为标准差。

数据来源：2010 年 CGSS

2. 核心自变量：地方绿色发展政策创新行动

通过在住建部、国土资源部、发改委、环保部、气象局、科技部、林业局、水利部等国家部委官网查找与可持续城市相关的试点示范项目，我们收集整理了中央部委在1990—2010年启动或继续实施的15项试点示范项目清单（见表6-2）。这些试点示范项目均由中央各部委发起，旨在解决不同的环境问题，寻求可持续发展的路径。考虑到政策对居民环境意识和意愿的影响会受一定时间期限的影响，我们将城市的可持续发展试点示范项目限定为2006—2010年，将这段时间内样本城市获得的可持续发展试点示范项目加总（共涉及13个试点示范项目），表征城市政府的绿色发展政策创新行动。

表6-2　1990—2010年可持续发展试点示范项目汇总

名　　称	发起时间	发起机构	发起缘由
中国人居环境奖	2001年	住建部	促进经济、社会和环境协调发展，表彰在改善城镇人居环境中做出突出贡献的城镇、单位和个人，综合反映城镇在改善人居环境方面的总体成熟
国家园林城市	1992年	住建部	改善城市生态环境，建设优美舒适的园林城市
国家卫生城市	1990年	卫生部	加强爱国卫生工作
国家节水型城市	2002年	住建部、发改委	促进水资源可持续开发利用和改善水环境
国家森林城市	2004年	林业局	为积极倡导中国城市森林建设，激励和肯定中国在城市森林建设中成就显著的城市，为中国城市树立生态建设典范
国家绿化模范城市	2003年	林业局	激励广大人民群众投入绿化祖国、美化环境的公益活动，加快国土绿化进程，推动生态文明建设
国家环境保护模范城市	1996年	环保部	继续培育城市环境保护典型，充分发挥环保模范城市的示范作用
全国生态文明建设试点示范市	2008年	环保部	以生态文明建设试点示范推进生态文明建设
全国水土保持试点	1997年	水利部	开展城市水土保持试点工作
全国城乡绿化一体化试点城市	2000年	全国绿化办	城乡绿化一体化的发展趋势
国家节水型社会建设试点	2002年	水利部	加强水资源管理，提高水的利用效率，建设节水型社会
循环经济试点城市	2006年	发改委、环保部	目的是探索循环经济发展模式，推动建立资源循环利用机制
国家生态园林试点城市	2007年	住建部	建设资源节约型、环境友好型社会，进一步推动国家生态园林城市创建工作
低碳试点	2010年	发改委	发展低碳产业、建设低碳城市、倡导低碳生活
全国生态示范区建设试点	1996—2004年	环保部	以协调经济、社会发展和环境保护为主要对象，统一规划，综合建设，生态良性循环，社会经济全面、健康持续发展

测量地方可持续发展政策行动的另一个指标是当地的环境保护预算占当年总预算支出的比重(BUDGET)。数据来源为2007年的《全国地市县财政统计年鉴》①。我们认为,地方对环境保护的预算占比越高,反映地方对环境保护越重视,在其内生活的居民便会具备更高的环境意识和意愿水平。

3. 控制变量

(1) 城市层面的控制变量

城市层面的控制变量包括地方经济发展水平、环境状况、人口密度等。我们选取地区前一年的人均国民生产总值来衡量地区经济发展水平(GDP),假定居民的环境意识和意愿水平随着人均国民生产总值的提高而上升。对于地方环境状况的衡量,我们采用两项指标:一是地区前一年的工业废水排放量(WASTEWATER),表示地区的水污染程度;二是将地区前一年的工业烟尘排放量和工业二氧化硫排放量加总,代表地区的空气污染程度(SOOT_SO2),研究假定环境污染更严重的城市,居民有更强的环境保护意识和环境支付意愿。我们还研究了控制地区人口密度(POPU_DENSITY),人口密度越高的城市可能会面临更严重的环境问题,从而居民对环境问题更为关切(Franzen and Vogl,2013)。

城市层面的控制变量主要来自2010年的中国城市统计年鉴,以及《全国地市县财政统计年鉴》、各地政府网站提供的地方统计年鉴和统计数据。城市层面的控制变量描述如表6-3所示。

表6-3　城市层面自变量的描述性统计

项　　目	平均值	标准差	最小值	最大值
环境保护预算占比(%)	1.71	1.11	0.47	5.64
人均GDP(1000元)	28.65	19.42	6.03	92.78
人均工业废水排放量(吨)	18.91	24.74	0.47	163.40
人均烟尘和工业二氧化硫排放量(吨)	0.02	0.01	0.00	0.07
人口密度(千人/平方千米)	0.49	0.41	0.02	2.47

(2) 个体层面的控制变量

个人层面的控制变量均来自2010年CGSS数据库,包括如下几项。

- 性别(GENDER):女性编为0,男性编为1;假定女性比男性具有更高的环境意识和意愿水平。
- 年龄(AGE):假定越年长的人越关心环境。

① 仅2007年《全国地市县财政统计年鉴》包含地方环境保护预算指标;同时考虑到政府环保投入对居民环境意识和意愿的影响存在时滞效应,故选择2007年数据具备一定的合理性。

- 家庭年收入(FAM_INCOME)：假定生活在更富裕家庭的居民具有更高的环境意识和意愿水平。
- 就业状况(EMPLOYMENT)：从事非农工作编为1,其他(包括务农和无业)编为0;假定从事非农工作的居民具有更高的环境意识和环境支付意愿。
- 受教育水平(EDU)：设定小学及以下为0,初中为1,高中为2,大学及以上为3。
- 居住地(RESIDENCY)：生活在农村地区的居民编为0,生活在城市地区的居民编为1;假设居住在城市地区的居民会表现出更高的环境关切。

三、城市可持续发展试点示范项目的地理分布特征

1. 城市可持续发展试点示范项目的总体分布特征

我国有资料可循与城市可持续发展相关的试点示范项目最早可追溯到1990年,是由卫生部发起的“国家卫生城市”。1990—2010年,中央部委启动了15类可持续发展试点示范项目,各年参与相关试点示范的城市数量变化如图6-3所示。可以发现,参与不同类型的可持续发展试点示范项目的城市数量呈逐年上升趋势。尤其是2004年之后,国家的可持续城市试点示范项目的参与城市规模有一个明显的提升,反映出我国环境保护被提升到更加重要的战略地位。就全国分布来看,总计给地级及以上城市颁布了622个头衔,平均每个地级及以上城市获得2.2个头衔。

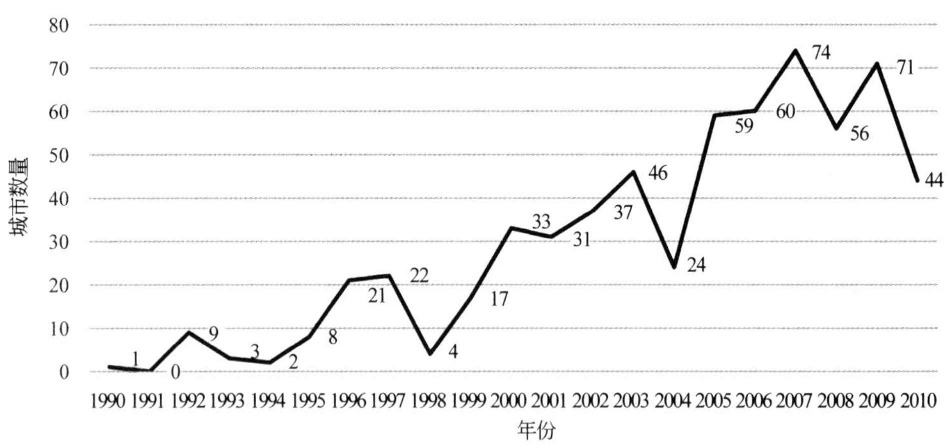

图6-3　可持续城市试点示范项目的时间分布(1990—2010年)

就城市分布来看,全国287个地级及以上城市中,203个城市拥有1个以上的头衔,占比70.73%,其中深圳市在1996—2010年获得的可持续发展试点示范项目总数排在首位,为12项;84个城市没有获得相关的头衔,占比29.27%。

就省域分布来看,可持续城市试点示范头衔的分布在省份之间存在明显的不均衡。平

均每个省份(不包含香港、澳门特别行政区和台湾地区)拥有20.06项头衔,其中,江苏省以62个头衔位列第一。就三大区域来看,试点示范头衔的分布同样存在不均衡的现象(如表6-4所示):东部沿海地区的城市参与的可持续城市试点示范项目总数为287项,占1996—2010年项目总数的46.1%,远远高于中部和西部地区的城市。

表6-4　按三大地区的可持续城市试点示范项目分布(1996—2010年)

地　　区	头衔总数	占　　比	省份头衔平均数
东部	287	46.1%	31.9
中部	199	32.0%	19.9
西部	136	21.9%	11.3

2. 2006—2010年地方可持续发展试点示范项目的分布特征

考虑到政策对居民环境意识和意愿的影响会受一定时间期限的影响,我们将城市的可持续发展试点示范项目限定为2006—2010年,共涉及13个试点示范项目(如表6-5所示)。按照项目内容的差异,我们将项目划分为生态环保型项目和生活宜居型项目,其中生态环保型项目更侧重生态环境的保护,生活宜居型项目更关注适合民众生活的宜居环境建设。

表6-5　2006—2010年可持续城市试点示范项目分类

编号	名　　称	分　　类
1	全国水土保持试点城市	生态环保型
2	国家节水型社会建设试点城市	生态环保型
3	国家节水型城市	生态环保型
4	国家环境保护模范城市	生态环保型
5	循环经济试点城市	生态环保型
6	全国生态文明建设试点示范市	生态环保型
7	低碳省区和低碳城市试点	生态环保型
8	中国人居环境奖	生活宜居型
9	国家园林城市	生活宜居型
10	国家卫生城市	生活宜居型
11	国家森林城市	生活宜居型
12	国家绿化模范城市	生活宜居型
13	国家生态园林试点城市	生活宜居型

在2010年CGSS数据库所调查的85个城市中,共有50个城市(58.82%)至少参与了一项可持续发展相关的试点示范项目(见表6-6)。其中,有32个城市参与过至少一项生态

环保型试点示范项目,占 37.65%,有 39 个城市参与过至少一项生活宜居型试点示范项目,占 45.88%。深圳市获得的生态环保型项目数量最多,为五项;广东广州、江苏南京、山东日照和甘肃西宁获得的生活宜居型项目数量最多,为三项。

表 6-6 调查样本城市参与可持续城市试点示范项目的描述性统计

	拥有城市数量	项目城市占比	平均项目数	最大值
可持续发展试点示范项目数量	50	58.82%	1.2	5
生态环保型项目数量	32	37.65%	0.6	5
生活宜居型项目数量	39	45.88%	0.7	3

四、中国居民环境意识和意愿的基本特征描述

我们基于 2010 年 CGSS 环境模块调查数据,从环境认知和环境支付意愿两个维度考察中国公众环境意识和意愿的基本特征。

对环境意识的测量采用问卷中“总体上说,您对环境问题有多关注?”这一问题,受访者的回答选项包括“完全不关心(1)”“比较不关心(2)”“说不上关心不关心(3)”“比较关心(4)”及“非常关心(5)”五项。我们将环境意识因变量处理为二分类变量,对于前三种回答赋值为 0,对后两种回答赋值为 1。

对环境支付意愿从三个维度进行衡量。在问卷中,受访者被问到三个问题,分别为“为了保护环境,您在多大程度上愿意支付更高的价格?”“为了保护环境,您在多大程度上愿意缴纳更高的税?”“为了保护环境,您在多大程度上愿意降低生活水平?”。受访者的选项同样包括“非常愿意(5)”“比较愿意(4)”“既非愿意也非不愿意(3)”“不太愿意(2)”“非常不愿意(1)”五种。我们对环境支付意愿这一因变量的处理方式如下:第一步,每个问题下受访者选择后三种则赋值为 0,选择前两种则赋值为 1;第二步,如果三个回答中至少有一项被赋值为 1,则受访者的“环境支付意愿”因变量被赋值为 1,否则为 0。

1. 居民环境意识与支付意愿的总体特征

如表 6-7 所示,总的来看,66.53%的受访者表示自己对环境问题比较或非常关注。与环境意识相比,居民的环境支付意愿偏低:46.71%、37.72%和 33.62%的受访者分别表明自己比较愿意或非常愿意为环境支付更高的价格、缴纳更高的税和降低生活水平。就城市居民而言,71.41%的受访者表示自己对环境问题比较或非常关注;49.19%、38.44%和 35.65%的受访者分别表示自己对为环境保护支付更高的价格、缴纳更高的税和降低生活水平持比较愿意或非常愿意的态度。就农村居民而言,57.59%的受访者表示自己对环境问题比较或非常关注;41.36%、36.45%和 29.70%的受访者分别表示自己对为环境保护支付更

高的价格、缴纳更高的税和降低生活水平持比较愿意或非常愿意的态度。城乡居民在环境意识上的差异明显高于在环境支付意愿上的差异。

表 6-7　居民环境意识和意愿的描述性统计分析

问　　题			1	2	3	4	5	总数
1	您对环境问题有多关注？	城市	47	192	414	1234	397	2284
			2.06%	8.41%	18.13%	54.03%	17.38%	
		农村	65	192	271	507	210	1245
			5.22%	15.42%	21.77%	40.72%	16.87%	
		总计	112	384	685	1741	607	3529
			3.17%	10.88%	19.41%	49.33%	17.20%	
2	您在多大程度上愿意支付更高的价格？	城市	136	497	456	849	205	2143
			6.35%	23.19%	21.28%	39.62%	9.57%	
		农村	121	335	215	374	100	1122
			10.70%	29.23%	18.72%	32.71%	8.65%	
		总计	256	825	666	1216	302	3265
			7.85%	25.28%	20.16%	37.28%	9.43%	
3	您在多大程度上愿意缴纳更高的税？	城市	187	652	463	696	117	2115
			8.84%	30.83%	21.89%	32.91%	5.53%	
		农村	130	348	223	323	77	1101
			11.50%	31.91%	20.14%	29.23%	7.22%	
		总计	317	1000	686	1019	194	3216
			9.86%	31.09%	21.33%	31.69%	6.03%	
4	您在多大程度上愿意降低生活水平？	城市	245	707	434	656	112	2154
			11.37%	32.82%	20.15%	30.46%	5.20%	
		农村	172	403	213	275	58	1121
			15.34%	35.95%	19.00%	24.53%	5.17%	
		总计	417	1110	647	931	170	3275
			12.73%	33.89%	19.76%	28.43%	5.19%	

数据来源：2010 年 CGSS

居民的环境意识和环境支付意愿间有较强的相关关系。相关性检验发现，环境重视程度与环境支付意愿三项指标（愿意支付更高的能源价格、愿意缴纳更高的税和愿意降低生活水准）间的关联度分别为 0.33、0.31 和 0.28。总体来说，认为环境问题“比较重要”或“非常重要”的受访者中，较高比例会表示“比较愿意”或“非常愿意”支付更高的能源价格、缴纳更高的税和降低自己的生活水准。例如,认为当下环境“根本不重要”的受访者中,仅有23.07%表示“比较愿意”或“非常愿意”支付更高的能源价格;但认为当下环境“比较重要”或“非常重要”的受访者中,分别有54.6%和67.76%表示对支付更高的能源价格持有“比较愿意”或“非常愿意”的态度。另外,认为环境“非常重要”的受访者中,仍然有相当比例对更高的能源价格、缴纳更高的税和降低生活水准持有“不愿意支付”的态度。例如,认为当下环境“非常重要”的受访者中,20.41%表示对支付更高的能源价格持有不太愿意或非常不愿意的态度,同时分别有28.82%和33.39%表示不愿意支付更高的税或降低生活水准(见图6-4至图6-6)。

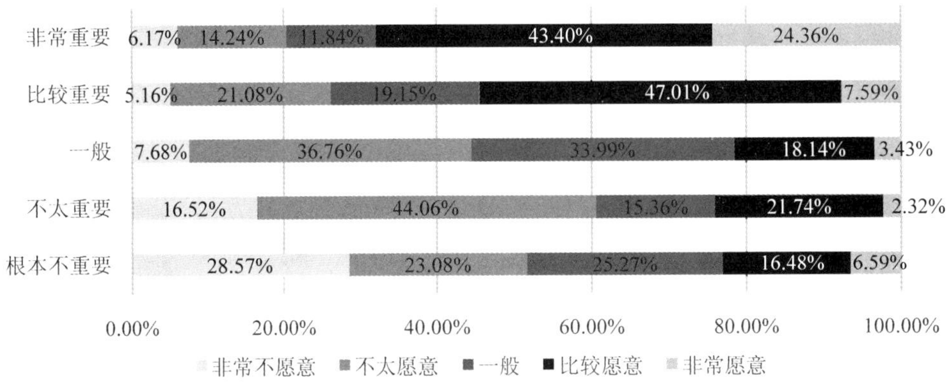

图 6-4 环境认知与能源价格支付意愿之间的关系

数据来源:2010 年 CGSS

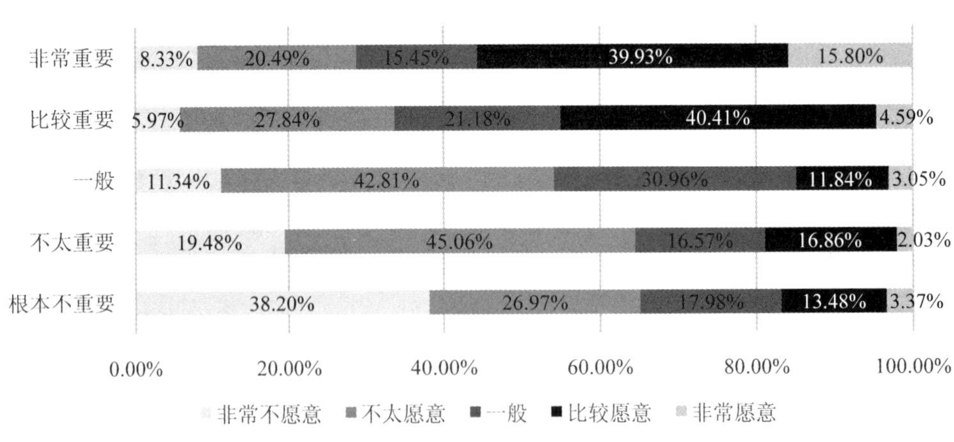

图 6-5 环境认知与更高税的支付意愿之间的关系

数据来源:2010 年 CGSS

2. 居民环境意识与支付意愿的城乡差异

从居住地看,城市居民的环境意识和环境支付意愿明显高于农村居民(见图6-7)。在环境关注度、更高能源价格的支付意愿、更高税的支付意愿和降低生活水准意愿四项环境意识

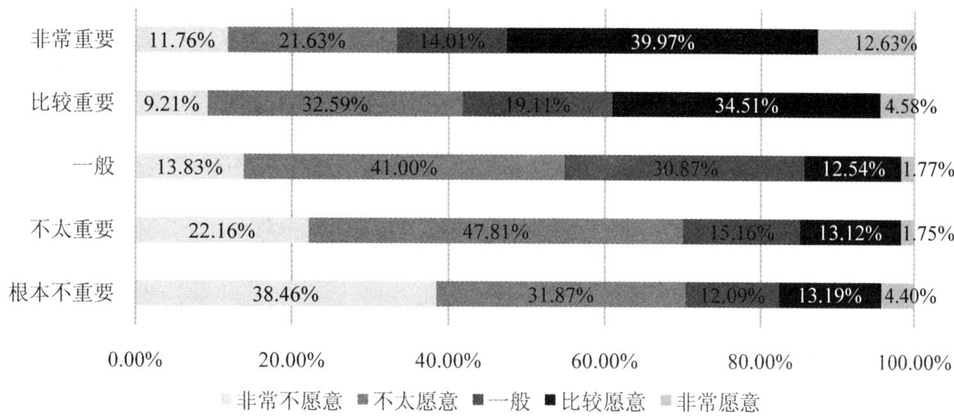

图 6-6　环境认知与降低生活水准意愿之间的关系

数据来源：2010 年 CGSS

和行为的得分上，城市居民分别为 3.76、3.23、2.95 和 2.85，农村居民分别为 3.49、2.99、2.88 和 2.68。造成这一差异的原因可能受到多种因素的影响。一方面，城市地区面临工业发展带来的环境污染问题，农村地区的环境状况相对较好，所以城市居民会表现出更高的环境认知和环境支付意愿；另一方面，可能受到受教育水平、环境知识等其他因素的影响，相比城市居民，农村居民的受教育水平及具备的环境知识不高，对环境问题的关注度便会偏低。

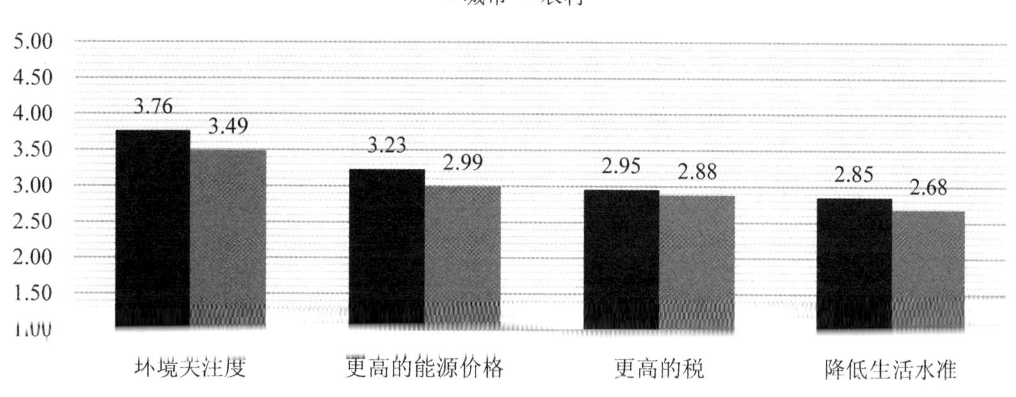

图 6-7　居民的环境意识和意愿的居住地对比

数据来源：2010 年 CGSS

五、统计模型分析

我们采用的是多层回归模型（Multi-Level Regression Model）。多层模型的基本原理是将因变量中的差异归因于两个部分：一为组内差异，即同一群体内的个体差异；二为组间差异，即不同群体间的平均差异。多层统计分析模型能够将群体效果和个体效果进行区分，从而揭示群体和个体变量间的区别(杨菊花，2006)。

多层统计分析模型已经广泛应用于西方学者对居民环境意识和意愿影响因素的检测中(Givens and Jorgenson，2013；Guerin et al.，2001；Marquart-Pyatt，2008)。我们以中国为研究背景，考察城市可持续发展政策行动能否影响居民的环境意识和意愿水平。因为个体嵌套于城市之中，居民的环境意识和意愿可能会受到城市和个体两个层面变量的影响，居民的个体属性又可能会受到城市层面变量平均效应的影响，所以我们采用多层模型分析(Multilevel Model Analysis)方法中的非随机变化斜率模型，探索居民环境意识和意愿背后的影响因素。

我们所用的多层统计模型具体如下：

$$Y_{ij} = \text{Log}\,\frac{P_{ij}}{1 - P_{ij}} = \beta_{0j} + \beta_{1j}\ \text{SES}_{ij} + \varepsilon_{ij} \tag{6-1}$$

$$\beta_{0j} = \gamma_{00} + \gamma_{01}\,\text{governance} + \gamma_{02}\,\text{econdev} + \gamma_{03}\,\text{environment} + \zeta_{0j} \tag{6-2}$$

$$\beta_{1j} = \gamma_{10}$$

式(6-1)是对居民环境意识和意愿的估计，表示生活在城市 j 中的个体 i 关心环境的水平(Y_{ij})，个体层面的控制变量包括一系列的社会经济属性(SES_{ij})，ε_{ij} 为层 1 的随机效应，P_{ij} 代表个体 i 关心环境的可能性。式(6-2)是斜率模型，表示由于经济(econdev)、环境(environment)和治理(governance)等因素的影响，个体环境意识和意愿水平的平均效应(γ_{00})在组与组之间发生了变化，ζ_{0j} 是层 2 的随机效应。

1. 基于全样本的分析结果

基于全样本的回归结果如表 6-8 所示。我们首先进行了最简单的分层模型，即单因素方差分析，不放入任何解释变量，以求得组内相关系数。组内相关系数(ICC)是指组间方差在总方差中所占的比重，是判断是否有必要设定分层模型的重要依据。组内相关系数的计算方式如下：

$$\rho = \tau_{00} / (\tau_{00} + \sigma^2)$$

其中，参数 τ_{00} 描述了组间变化，而 σ^2 代表组内差异。

单因素方差分析(模型 1A 和模型 2A)的结果表明，ICC 值分别为 0.151 和 0.179(见表 6-8)，表明造成个体间环境意识差异的 15.1%归因于城市间差异，而导致个体间环境支付意愿区别的 17.9%由城市间差异带来。组内相关系数若大于 0.059，表明可以用多层统计分析模型来考察层 2 的单位间差异(Cohen，1988)。基于两个空模型的 ICC 值都大于 0.059，证实了研究采用多层模型的数据合理性。

基于全样本的回归中，首先仅纳入个体层面变量，包括年龄(AGE)、性别(GENDER)、家庭年收入(FAM_INCOME)、受教育水平(EDU)、就业状况(EMPLOYMENT)和居住地(RESIDENCY)，考察个体因素对于居民环境意识和意愿的影响(模型1B和模型2B，见表6-8)；接下来，加入城市层面变量，包括城市可持续发展试点示范项目(PROGALL)、地区环境保护预算占比(BUDGET)、地区人均GDP(GDP)、人均工业废水排放量(WASTEWATER)、人均烟尘和二氧化硫排放量(SOOT_SO_2)、人口密度(POPU_DENSITY)等指标，重点探索地方绿色发展政策行动对居民环境意识和意愿的影响(模型1C和模型2C，见表6-8)。

基于总样本的回归结果证实了我们的研究假设：城市的可持续发展政策行动对居民的环境意识、环境支付意愿存在显著的正效应。但是这种影响却相对微弱，变量PROGALL仅在0.1显著性水平下对居民的环境意识和环境支付意愿产生影响(见表6-8)。城市所参与的可持续发展试点示范项目每增加一个单位，居民具有较强环境意识的可能性就增加了 $|\exp 0.123-1|=13.1\%$ (模型1C)，居民具有更高环境支付意愿的可能性则增加了 $|\exp 0.140-1|=15.0\%$ (模型2C)。我们认为，虽然这种关系很微弱，但是至少可以说明国家环境治理与居民环境意识和意愿之间存在一致性。如果居民能够感知到地方政府正尽力提供组织和财政资源以帮助他们改善生存环境，便能够给公众传递一种环境保护和生态建设的信号，居民便会被积极动员起来，加入环境保护的行列，从而拥有更高的环境意识和支付意愿。然而，基于全样本的模型并没有反映地方环保预算(BUDGET)对居民的环境意识和环境支付意愿的显著影响。

表6-8　居民环境意识与支付意愿的影响因素(全样本回归)

	模型1　环境意识			模型2　环境支付意愿		
	1A	1B	1C	2A	2B	2C
城市层面变量						
PROGALL			0.123*			0.140*
			(1.688)			(1.686)
BUDGET (%)			0.113			0.025
			(1.369)			(0.265)
GDP			−0.088			−0.501**
			(−0.460)			(−2.272)
WASTERWATER (吨/人)			0.003			0.005
			(0.694)			(1.174)
SOOT_SO2(吨/人)			−5.038			−3.162
			(−0.667)			(−0.357)

续表

	模型 1 环境意识			模型 2 环境支付意愿		
	1A	1B	1C	2A	2B	2C
POPU_DENSITY（千人/平方千米）			0.316			0.453
			(1.32)			(1.643)
个人层面变量						
GENDER		0.139	0.139		0.113	0.111
		(1.592)	(1.597)		(1.382)	(1.361)
FAM_INCOME		0.071**	0.070**		0.099***	0.099***
		(2.148)	(2.092)		(2.908)	(2.915)
AGE		0.000	0.000		0.003	0.004
		(0.053)	(−0.013)		(1.099)	(1.132)
EMPLOYMENT		0.029	0.021		−0.047	−0.052
		(0.280)	(0.198)		(−0.482)	(−0.526)
EDU						
初中		0.463***	0.465***		0.513***	0.522***
		(4.094)	(4.120)		(4.636)	(4.721)
高中		0.779***	0.787***		0.528***	0.539***
		(5.708)	(5.770)		(4.105)	(4.194)
大学及以上		1.210***	1.210***		0.926***	0.936***
		(6.762)	(6.759)		(5.791)	(5.855)
RESIDENCY		0.179*	0.158		0.378***	0.366***
		(1.682)	(1.482)		(3.627)	(3.504)
截距项	0.707***	−0.571	−0.110	−0.039	−1.768***	2.787
	(7.562)	(−1.450)	(−0.060)	(−0.383)	(−4.446)	(1.315)
Log likelihood	−2139.852	−1802.187	−1797.990	−2354.633	−1999.971	−1995.733
城市间差异	0.586	0.536	0.457	0.717	0.783	0.685
组内相关系数	0.151	0.140	0.122	0.179	0.192	0.172
样本量	3529	3086	3086	3584	3130	3130

注：行 1 为系数值，行 2 为 t 值；* p<0.1，** p<0.05，*** p<0.01。

2. 可持续城市试点示范对居民环境意识和意愿影响的城乡差异

为了考察地方绿色发展政策创新对居民环境意识和意愿的影响是否存在城乡二元差异，我们将样本分为城市样本和农村样本，分别对可持续城市试点示范项目对居民环境意识和意愿的影响进行回归分析(见表 6-9)。

研究结果显示,单就城市样本而言,地方政府参与可持续发展试点示范项目的积极程度对居民的环境意识和意愿水平具有较大的解释力。首先,如模型 3A 所示,城市参与的可持续发展试点示范项目数越多,居民的环境意识越强,城市所参与的可持续发展试点示范项目每增加一个单位,居民具有较强环境意识的可能性就增加了 $|\exp 0.159-1|=17.2\%$(模型 3A,见表 6-9)。相比全样本,我们有更充分的理由相信地方可持续发展政策对城市居民环境意识具有更加显著的影响。

此外,变量 BUDGET 对居民的环境意识在 0.05 的显著性水平下存在影响(回归系数 =0.189,见表 6-9),说明地方环境保护预算占比越高,越能塑造出更高的居民环境意识水平。基于全样本的回归中,我们并没有发现地方环保预算占比与居民环境意识的影响,但是在这里我们却发现地方环境保护预算占比对居民环境意识存在正面作用,我们认为,这一差异反映出地方政府的环境保护资源更多倾向于核心的城市地区。一方面,城市地区有了更多的财力等资源用于环境保护;另一方面,政府的投资能够给居民传递出一种政府正在努力的信号,从而能够提高居民的环境意识水平。

其次,如模型 4A 所示,城市参与的可持续发展试点示范项目数量越多,城市居民将会有越高的环境支付意愿。城市所参与的可持续发展项目每增加一个单位,居民具有更高环境支付意愿的可能性就增加了 $|\exp 0.180-1|=19.7\%$(见表 6-9)。但是尽管地方环境保护预算占比对城市居民环境意识存在积极显著的影响,模型 4A 的分析结果并没有揭示出地方环境保护预算投入与居民环境支付意愿之间的关系,地方对环境保护的投资力度并不能带来更高的环境支付意愿。

单就农村样本而言,如模型 3B 和模型 4B 所示,对于农村居民,城市可持续发展政策行动的两个维度——可持续发展试点示范项目和环境保护预算占比对居民的环境意识和意愿水平均没有显著影响(见表 6-9)。这也就证实了我们前述的研究假设,即地方可持续发展政策行动对居民环境意识和意愿的影响存在城乡差异。但是这一研究结果同样表明了中国环境治理与农村居民环境态度之间存在的脱耦迹象。尽管城市居民能够对地方可持续发展政策行动作出回应,但中国的环境治理还是偏向城市而非农村地区。我们认为造成这一差异的原因可能是地方可持续发展政策行动的城乡二元差异。自“省直管县”改革以来,城市不仅仅是地区的经济发展中心,也是行政中心,其掌握的资源和权力远超城市之外的地区。此外,由于受到地方发展的压力,地方政府自然会将更多的目光投向作为地方经济发展重要动力的城市地区,而对农村地区的发展和农村居民的健康舒适仅给予较少的关注。我们所关注的“地方可持续发展试点示范项目”虽然得到了地方政府的积极争取,但这些行动更主要的是对在城市地区居住的民众产生作用,而对在城市地区之外居住的农村居民的影响甚微。

表 6-9　居民环境意识与支付意愿影响因素的城乡对比

	模型 3：环境意识		模型 4：环境支付意愿	
	3A　城市样本	3B　农村样本	4A　城市样本	4B　农村样本
城市层面变量				
PROGALL	0.159**	0.072	0.180**	0.118
	(2.172)	(0.691)	(2.042)	(1.042)
BUDGET (%)	0.189**	0.078	0.051	−0.009
	(2.163)	(0.721)	(0.496)	(−0.075)
GDP	−0.134	−0.029	−0.523**	−0.506*
	(−0.689)	(−0.102)	(−2.195)	(−1.651)
WASTERWATER(吨/人)	0.002	0.000	0.005	0.004
	(0.596)	(0.054)	(1.174)	(0.638)
SOOT_SO2(吨/人)	−11.501	−0.073	−12.247	9.846
	(−1.494)	(−0.007)	(−1.310)	(0.875)
POPU_DENSITY (千人/平方千米)	0.449**	−0.007	0.515*	0.420
	(1.973)	(−0.014)	(1.815)	(0.772)
个人层面变量				
GENDER	0.097	0.180	0.087	0.157
	(0.855)	(1.278)	(0.846)	(1.120)
FAM_INCOME	0.026	0.116*	0.075*	0.116*
	(0.628)	(1.955)	(1.814)	(1.858)
AGE	0.010**	−0.016***	0.010**	−0.009
	(2.462)	(−2.912)	(2.534)	(−1.552)
EMPLOYMENT	0.174	−0.201	−0.071	−0.070
	(1.364)	(−1.005)	(−0.604)	(−0.361)
EDU				
初中	0.407***	0.399**	0.522***	0.402***
	(2.618)	(2.313)	(3.455)	(2.327)
高中	0.698***	1.052***	0.474***	0.706***
	(4.133)	(3.925)	(2.955)	(2.902)
大学及以上	1.331***	0.616	0.978***	1.451***
	(6.408)	(1.169)	(5.235)	(2.749)
RESIDENCY				

续表

	模型 3：环境意识		模型 4：环境支付意愿	
	3A 城市样本	3B 农村样本	4A 城市样本	4B 农村样本
截距项	0.290	−0.088	3.377	3.220
	(0.153)	(−0.032)	(1.470)	(1.074)
Log likelihood	−1071.770	−720.327	−1253.132	−741.489
城市间差异	0.303	0.600	0.622	0.799
组内相关系数	0.084	0.154	0.159	0.195
样本量	1940	1146	1954	1176

注：行 1 为系数值，行 2 为 t 值；* $p<0.1$，** $p<0.05$，*** $p<0.01$。

3. 不同领域试点示范行动对城市居民环境意识与支付意愿的影响

按照不同的可持续发展试点示范项目分类，我们测试了不同领域的绿色发展试点示范项目对居民环境意识和意愿的影响。与前述模型结果类似，我们并没有发现分类项目与农村居民环境意识和意愿之间的显著关系。因此，在接下来的阐述中，我们仅报告基于城市居民样本的模型检验结果(见表 6-10)。

表 6-10 不同类型试点示范项目对城市居民环境意识和意愿的影响

	Model5：环境意识	Model 6：环境支付意愿
城市层面变量		
PROGENV	0.056	0.143
	(0.533)	(1.116)
PROGLIV	0.266**	0.218*
	(2.465)	(1.671)
BUDGET (%)	0.180**	0.047
	(2.080)	(0.463)
GDP	−0.082	−0.505**
	(−0.421)	(−2.085)
WASTERWATER(吨/人)	0.001	0.005
	(0.321)	(1.079)
SOOT_SO2(吨/人)	−11.789	−12.396
	(−1.553)	(−1.327)
POPU_DENSITY(千人/平方千米)	0.443**	0.513*
	(1.980)	(1.811)

续表

	Model5：环境意识	Model 6：环境支付意愿
个人层面变量		
GENDER	0.090	0.086
	(0.798)	(0.832)
FAM_INCOME	0.027	0.076*
	(0.645)	(1.818)
AGE	0.011**	0.010**
	(2.503)	(2.540)
EMPLOYMENT	0.173	−0.072
	(1.351)	(−0.608)
EDU		
初中	0.413***	0.523***
	(2.654)	(3.463)
高中	0.704***	0.476***
	(4.173)	(2.963)
大学及以上	1.336***	0.979***
	(6.437)	(5.241)
RESIDENCY	−0.217	3.204
	(−0.114)	(1.372)
Log likelihood	−1070.884	−1253.054
城市间差异	0.285	0.619
组间相关系数	0.080	0.158
样本量	1940	1954

注：行1为系数值，行2为t值；* $p<0.1$，** $p<0.05$，*** $p<0.01$。

研究结果表明，不同领域的可持续发展试点示范项目对居民的环境意识和意愿水平具有不同的影响，城市政府的绿色发展政策对居民环境意识和意愿的影响主要反映在生活宜居型项目上。城市所参与的生活宜居型项目每增加一个单位，居民具有更高环境意识的可能性就增加了$|\exp 0.266-1|=30.5\%$（模型5，见表6-10），具有更高环境支付意愿的可能性就增加了$|\exp 0.218-1|=24.4\%$（模型6，见表6-10）。简言之，城市所参与的生活宜居型项目越多，居民的环境意识和意愿水平就会越高。我们认为，生活宜居型的试点示范项目往往具有改善生活环境的具体目标和实施方案，能够直接影响居民的生活质量，与居民生活更紧密相关，因此能够动员居民参与环境保护过程，至少对城市居民来说如此。

然而,我们并没有发现城市所参与的生态环保型政策项目数量对居民的环境意识和环境支付意愿存在显著影响(见表 6-10)。我们认为,生态环保型政策项目更多关注如何保护环境、改善生态等问题,与居民的联系和互动并不紧密,居民并不能直接感知到生态环保型政策项目带来的实惠,所以并不为之所动。另外,与基于全样本的模型结果一致,城市环保预算投入能够积极改善居民的环境意识,城市环保预算占比每增加一个单位,居民具有更高环境意识的可能性就增加了|exp0.180 - 1| = 19.7%(模型 5)。但是这种正向联系并没有体现在城市环保预算占比和居民环境支付意愿的关系上,即城市环保预算份额的增加并不能提高居民的环境支付意愿(模型 6)。

4. 控制变量的影响

(1) 城市层面的控制变量

① **经济发展与环境意识和意愿**。与众多研究结果类似,我们并没有发现城市地区经济发展水平与居民环境意识和意愿之间的正向联系(Dunlap and York,2008;Knight and Messer,2012;Marquart-Pyatt,2012)。我们甚至发现了地区经济发展水平对居民环境支付意愿的负向影响,即地区人均 GDP 越高,居民的环境支付意愿越低。基于全样本的回归结果显示,地区人均 GDP 每增加一个单位,居民具有更高环境支付意愿的可能性就降低了|exp0.501 - 1| = 65.0%(模型 2C,见表 6-8);基于城市样本的回归结果发现,地区人均 GDP 每增加一个单位,城市居民具有更高环境支付意愿的可能性就降低了|exp0.523 - 1| = 68.7%(模型 4A,见表 6-9);基于农村样本发现,地区人均 GDP 每增加一个单位,城市居民具有更高环境支付意愿的可能性就降低了|exp0.506 - 1| = 65.9%(模型 4B,见表 6-9)。

地区经济发展水平与居民环境意识和意愿之间的不相关或负相关关系,可能是因为当前中国仍然是一个发展中国家,经济增长仍然是当前社会的主要目标,居民尚未发生价值观念的转变。

② **环境状况与环境意识和意愿**。让人感到意外的是,对于环境状况与居民环境意识和意愿之间的关系而言,人均工业废水排放量(WASTEWATER)、人均工业烟尘和二氧化硫排放量(SOOT_SO2)均不显著;这一结果表现在所有回归模型中(见表 6-8 至表 6-10)。之所以出现这种结果,我们认为一种可能是这些指标无法充分反映中国城市的环境污染水平,当前对环境状况的指标衡量尚不全面。

但是,单就城市样本而言,地区人口密度与居民的环境意识和意愿水平之间表现为明显的正相关关系,人口密度更高的地区居民会有更高的环境意识水平和更强的环境支付意愿(见表 6-9)。具体而言,地区人口密度每增加一个单位,城市居民具有更高环境意识的可能性就提高了|exp0.449 - 1| = 56.7%(模型 3A);地区人口密度每增加一个单位,城市居民具有更高环境意识的可能性就提高了|exp0.515 - 1| = 67.4%(模型 4A)。这表明,人口密度

越高，对地方环境带来的压力也会越大，从而推动居民具备更高的环境意识和支付意愿。然而，人口密度在全样本模型和农村样本模型中均不显著。

（2）个体层面的控制变量

① **年龄与环境意识和意愿**。年龄与环境意识和意愿间的关系在城乡居民中表现出差异。随着年龄的增长，生活在城市中的居民会表现出更高的环境意识，并有更高的环境支付意愿。年龄每增加一个单位，城市居民具有更高环境意识的可能性就提高了|exp0.010－1|＝1.01%（模型3A，见表6-9），具有更高环境支付意愿的可能性同样提高了|exp0.010－1|＝1.01%（模型4A，见表6-9）。然而，年龄与农村居民的环境意识和支付意愿表现为无关，甚至是负相关关系。在0.01的显著性水平上，年龄每增加一个单位，农村居民具有更高的环境意识的可能性降低了|exp0.016－1|＝1.61%（模型3B，见表6-9）；换句话说，年纪越大，农村居民的环境意识越弱。农村居民的年龄与环境支付意愿间则没有表现出相关关系（模型4B，见表6-9）。

② **性别与环境意识和意愿**。在城市居民和农村居民中，我们都没有发现性别差异对居民环境意识和意愿的不同影响。起码在中国语境下，性别并不是显著的解释因素。

③ **受教育水平与环境意识和意愿**。如前所述，无论是在西方还是在中国的学者研究中，受教育水平都是一个强有力的解释因素。我们的研究同样发现，无论是在城市居民还是农村居民中，受教育程度越高的居民，对环境问题往往会越关心。

④ **收入与环境意识和意愿**。基于全样本的研究发现，收入水平与居民的环境意识和环境支付意愿为正相关关系，这也与部分学者的研究一致（Jones and Dunlap，1992；Dietz and Guagnano，1998；Shen and Saijo，2008；Booth，2017）。结果表明，在0.05的显著性水平下，居民家庭年收入每增加一个单位，其具有更高的环境意识的可能性会提高|exp0.070－1|＝7.3%（模型1C，见表6-8）；家庭收入对居民环境支付意愿的影响则更为强烈，在0.01的显著性水平下，居民家庭收入每增加一个单位，居民具有更高的环境支付意愿的可能性会提高|exp0.099－1|＝10.4%（模型2C，见表6-8）。

⑤ **就业状况与环境意识和意愿**。虽然以往的诸多研究表明，居民的就业状况是影响居民环境意识和意愿的重要因素，我们基于2010年CGSS数据并没有发现非农就业和其他就业的居民在环境意识和意愿上存在差异。

⑥ **居住地与环境意识和意愿**。仅加入个体层面变量时，居住地对居民的环境意识和意愿均有显著影响（模型1B和模型2B，见表6-8）：城市居民相较农村居民具有更高的环境意识和意愿。而当个体层面与城市层面的所有控制变量都加入后，居住地对居民环境意识并没有显著影响，但对居民的环境支付意愿有显著影响，相比农村居民，城市居民有44.2%的可能性比农村居民具有更高的环境支付意愿（系数＝0.366，$p<0.01$，模型2C，见表6-8）。

第四节　实证研究二：雾霾意识对公众接受拥堵费政策的影响①

一、研究问题与理论贡献

近年来，我国城市不断出现雾霾。尽管各地政府和中央政府出台了一系列政策以改善空气质量，但是在具体政策执行的过程中仍面临大量的问题和挑战。针对机动车排放产生PM2.5的情况，很多国家通过交通政策（如拥堵费的设计）缓解交通造成的PM2.5排放。拥堵费是指针对在某些地区使用私家车出行的人收取的费用。征收拥堵费被视为缓解交通来源温室气体排放的有力措施，并已分别于1975年在新加坡、2003年在伦敦、2006年在斯德哥尔摩和2012年在米兰实施。但在许多城市，如爱丁堡和纽约，公众反对当局征收拥堵费。我国政府曾试图在北京、上海、深圳、杭州和南京等试点城市制定可行的拥堵费政策，但在起草这项政策之前即遭到公众的强烈反对。2016年北京地区的一次在线民意调查显示，61.4%的受访者不同意实施拥堵费政策。我国多城市在利用交通政策控制雾霾的时候，存在公众违规现象。有些人在限行时段违规开车，也有一些人通过购买多台车辆来规避限行政策。有些人甚至盖住车牌或借用车牌。在雾霾控制政策设计中如果忽视公众的反对意见，可能会给政策实施带来阻碍。

现有文献表明，有些人可能会认为交通政策（如拥堵费政策或限行政策）是对社会有利的大局性政策，可大大提高交通效率及减少废气排放。但其他人可能认为，这些政策限制了人员的流动性，特别是低收入者，或者那些远离公共服务设施的人。虽然已有文献研究以交通管制为目的的拥堵费政策，但从绿色发展角度看拥堵费政策仍然存在问题：如果政府将控制温室气体排放作为该政策的主要目标，公众是否会同意以交通控制的手段解决温室气体排放问题。因此，我们关注"市民同意或是反对拥堵费政策，到底是因为这个政策是交通政策，还是绿色发展政策"。

现有文献主要集中于影响公众接受拥堵费政策的行为因素和政策因素，如交通不便、对政府机构的信任和公平感等，但并没有讨论公众关注雾霾与感知雾霾风险的调节作用。换言之，对关注雾霾和风险感知不同的人，可能对接受拥堵费有不同的行为和政策相关因素的先决条件。Eliasson和Jonsson的研究表明，市民对雾霾的关注度与他们对拥堵费的支持度有很强的因果关系，并认为强调拥堵费对空气质量的积极影响可能会对市民对拥堵费的接

① 研究的部分成果已经发表在：ZHOU L Y，DAI Y X. How Smog Awareness Influences Public Acceptance of Congestion Charge Policies[J]. Sustainability，2017，9(9)：1579.

受产生积极影响。考虑到交通拥堵费政策的环境特征、雾霾意识，特别是公众的雾霾关注和感知雾霾风险，也可能通过行为或政策相关因素，使公众对政策接受度产生间接影响。换言之，对雾霾关注程度较高的人不仅会认识到拥堵费政策所包含的可持续性目标，从而支持这项政策，而且可能会牺牲自己的交通便利性，并在某种程度上支持拥堵费政策，以换取更好的环境。例如，一些北京居民在网上民意测验中表示，如果交通拥堵费能有效控制雾霾，他们会支持这项收费，而不管自己的交通自由是否受到侵犯。因此，本节试图探讨的另一个问题是，公众的雾霾意识，尤其是雾霾关注和感知雾霾风险，在多大程度上间接地影响了作为调节工具的拥堵费政策的接受程度。值得注意的是，本节讨论的不仅是中国的雾霾控制问题，还包括环境政策设计理论。如果个人意识间接地影响公众的公平感及其参与决策过程的机会，那么决策者就应该了解影响机制，以及相应地改变政策设计的方法。

研究公众对拥堵费政策的接受情况，是十分必要的。在杭州进行的一项研究显示，46.26%的受访者愿意在交通高峰期缴纳交通拥堵费，平均每月缴纳 28.81 元。然而，对于影响我国公众接受拥堵费的因素，尤其是雾霾意识的调节作用，目前的研究尚不足。

二、理论基础与分析框架

1. 雾霾意识与公众接受度之间的因果关系

如图 6-8 所示，以往的研究主要集中在行为因素、政策因素和社会人口因素对公众接受程度的直接影响上，并探讨雾霾关注和感知雾霾风险的调节作用。但是行为和政策相关因素对公众接受的影响可能因公民对雾霾的关切和风险感知而有所不同，即在概念框架中雾霾意识可能是调节工具。

我们没有使用环境感知量表来解决态度行为差距。态度行为差距描述了亲环境态度发现与反环境行为的差异，这可能会导致制度的有效性问题。取而代之的是，我们对雾霾关注采取了更多的行为衡量方法，比如公众的支付意愿，并咨询受访者："你愿意每月支付多少钱来控制雾霾?"答案"不愿支付"编码为 0，"小于 50 元""50～100 元""100～200 元""200～300 元"和"超过 300 元"编码为 1。"支付意愿"的变量反映了人们对行为性雾霾的关注，反映了个人对通过牺牲个人利益来控制雾霾危机的渴望。它不同于雾霾政策接受度概念，反映了公众判断和遵守政府治理雾霾的努力的意愿。例如，在低排放地区居住或工作的个人，即使有较高的支付意愿，也可能会反对征收拥堵费政策。反对的真正原因在于他们认为这是一个不公平的政策。

感知雾霾风险的概念反映了一个人对健康危害和雾霾危机的严重性的感知判断，具体反映在公众的"我认为雾霾危机对我的健康有害"和"我认为北京(上海)的雾霾危机在未来将更加严重"回答中，答案"强烈不同意""不同意"和"中性"编码为 0，而"同意"和"强烈同意"

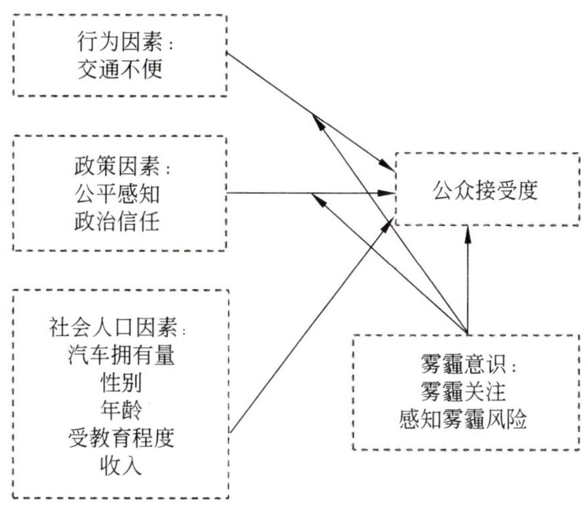

图 6-8　公众认知影响公众绿色发展政策可接受程度的模型

编码为 1。为了更好地说明风险感知的作用，我们将健康风险和雾霾严重程度风险的平均值作为风险感知的最终值。

2. 行为、政策、社会人口因素与公众接受度之间的因果关系

在前人研究的基础上，我们认识到一系列外生因素可能会影响公众接受度，因此我们将其纳入回归模型。在概念框架中，我们引入了从文献中提取的三组外生变量（见图 6-8）。第一组是由交通不便衡量的行为因素。交通不便反映的是对人的自由的侵犯，其衡量的问题是："你是否认可交通拥堵费政策会给市民的日常生活带来不便？"

第二组变量是与政策相关的因素，包括政治信任和公平感知。在以往的研究中，政治信任通常可通过以下问题来衡量："你对政府的信任程度有多少？"或者"你对……机构的相信度有多少？"然而，政治信任是一个特定的维度。正如 Li (2012)所强调的，政治家保护公共利益的承诺与他们的行动能力是不同类型的政治信任。承诺履行是指政府机构履行诺言，关心公众，激励配合度，或三者之间的任意结合。行为能力是指政治机构履行其保护公共利益或实现某些目标的承诺的能力。政治信任除了承诺和能力外，还涉及在决策过程中的信任等其他方面。因此，我们用四个观点来衡量公众的政治信任，包括对政策制定过程的信任（如"我认为雾霾控制政策制定过程是开放的"）、对能力的信任（如"我认为地方政府有能力在短期内应对雾霾危机"和"我认为地方政府已经实施了各种控制雾霾的政策"）以及对行动承诺的信任（如"我认为地方政府有意愿控制雾霾"）。我们通过因子分析，建立了政治信任的指标变量。KMO 值为 0.7242，也说明该值非常适合因子分析。

关于社会成本和利益分配公平感知，可以从平等、公平和需求三原则中获得（Eriksson, ct al.，2008；Schuitema and Steg，2010；Deutsch，1975）。对于交通拥堵费政策，平等意味着每个车主都有相同的义务支付驾驶费用，而公平和需求意味着可以免除或减少某些群体的义务。拥堵费标准与世界各国的公平原则一致，我国正在讨论的方案也不例外。我们在文献(Jagers et al.，2010；Zannakis et al.，2015)的基础上，用平等原则来衡量公平感知——“我认为每个车主都有义务支付相同的交通拥堵费”。

除了社会人口因素(包括性别、年龄、收入和受教育程度)之外，我们还将汽车拥有量作为重要的控制变量，通过“你家里有多少辆车?”判断。最后，以公众接受为因变量，要求受访者评判“我支持政府制定拥堵费政策来控制雾霾污染”。除了社会人口因素外，所有其他测量采用李克特量表1～5项，其中1为“非常不同意”，2为“不同意”，3为“不确定”，4为“同意”，5为“非常同意”。

对于多个测量概念，我们计算克朗巴哈系数值 α 值来检验问题之间的平均线性相关是否属于同一范围。通常，阈值设置为0.7来确保内部一致性。但需注意的是，标准设置是测试大量测量项之间的一致性，如14或更大的数。因为大量项数可以人为提高 α 值，并且我们分别只有2个和4个项数，所以测量非常可靠，克朗巴哈系数值 α 值都在0.7左右(见表6-11)。

表6-11 问卷信度

变　量	克朗巴哈系数 α 值	项　数
政治信任	0.7069	4
风险感知	0.6956	2

三、数据来源

这项调查是2016年夏天在我国两大中心城市北京和上海进行的。两城市政府都已经开始讨论拥堵费的可行性[①]。值得注意的是，这两座城市雾霾严重程度不同：根据上海和北京环保局的报告，北京在2016年有168天重度雾霾污染，而上海只有14天重度雾霾污染。北京和上海之间的总体差异，包括雾霾严重度，由一个虚拟变量控制，上海为1，北京为0。当然，这种城市层面的虚拟变量无法区分北京和上海之间到底是雾霾程度不同还是有其他差异。这是两个城市研究测度设计中存在的局限性。

我们对截至2016年8月在北京或上海生活了至少12个月的居民进行了在线调查，并

① End the Plate Auction in Shanghai, and Change to Congestion Charge Policy after 7 Years? Available online: http://business.sohu.com/20150203/n408382391.shtml (accessed on 3 February 2015); The 2013-2017 Beijing Clear Air Action Plan. Available online: http://zhengwu.beijing.gov.cn/ghxx/qtgh/t1324558.htm (accessed on 8 August 2017).

调查了他们对交通拥堵费的接受程度。调查期间，北京平均 PM2.5 浓度为 37～65$\mu g/m^3$，上海平均 PM2.5 浓度为 10～51$\mu g/m^3$。根据国家环保局空气质量指数标准①，两城市指标均为“空气质量良好”。因此，不存在明显的天气影响形成公众接受系统性偏见。

我们首先给清华大学学生提供在线调查链接，并按照“滚雪球抽样”策略发展样本组（Noy，2008）。为确保合格受访者足够重视问题，我们复查了每个受访者在问卷上花费的时间作为数据质量指标（Huang，2015）。剔除了那些受访者回答问卷时间比平均时间短的样本后，我们得到 574 份有效问卷，其中 285 份来自北京受访者，289 份来自上海受访者。根据样本量计算过程（Levin et al.，2016），如果来自北京的样本量大于 253，来自上海的样本量大于 139，这种数据分布数据就是可以接受的。我们可以根据要求提供详细计算过程。

如表 6-12 所示，在 574 个受访者中，男性占 49.30%（$N=283$），女性占 50.70%（$N=291$）。这组样本中平均年龄是 30 岁，比城市平均年龄要小。调查样本中年龄为 21～30 岁的人过多。此外，拥有学士学位的有 317 人（55.23%），拥有硕士学位或更高学位的有 213 人（37.11%），受教育程度较高的人口与整个人口分布相比过高。以人民币计算月收入，在我们的样本中月收入为 7001～10 000 元，这些高于北京 6906 元和上海 6378 元的平均月收入。因为我们使用在线调查的方法，这种方法自然代表那些年轻、受过良好教育、月收入较高的人群。将近一半的受访者（$N=276$）家里没有车，240 人家里有一辆车，只有 58 人有两辆或多辆车。

表 6-12　社会人口概况（N＝574）

	背景	频率	百分比（%）	北京样本（%）	上海样本（%）	北京人口分布（%）	上海人口分布（%）
性别	男性	283	49.30	56.49	42.21	50.18	51.50
	女性	291	50.70	43.51	57.79	49.82	48.50
年龄	＜21	18	3.14	3.61	2.77	9.90	4.87
	21～30	359	62.54	58.95	65.74	21.70	22.55
	31～40	149	25.96	28.42	23.53	18.50	17.59
	41～50	33	5.75	6.67	5.19	16.40	15.98
	＞50	15	2.61	2.46	2.77	22.90	30.39

① Data Center of National Environmental Protection Bureau. Available online: http://datacenter.mep.gov.cn (accessed on 14 August 2017).

续表

	背景	频率	百分比（%）	北京样本（%）	上海样本（%）	北京人口分布（%）	上海人口分布（%）
收入	<2000	18	3.14	3.51	2.77	3.00	3.50
	2000～4000	33	5.75	8.07	3.46	23.30	28.20
	4001～7000	127	22.13	25.26	19.03	27.95	27.85
	7001～10 000	119	20.73	24.56	16.96	19.25	17.85
	10 001～20 000	172	29.97	27.37	32.53	18.70	16.90
	>20 000	105	18.29	11.23	25.26	7.30	5.70
受教育程度	中学或以下	10	1.74	3.51	—	39.22	55.34
	高中	34	5.92	7.02	4.84	15.36	21.84
	大学	317	55.23	48.42	61.94	38.61	20.91
	硕士或以上	213	37.11	41.05	33.22	4.72	1.90
拥有车的数量	无	276	48.08	50.53	46.02	74.72	86.01
	1	240	41.81	40.00	43.60	25.28	13.99
	>1	58	10.10	9.47	10.38		

数据来源：作者收集的数据，以及 2014 年北京人口普查数据①、北京平均月收入报告②、2014 年上海人口普查数据③、上海平均月收入报告④和 2016 年停车场报告⑤。

四、研究发现与主要结论

1. 描述统计

表 6-13 总结了所有变量的描述性统计。大多数受访者支持征收交通拥堵费来减轻雾霾污染，33.4% 的参与者赞同这个计划，9.91% 强烈赞同这个计划。在个人特征方面，65.16%的受访者愿意为控制雾霾污染付费，85.37%的受访者认为雾霾有害健康，56.45%的受访者认为未来雾霾危机可能会更加严重。

① How Much You Know about the Population in Beijing? Available online: http://www.bjstats.gov.cn/rkjd/ (accessed on 14 August 2017).

② The Average Income of Beijing Citizens in 2016. Available online: http://www.cngold.com.cn/newtopic/20160727/2016nbjpjgzsds.html (accessed on 19 August 2016).

③ 2014 Shanghai Statistical Yearbook. Available online: http://www.stats-sh.gov.cn/tjnj/tjnj2014.htm (accessed on 10 August 2016).

④ The Average Income of Shanghai Citizens in 2016. Available online: http://shebao.yjbys.com/zhengce/561397.html (accessed on 7 March 2017).

⑤ The Ranking of Car Park in 2016. Available online: http://www.sohu.com/a/124633891_565969 (accessed on 18 January 2017).

表 6-13　问卷总结和描述性统计

变　　量			平均值	标准偏差指标	范　围
因变量	公众接受		3.16	1.14	1～5
自变量	政治信任	意愿	2.97	1.11	1～5
		各种措施	2.76	1.01	1～5
		能力	2.35	1.01	1～5
		开放性	2.96	1.10	1～5
	公平感知		2.84	1.20	1～5
	交通不便		2.45	1.04	1～5
	WTP		0.65	0.48	0 或 1
	风险感知	健康	0.85	0.35	0 或 1
		严重度	0.56	0.50	0 或 1
控制变量	是否有车		0.64	0.71	0～3
	年龄		30.45	7.71	14～69
	性别		0.51	0.50	0 或 1
	受教育程度		3.27	0.65	1～4
	收入		4.27	1.37	1～7

政治信任可以从四个方面衡量，即控制雾霾的意愿、各种措施、能力及制定政策过程中的开放性。其中控制雾霾政府意愿的政治信任度最高，平均值为 2.97，然而大多数人对政府能力缺乏信心。对于公平感知，32.35%的参与者反对正在讨论的拥堵收费标准，23.13%的参与者持中立态度。另外受访者中很少有人认为雾霾控制政策会给他们的日常生活带来交通不便，其中平均值为 2.43。

2. 回归结果

我们在模型中使用了有序逻辑回归来更好地描述拥堵收费个体特征和公众接受的因果关系，因为调查中的大多数变量采用二进制或者是李克特量表 1～5 的编码序数。可以用以下公式来表示有序逻辑模型：

$$y^* = x\beta + u, u \mid X \sim \mathrm{Logit}(0,1) \tag{6-3}$$

其中，y^* 是精确但未观测到的潜在变量，X 是自变量向量，u 是误差项，β 是我们估计的回归系数向量。模型 1 是仅包含行为、相关政策和社会人口因素的基本模型，而模型 2 和 3 以不同的方式考虑了雾霾意识的影响。

我们首先进行有序逻辑模型的平行检验，采用 Benjamin Schlegel 开发的 Brant 检验包及 R 语言中的平行回归方法分别检验。三个模型的结果均表明"H_0：平行回归假设成立"，证明了有序逻辑模型在研究中的应用。表6-14中给出了三种模型回归结果。

表 6-14　拥堵收费接受决定因素回归结果

	模型 1		模型 2		模型 3	
	系数	*T*	系数	*T*	系数	*T*
交通不便	−0.20**	−2.51	−0.15**	−1.96	−0.17**	−2.08
公平感知	0.54****	7.47	0.49****	6.77	0.48****	6.57
政治信任	0.44****	4.25	0.45****	4.19	0.43****	3.97
WTP			1.47****	6.23	1.62****	6.56
风险感知			0.52**	2.17	0.53**	2.18
WTP×交通不便					−0.04	−0.20
WTP×公平感知					0.32*	1.84
WTP×政治信任					−0.25	−1.08
风险感知×交通不便					0.13	0.48
风险感知×公平感知					0.62***	2.86
风险感知×政治信任					0.01	0.02
拥有车的数量	−0.51****	−4.07	−0.53****	−4.24	−0.51****	−4.03
年龄组						
21～55	−0.05	−0.07	0.09	0.12	0.04	0.06
56～69	−0.54	−0.58	−0.20	−0.21	−0.30	−0.31
性别	−0.09	−0.56	−0.13	−0.86	−0.14	−0.89
受教育程度						
2	−1.30*	−1.92	−1.00	−1.48	−0.86	−1.26
3	−1.52**	− 2.40	−1.44**	−2.29	−1.34**	−2.12
4	−1.24*	−1.91	−1.18*	−1.84	−1.12*	− 1.72
收入	0.12*	1.74	0.12*	1.83	0.12*	1.70
地区	0.10	0.61	−0.47**	−2.54	−0.51***	− 2.73
R^2	0.0731		0.0987		0.1058	
N	574		574		574	

注：****表示在0.001基准水平的显著性；***表示在0.01基准水平的显著性；**表示在0.01基准水平的显著性；*表示在0.10基准水平的显著性。

（1）雾霾意识与公众接受正相关

模型2和模型3表明，雾霾意识影响政策接受度。首先，愿意支付雾霾控制费用的人倾向于支持收取交通拥堵费政策（模型2：$p=1.47$，p-值<0.001；模型3：$p=1.62$，p-值<0.001）（见表6-14）。这个结果同预期相符，即具有更高环境质量支付意愿（这里用雾霾

WTP 测量)的个体更支持收取交通拥堵费。

其次,健康危害及雾霾严重程度感知风险与公众接受度显著正相关(模型 2: $p=0.52$, p-值<0.05;模型 3: $p=0.53$, p-值<0.05)(见表 6-14)。这一结果表明,风险感知提高了市民对拥堵费的接受度:越来越多的人认为雾霾会对健康造成不良影响,或者雾霾在未来会更加严重,他们就越有可能通过支持交通拥堵费等政策解决方案来对抗雾霾。

以上两种结果都表明,雾霾意识与公众接受度有着直接且积极的联系,也符合之前的研究(Drews and Van den Bergh,2016)。这也意味着对雾霾有不同程度关注和风险感知的个人对交通拥堵费政策的反应各不相同:那些对雾霾和风险感知有更多担忧的人将更愿意接受交通拥堵费政策,这些对雾霾和风险感知较低的人不太可能接受这样的政策。很多研究都提到了增加 WTP 的关键要素,包括个人对雾霾来源的了解、保护方法、雾霾信息提供及获取(Sun et al.,2016;Wang et al.,2016)。因此,如果政策制定者能够通过不同的政策工具帮助提高公众的风险意识或 WTP,他们很有可能直接提高公众对雾霾治理政策的接受度。

(2) 雾霾意识对公平感知的调节作用

如模型 3 所示,WTP 与公平感知的相互作用与公众接受正相关($p=0.32$, p-值<0.10),风险感知与公平感知的相互作用与公众接受也显著正相关($p=0.62$, p-值<0.01)。这些相互作用结果表明,对雾霾问题关注程度高或对雾霾危机风险感知程度高的人群对交通拥堵费政策公平性有较大的灵活性。这清楚地说明了 WTP 和风险感知调节作用可以增强公平感知与接受水平之间的正向关系。因此,公众对公平的判断很重要,尤其是那些对 WTP 或风险感知较高的人。

持续性解决方案通过追求集体利益挑战政策设计(Hardin,1990;Ostrom,1990)。对于交通拥堵费来说,存在个人利益与社会利益不一致的两难处境,如为了集体利益就要舍弃享受驾驶的舒适度和便利,减少交通来减少雾霾污染的情况(Dawes,1980)。因此,公平感知,也就是对不同公民群体分配利益和负担,更关系到公众对持续性政策的接受度。平等和公平是可持续发展的基本要素,在交通拥堵费政策设计和公众接受方面发挥着重要作用。交通控制区和收费率的设计都可以通过费用和利益分配产生重要的公平影响。此研究发现,雾霾关注程度或风险感知程度越高的人对平等这一问题的意识和敏感度越高。

我们对于进一步的实证研究提出了两种可能的解释。首先,正如许多研究发现的那样,环境问题与公平问题有着密切的联系(Toth,2013)。注重可持续发展或环境保护的人可能也更关注公平。环境风险意识通常与左翼民主倾向有关,即重视自由政治环境(Drews and Van den Bergh,2016)。然而,雾霾问题的具体影响机制和对平等问题的风险感知还需要进一步的实证研究。其次,对雾霾关注度或风险感知度越高的人通过各种政策缓解雾霾污染的意愿越强。除了受到风险感知直接影响而接受交通拥堵费,他们还希望更多的人接受这项政策，确保雾霾治理成功实施。因为分配公平是公众接受的关键，那些对雾霾或风险感知关注更多的人更重视这一因素，从而使政策获得公众支持并成功实施。

(3) 政策相关因素与公众接受度呈正相关关系

正如结果显示的那样，公平感知积极影响交通拥堵费的公众接受度（模型 1：$p=0.54$，p-值<0.001；模型 2：$p=0.49$，p-值<0.001；模型 3：$p=0.48$，p-值<0.001）（见表 6-14）。人们如果认同交通拥堵费的分配标准，就会更愿意接受这项政策。同时，那些更相信政府机构的人更有可能支持交通拥堵费政策（模型 1：$p=0.44$，p-值<0.001；模型 2：$p=0.45$，p-值<0.001；模型 3：$p=0.43$，p-值<0.001）（见表 6-14）。这些相关政策因素的重要积极影响与之前的研究一致（Zannakis et al.，2015；Hagers and Hammar，2009）。如果人们认为政治机构是合法的，他们更有可能遵守这些决定，而政治信任度较低的人更愿意计算服从的成本和收益（Tyler，2006）。此外，由于交通拥堵费存在于因追求集体利益而使个体利益受损的进退两难的社会（Dawes，1980），分配公平对于公众接受度尤为重要（Jakobsson et al.，2000；Zannakis et al.，2015）。

(4) 行为因素和汽车拥有量对公众接受度有负面影响

行为因素，也就是交通不便，在三种模型中对交通拥堵费的公众接受度有显著的负面影响（模型 1：$p=-0.20$，p-值<0.05；模型 2：$p=-0.15$，p-值<0.05；模型 3：$p=-0.17$，p-值<0.05）（见表 6-14）。因为交通拥堵费可能被视为对自由旅行的侵犯，重视交通便利的人不太可能接受这一政策[15]。同样，车主倾向于反对收取交通拥堵费，因为他们是所有模型中这一政策的目标受众（模型 1：$p=-0.51$，p-值<0.001；模型 2：$p=-0.53$，p-值<0.001；模型 3：$p=-0.51$，p-值<0.001）（见表 6-14）。

对于社会人口统计学变量，受过高等教育的受访者可能怀疑这项政策的合法性，他们倾向于反对交通拥堵收费。此外，在考虑雾霾危机时收入对交通拥堵收费有积极影响，因为较富裕的人可能更关心环境保护而不是因开车而缴纳交通拥堵费。此外，上海居民的接受度低于北京居民（模型 2：$p=-0.47$，p-值<0.05；模型 3：$p=-0.51$，p-值<0.01）（见表 6-14），可能是因为上海的雾霾污染没那么严重。

第五节　结论与政策建议

一、主要研究结论

我们利用中国可持续发展试点示范项目数据库、2010 年中国综合社会调查和其他官方数据来源，通过描述性统计分析、空间分析和多层统计分析模型，对 2010 年前我国可持续发展试点示范项目的空间分布、我国居民环境意识和意愿的基本特征、地方政府可持续发展行为与居民环境意识和意愿间的关系进行了系统的实证分析。研究结果揭示了地方政府参与可持续城市试点示范项目的积极程度能够显著影响居民的环境意识和意愿水平，尤其在城市地区，地方政府的绿色发展政策创新对公众环境态度存在显著的外溢效应。

由于我们采用的数据为截面数据，这种正相关关系无法完全准确地表述地方政府的环保行动与居民环境意识和意愿水平之间的因果关联。尽管如此，这一发现至少可以说明，国家治理与公民环境意识和意愿之间存在某种协同耦合的机制：如果居民能够感知到地方政府正尽力提供组织和财政资源来帮助他们改善生存环境，居民就会被积极动员起来，加入环境保护的行列。但是这一研究结果同样表明了中国环境治理与居民环境态度之间尚存在分离和脱耦的迹象。尽管地方政府在绿色发展方面的创新行动在城市地区能够发挥积极的作用，但是对农村居民的环境态度不存在显著影响。这说明虽然政府正试图对居民的环境保护诉求进行回应，但更多还是偏向城市而非农村地区。此外，并不是所有的绿色发展项目都能够显著影响居民的环境意识和意愿水平，只有那些侧重宜居型社会建设的项目才能对居民的环境意识和意愿发挥作用，而侧重生态和环境保护的可持续发展项目对居民环境意识和意愿的影响则不显著。

同时，雾霾污染在中国许多城市已成为严重的环境灾难，它不仅威胁公众健康，而且对国家实现可持续发展目标带来了更大挑战。北京和上海市政府计划采取拥堵收费政策来减少交通堵塞和控制雾霾污染。但是，公开辩论和公众反对已经推迟了政策制定和执行过程。中国政府要探讨的两个关键方面包括公众反对的主要决定因素及这些决定因素如何影响公众接受度。

我们不仅研究了交通拥堵费公众接受度的文献，还考虑了雾霾意识调节作用，包括雾霾问题和雾霾风险感知。我们检验了雾霾意识对公众接受度的直接作用和调节作用。利用2016 年 8 月对北京和上海进行的数据收集，结合使用有序逻辑回归分析检验 WTP 和风险感知的影响。研究结果表明 WTP 和风险认知与公众接受度均呈正相关，而那些对雾霾或风险认知更关注的人更注重公平感知。

二、政策启示

第一，描述性研究发现，由中央部委颁布的可持续发展试点示范项目存在区域分布不均的现象，东部地区获得的各项头衔数量远高于中部和西部地区。考虑到不同地区的社会环境状况存在较大的差异，我们建议今后的可持续发展试点示范项目适当向中西部倾斜，这样既有利于引起中西部地方政府对环境保护的重视，并提高中西部地区居民的环境意识和意愿水平，又有利于探索不同地区的绿色治理模式，推动全国范围内的可持续发展政策行动。

第二，针对居民的环境意识和环境支付意愿间的差异，在今后的环境工作中，政府应该积极加强对环境问题的宣传教育，在提高居民环境认知的同时提高其环境行为意愿。针对居民环境问题关注点差异，政府尤其应该增加对全球环境问题的宣传教育，提高居民对于全球性环境问题的重视。

第三，对于城市可持续发展政策行动对居民环境意识和意愿的影响存在二元差异，研究认为在今后的工作中，政府不仅应该将环境保护和生态改善的关注点放在城市内部区域，而且应该将资源外延，尤其向农村地区延伸，以使城乡居民享有平等的生态优惠。针对农村地区居民环境意识和意愿不足的现状，政府也应该积极在农村地区加强宣传教育，以提高居民的环境意识和意愿水平。

第四，对于不同领域和不同类型的城市可持续发展政策行动对居民环境意识和意愿的不同影响，研究认为：借鉴政策反馈理论，政府一方面应该在可持续发展项目进行过程中积极纳入居民参与；另一方面，通过宣传等手段让居民更直接感受到城市可持续发展政策行动对自身带来的实惠，从而对城市可持续发展试点示范项目给予更高的期待和关注。

第五，与现有文献相呼应，公平感知和政治信任与公众接受度显著正相关。因此，在拥堵收费设计中，涉及公众参与决策过程的参与式政策制定决定提高人们对政府机构的信任，增加分配标准的合法性。实践者应该考虑设计各种机制来吸引公众，从而实现关键的民主价值，如合法性、正义和治理的有效性（Fung，2006，2015）。同时，交通不便对拥堵收费接受度有显著的负面影响，并且个人环境偏好并不能否定这种影响。这意味着大多数市民仍然将交通拥堵收费视为交通政策而不是可持续政策。因此，政府应该为公众提供清洁、高效、便捷的交通选择来获得公众支持，但也可以通过其他渠道提供公共教育。正如结果显示的那样，市民对雾霾关注度和风险认知度越高，越有可能直接支持拥堵收费政策。因此，政府应公开组织关于雾霾的宣传和公众讨论。环境教育、关于雾霾的科学知识宣传，或雾霾控制政策的有效说明，有可能使公众更加了解这一问题并因此支持交通拥堵收费。

第六，因为雾霾意识在交通拥堵收费公众接受中起着重要作用，实践者应更加关注人们的雾霾意识来提高公众支持以及获得合法性。关于包含环境或可持续目标的政策，个人对雾霾危机和潜在风险的关注可能会影响政策公平等其他因素的尝试。从这个意义上说，与其他政策相比政策制定者应该更加强调环境有关政策所体现的政策公平。

本章参考文献

［1］ BOLAND A，ZHU J. Public participation in China's green communities：Mobilizing memories and structuring incentives[J]. Geoforum，2012，43(1)，147-157.

［2］ BRECHIN S. R. Objective problems，subjective values，and global environmentalism：Evaluating the postmaterialist argument and challenging a new explanation[J]. Social Science Quarterly, 1999, 80: 793-809.

[3] BULKELEY H, KERN K. Local government and the governing of climate change in Germany and the UK[J]. Urban studies, 2006, 43(12): 2237-2259.

[4] BUTTEL F H, FLINN W L. The structure of support for the environmental movement, 1968-1970 [J]. Rural Sociology, 1974,39(1): 56.

[5] CAMPBELL A L. Policy makes mass politics[J]. Annual Review of Political Science, 2012(15): 333-351.

[6] CAPROTTI F,SPRINGER C, HARMER N. "Eco" for whom? Envisioning Eco-urbanism in the Sino-Singapore Tianjin Eco-city, China[J]. International Journal of Urban and Regional Research, 2015,39 (3): 495-517.

[7] CARTER N T, MOL A P. China and the environment: Domestic and transnational dynamics of a future hegemon[J]. Environmental Politics, 2006,15(2): 330-344.

[8] CHI C S F, XU J, XUE L. Public participation in environmental impact assessment for public projects: a case of non-participation[J]. Journal of Environmental Planning and Management, 2013, 57(9): 1422-1440.

[9] CHUNG J H. Studies of central-provincial relations in the People's Republic of China: a mid-term appraisal[J]. The China Quarterly, 1995,142: 487-508.

[10] CHUNG H. The change in China's state governance and its effects upon urban scale [J]. Environment and Planning A, 2007,39(4): 789-809.

[11] CHUNG S S, POON C S. The attitudes of Guangzhou citizens on waste reduction and environmental issues[J]. Resources, Conservation and Recycling, 1999,25(1): 35-59.

[12] CHUNG S S, POON, C S. A comparison of waste-reduction practices and new environmental paradigm of rural and urban Chinese citizens[J]. Journal of Environmental Management, 2001,62 (1): 3-19.

[13] COHEN J. Statistical power analysis for the behavioral sciences[M]. 2nd ed. Hillsdale, NJ: Lawrence Earlbaum Associates,1988.

[14] DAVIDSON D J, FREUDENBURG W R. Gender and environmental risk concerns: A review and analysis of available research[J].Environment and Behavior, 1996,28(3):302-339.

[15] DAWES R M. Social dilemmas[J].Annual Review of Psychology, 1980(31): 169-193.

[16] DIEKMANN A, FRANZEN A. The wealth of nations and environmental concern [J]. Environment and Behavior, 1999, 31(4): 540-549.

[17] DIETZ T, GUAGNANO G A. Social structural and social psychological bases of environmental concern[J].Environment and Behavior,1998,30(4): 450-471.

[18] DREWS S, VAN DEN BERGH J C. What explains public support for climate policies? A review of

empirical and experimental studies[J]. Climate Policy,2016, 16(7): 855-876.

[19] DUNLAP R E, MERTIG A G. Global environmental concern: An anomaly for postmaterialism [J]. Social Science Quarterly, 1997,78(1): 24-29.

[20] DUNLAP R E, YORK R. The globalization of environmental concern and the limits of the postmaterialist values explanation: Evidence from four multinational surveys[J]. The Sociological Quarterly,2008,49(3): 529-563.

[21] EATON S, KOSTKA G. Authoritarian environmentalism undermined? Local leaders' time horizons and environmental policy implementation in China[J]. The China Quarterly, 2014,218: 359-380.

[22] ECHAVARREN J M. From Objective Environmental Problems to Subjective Environmental Concern: A Multilevel Analysis Using 30 Indicators of Environmental Quality[J]. Society & Natural Resources,2017, 30(2): 145-159.

[23] ERIKSSON L, GARVILL J, NORDLUND A M. Acceptability of single and combined transport policy measures: The importance of environmental and policy specific beliefs[J]. Transp. Res. Part A, 2008(42): 1117-1128.

[24] ENSERINK B, KOPPENJAN J. Public participation in China: Sustainable urbanization and governance[J]. Management of Environmental Quality: An International Journal, 2007,18(4): 459-474.

[25] FRANZEN A, MEYER R. Environmental Attitudes in Cross-National Perspective: A Multilevel Analysis of the ISSP 1993 and 2000[J]. European Sociological Review, 2010, 26(2): 219-234.

[26] FRANZEN A, VOGL D. Two decades of measuring environmental attitudes: A comparative analysis of 33 countries[J]. Global Environmental Change, 2013,23(5): 1001-1008.

[27] FUNG A. Varieties of participation in complex governance[J]. Public Administration Review, 2006,66: 66-75.

[28] FUNG A. Putting the public back into governance: The challenges of citizen participation and its future[J]. Public Administration Review, 2015,75(4): 513-522.

[29] GIVENS J E, JORGENSON A K. Individual environmental concern in the world polity: A multilevel analysis[J]. Social Science Research,2013,42(2): 418-431.

[30] GRIFFIN L. Governance innovation for sustainability: Exploring the tensions and dilemmas[J]. Environmental Policy and Governance, 2010,20(6): 365-369.

[31] GUERIN D, CRETE J, MERCIER J. A Multilevel Analysis of the Determinants of Recycling Behavior in the European Countries[J]. Social Science Research,2001,30(2): 195-218.

[32] GUSMANO M K, SCHLESINGER M, THOMAS T. Policy Feedback and Public Opinion: The Role of Employer Responsibility in Social Policy[J]. Journal of Health Politics, Policy and Law, 2002,27(5): 731-772.

[33] HALD M. Sustainable Urban Development and Chinese Eco-City[R]. FNI Report, 2009.

[34] HARDIN G. The tragedy of the commons[J]. Science, 1968, 162: 1243-1248.

[35] HARRIS P G. Environmental perspectives and behavior in China: Synopsis and bibliography[J]. Environment and Behavior, 2006, 38(1): 5-21.

[36] HARRIS P G. Green or brown? Environmental attitudes and governance in Greater China[J]. Nature + Culture, 2008, 3(2): 151.

[37] HEILMANN S. From local experiments to national policy: The origins of China's distinctive policy process[J]. The China Journal, 2008 (59): 1-30.

[38] HEILMANN S. Policy experimentation in China's economic rise [J]. Studies in Comparative International Development, 2008. 43(1): 1-26.

[39] INGLEHART R. Public support for environmental protection: Objective problems and subjective values in 43 societies[J]. PS: Political Science & Politics, 1995, 28(1): 57-72.

[40] IM D K, MENG T. The Policy-Opinion Nexus: The Impact of Social Protection Programs on Welfare Policy Preferences in China[J]. International Journal of Public Opinion Research, 2015, 28 (2): 241-268.

[41] JAGERS S C, HAMMAR H. Environmental taxation for good and for bad: On individuals' reluctance to mitigate climate change via CO_2-tax vis-à-vis alternative policy instruments[J]. Environmental Politics, 2009, 18(2): 218-237.

[42] JAGERS S, LöFGREN Å, STRIPPLE J. Attitudes to personal carbon allowances: Political trust, fairness and ideology[J]. Climate Policy, 2010, 10(4): 410-431.

[43] JONES R E, DUNLAP R E. The social base of environmental concern: Have they changed over time? [J]. Rural Sociology, 1992, 57(1): 28-47.

[44] TYLER T, HUO Y J. Trust in the law[M]. New York: Russell Sage Foundation, 2002.

[45] KHANNA N, FRIDLEY D, HONG L. China's pilot low-carbon city initiative: A comparative assessment of national goals and local plans[J]. Sustainable Cities and Society, 2014(12): 110-121

[46] KOSTKA G. Barriers to the implementation of environmental policies at the local level in China [R]. World Bank Group, 2014.

[47] KOSTKA G. Command without control: The case of China's environmental target system[J]. Regulation & Governance, 2016, 10(1): 58-74.

[48] KOSTKA G, MOL A P J. Implementation and participation in China's local environmental politics: Challenges and innovations[J]. Journal of Environmental Policy and Planning, 2013, 15(1): 3-16.

[49] KNIGHT K W, MESSER B L. Environmental concern in cross-national perspective: The effects of affluence, environmental degradation, and World Society[J]. Social Science Quarterly, 2012, 93 (2): 521-537.

[50] KRAUSE R M. Policy innovation, intergovernmental relations, and the adoption of climate

protection initiatives by US cities[J].Journal of Urban Affairs,2011，33(1)：45-60.

[51] LEVIN J. Elementary statistics in social research[M]. New Delhi：Pearson Education India,2006.

[52] LI L. Rights consciousness and rules consciousness in contemporary China[J].The China Journal，2010 (64)：47-68.

[53] LI Y W，MIAO B，LANG G. The local environmental state in China：A study of county-level cities in Suzhou[J].The China Quarterly，2011,205：115-132.

[54] LIEBERTHAL K. Governing China：From Revolution Through Reform[M].New York：W.W. Norton and Company,2004.

[55] LIU X S，MU R. Public environmental concern in China：Determinants and variations[J].Global Environmental Change,2016，37：116-127.

[56] LO F C，XING Y Q. China's sustainable development framework：Summary report[R].UNU：Institute of Advanced Studies,1999.

[57] LO K. China's low-carbon city initiatives：The implementation gap and the limits of the target responsibility system[J].Habitat International,2014，42：236-244.

[58] JAKOBSSON C，FUJII S，GäRLING T. Determinants of private car users' acceptability of road pricing[J].Transp. Policy，2000(7)：133-158.

[59] MA X，ORTOLANO L. Environmental regulation in China：Institutions，enforcement，and compliance[M].London：Rowman & Littlefield Publishers,2000.

[60] MARQUART-PYATT S T. Are there similar sources of environmental concern? Comparing industrialized countries[J].Social Science Quarterly，2008，89(5)：1312-1335.

[61] MARQUART-PYATTS T. Contextual influences on environmental concerns cross-nationally：A multilevel investigation[J].Social Science Research,2012，41(5)：1085-1099.

[62] MEADOWCROFT J. Who is in charge here? Governance for sustainable development in a complex world[J].Journal of Environmental Policy & Planning，2007，9 (3-4)：299-314.

[63] MEI C，LIU Z. Experiment-based policy making or conscious policy design? The case of urban housing reform in China[J].Policy Sciences,2014，47(3)：321-337.

[64] METTLER S，SOSS J. The consequences of public policy for democratic citizenship：Bridging policy studies and mass politics[J].Perspectives on Politics，2004，2(1)：55-73.

[65] METTLER S. Bringing the state back in to civic engagement：Policy feedback effects of the GI Bill for World War II veterans[J].American Political Science Review，2002,96(2)：351-365.

[66] MIAO B，LANG G. A tale of two eco-cities：Experimentation under hierarchy in Shanghai and Tianjin[J].Urban Policy and Research，2015,33(2)：247-263.

[67] MOHAI P，TWIGHT B W. Age and environmentalism：An elaboration of the Buttel model using national survey evidence[J].Social Science Quarterly，1987，68(4)：798.

[68] MOL A P. Urban environmental governance innovations in China[J]. Current Opinion in

Environmental Sustainability, 2009,1(1): 96-100.

[69] MOL A P, CARTER N T. China's environmental governance in transition[J]. Environmental Politics, 2006,15(2): 149-170.

[70] NEWIG J, FRITSCH O. Environmental governance: Participatory, multi-level and effective? [J]. Environmental Policy and Governance,2009, 19(3): 197-214.

[71] OSTROM E. Governing the Commons: the Evolution of Institutions for Collective Action[M]. Cambridge: Cambridge University Press, 1990.

[72] PIERSON P. When effect becomes cause: Policy feedback and political change[J]. World Politics, 1993,45(4): 595-628.

[73] PORTNEY K. Civic engagement and sustainable cities in the United States [J]. Public Administration Review, 2005, 65(5): 579-591.

[74] RAN R. Perverse incentive structure and policy implementation gap in China's local environmental politics[J]. Journal of Environmental Policy and Planning,2013, 15(1): 17-39.

[75] RYDIN Y, PENNINGTON M. Public participation and local environmental planning: The collective action problem and the potential of social capital[J]. Local Environment, 2000,5(2): 153-169.

[76] SAMDHAL D M, ROBERTSON R. Social determinants of environmental concern specification and test of the model[J]. Environment and Behavior, 1989,27(1): 57-81.

[77] SHEN J, SAIJO T. Reexamining the relations between socio-demographic characteristics and individual environmental concern: Evidence from Shanghai data[J]. Journal of Environmental Psychology, 2008,28(1): 42-50.

[78] SHIN K. Neither centre nor local: Community-driven experimentalist governance in China[J]. The China Quarterly, 2017, 231: 607-633.

[79] SHIROYAMA H, MATSUO M, SCHROEDER H, SCHOLZ R, ULRICH A E. Governance for sustainability: Knowledge integration and multi-actor dimensions in risk management [J]. Sustainability Science, 2012, 7(1): 45-55.

[80] STEINHARDT H C, WU F S. In the Name of the Public: Environmental Protest and the Changing Landscape of Popular Contention in China[J]. China Journal,2016,75: 61-82.

[81] SU M R, CHEN B, XING T, CHEN C, YANG Z F. Development of low-carbon city in China: Where will it go? [J]. Procedia Environmental Sciences, 2012, 13: 1143-1148.

[82] SUN C, YUAN X, XU M. The public perceptions and willingness to pay: From the perspective of the smog crisis in China[J]. Journal of Cleaner Production, 2016,112: 1635-1644.

[83] TONG Y. Bureaucracy meets the environment: Elite perceptions in six Chinese cities[J]. The China Quarterly,2007, 189: 100-121.

[84] TOTH F L. Fair Weather: Equity Concerns in Climate Change: Vol. 6 [R]. Routledge,2013.

[85] TREMBLAY K R, DUNLAP R E. Rural-urban residence and concern with environmental quality: A replication and extension[J]. Rural Sociology, 1978, 43(3): 474.

[86] TYLER T. Why people obey the law [M]. 2nd ed. Princeton, NJ: Princeton University Press, 2006.

[87] UNDP. China National Human Development Report 2013—Sustainable and Liveable Cities: Toward Ecological Civilization[R]. Beijing, China, 2013.

[88] WANG R. Adopting local climate policies: What have California cities done and why? [J]. Urban Affairs Review, 2013, 49(4): 593-613.

[89] WANG Y, SUN M, YANG X, YUAN X. Public awareness and willingness to pay for tackling smog pollution in China: A case study[J]. Journal of Cleaner Production, 2016, 112(2): 1627-1634.

[90] XIAO C, DUNLAP R E, HONG D. The nature and bases of environmental concern among Chinese citizens[J]. Social Science Quarterly, 2013, 94(3): 672-690.

[91] XIAO C, HONG D. Gender and concern for environmental issues in urban China[J]. Society and Natural Resources, 2012, 25(5): 468-482.

[92] YANG Z, WU A M. The dynamics of the city-managing-county model in China: implications for rural-urban interaction[J]. Environment and Urbanization, 2015, 27(1): 327-342.

[93] ZANNAKIS M, WALLIN A, JOHANSSON L-O. Political trust and perceptions of the quality of institutional arrangements—how do they influence the public's acceptance of environmental rules [J]. Environmental Policy and Governance, 2015(25): 424-438.

[94] 戴亦欣，刘志林，王婕，廖露．绿色低碳发展政策中的公众认知研究[M]//钱小军，周剑，吴金希．巴黎协定后中国绿色发展的若干问题思考．北京：清华大学出版社，2017：427-493.

[95] 范叶超，洪大用．差别暴露，差别职业和差别体验——中国城乡居民环境关心差异的实证分析[J]．社会，2015，35(3)：141-167.

[96] 韩博天，石磊．中国经济腾飞中的分级制政策试验[J]．开放时代，2008(5)：31-51.

[97] 洪大用．中国民间环保力量的成长[M]．北京：中国人民大学出版社，2007.

[98] 洪大用，范叶超，邓霞秋，曲天词．中国公众环境关心的年龄差异分析[J]．青年研究，2015(1)：1-10.

[99] 洪大用，卢春天．公众环境关心的多层分析[J]．社会学研究，2011(6)：154-170.

[100] 王书明，杨洪星．加强生态文明建设的公众参与——基于厦门 PX 项目抗争事件的思考[J]．科学与管理，2011 (2)：5-9.

[101] 聂伟．公众环境关心的城乡差异与分解[J]．中国地质大学学报：社会科学版，2014，14(1)：62-70.

[102] 杨菊华．多层模型在社会科学领域的应用[J]．中国人口科学，2006(3)：44-51.

[103] 周望．"政策试验"解析：基本类型，理论框架与研究展望[J]．中国特色社会主义研究，2011 (2)：84-89.

[104] 朱婷钰．全球化背景下中国公众环境关心影响因素分析——基于世界价值观调查（WVS）2007 年的中国数据[J]．黑龙江社会科学，2015 (4)：97-102.

第七章

城市氮元素代谢的环境效应及可持续管理

党的十九大报告强调，我国要加快形成绿色发展方式和生活方式，坚定走生产发展、生活富裕、生态良好的文明发展道路。一方面，城市作为居民开展生产、生活活动的主要区域，发生着复杂的物质和能量代谢。城市的绿色发展，必须综合考虑生产、生活、废弃物处置等多个部门间的物质迁移转化，从系统的层面探索整体生态环境影响最小、物质代谢效率最高的绿色发展路径。另一方面，基于全球温室气体过量排放和资源、环境等物质要素压力升高而提出的"低碳社会"建设理念已经得到广泛关注。但在快速城市化背景下，相较碳元素而言，氮元素作为支持社会发展的另一关键元素，其代谢路径、代谢形态极为复杂，且人类活动已经显著干扰了氮元素原有的自然循环代谢过程。多种形态的氮污染物引发了大气污染、酸雨、水体富营养化等一系列严重的污染问题，影响了城市生态环境质量。因此，解析氮元素在城市生态系统中的代谢转化路径和复杂环境效应，探究实现氮资源循环利用、氮污染排放削减的有效路径，对促进城市绿色发展、改善城市生态环境质量具有重要意义。

第一节　氮元素代谢及其社会与环境效应

氮元素对于人类社会发展具有明显的两面性：一方面，氮是重要的资源，尤其对农业增产起着关键作用；另一方面，环境中过量的氮素可能引发多种生态、环境和健康问题，威胁到社会的可持续发展。活性氮排放的持续增长和区域氮素分配的不均匀，会在不同环境介质中带来相应的污染问题，是氮素可持续管理中面临的关键问题。

一、氮元素代谢的主要过程与存在形态

氮是一种化学元素，原子序数为7，自然界中绝大部分的氮以氮气形态存在于大气中，占空气体积的78%。绝大多数生物并不能直接利用氮气这一惰性气体。将空气中游离的氮气转化为氮化合物的过程被称为氮的固定。氮固定的产物，包括 NH_3、NH_4、NO、NO_2、HNO_3、N_2O、PAN 及其他有机氮化合物等，都可被称为活性氮。表7-1总结了氮循环中氮

元素可能存在的不同形态。多种形态的氮元素持续地在自然或人类活动的作用下，在大气、水体、土壤、生物体等多介质间发生复杂的迁移和转化，构成了氮的生物地球化学循环。在生态系统生产力、大气化学和地球辐射平衡中，氮元素都扮演着重要的角色。

表 7-1　氮循环中氮元素存在的不同形态

名称	化学式	价态	简　　介
硝酸盐	NO_3^-	+5	大量存在于自然界中，主要来源是自然固氮，溶于雨水会形成硝酸，是氮肥中氮存在的重要形式
二氧化氮	NO_2	+4	棕红色有毒气体，产生于高温燃烧过程，与水反应生成硝酸和一氧化氮，具有明显的人体毒性和环境负面效应
亚硝酸盐	NO_2^-	+3	易由硝酸盐转化而来，过量摄入会致人中毒甚至死亡
一氧化氮	NO	+2	有毒气体，易氧化为二氧化氮，具有重要的生物学作用
一氧化二氮	N_2O	+1	又称“笑气”，助燃，是一种重要的温室气体，单分子增温潜势是二氧化碳的 298 倍，由硝化、反硝化过程产生
氮气	N_2	0	占空气体积分数的 78%，化学性质不活泼，是合成氨的主要原料
氨气	NH_3	−3	强烈刺激性气味气体，由氮和氢直接合成制得，是重要的工业原料，对人体有一定毒性
铵盐	$NH_4{}^+$	−3	氨气与酸反应产物，应用于制肥、制炸药及其他工业
有机氮	$R\text{-}NH_2$	−3	氨基酸、核酸、酰胺、尿素等物质中的重要成分，与生命体的生长发育息息相关，在农业、工业中有广泛应用

图 7-1 描述了多种形态的含氮物质是如何在生态系统中进行代谢转化的。总体来看，氮元素代谢过程主要包括输入、分配利用和流失三个主要环节。

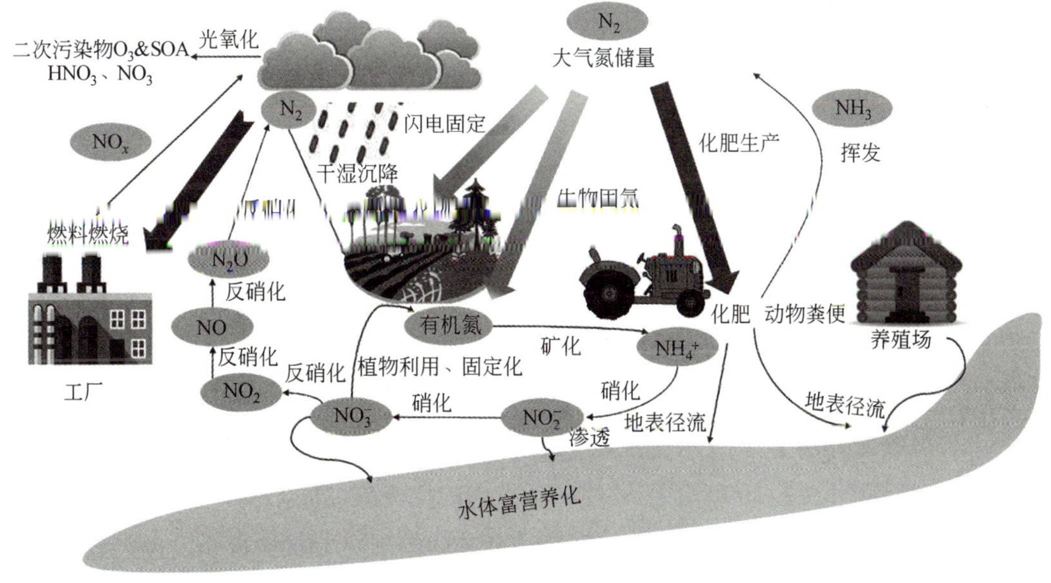

图 7-1　典型城市生态系统氮代谢示意图

（一）活性氮的输入

大气是最主要的氮库，氮气占空气体积分数的78%。活性氮向生态系统的输入环节，即氮气通过固氮作用转化为活性氮过程的主要途径分为自然途径和人为途径。

自然途径主要包括：

(1) 生物固氮：固氮微生物能够在固氮酶的催化作用下，将大气中的分子态氮(N_2)还原为氨。主要形式包括自生固氮、共生固氮和联合固氮。

(2) 闪电固氮：闪电作用下空气中的氮气与氧气发生反应，能够生成一氧化氮。一氧化氮会再转化为二氧化氮，与水反应生成硝酸。闪电固氮途径能够固定的氮量很小。

(3) 火山喷发：将地壳内储存的活性氮以氨的形态释放出来。

人为途径主要包括：

(1) 工业固氮：主要指 Haber-Bosch 法制氨，即氮气和氢气在高温高压和催化剂的作用下直接合成氨，作为化肥工业和有机化工的主要原料。

(2) 生物固氮：人类广泛种植的豆科植物的共生固氮体系，以及水稻和玉米等的联合固氮作用同样能够为农业的持续生产提供大量有效的氮输入。

(3) 化石燃料燃烧：一方面，化石燃料的燃烧会使其中的活性氮（尤其是有机氮）氧化并以氮氧化物的形态释放出来，被称为燃料型 NO_x；另一方面，燃烧时的高温环境能够催化空气中 N_2 和 O_2 发生化学反应，生成氮氧化物，被称为热力型 NO_x。

（二）活性氮的分配和利用

输入生态系统的活性氮会经历复杂的生物地球化学反应过程，以不同形式被利用或流失。由于氮循环的复杂性，迄今为止氮循环的机理仍未完全明确。一般认为氮循环过程由硝化作用、反硝化作用、同化作用、矿化作用、厌氧氨氧化作用等构成。主要环节包括氮沉降、动植物利用、工业生产、微生物反硝化等。氮沉降包括干沉降和湿沉降，是重要的陆地生态系统活性氮重新分配的物理过程；动植物利用是指植物摄入生物或工业固定的活性氮，转化成自身的蛋白和其他有机氮，并沿食物链持续进行氮的供给；工业生产中利用合成氨制取氮肥、复合肥和其他工业产品，供给农业、工业和居民消费使用；微生物通过反硝化作用，将高价态的硝酸盐中的氮通过一系列中间产物(NO_2^-、NO、N_2O)还原为氮气(N_2)[1]。

（三）活性氮的流失

人类源活性氮的输入和利用中，往往伴随大量的氮流失过程，引发不同类型的氮污染。例如，研究显示，目前全球化肥施用和豆科植物的种植约供给 140Tg N yr^{-1}进入农田，而最终产出的植物蛋白量只有输入量的20%左右。大量的氮元素通过地表径流、地下渗滤流失，污染土壤和地下水。人类和动物摄入蛋白后的氮排泄，可能直接流失入环境、以氨的形式通过挥发途径污染大气环境，或者进入污水处理厂，在脱氮环节被反硝化为氮气或氮氧化物。化石燃料燃烧生成的氮氧化物在未经严格脱氮处理情况下，也会直接排放入大气环境。此外，工业氮循环过程中，大量含氮的工业品经过人类消费后最终被废弃，在堆存、填埋、焚烧等处理过程中同样伴随持久的氮流失过程。活性氮流失带来的环境和健康问题已经引发了人类的共同关注，如何最大化利用氮资源，减少氮流失的环境影响，成为可持续发展的重要议题[1]。

二、氮元素的两面性

（一）氮元素对人类生存和发展的关键意义

氮元素作为生物体内重要的组成元素，与一切生命体的繁衍生息密切相关。对于植物体而言，氮是蛋白质、核酸、酶和多种酶活性调节物质、叶绿素、能量载体等的重要组成元素。植物体主要吸收农田或水田中的铵态氮和硝态氮，吸收的氮除了供给植物体各种物质的合成，促进植物细胞不断分裂和成长，也承担着调节离子平衡、渗透平衡等其他功能。对于动物体而言，各种功能蛋白和其他含氮化合物（如嘌呤、核酸等）同样是生命的物质基础，是构成细胞的基本有机物，是生命活动的重要承担者。动物体的身体构造与生长发育、体内各种物质的运输、抗体免疫、酶的催化、激素调节和能量供给等绝大多数关键环节都离不开氮素构成的有机物提供物质支持。

在农业生产中，氮是重要的增产要素，显著影响植物的生长发育状况。在农作物生长发育的部分关键阶段，如禾本科作物的分蘖期、穗分化期，棉花的蕾铃期，经济作物的产品形成期等，需要大量的氮营养供应[2]。21 世纪初，全球约有一半人口的食物供给需要依赖化学氮肥的施用[3,4]。1908—2008 年，由于氮肥的施用，每公顷耕地能养活的人数从 1.9 人增加到 4.3 人。我国是世界上最大的氮肥生产和消费国，依靠氮肥供给食物的人口比例达 56%。研究显示，在我国目前的田间生产条件下，氮肥施用使水稻、小麦和玉米的产量均值分别在 5.89、5.36 和 7.86 t hm^{-2} 的基础上增加至 8.42、6.87 和 9.89 t hm^{-2}，水稻的氮肥增产效应达到 43%[5]。有研究[6]估计，氮肥和其他技术的农业增产作用相当于将中国的人均耕地面积从 0.08 亩提高到了 0.52 亩。图 7-2 展示了现代农业生态系统中氮的主要流向，可以看出，生态系统中的氮流向相对比较封闭，除了利用有机废弃物制取有机肥回田这一途径外，如果区域能够固氮的豆科植物耕种面积很小，就需要大量的化肥供给来支持作物需求，由此引发的生态环境风险和氮管理压力将在后文详述[7]。

在工业生产中，氮同样与大多数关键工业产品的生产息息相关。在 Haber-Bosch 法出现之前，人们的工业产品氮需求主要来源于生物合成，如羊毛制品、皮革制品等。而在工业固氮普及之后，获得的合成氨除了用于制取氮肥之外，还用于生产胺类、氰类、硝基类、腈类

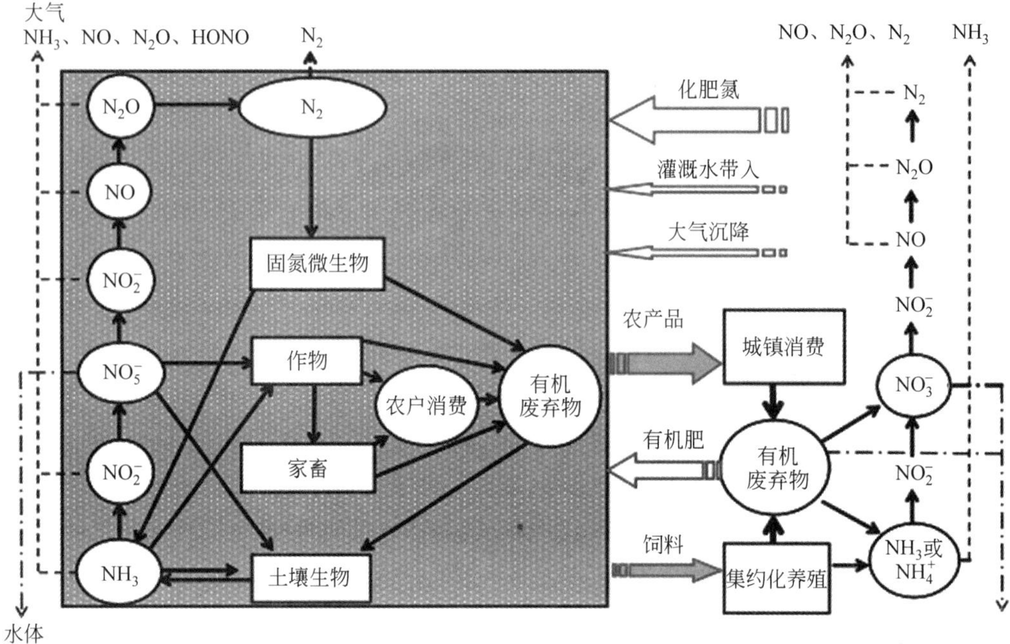

图 7-2 现代农业生态系统氮流向图[7]

中间品，最终用于生产合成纤维、塑料、合成橡胶、合成树脂、黏合剂、炸药、涂料、燃料、医药等工业产品。工业氮产品的生产显著增加了活性氮种类的多样性，为人类提供了多种性质和用途的产品，如图 7-3 所示。

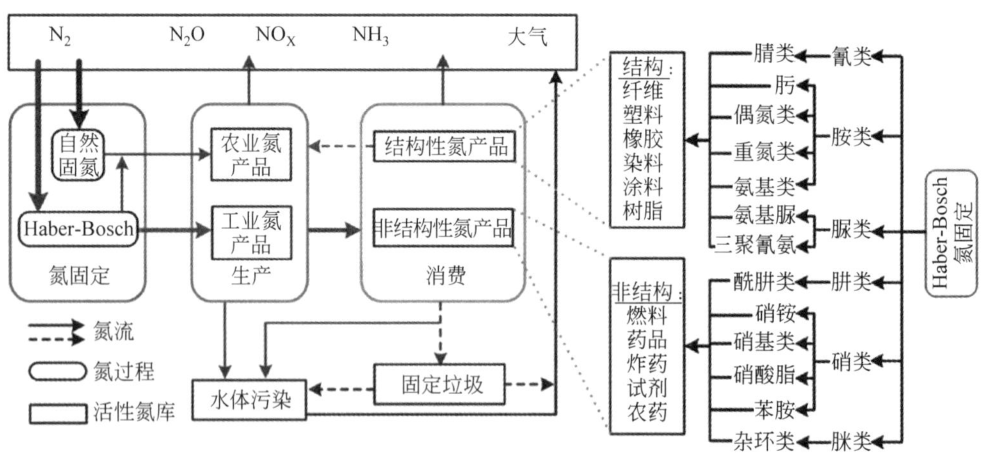

图 7-3 工业氮循环代谢过程[8]

（二）氮元素产生的生态环境影响

尽管氮元素作为关键的营养元素，保障着人类的生存与发展需求，但过量的活性氮在环境中的迁移和转化会引发许多我们熟知的环境污染、生态破坏和人体健康问题。

1. 大气污染

氮氧化物是一种重要的大气污染物。人为活动排放的氮氧化物大部分来源于燃料的燃烧(包括交通工具、内燃机、工业窑炉等的燃烧过程)和氮固定工业。产生的氮氧化物可以被分为两类：一是热力型 NO_X，指空气中的 N_2 在高温下氧化而生成的氮氧化物，生成量与火焰结构和温度有关；另一种是燃料型 NO_X，指燃料中各种氮化物，如喹啉（C_5H_5N）和芳香胺（$C_6H_5NH_2$）等，被分解氧化生成的 NO_X。我国印发的《"十三五"生态环境保护规划》将氮氧化物列为四项主要污染物排放总量指标之一。自 2011 年以来，我国氮氧化物的排放总量已经呈稳步下降趋势，氨氮减排的下降趋势相对较缓，如图 7-4 所示。

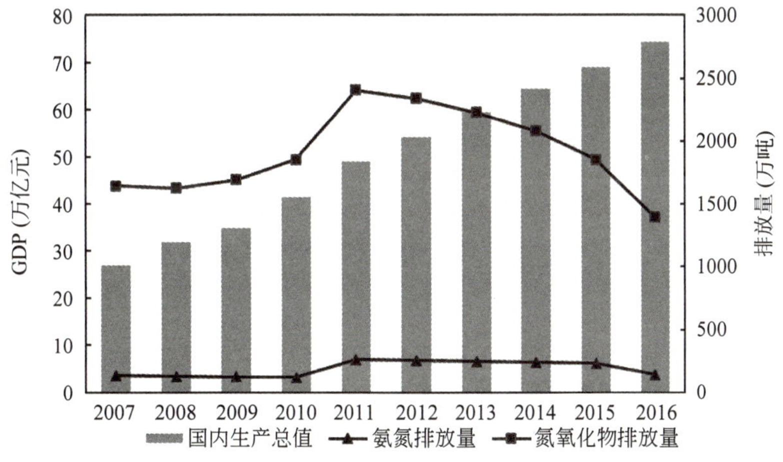

图 7-4　2007—2016 年我国国内生产总值和氨氮、氮氧化物排放量

资料来源：国家统计局

2012 年修订的《环境空气质量标准》给出了二氧化氮及氮氧化物在不同类区域中的浓度限值。氮氧化物本身作为一次污染物，会对人体健康产生一定危害。同时，它还是形成雾霾、光化学烟雾等二次污染的重要前体物。

(1) 雾霾

大气细颗粒物除来源于自然界外，更多地来自人类活动的排放，可分为直接排入空气中的一次颗粒物及与空气中的气态污染物通过化学反应生成的二次颗粒物。二次颗粒物通常含有可溶性的硫酸盐、硝酸盐和二次有机物等，它们是由工业生产、各类燃烧过程排放的 SO_2、NO_X、挥发性有机物（VOC）等一次气态污染物在大气中的氧化转化而产生的。近年来的观测数据表明，在各城市中二次颗粒物的比例在逐渐增加，已成为主要城市和城市群地区大气细颗粒物的主要来源。北京、上海、广州等大城市中的 PM2.5 中二次颗粒的份额可超过 50%。

PM2.5 的生成与大气臭氧浓度密切相关，而臭氧的生成同时依赖氮氧化物作为反应基础。臭氧是由大气中的一次气态污染物 VOC 和氮氧化合物(NO_X)在太阳光紫外射线的作用下经一系列化学反应生成的二次污染物。这个过程同时会产生大量具有强氧化性的自由基,促进二次 PM2.5 的生成。

(2) 光化学烟雾

大气中的氮氧化物和碳氢化合物等一次污染物在阳光照射及一定的气象和地理条件下会发生一系列的光化学反应,生成臭氧、过氧乙酰硝酸酯、高活性自由基、醛、酮等二次污染物。这种由一次污染物和二次污染物的混合物所形成的烟雾污染现象,被称为光化学烟雾。光化学烟雾最初出现在洛杉矶,之后陆续在世界各地出现,主要出现在中纬度车辆高速机动化的城市。我国首次发现光化学烟雾是在 20 世纪 70 年代末的兰州西固石油化学工业区,随后北京、上海、广州、深圳等大城市也陆续出现了光化学污染。

氮氧化物是光化学烟雾形成的重要前体物。NO_X 的光解是主要的起始反应,当污染大气中存在碳氢化合物时,可被 O、O_3、NO_2 氧化生成一系列自由基,包括含氧自由基、过氧自由基、过氧酰基自由基等。过氧化基能够引起 NO 向 NO_2 的转化,最终导致 PAN 等强氧化剂的生成。因此,NO_X 在光化学烟雾的形成中具有决定性作用。控制汽车尾气的排放是避免光化学烟雾形成的有效措施[9]。光化学烟雾对人体有很大的刺激和毒害作用,浓度达 0.1mg/m^3 时,会导致人眼睛流泪、发疼,0.25～1mg/m^3 时导致人头痛、呼吸困难,浓度达到 50mg/m^3 时能致人死亡[10]。除此之外,光化学烟雾还会导致橡胶制品老化、龟裂,建筑物损坏。

2. 水体污染

(1) 地表水体污染

大气中沉降中的氨氮、硝氮是湖泊、河流等地表水体中氮素的重要输入源。氮、磷等营养元素是影响水体富营养化的重要元素。营养元素的富集会导致湖泊、水库和海湾等封闭性或半封闭性的水体中某些藻类,尤其是蓝藻、绿藻等大面积增殖,挤占其他植物的生存空间,导致水体溶解氧显著降低,水生生物大批死亡,水质遭受严重破坏。藻类及其他浮游生物残体在腐烂过程中,又将大量的氮、磷等营养物质释放到水中,供新生代藻类利用[11-14],整个水生态系统的物质循环和能量流动被破坏,严重影响了生态系统的稳定性。一般而言,当水体内无机态总氮含量大于 0.2mg/L,$PO_4^{3-}-P$ 的浓度达到 0.02mg/L 时,就可能引起藻华发生。蔡龙炎等[15]对我国公开发表的学术论文中的 32 个典型湖泊的约 140 组富营养化有效监测数据开展的统计分析表明,总氮(TN)和总磷(TP)的变化范围都比较大,分别为 0.11～29.2mg/L 和 0.006～1.04mg/L。

农田氮流失、大气氮沉降等都是地表水体氮输入的重要来源。农田氮流失的机制一般可分为两类:通过淋溶移出植物根区,或者通过地表径流和土壤侵蚀流失[11,16]。硝态氮和铵态氮是流失氮素的主要形态。施氮量、氮肥种类、施用时期等都与氮流失量密切相关，尤其是施氮量与氮流失量之间存在显著的正相关关系，对氮素径流的发生起主导作用。其他因素如地形地貌、土壤质地、种植模式、降雨量、灌溉模式等都影响土壤氮素的累积或农田水分的运移，从而影响氮素向水体的流失。不同区域的农田氮流失量差别很大，我国各类农田的氮流失量(12～347kg /hm^2) 明显高于欧美国家(4～107kg /hm^2)。文献报道[17]我国几种土壤类型，包括水稻土、粉质壤土、褐土、紫色土等中，粉质壤土的氮流失量最大，达到149～212kg /hm^2。水稻土的氮流失量为 12～48kg /hm^2[18-23]。

大气氮沉降是另一显著影响水体富营养化的重要因素。据估计，每年通过湿沉降进入太湖水体的总氮量约占入湖河道年总氮输入量的 13.6%，大气降雨已经成为太湖水体富营养化的面污染源之一[24, 25]。张修峰等[26]、倪婉敏等[27]分别研究了大气湿沉降对惠州西湖水体和临安青山湖区富营养化的影响，结果显示，惠州市通过湿沉降平均每年输入的 TN 为 16.26kg /hm^2，相当于 34.84kg /hm^2 尿素。0.861mg · L^{-1} 的湿沉降总氮含量远大于富营养水体中的氮浓度阈值(0.2mg · L^{-1})。青山湖春季大气氮沉降负荷为 6.64kg /hm^2，雨水中平均的氮浓度为(4.86 ± 0.65) mg · L^{-1}，同样远大于水体富营养化氮阈值。氮的代谢紊乱和迁移转化对地表水体生态系统的健康稳定发展构成了严重威胁。

(2) 地下水体污染——硝酸盐污染

地下水氮污染通常用“三氮”，即氨氮、硝酸盐氮和亚硝酸盐氮表示，其中硝酸盐氮为最主要的形式。硝酸盐本身对人体没有直接危害，但在人体内被还原成亚硝酸盐之后，可能使血液中正常携氧的低铁血红蛋白氧化成高铁血红蛋白，失去携氧能力而引起组织缺氧，甚至还有可能引发致畸致癌等问题。在我国，地下水开采量约占总供水量的 18%，尤其在北方，65%的生活用水、50%的工业用水和 33%的农业用水来源于地下水[28, 29]。地下水的硝酸盐污染将威胁到饮用水，尤其是农村饮用水安全。从 20 世纪 60 年代开始，地下水硝态氮污染的问题开始为世界各国所关注，并逐渐积累了地下水质监测与污染控制的数据和实践。

多种类型的污染源都可能向地下水输入氮污染。其中，点源包括生活污水、工业废水、生活垃圾渗滤液、污水管网泄漏等，而面源污染包括农业氮肥径流、污水灌溉等。面源污染的污染贡献程度相对更高，农业面源污染贡献率又是最大的[30]。很多研究都已经发现了地下水中硝态氮含量与区域氮肥施用量之间的正相关关系[31, 32]。氮肥进入土壤后，除了被植物根系吸收利用的部分之外，一部分氮肥可能被土壤吸附，从原本的铵态、酰胺态氮氧化成为硝态氮。负电性的硝酸根难以附着在负电性的土壤胶体微粒表面，随着水体下渗进入地下水含水层[31, 33]。因此，施肥、降雨、灌溉、地质、地形、土壤类型等因素都是影响地下水氮污染状况的因子。

3. 土壤酸化

土壤酸化是指土壤吸收性复合体接受了一定数量交换性氢离子或铝离子，使土壤中碱性(盐基)离子淋失的过程。大气氮沉降中，湿沉降主要为 NH_4^+ 和 NO_3^-，而干沉降包含气态 NO、N_2O、NH_3，$(NH_4)_2SO_4$ 和 NH_4NO_3 粒子等，铵根和硝酸根的沉降都能导致土壤发生酸化。NH_3 虽然呈碱性，能够中和降水的酸度，但形成的 NH_4^+ 沉降到土壤中后会被吸收或硝化，导致更多 H^+ 的产生。土壤酸化会引发一系列的环境风险。第一，土壤酸化导致的土壤板结问题会造成土壤性质被破坏，植物根系生根发育困难，使作物长势衰弱、产量下降。为了增加作物产量，施肥量的增加会进一步加剧酸化，形成恶性循环。第二，土壤酸化可能导致更多土壤溶解出的 Al 转化成水化 Al^{3+} 形式，进一步导致土壤中 Al-P 化合物沉淀，引发磷素的缺乏。第三，土壤酸化也会对植物产生毒害作用，危害植物体根系，引发木质部中的重金属元素含量显著提高，对植物的生长有抑制作用。

氮肥的输入、大气氮沉降都是重要的土壤酸化原因。氮肥输入对土壤酸化的影响已有大量观测研究证实[34]。Cai 等[35]开展的研究表明长期施用 300kg/(hm^2 · a)的化学氮条件下，8～12 年之后土壤 pH 下降了 1.2～1.5。徐仁扣等[36]观测发现长期施用 80kg/(hm^2 · a)的铵态氮条件下，14 年后土壤 pH 下降了 1.4～1.6。Lungu 等[37]研究发现连续 4 年施用 180kg/(hm^2 · a)的化学氮肥后，土壤 pH 下降了 0.87。周晓阳等[38]选取湖南省 32 个耕地肥力监测点进行数据统计分析，长期化学氮肥输入下的水旱轮作方式加速了土壤的酸化，且酸化速率是持续种稻模式的 10 倍左右。大气氮沉降早期被视为有利的养分来源，但随着氮沉降量的增加，学者日益关注其可能引发的对土壤酸化的影响。酸雨通常含有较高浓度的可溶性 NH_4^+、NO_3^- 和 SO_4^{2-}。NH_4^+ 在植物表面往往以 $(NH_4)_2SO_4$ 的形式存在[39]，被雨水淋溶之后，$(NH_4)_2SO_4$ 降落到土壤，并在硝化过程中迅速氧化为 HNO_3 和 H_2SO_4。这个过程可产生极低的 pH 值。林岩等[40]通过野外实验，观察到对于喷洒 NH_4NO_3 和 $NaNO_3$ 的森林土壤，1 年内已经可以观察到明显的土壤酸化加剧现象，土壤中有毒有害的 Al^{3+} 浓度显著升高。

4. 生物多样性降低

森林是维护生物多样性的核心区域。据统计，世界森林面积仅占土地面积的 22%，但集中了 70%以上的物种。尤其是热带雨林，以世界土地面积的 7% 集中了约 50% 的物种数[41, 42]。许多研究已经表明，森林氮沉降的增加引发的一系列森林生态环境问题，包括土壤酸化、生产力降低、森林营养失衡等，会严重威胁森林的生物多样性。目前，氮沉降已经成为土地利用和气候变化之外第三大生物多样性丧失的驱动因子[41, 43]，联合国环境规划署生物多样性委员会把氮沉降纳入评估生物多样性的指标[44]。

氮沉降对生物多样性的影响可以从其对植物、动物、微生物多样性三种类型的影响来介绍。对于植物，首先，许多研究已经证实，由于在许多陆地生态系统中氮元素是重要的限制因子，氮沉降能显著改变森林植物组成，其中林下层植物和隐花植物的响应更为敏感，以致减少植物多样性。一方面，氮沉降能够导致优势植物的衰退，研究者在哈佛森林红松林样地进行了为期7年的氮增加实验（地面喷施 NH_4NO_3，施氮强度分别为50、150kgNhm^{-2}a^{-1}），草本层植物的密度和生物量分别降低了80%和90%[45]；另一方面，氮沉降也会导致某些喜氮植物的大范围生长。其次，氮沉降还会改变植物氮代谢进程，可能降低其对环境胁迫的承受度，增加其对病虫害的敏感性[46]。最后，上一小节提及的土壤酸化也会影响物种丰富度，许多长期田间氮沉降实验都证明土壤酸化度高的区域，物种丰富度相对较低[47]。除此之外，植物体内的亚硝酸和硝酸累积、树叶的腊被、角质层和气孔被氮沉降伤害、植物根系被铝毒效应损伤、营养失衡等都可能导致物种的衰退。

氮沉降对动物物种多样性的影响可以从地下土壤动物和地上草食动物两个角度来讲。对于地下土壤动物而言，过量氮沉降产生的土壤酸化和铝毒效应同样是减少动物多样性的主要原因[48-50]。例如，Kuperman 等[48]在三块长期接受不同氮沉降量的土地进行的对大型土壤动物多样性的观测研究发现，在酸沉降相对最低的区域，观测到的动物总数、分解者数量和捕食者数量都显著地高于另两个区域。同时，单一营养的大量输入，结合各个群落营养偏好的不同，也会通过种间竞争使群落结构趋向单一，从而降低生物多样性。对于地上草食动物而言，氮沉降会改变草食动物食物的组织质量和丰富度，使草食动物可能因取食叶片中的氨基酸、蛋白质等组成变化而降低对食物的偏好，不利于其繁殖，导致生物多样性的降低[51]。

对于微生物而言，高氮沉降输入会导致群落的结构与功能改变。相关研究主要集中在氮沉降对真菌和细菌生物多样性的影响。与对植物体的影响类似，过量的氮会导致区域优势物种衰退和喜氮微生物的增殖，从而降低真菌的数量和物种丰富度。例如，Frey 等[52]在哈佛森林针叶林样地、Carrrae 等[53]在西德加云杉林的观测研究都证明了氮沉降的增加抑制了土壤真菌的多样性。土壤酸化和铝毒效应也会危害植物根系，从而威胁共生菌群的生长。

5. 全球变暖和臭氧层破坏

N_2O 是《京都议定书》要求减缓的六种温室气体之一，单分子 N_2O 的温室效应潜能约是 CO_2 的296倍[54]，在环境中非常稳定，寿命长达120年左右。除此之外，N_2O 会参与大气中的光化学反应，对 O_3 保护层有破坏效应，因此日益受到人们的关注。政府间气候变化专门委员会（IPCC）第五次评估报告显示，2011年，N_2O 的浓度为324ppb，超过工业化前水平的20%。自第四次评估报告以来，大气 N_2O 已增加了6%，产生的辐射强迫为0.17[0.14至

0.20]Wm^{-2}(见图 7-5),且 N_2O 浓度还在继续升高。农业生产是氧化亚氮的主要人为源,除此之外,污水处理、化石燃料燃烧及化工生产过程也是重要的因素。

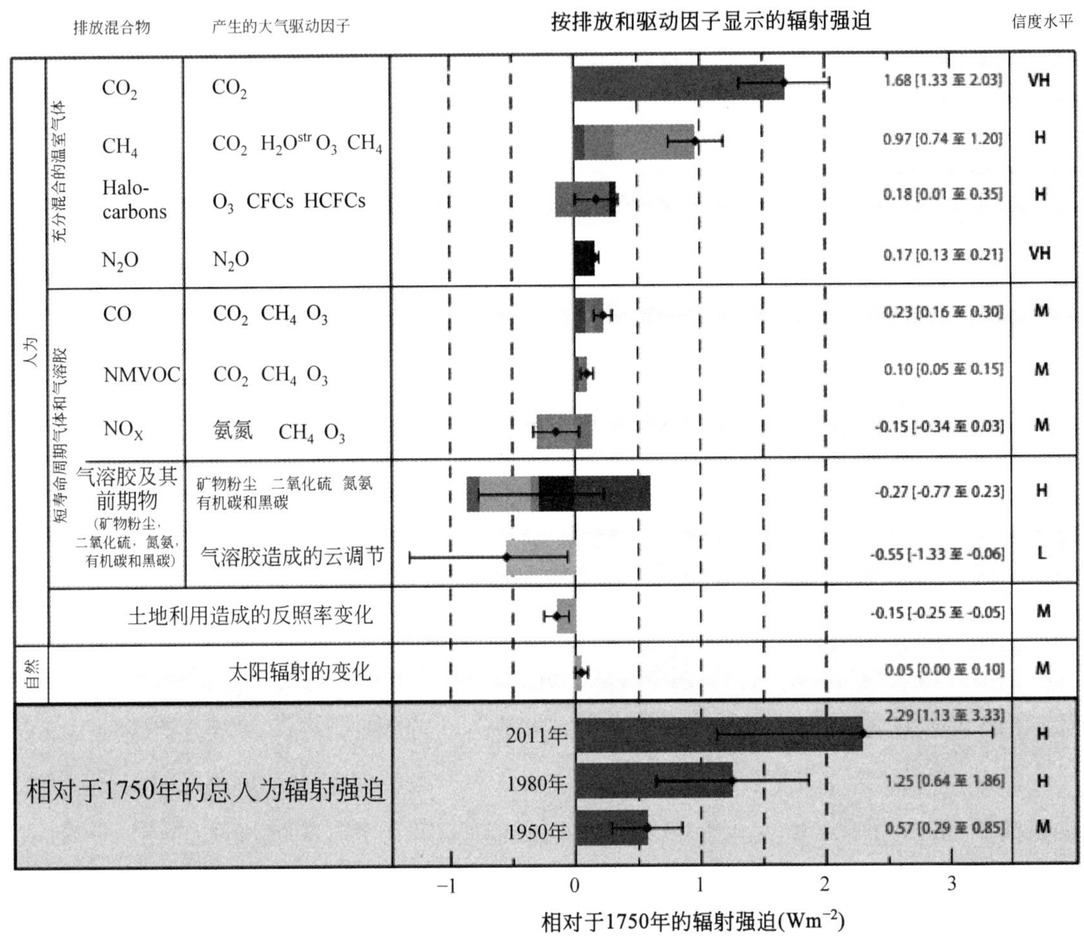

图 7-5 不同排放和驱动因子导致的辐射强迫

资料来源:政府间气候变化专门委员会(IPCC)第五次评估报告

6. 人体健康危害

多种类型的氮素在含量过高时,可能引起不同类型和程度的人体危害。受过量硝酸盐和亚硝酸盐污染的饮用水进入人体后,可能抵抗甲状腺素,诱发地方性甲状腺肿[33];硝酸盐在人体内被微生物转化为亚硝酸盐,并迅速进入血液,将低价血红蛋白氧化成高价血红蛋白,降低输氧能力,导致高铁血红蛋白症的发生,婴儿对此尤为敏感;亚硝酸盐能与二级胺、酰胺等反应,生成强致癌物,增加患癌症的风险;还有研究表明儿童长期饮用导致摄入硝酸盐过量后,由于身体细胞中氧的供应降低,可能造成智力迟钝[55, 56]。

环境中的各种含氮污染也会直接危害人体健康。前文已经提及光化学烟雾会刺激眼睛和黏膜,导致眼病、头痛、呼吸障碍、慢性呼吸道疾病恶化等问题。雾霾由于其粒径微小，污染物可直接通过呼吸系统进入支气管甚至肺部，造成多种呼吸道疾病。同时，雾霾天气导致空气中可吸入颗粒物浓度增加，空气流动性变差，有害细菌与病毒的扩散速度变慢，增加疾病传播风险。酸雨同样可能导致人体免疫力下降，诱发慢性咽炎、支气管哮喘等疾病。

三、我国面临的氮污染现状

1910—2010 年，中国年均活性氮的净产生量从 9.2Tg 增加到 56Tg。从 1956 年开始，人为活性氮产生量开始超过自然活性氮固定量，到 2010 年人为源已经占到超过 80%，如图 7-6(a)所示。同时，在过去的 30 年中，活性氮也在我国土地中不断地累积(从 17Tg 到 45Tg)，同时转移到大气(从 7.6 到 20Tg)和内陆水体(2.7Tg 到 9.6Tg)中的量也在持续增长。研究预测，如果当前的增长趋势持续到 2050 年，届时年均人为活性氮产生量将超过 63Tg。如此巨大的活性氮排放量，必然引起不同形态的氮污染物在中国的各个环境介质之间迁移、转化和累积。同时，图 7-6(b)的研究结果也显示，过去的 30 年中，活性氮在陆地中的保留率从 1978 年的 41%逐渐增加到了 2002 年的峰值 53%，在此之后逐渐降低到 2010 年的 49%。这意味着中国土地储存新产生活性氮的能力或空间可能正在削减，导致森林氮饱和、土壤氮流失等一系列问题。由于氮连锁效应，我国的土壤、水体和大气均面临不同程度的氮污染。

(一) 我国土壤氮污染现状

在讨论土壤氮污染时，本节重点讨论农业氮流失引发的土壤污染。从 1979 年到 2017 年，我国粮食产量由 3.32 亿 t 增加到 6.18 亿 t，占全球粮食生产量的 21%；单产从 2237kg/hm^2 增加到 5506kg/hm^2，以占世界 7%的耕地面积养活了 20%的人口。因此，我国单位耕地面积中输入的氮肥量远高于其他国家。2012 年，全球化肥和氮肥消费量分别为 1.70 亿 t 和 1.03 亿 t，单位播种面积用量分别为 87.5kg/hm^2 和 52.9kg/hm^2，而我国化肥和氮肥用量分别为 5839 万 t 和 2698 万 t，单位粮食播种面积化肥(357.3kg/hm^2)和氮肥(146.9kg/hm^2)施用量均远高于世界平均用量。较低的氮肥利用率势必造成资源的浪费和潜在的环境风险(见图 7-7)。

土壤氮污染与农业氮肥施用中的低效率密切相关，因此我国农业中的氮肥利用率备受研究者的关注。谷保静等[57]分析了我国三类农业子系统——耕地、牲畜饲养场和放牧草场的氮利用效率，发现耕地的氮利用效率从 1980 年的 40%增加到 1984 年的 45%，随后又降低到 2003 年的 36%，并逐渐重新提升到 2010 年的 39%。另外两个农业子系统的氮利用效率则分别实现了 6%～16%和 1%～5%的持续增长。农业系统中较低的氮利用效率导致 1980—2010 年有 18.4～44.8Tg N year^{-1} 的氮损失进入大气、水体或积累在土壤中。需要

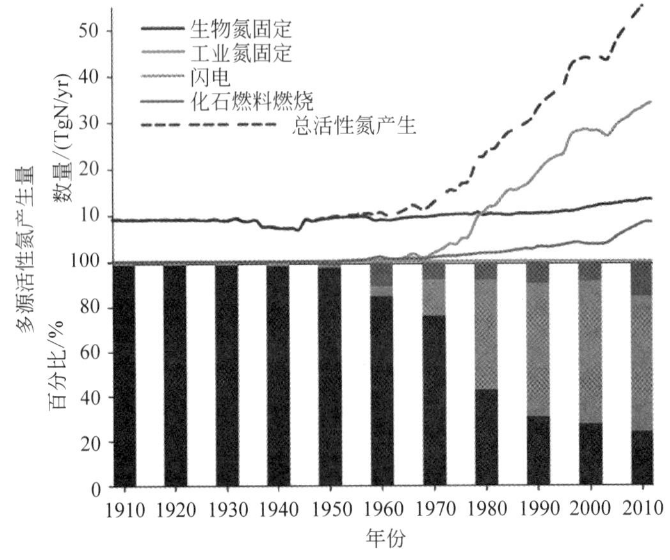

(a) 1910—2010年中国大陆活性氮产生量

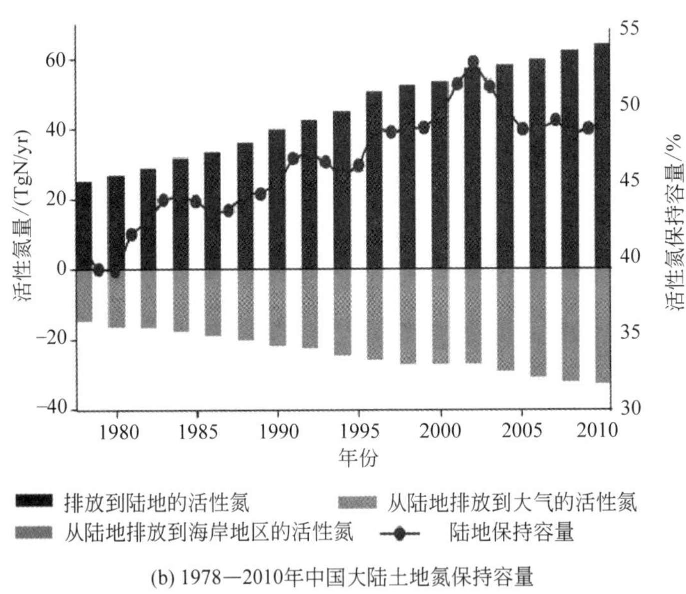

(b) 1978—2010年中国大陆土地氮保持容量

图 7-6　中国大陆活性氮产生量与土地氮保持容量变化

资料来源：Shenghui Cui, et al. (2013). Centennial-scale analysis of the creation and fate of reactive nitrogen in china (1910-2010). PNAS. (1016): 2052-2057.

注意的是，一些传统的氮肥利用率研究没有解析土壤残留肥料氮在补充土壤消耗氮中的作用，没有将施氮量、作物产量和土壤氮变化情况紧密联系起来。例如，对我国北方石灰性旱作土壤二十多年的观测结果，表明传统氮肥利用率约为 27%，根区残留约为 30%，损失氮约占 43%[58]。朱兆良等[59]估计我国农田传统氮肥利用率约为 35%，氨挥发损失 11%，硝化-

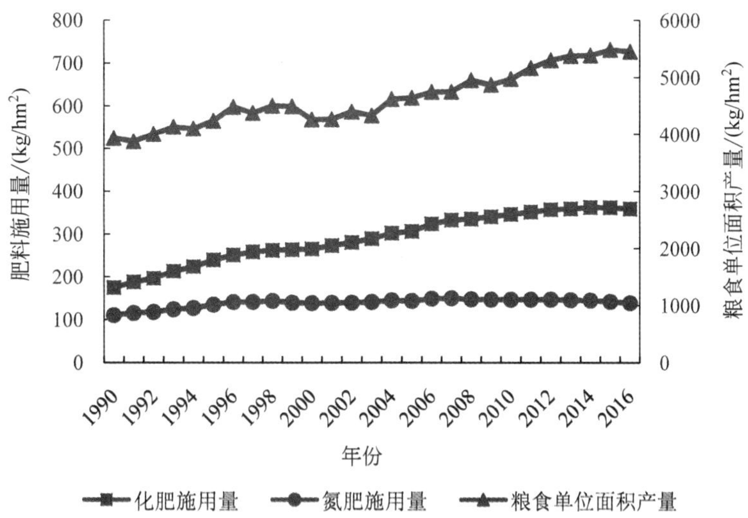

图 7-7　单位粮食种植面积肥料用量和粮食产量(1990—2016 年)

资料来源：中国统计年鉴

反硝化损失 34%，淋洗损失 2%，径流损失 5%，尚有 13%未能明确。《2017 年中国生态环境状况公报》显示，水稻、玉米和小麦三大粮食作物化肥利用率为 37.8%，比 2015 年上升了 2.6 个百分点。过量的氮肥施用、作物管理不到位、撒施氮肥方式等都是造成氮肥损失率高的重要原因。

（二）我国水体氮污染现状

1. 地表水体氮污染

地表水活性氮输入来源广泛，农田、森林、畜禽养殖、污水处理、工业排放和氮沉降都对地表水中的氮含量有贡献。谷保静等[1]研究显示，我国地表水氮输入中，农业氮流失占 56.1%，其次是生活和工业污水直排(19.2%)和污水处理厂出水(13.7%)。因此，地表水氮污染较为集中的区域是人口和农业密集的区域。不同的区域地表水氮污染来源结构也有明显差异，如大型城市以生活和工业污水为主，农业发达区域以农业氮流失为主，而人口稀少的区域以氮沉降为主。在水体富营养化方面，2017 年，我国黄河流域、松花江流域地表水质轻度污染，氨氮是其主要污染指标之一。在 109 个监测营养状态的湖泊(水库)中，贫营养的有 9 个，中营养的有 67 个，轻度富营养的有 29 个，中度富营养的有 4 个。

2. 地下水体氮污染

农田、城市绿地、污水处理和垃圾填埋均是地下水氮输入的重要来源，其中农田的贡献占到一半以上。我国地下水总体污染情况不容乐观。2017 年，我国 31 个省 223 个地市行政区的 5100 个监测点地下水水质监测结果表明，水质为较差级和极差级的监测点分别占 51.8%和 14.8%，主要超标指标为总硬度、锰、铁、溶解性总固体、“三氮”(亚硝酸盐氮、氨氮和硝酸盐氮)、硫酸盐、氟化物、氯化物等。

我国关于地下水氮污染的研究已针对各地开展,主要集中在农业相对更发达的华北平原和东北地区。对于华北平原,万长远等[60]通过2010—2013年对238个样品的采样测试,发现华北平原典型剖面1～800m深度,从氨氮指标看,29%的地下水样不满足地下水质量标准Ⅲ类水质,14%不满足地下水质量标准Ⅳ类水质。相比之下硝态氮与亚硝态氮的污染程度较轻。对于东北平原,郭涛等针对典型区域地下水开展了氮污染调查,发现受水文地质及农药化肥施用影响的混合源占总贡献量的38.5%,在某些水质监测点氨氮、硝酸盐氮超标率达58.3%和41.7%。

3. 近岸海域氮污染

2017年中国近岸海域生态环境质量公报显示,我国近岸海域主要超标因子为无机氮和活性磷酸盐,无机氮成为渤海、黄海、东海、南海四大海域唯一"共享"的主要超标因子。无机氮的点位超标率达到30.2%,平均浓度0.299mg/L。辽东湾、渤海湾、莱州湾、长江口、珠江口都是超标重点区域。无机氮浓度最高值出现在深圳近岸海域,超过了海水水质标准二类限值的18.5倍。东海近岸海域的无机氮浓度和点位超标率明显高于其他三个海域,平均浓度为0.427mg/L,点位超标率达到53.1%。兰冬东等[61]对东海区连续12年的水质监测数据进行了污染趋势和无机氮污染分区,研究结果显示,长江口附近海域、杭州湾海域、舟山群岛附近海域、乐清湾海域及福清湾海域是高无机氮风险区,这些区域多位于江河入海口或水交换能力较弱的海湾,江河携营养元素入海,污染稀释扩散速度慢,导致高无机氮积累。

(三)我国大气氮污染现状

许稔[62]通过长期监测全国大气氮沉降监测网中43个监测点位的大气和雨水无机活性氮浓度,发现我国大气无机氮沉降总量平均值约为23.4Tg N yr^{-1},达到美国、欧洲和日本等估值的4～9倍。这表明化石燃料燃烧、化肥施用和畜禽养殖等过程排放的过量活性氮已经使我国大气环境面临严峻的氮污染压力。2017年,我国338个城市NO_2年均浓度范围为9～59$\mu g/m^3$,平均为31$\mu g/m^3$,19.8%的城市NO_2平均浓度超过40$\mu g/m^3$,超过《环境空气质量标准》对我国一类、二类区NO_2年平均浓度限值的规定。对于新标准第一阶段监测实施的74个城市。NO_2年均浓度范围为12～59$\mu g/m^3$,平均为40 $\mu g/m^3$,35个城市超二级标准,占47.3%。相较SO_2年均浓度全部达到二级标准,而PM2.5、PM10、O_3的达标城市率全部低于45%,可以明显看出我国空气污染特征已经从传统的煤烟型污染向"复合型"污染转变,大气氧化性较强,细颗粒物和臭氧污染严重。氮元素对我国多过程耦合、多介质影响、一次污染和二次污染叠加的大气复合污染特征的形成具有重要影响。

四、氮元素的跨介质代谢

在氮污染的讨论中必须关注的一点是，多种形态的氮污染物会持续在各个环境圈层之间进行交换、传输和迁移转化，发生跨介质代谢，从而扩大干扰范围，对环境的影响具有连锁反应的特性，这一现象被称为“氮连锁效应”(nitrogen cascade)。例如，经过燃料燃烧过程，空气中的氮气被固定，以氮氧化物的形态释放，导致大气能见度降低、大气酸性升高、对流层臭氧浓度上升；氮氧化物沉降进入地表水体和土壤，引发水体富营养化、土壤酸化等问题；而在氮污染重新被释放进入大气之后，继续发挥其对全球变暖或平流层臭氧消耗的作用。只要氮以活性氮形式存在于环境中，这种对环境的持续影响就始终存在，引发的环境效应也许已经与这些氮污染刚刚产生时所引发的完全不同了。图 7-8 总结了氮在从氮气转化为活性氮后，在不断的迁移转化过程中，可能存在的形态和产生的影响。可以发现，大气、水体、土地生态系统中，各种类型的生命体(人类、动物、植物等)，各种类型的生境(森林、草地、地下水、地表水、海水等)都会在氮的跨介质代谢过程中受到氮带来的环境效应影响。因此，氮元素代谢的可持续管理必须关注多种类型氮素的排放和迁移过程，从系统的角度出发，在削减氮污染的过程中关注是否氮素仅由一种污染形态转化为另一介质的污染形态，发生环境风险的隐性转移。

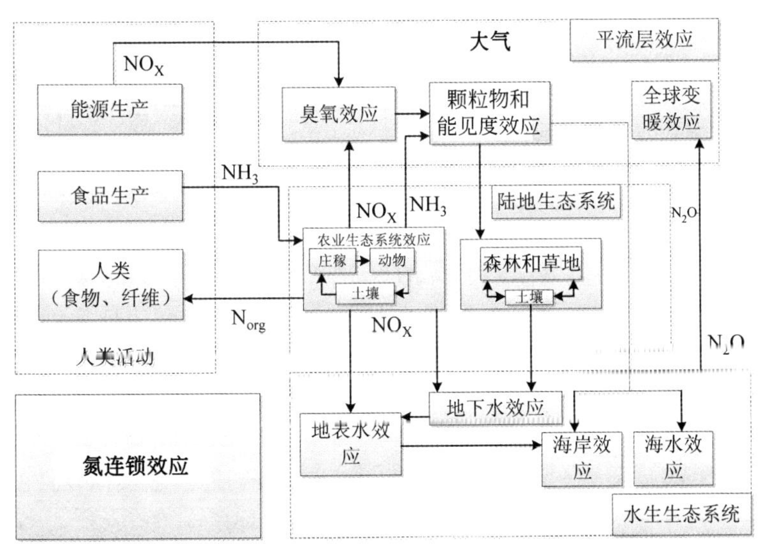

图 7-8　“氮连锁效应”示意图[63]

城市废物管理部门决定了城市氮素代谢的最终形态和向多介质环境的排放形式。然而在含氮污染物的处理处置过程中，伴随着大量的氮物质形态变化，氮污染很难被彻底去除(如图 7-9 所示)。以市政垃圾焚烧为例。待焚烧的垃圾堆存过程中，渗滤液的产生使氮污染从废弃物中转移到液体中。在垃圾焚烧过程中，会通过氧化反应产生大量烟气和热量，一定比例的氮污染转移为气态形式。为净化烟气、回收能源，通常将垃圾焚烧与余热发电、SCR、SNCR 等技术相结合[64, 65]，这些技术将气态污染物固定于液态吸收剂中，减少了排放到大气中的含氮污染物，但将导致大量含氮污水的产生[66]，若不进行后续处理，排入水体的话将会造成水体硝酸盐超标或水体富营养化。在对这部分污水的处理过程中，一部分含氮污染物通过生化法被氧化[67]，从 NH_4 转变为 NO_3^-、N_2 等无害物质，另一部分污染物则会发生污染物跨介质迁移。研究表明，污水处理设施去除的 NO_X、NH_3 等液态污染物中，有 25% 以上转移到固态污泥，再次进入环境中[68]。另外，在对这部分污泥的处理过程中，污泥干化焚烧、水泥窑掺烧还会产生气态、液态污染物，氮污染重新回到大气环境中。因此，废物处理处置系统内含氮污染物的跨介质迁移转化使氮污染并没有被彻底去除。污染控制技术的效果和污染物排放的环境影响都必须从氮元素代谢全过程的角度进行分析评估。

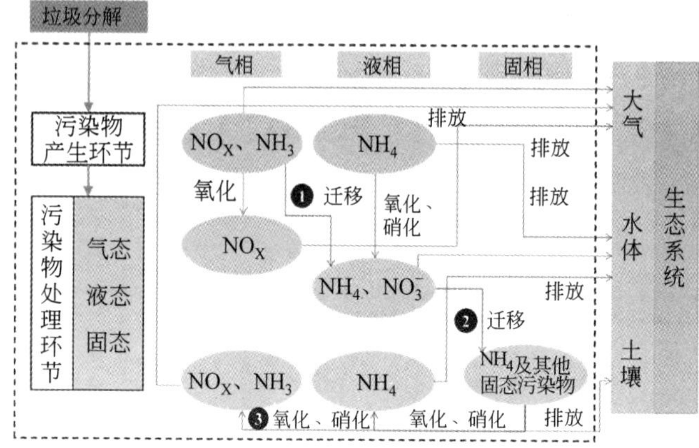

图 7-9 生活垃圾焚烧过程中的氮元素跨介质代谢

很多研究都已经关注到了氮元素在污染控制过程中的跨介质迁移情况。例如，Coppens 等[69]对 Flanders 区域的氮流代谢分析研究表明，对于每单位的污水处理厂氮输入，约 65% 以无害的氮气形态排放，分别有 4.5% 和 22.6% 以污水处理厂溢流和出水形式排放进入地表水体，17.0% 进入污泥成为固体废弃物。因此，依然有约 35% 的氮元素以污染形态存在于环境中，如图 7-10 (a)所示。采用加拿大 Hydromantis 公司的工艺模拟软件 GPS-X 对污水处理工艺 AAO 进行工艺建模，分析工艺运行过程中氮元素的质量平衡。结果显示，每 100 单位的氮污染进入 AAO 工艺之后，56 单位的氮以 N_2 形式离开系统，19 单位排放进入水环境，12 单位以污泥或污泥处理后的残渣形态成为固体废物，另有 11 单位留存在污泥预处理的上清液中，其中的氮污染可通过厌氧氨氧化工艺进一步去除，如图 7-10 (b)所示。

同样，研究团队利用元素流分析方法，追踪氮元素在典型垃圾处理工艺（填埋、焚烧、堆肥、厌氧消化工艺）和二次污染物的后续处理过程中氮元素的迁移代谢过程及形态变化，并

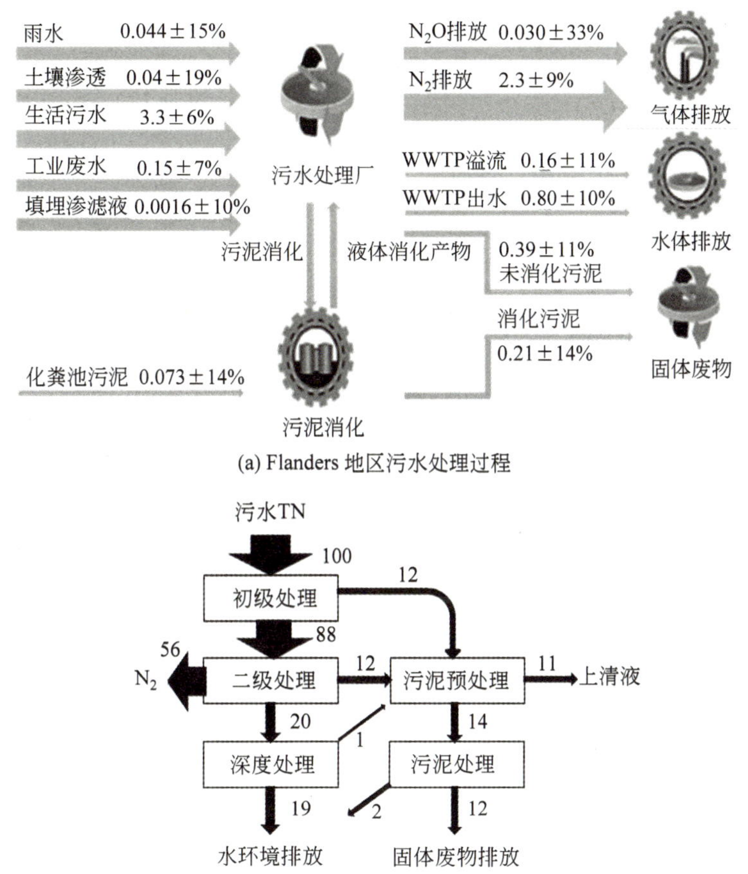

(a) Flanders 地区污水处理过程

(b) 采用工艺模拟软件GPS－X模拟污水处理工艺AAO工艺

图 7-10　污水处理过程氮元素质量平衡图

以 2013 年为例，开展了我国市政垃圾处理系统氮污染物跨介质迁移代谢模拟研究。结果表明，对于填埋、堆肥、焚烧工艺，经过市政垃圾处理及相应的二次污染处理处置过后，最终排入环境的含氮污染物依然分别占到污染物输入量的 68%、82%和 63%，主要包含未经集中收集处理的污染物和处理过程新产生的污染物。在填埋、堆肥工艺中，氮污染物主要在液—固界面迁移，即从填埋、堆肥等产生的渗滤液中转移到渗滤液处理后产生的污泥中。而在焚烧过程中，污染物主要在气—液界面迁移，即从烟气转移到污水中。相比之下厌氧消化工艺具有 44%的氮污染去除率，相对而言是一种较为清洁的垃圾处理手段，在适当条件下可予以推广[70, 71]，如图 7-11 所示。

因此，在进行城市氮污染控制时，一定要综合考虑各个代谢过程，尤其是废弃物处理处置过程中氮元素的跨介质迁移。当前，我国的很多环境管理规范或污染控制技术更多地关注单一敏感环境介质中的氮污染排放，如污水处理的氨氮去除率等，造成了“重水轻泥”“忽视垃圾渗滤液收集”等问题，并未系统地考虑系统内与环境之间污染物跨介质迁移问题，使

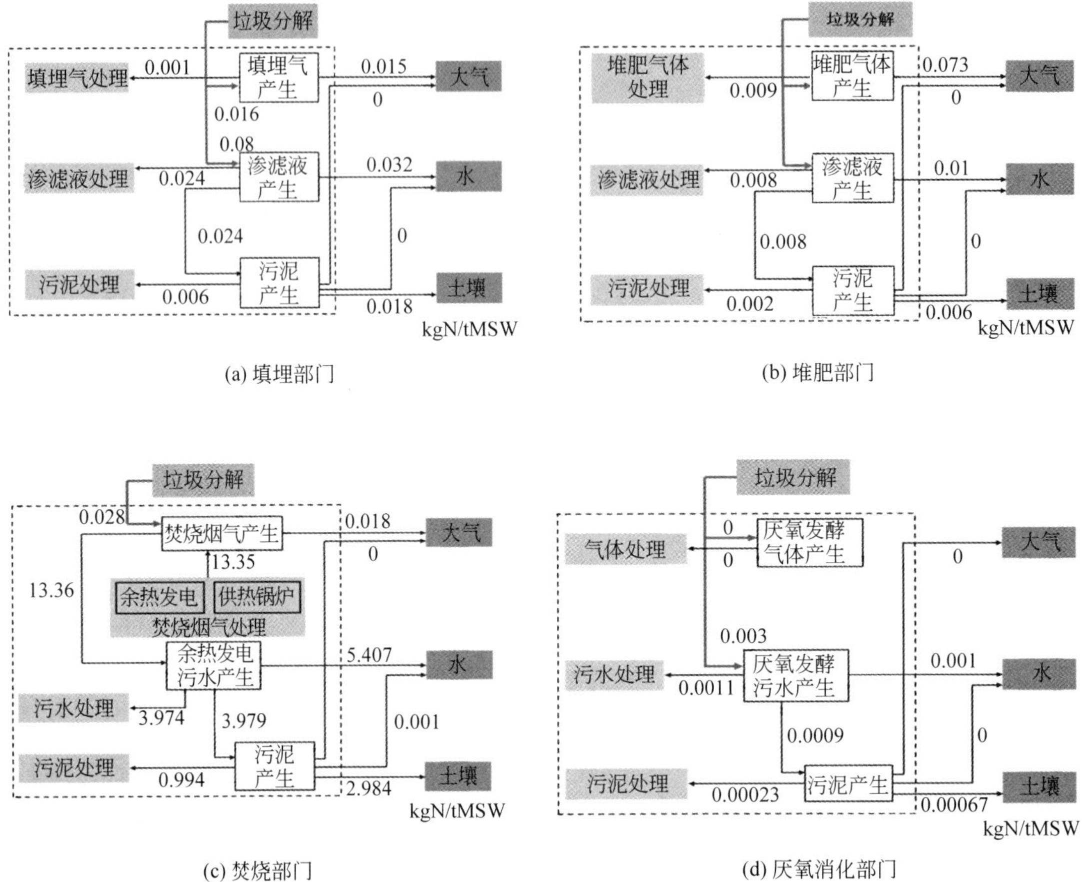

(a) 填埋部门　　(b) 堆肥部门

(c) 焚烧部门　　(d) 厌氧消化部门

图 7-11　2013 年中国市政垃圾处理系统氮元素跨介质代谢模拟结果

整体环境质量的改善更加困难。

五、氮元素的可持续管理面临的挑战

氮元素的生物地球化学循环涉及范围广泛，在自然过程或人为过程中都会以多种形态持续地在不同圈层进行迁移转化；氮循环过程既受人类活动的显著影响，反过来也会影响人类的生存发展，既包括在农业、工业发展中的基础性资源作用，也包括对生态环境和生命体健康的负面效应。因此，活性氮的优化利用成为提升系统生产力、减小系统污染负荷、促进生态系统可持续发展的重要问题。借鉴可持续发展的定义，氮元素的可持续管理可以定义为：实现对活性氮的优化利用，既能满足当前人类社会发展需求，又能最大限度地减少其对人类和生态系统的负面影响，维护后代人发展中的氮资源和生态环境资源需要。

当前，氮元素的可持续管理正面临两大关键挑战。第一，人类对活性氮的需求不断增长的同时，增长的氮污染排放将带来更加严重的生态环境影响。研究估计，19 世纪 90 年代起的 100 年内，全球人为活化氮的输入量从 15Tg /a 增加到 140Tg /a。到 2010 年，通过 Haber-Bosch 法实现的工业固氮量达到 120Tg /a，约是自然界陆地固氮量（63Tg /a）的两倍。除此之外，人类活动，诸如燃料燃烧和庄稼种植也分别贡献了 30Tg /a 和 60Tg /a 的固氮量，总人为活化量为 210Tg /a[72]，如图 7-12 所示。然而，全球人口仍在迅速增加中。持续增长的蛋白质和燃料需求必然导致活性氮需求量的进一步上升，而且很难认为氮利用效率的提升能够完全取代增加的氮固定量[73]。到 2050 年，考虑人口数量预测和食物生产过程中的氮转化效率，陆地生态系统需要的氮固定量可能还要加倍，加剧氮污染给生态环境和生命体健康带来的挑战。

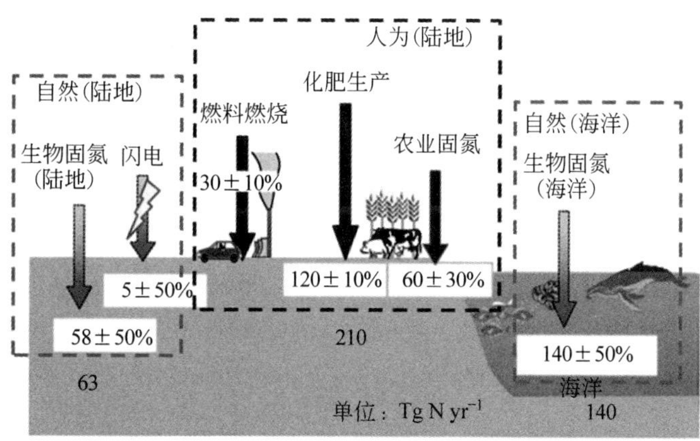

图 7-12　2010 年全球不同途径下氮固定量

资料来源：FOWLER D, et al. The global nitrogen cycle in the twenty-first century[J]. Phil Trans R Soc B，2013，368：20130164.

第二，氮素分配的不均匀问题。自然状态下全球约 75% 的氮输入主要发生在仅占全球陆地 10% 面积的热带地区[74]，引起氮素分布的极度不均匀，进而导致全球不同区域的氮循环特征存在很大的差异。同时，人类活动进一步扩大了这个差异。世界上很多区域，如我国一些水稻种植区，都面临施肥过量带来的氮素富集和环境风险，但仍有一些国家，尤其是撒哈拉沙漠以南的非洲地区，面临氮肥生产不足、氮素缺乏的困境。同时，随着城市人口的快速增加，城市作为资源集中消费和废物集中排放的核心区域，对氮循环的影响也将日益增加。在空间尺度上，受城市化的影响，郊区、郊区化地区、老住宅区、城市核心区等不同城市功能区的氮输入、输出及持留具有明显的空间差异[75, 76]，相应的氮管理措施也必须具有明显的区域化特征。

在这样的挑战下，氮素的可持续性管理已经引发了国际关注。2005 年发表在 *Nature* 上的新闻表明，科学家已经把过量的人为活化氮引发的环境问题视为生物多样性减少和全球变暖之后的第三大全球环境问题。因此，多个国际组织，包括国际环境问题科学委员会、国际地圈生物圈计划和国际氮倡议，共同倡导要加强对氮生物地球化学循环的认识，探索氮的高效利用方式，使其在满足人类生存和发展需要的前提下，削减对环境和生态系统的影响。2004 年第三次国际氮素大会上签署的《南京宣言》首次倡导在全球层面上共同采取措施，缓解人为活化氮引发的环境负担和人体健康问题[77]。在哥本哈根政府首脑会议后，“国际氮素行动”(International Nitrogen Initiative) 将活性氮对全球变暖的影响列入 IPCC 框架中[78]。

第二节 城市氮代谢特征分析及优化调控方法

目前，研究者已经开发了多种分析方法来分析不同尺度区域中氮元素代谢的特征。这些方法一般都建立在氮流核算的基础上，但由于其关注重点各有侧重，核算方法也不尽相同。例如，元素流分析方法重在氮代谢全过程的模拟，氮足迹分析方法强调从消费端观察活性氮排放，而生态网络分析更关注各个氮代谢流之间的关联关系。通常可根据研究获取的氮代谢特征，或再结合情景分析等研究方法，提出相应的氮代谢优化措施。

一、元素流分析方法

(一) 方法介绍

元素流分析(substance flow analysis，SFA)是物质代谢研究中一种重要的手段。物质代谢的概念起源于生命科学，而物质代谢分析方法就是将生命科学物质的代谢概念理论运用于社会经济系统，将社会经济系统类比生物体，定量描述人类活动与资源消耗、废物产生及废弃物资源化利用的相互关系[79]。目前人类社会面临资源枯竭、环境污染与破坏等各种各样的挑战，究其根源，是人类活动破坏了生态系统正常的代谢功能，导致了物质代谢的紊乱[80]。因此，利用物质代谢分析方法模拟区域物质代谢流动，识别关键环节和部门并有针对性地制定优化对策，已经被视为可持续发展研究的有效手段。尤其是 20 世纪 90 年代末延续至今，物质代谢研究蓬勃发展。Duan[81] 在 2004 年分析了城市代谢的进程，提出与自然代谢相比，城市代谢途径太长，对于资源和能源循环利用效率低下。他基于现代控制理论提出了一个理论模型来模拟城市代谢的关键因素及它们之间的相互关系，为优化和调控城市物质代谢提供科学依据。Brunner[82] 在 2007 年强调了代谢过程对于城市回收利用的重要性。Zhang 等[83] 在 2009 年试图通过增加代谢的网状结构来改进黑箱模型，随后他的研究团队基于对生物代谢的研究，提出了复杂的城市生态系统代谢理论。总体来看，物质代谢模型经历了由线形模型发展为循环代谢模型及网状模型之间的演化(见图 7-13)，这也体现了资源循环再生成为破解资源耗竭、环境污染瓶颈的必然选择。

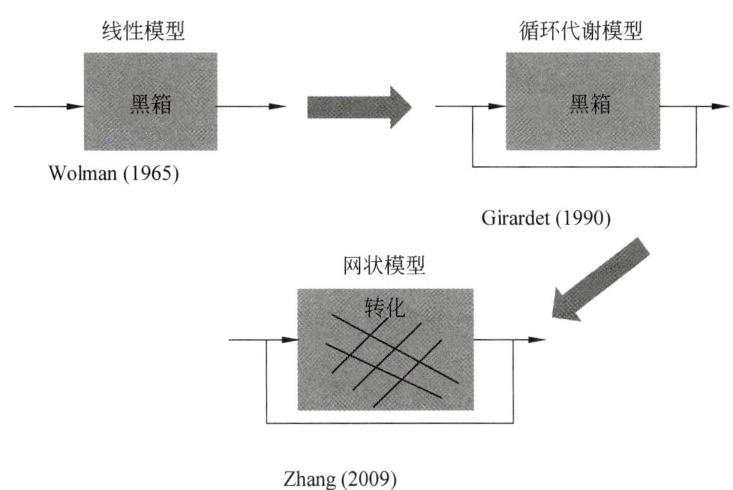

图 7-13　区域物质代谢模型的发展[83]

物质流分析(material flow analysis)是指针对一个系统中物质和能量的输入、迁移、转化、输出进行定量化的分析和评价的方法。元素流分析是物质流分析的一种,关注的对象为特定的某种物质或元素,可定义为通过追踪系统中特定元素(或物质)的输入、输出、储存等过程,量化系统中物质流动与资源利用、环境效应之间的关系。物质流分析遵循质量守恒原理,即输入 = 输出 + 存量。物质流分析方法还可以通过耦合其他研究方法(包括生命周期评价、情景分析等),定量研究物质代谢过程的环境影响和优化调控策略。

相对另一关键元素磷而言,氮元素在自然和社会经济系统中的代谢途径更为复杂,涉及的物质形态更为丰富,因此其代谢研究相对较少,多集中在国家、省份层面的大区域核算,关注的部门也多为食品、农业部门。然而,为了探明氮元素与人类生产生活之间的密切关系,预计技术或管理措施给城市生态系统代谢带来的改变,逐步白箱化的城市层面氮代谢流动分析越来越为研究者所关注,近年来也已出现了很多有益的尝试。例如,Walker 等[84]以 Upper Chattahoochee 流域为研究对象,将城市生态系统分为水部门、能源部门、林业部门、食品部门、废物管理部门五个子系统,搭建了地区水、能源、营养元素(氮、磷、碳)在该地区的代谢框架,并且识别了影响这些物质代谢的敏感参数,其后续的研究又将这一方法运用到伦敦[85]的物质流分析案例中。Farge 等[86]以曼谷城市为案例,建立了城市区域与农田之间氮元素和磷元素的平衡模型,指出食品供应系统中氮元素和磷元素的回收比例仅为 7% 和 9%,并指出排入水体的有机物中氮磷元素含量较高,应回收利用形成营养物质的闭路循环。Forkes 等[87]以多伦多市为案例,对其食品代谢过程的氮素输入、输出、存量问题进行了分析,指出仅有 4.7% 的氮元素被回收再利用,氮元素主要通过污水污泥排放和垃圾填埋流失,氮元素回收的关键应该聚焦在有机物的填埋上。Coppens 等[88]针对 2009 年 Flanders 区域开展了高分辨率氮磷流分析,共计核算了 21 个社会经济组分中 160 条营养流动,并根据结果提出了相应的氮磷优化管理措施。总体来说,氮元素流分析为城市氮代谢的路径模拟、特征解析和性能优化提供了有力的工具。但由于氮代谢具有高度复杂性和不确定性,以及城市层面数据缺乏、统计缺失的问题,城市层面氮代谢分析研究还有待完善。

针对这些问题,研究团队建立了城市层面的氮元素代谢多部门系统分析模型,在物料守恒定律的基础上,追踪氮元素在城市生态系统中5个关键部门(水、食品、能源、林业、废物管理)的代谢过程,并以2015年苏州市氮代谢过程模拟为例,识别城市氮代谢通量大、氮资源回收潜力高的关键环节,分析城市氮代谢典型特征,为城市氮元素代谢的优化管理提供依据。图7-14展示了多部门系统分析模型的研究框架。同时,研究包含了基于数据来源不确定度的拉丁超立方采样方法,解决了数据来源不够充足的问题。

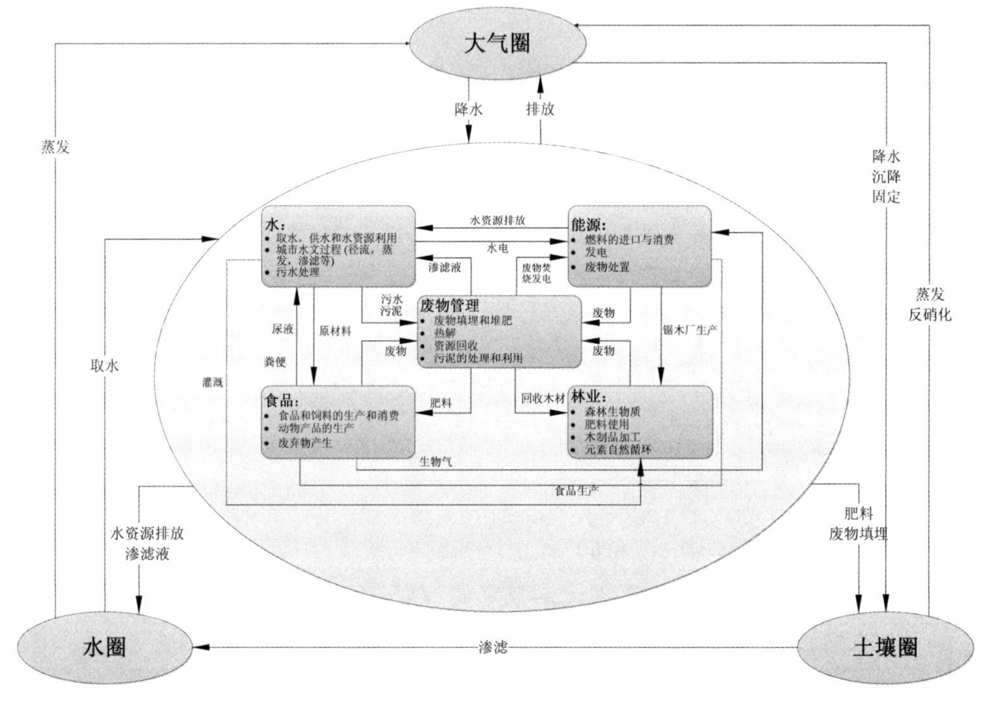

图7-14 城市氮多部门代谢框架

研究发现,2015年苏州约有156.6万吨氮流进入城市生态系统,能源部门和食品部门的氮元素外界输入占据主导地位,其中能源部门占89%,食品部门占5%。苏州作为典型的工业化城市,工业生产及发电是能源消耗的主要途径。食品部门中氮流输入的95%来自食品及饲料的外界输入,其余来自牲畜的输入。食品的消耗由苏州当地居民的饮食习惯和饮食结构决定,随着城镇化的不断加速,苏州市人口数量不断增长,生活水平不断提高,食品消费将进一步加大,饮食结构趋向于动物蛋白摄入比例提升,氮流输入也会进一步增大。近年来,畜禽养殖业是苏州的五个主导产业之一,苏州畜禽养殖发展规模持续增长,极大地带动了食品、饲料加工、畜禽屠宰等行业的迅速发展。经计算,2015年,饲料中氮流输入2.8万吨/年，食品和饲料的外界输入在一定程度上降低了本地的生产强度，也会相应减少区域水体的环境负荷。

苏州向大气排放的氮流量约 123.7 万吨/年，其中能源部门和水部门为主要贡献部门，分别占 88%和 9%。燃煤排放的 NO_x 是空气中重要的污染物，也是当前 PM2.5 的重要前体物质，所以控制燃煤气体的末端处理或者逐步以清洁能源替代燃煤，可以有效减少空气中的 NO_x。水部门向大气排放的氮流，几乎全部来自污水处理厂脱氮环节，氮的来源为工业和生活废水，这部分氮流具有巨大的回收潜力。城市中最终进入填埋场的氮流为 1.2 万吨/年，主要来源于填埋处置的污泥及城市生活垃圾。氮的水体排放流为 2 万吨/年，79%来自水部门，主要源于土壤渗滤、地表径流，其余 21%来自废物管理部门填埋和堆肥过程的渗滤液。氮的水体排放及固废流均是被废弃的氮资源，不仅污染环境，也造成了氮流的严重浪费。氮元素输出 95%来自废物管理部门，其中废渣含氮流巨大，目前已得到广泛回收，用于建材、水泥的制造。苏州城市氮流净累积量约为 7.4 万吨/年，占城市氮流总输入的 4.7%。

因此，可以总结出能源部门和食品部门是氮流外界输入的主要部门；畜牧业发展、居民消费和燃料需求是城市氮元素代谢的主要驱动因素；食品部门、水部门的代谢产物（包括生活污水、污水处理厂出水、畜禽粪便和消化污泥）均是氮元素回收的关键。

元素流分析除了可以清晰地展示城市元素代谢的路径和特征，识别元素流通量大或资源回收潜力大的关键流动路径，还可通过一定的指标体系定量评估元素的代谢性能，即代谢过程是否高效或是否环境友好。例如，Walker[89] 在针对 Upper Chattahoochee 流域氮代谢的研究中，提出了一套元素代谢性能指标体系。他首先分别核算了系统中氮元素的输入（R）、输出（P）、固废排放（W）、大气排放（E）和水体排放（A），在此基础上建立了 8 项指标来评估区域氮代谢的可持续性，见表 7-2。

表 7-2　区域氮代谢性能指标体系

指标名称	计算公式	指标类型
PRI	$\|P\|/R$	生产力指标；评估单位输入资源能够生产的有用产品
RWI	R/W	资源利用指标；评估每产生一单位废弃物所消耗的资源量
PWI	$\|P\|/W$	固废污染负荷指标；评估每产生一单位废弃物所生产的产品量
EEI	w	大气、水体污染负荷指标；评估每排放一单位大气或水体污染所生产的产品量
HAE	E^0/E	评估系统实际大气污染排污与理想状态下排放的差距
HWE	A^0/A	评估系统实际水体污染排污与理想状态下排放的差距

续表

指标名称	计算公式	指标类型
WEF	$\|P\|/[R-(R+P\text{-}W+E+A)+E^0+A^0]$	评估系统实际生产力与最理想状态下系统生产力的差距
E2I	$\beta_1 \cdot HAE+\beta_2 \cdot HWE+\beta_3 \cdot WEF$	系统可持续性综合指标

注：E^0、A^0分别指该系统在最理想的可持续状态时的“健康”大气和水体排放；β_1、β_2、β_3 分别指在 E2I 指标的核算中，HAE、HWE、WEF 三项指标的权重。

（二）氮代谢路径优化分析

通过元素流分析开展氮代谢路径的优化方法通常有两类：①通过元素代谢流动模拟识别元素流动通量大、元素回收潜力高的流动，针对这些流动定性地提出污染控制或资源回收技术，以提升系统整体的资源利用率，减少环境影响；②通过情景分析，将技术或管理措施的嵌入引起的系统代谢结构的变动纳入核算框架，通过比较不同的技术或管理情景下系统元素代谢性能的区别，选择优化的技术或管理措施。

针对第一种类型，Coppens 等[69]的研究显示 2009 年 Flanders 地区的废物流中仅 17%的氮元素得到回收，并识别出人畜粪便、食品加工废弃物和剩余污泥中含有较大的氮资源回收潜力，累积约 6.4kg N $cap^{-1}yr^{-1}$。据此，研究提出可通过厌氧消化、氨汽提、鸟粪石沉降等工艺技术将废弃物加工为肥料还田，这些措施将可替代当地 67%的无机氮肥料需求。但与此同时，研究也指出部分技术的应用可能存在环境风险，因此在当地是禁用的。Firmansyah 等[90]模拟了加勒比海地区圣尤斯达蒂斯岛 2013 年的氮代谢流动情况，发现卫生系统对改善岛上的营养管理具有重要作用，黑水和灰水的处理是氮回收的关键。当地可以考虑采用化粪池、升流式厌氧污泥床、折流式厌氧反应器等厌氧消化技术来改进当地的污染处理系统，反应器的出水中含有丰富的营养，推荐采用制取鸟粪石的方式加以回收。

针对第二种类型，Napat 等[91]针对 Phayao 流域不合理的土壤管理和低效的营养使用导致的农业区域氮污染问题，核算了基准情景及带状栽培、豆科作物轮作、优化施肥量、轮作免耕等情景下的区域氮代谢流动，重点关注氮通过地表径流损失的情况。研究结果显示，就单一技术而言，轮作免耕是减少氮流失最有效的途径，相对于基准情景可减少约 50%。几项技术的叠加使用，加上推广畜禽粪便还田能够更有效地降低区域对无机氮肥的需求量。Lin Ma 等[92]模拟了不同情景下中国食品、饲料的生产和消费过程中氮成本的变化情况。研究设定了十大氮管理优化情景，包括饮食结构改变、增加动物产品的进口、增加饲料的进口、更平衡的氮肥施用、精确饲养、优化的粪便处理及这些情景的组合情景。在基准情景下，到 2030 年，系统氮损失将比 2005 年增加 44%。更平衡的氮肥施用、精确饲养、优化的粪便处理三项措施对于改进氮管理具有更为积极的作用，这三种措施协同作用下可以使系统氮损失比基准情景的水平降低 29.9%。

二、氮足迹

（一）方法介绍

“足迹”这一概念常被用来衡量人类活动占用自然资源的多少，常见的有碳足迹、水足迹、生态足迹等。前述章节已经讲到，在全球经济发展水平和城市化率持续提升的背景下，居民的消费行为的改变，包括饮食结构的变化、能源消费的增长，都将进一步提升活性氮向环境中的排放。氮使用效率（NUE）的提升对减小活性氮污染势在必行。当前，很多提升活性氮利用效率的措施着眼于物质的生产端，如施肥效率的提升、烟气脱硝技术的改进等。然而，人们对食品、能源和其他资源的消费需求是资源生产的动力，从消费端视角观察因个人消费行为导致的流失到环境中的活性氮量，可以对研究对象的活性氮排放来源建立清晰的认识，从而指导个人、机构、国家等不同层面的组织通过优化消费行为来有效控制活性氮排放。基于这样的理念，氮足迹这一基于消费端的指标自 Leach 和 Galloway 在 2010 年第五次国际氮素大会上首次提出以来，已经在世界各地得到广泛的研究和传播。

参考碳足迹的定义，氮足迹的定义可被表述为：某种产品或者服务在其生产、运输、储存及消费过程中直接或间接排放的活性氮的总和[93]。迄今为止，氮足迹可以分为个人氮足迹、机构氮足迹、产品氮足迹等。

1. 个人氮足迹

个人氮足迹，典型的如 N-Calculator，重点关注食物生产、消费和能源消费中的活性氮排放。需要对目标区域的主要食物和能源种类在生产、运输及消费过程中氮的流量进行定量计算，获取个人在食物、居住、交通、商品和服务部门中的资源消费行为，从而核算某个国家的个人氮足迹。迄今为止，人均氮足迹已经被用于美国、挪威、德国、英国、奥地利和日本等多个国家，也正在澳大利亚、中国、丹麦、葡萄牙、坦桑尼亚等国家中开展核算。食品生产过程中的氮足迹利用“虚拟氮因子”（virtual N factors，VNFs）计算，描述最终消费的食品中每单位的氮生产过程中的总活性氮损失。未吸收进入作物的肥料、未收获的庄稼、未进入动物产品的饲料、食品加工废料、食品废弃物和食物生产过程中的回收同样考虑在内，如秸秆、畜禽粪便还田作肥料等，也包含在 VNFs 的计算中。能源消费中的氮足迹主要基于能源消费数量、比例和各个国家对应的排放因子[94]。

Shibata 等[94]的研究发现，在不同的国家或地区，食品氮足迹在总人均氮足迹中的占比都是最高的。澳大利亚、美国和中国台湾地区人均氮足迹较高，除了源于较高的食品氮足迹外，美国的交通人均氮足迹和澳大利亚的住房人均氮足迹也显著高于其他国家或地区，如表 7-3 所示。对于虚拟氮因子，庄稼产品的 VNFs 均显著低于动物产品的 VNFs，而一般来看牛羊肉的 VNFs 相对较高，这揭示了鼓励人们更多摄入植物性蛋白对于减少活性氮排放的意义。蔬菜和水果的 VNFs 相对于粮食作物较高，可能与其单位产量需施加的化肥量较大有关，见表 7-4。

表 7-3　基于 N-calculator 的多国家人均氮足迹（单位：kg N $capita^{-1}$ $year^{-1}$）[94]

类别	美国	葡萄牙	英国	挪威	德国	奥地利	坦桑尼亚	日本	中国台湾地区	澳大利亚
食品	28	24	23	21	19	17	14	26	32	32
住房	3	0.7	2	0.8	1.6	0.8	0.2	0.8	1.7	9
交通	6	3.5	1.1	1.1	1.8	1.6	0.8	0.7	2	2
货物和服务	2.5	0.5	1.1	0.5	0.7	0.6	0.2	1.0	1.7	4
总计	39	29	27	23	24	20	15	28	37	47

表 7-4　多个国家和地区的虚拟氮因子[94]

食品类别	美国	欧洲	奥地利	坦桑尼亚	日本	中国台湾地区	澳大利亚
猪肉	4.4	4.4	3.6	3.3	6.7	8.6	5.5
鸡肉	3.2	3.2	2.5	0.8	6.0	9.3	4.0
牛肉	7.9	7.9	5.4	7.0	12.4	23.9	13.4
牛奶	4.3	3.9	3.7	8.3	2.7	6.4	5.0
羊肉	5.2	5.2	3.8	3.3	5.6	11.9	9.3
鱼	4.1	2.9	N/A	0.2	2.9	1.8	1.9
蔬菜	9.6	8.2	4.3	4.1	5.5	4.7	8.0
根类淀粉	1.5	1.1	2	1.8	4.9	8.5	4.9
豆类	0.5	0.5	0.4	0.3	1.3	7.4	1.2
水果	9.6	8.2	4.3	4.1	5.5	12.4	9.4
谷物	1.4	1.3	1.2	6.2	1.5	1.4	1.8

除了 N-Calculator，还有一些研究利用氮元素流分析或投入产出分析进行氮足迹的核算。例如，谷保静等[95]指出，N-calculator 的运算过程中，虚拟氮因子的计算需要大量数据支持，且对于中国这样区域差异很大的国家而言，虚拟氮因子可能有很大的波动范围。因此，该团队提出了一种使用人与自然耦合系统中的氮质量平衡模型来计算国家氮足迹的方法。该方法需要首先核算研究区域内所有的人为活性氮流动，从而定量不同的源对总体氮足迹的贡献占比。除了 N-calculator 关注的食品、能源之外，由于工业氮循环通量的日益增大，研究也计算了工业产品，如合成纤维、塑料、橡胶等的氮足迹。利用该方法对中国氮足迹的研究显示，中国近年来的氮足迹发生了巨大变化，1908—2008 年，氮足迹从 19$TgNyr^{-1}$ 上

升到 42Tg N yr^{-1}。这也表明当前中国在氮污染的控制中面临巨大的压力。这种上升主要是由增加的人均食品和能源消费量及减小的粮食生产氮利用效率造成的。然而，中国的人均氮足迹仍然比许多发达国家小。同时，在食品消费结构方面，从 1980 年到 2008 年，动物蛋白在总摄入蛋白中的比例从约 10%上升到 33%。这一比例世界平均约为 39%，在发达国家甚至高达 80%。然而，中国的农业和畜牧业生产中氮利用效率也相对较低，仅约为 40%和 15%，这一比例在美国和欧洲平均为 50%和 20%。输入中国农田的活性氮量远高于实际需求量，高达 21% 的活性氮损失在环境中。用于制作饲料的谷物约占全部谷物生产量的 60%，进一步延长蛋白质生产的食物链，将总的食品生产氮利用效率从 45%降到了 9%。除此之外，中国的人均能源消费也显著低于发达国家。因此，单位能源消费量产生的高氮氧化物排放是能源氮足迹的重要来源。

2. 机构氮足迹

在个人氮足迹的基础上，N-calculator 的开发团队又开发了针对机构的氮足迹模型（N-Institution）。这一方法首先被应用于弗吉尼亚大学中，核算并预测了该机构在 2010 年和 2025 年的氮足迹。研究核算了弗吉尼亚大学中食品生产与消费、能源消费、校园交通、校园肥料施用及处理实验动物等过程中氮的输入和输出量，考虑的最终废弃物处置过程包括污水处理、填埋、堆肥、焚烧等。研究识别出的机构氮足迹贡献最高的为设施利用（48%）和校外食品生产（37%）。食品消费、肥料使用、交通和动物研究等贡献了剩余 15%的氮足迹，如图 7-15 所示。机构氮足迹的使用可以指导机构识别关键且可行的活性氮减排途径[96]。

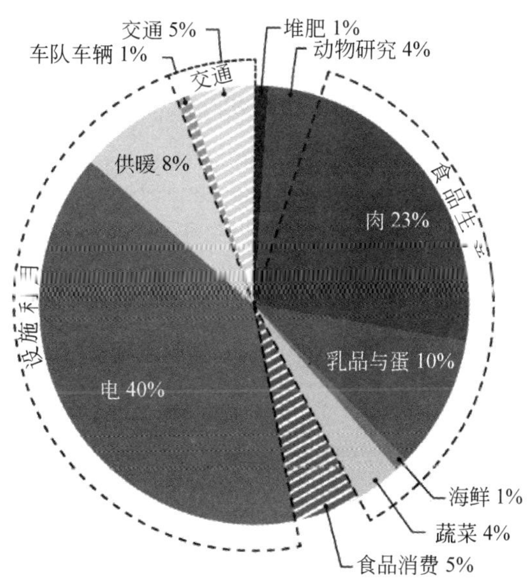

图 7-15　2010 年弗吉尼亚大学各部门氮足迹[96]

注：由于四舍五入，各项氮足迹百分比总和略大于 100%。

3. 产品氮足迹

产品氮足迹指某种产品或服务在其生产、运输、储存、消费的全过程中排放的活性氮总量。Leach 等[97]采用 N-PRINT 模型计算了美国玉米、牛肉这两种产品的氮素去向。Xue 等[98]采用生命周期分析方法，评价了 8 种不同类型的食物在种植(养殖)、加工(屠宰)、包装、运输和消费过程中的氮足迹，发现红肉的氮足迹最高，对气候变化和水体富营养化的影响也是最大的。Leip 等[99]用 CAPRI 和 MITERRA 两种模型量化了 12 种主要食物的氮足迹，发现畜禽产品氮足迹显著高于蔬菜，其中牛肉的氮足迹最高，达到约 $500g \cdot kg^{-1}$；甜菜、水果、蔬菜和土豆等氮足迹最低，约 $2g \cdot kg^{-1}$。产品氮足迹的核算为低氮消费模式的建立提供了依据。饮食结构向提高居民摄入的植物性蛋白比例改善将显著有利于活性氮的减排[78]。

（二）氮代谢优化路径分析

氮足迹的研究为识别活性氮排放的关键区域、过程或产品，从而有针对性地削减活性氮排放，改善环境质量提供了方向。例如，Hideaki 等[94]通过对个人氮足迹研究的综述，总结出针对农业、交通、污水处理、消费模式几大领域的活性氮减排途径。对于农业和畜牧业生产，核心是提高其中的氮利用效率。具体来说，可通过遗传选择种植单位氮输入下产量更高的作物、促进畜禽粪便加工成肥料还田、提高作物加工成饲料的转化效率、减少畜禽粪便的氨挥发、根据作物需求优化施肥方式等；对于交通部门，为了实现氮氧化物减排，推荐利用氮含量更低的清洁燃料、采用低氮燃烧技术并选择能源转化效率较高的燃烧系统；对于污水处理，现有的技术往往注重通过脱氮处理将活性氮转化为氮气，但这个过程中的能源消耗同样会带来额外的氮排放，因此从循环经济与可持续发展的角度，未来的技术和管理措施应该更注重从污水中直接回收氮元素用于生产肥料；对于消费模式，从能源角度，应鼓励人们使用燃烧效率高的汽车、减少私人驾驶里程、多使用公共交通、使用可再生能源等，从食品角度，应鼓励人们减少动物蛋白的摄入比例或食用氮足迹更小的食品种类、减少食品浪费、利用堆肥处理食品废物等。

氮足迹的研究也可借鉴元素流分析中的情景分析方法，设置一定的技术和管理情景，预测不同技术或管理措施的应用对研究对象氮足迹的改变，从而筛选氮排放最低的技术与管理模式。在国家氮足迹层面，Stevens 等[100]在当前英国人均氮足迹 $21.7kg\ a^{-1}$ 的基准情景下，共设置 8 个情景：①推荐的蛋白质摄入(联合国粮食及农业组织和世界贸易组织推荐值)；②素食；③减少一半的食品废物；④仅消费可持续性食物；⑤改进污水处理的脱氮比例；⑥仅使用可再生能源；⑦完全使用公共交通；⑧组合以上所有情景。研究结果如图 7-16 所示，减少食品蛋白的摄入对削减氮足迹最为有效，相比之下使用可再生能源所能产生的氮收益较小。

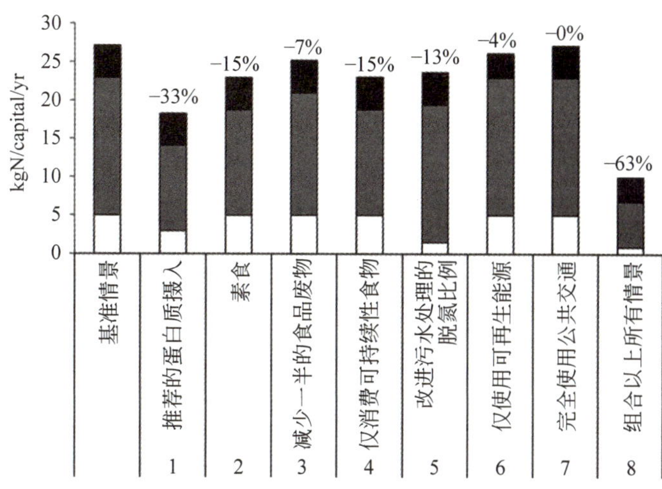

图 7-16 消费行为的改变对英国氮足迹的影响[100]

在机构氮足迹层面,研究[96]计算了基准情景和不同氮优化管理情景下弗吉尼亚大学2025年机构氮足迹的变化。结果表明,如果不采取特殊的管理手段,弗吉尼亚大学的氮足迹将从2010年的492t增加到564t。研究共设置9项情景:①应用先进的污水处理工艺;②推广食品垃圾堆肥;③扩大食品捐赠;④扩大"素食周一"项目;⑤以鸡肉代替牛肉;⑥只购买可持续性食物;⑦扩大食用当地生产的食物;⑧优化的交通管理;⑨通过余热发电等减少能源设施的利用。研究结果表明,减少能源设施利用能在基准情景基础上实现13%的氮足迹降幅;购买可持续性食物、应用先进的污水处理设施同样能实现较大程度的氮减排;食品捐赠、优化的交通管理、食品堆肥等能发挥的作用很有限。多种措施的协同作用可以将氮足迹降低31%。类似地,Liang等[101]计算了2015年墨尔本大学的机构氮足迹,并预测了4种不同情景下2020年该机构氮足迹的改变。食品生产、设施使用和交通分别占据墨尔本大学机构氮足迹的36.7%、32.4%和28.1%。购买风电或太阳能电、改善饮食结构、减少航空飞行等都对减少机构氮足迹具有明显的作用。Leary等[102]计算了狄金森学院的机构氮足迹,食品生产、热量和电力使用是氮足迹的主要来源。在食物中,肉和鱼是氮足迹最高的产品,占据了食品氮足迹的2/3。因此,改善食品购买种类、减少动物性蛋白摄入成为最有效的氮足迹削减途径。

三、投入产出分析

物质投入产出方法(Physical Input-Output Table, PIOT),起源于20世纪30年代,是一种研究系统中各个部分投入及产出之间相互关系的经济工具。投入产出表分为实物型投入产出表和价值型投入产出表,在研究层面上又分为国家、地区、行业、企业层面。德国、日本、加拿大等许多国家都对投入产出表的编制进行了广泛的研究[103]，后来这种方法被广泛应用于环境经济政策研究、废物循环利用及行业或企业的物质流动研究等领域。它的主要特点是克服了EM-MFA将社会经济系统作为黑箱处理的缺陷，可以更好地阐述城市内部物质代谢中各个行业或环节之间的相互关系。蔡九菊等[104]通过构建一张能源—环境负荷投入产出表建立了钢铁生产与能量转换的数学模型，将钢铁生产中的能源资源投入及废物排放等问题纳入其中。徐一剑等[105]建立了以区域三维物质投入产出表为基础的物质流分析模型，并且将废弃物作为一种资源进行分表专门处理，揭示社会经济系统中内部物质之间及产业之间的相互关系，并运用该模型对义马市的物质代谢流动现状进行了评价分析和调控规划。

近年来，利用多区域投入产出表研究区域贸易之间隐含的氮流成为研究热点，且为氮的可持续管理提供了思路。Oita 等[106]发表于《自然地理》杂志的研究，首先为188个国家约1.5万个工业部门产生4种氮污染物（氨氮、氮氧化物、一氧化二氮、氨气）的排放清单，之后估算生活污水中排放入水体的直接氮流，产生氮排放的卫星账户。将氮卫星账户与多区域投入产出表连接起来，获得直接或间接来源于全球供应链网络的氮排放。研究结果显示，世界各国人均氮足迹差异很大，从一些不发达国家的7 kg N yr^{-1}到一些发达国家超过100 kg N yr^{-1}。中国、印度、美国和巴西的消费贡献了46%的全球氮排放。大概1/4的全球氮足迹来源于国际间的贸易商品。氮排放大的出口商品主要为农产品、食品和纺织品，且主要来自发展中国家，而主要进口者为发达国家。日本及其他发达国家从中国进口的衣物和从澳洲进口的肉类中蕴含大量氮流，德国、英国、意大利和法国在其食品贸易中交换了大量的氮排放，中国香港地区最大的氮进口量来源于食物，因为其本身缺少耕地。中国、印度、巴基斯坦和泰国等发展中国家出口的纺织品和衣物中蕴含大量氮流，澳大利亚、新西兰和阿根廷出口中隐含的氮流主要来源于畜牧业产品。庞军等[107]基于多区域投入产出模型，计算了京津冀三地的贸易隐含污染转移量，其中包括氮氧化物、氨氮的污染转移。在巨大的产品净调出规模、偏重污染密集型产业的产品调出结构和不利的贸易污染条件等因素的共同作用下，河北作为京津冀地区贸易隐含污染净调出省份，在向京津两地供应产品的同时也间接为京津两地承担了规模巨大的氮污染排放，如表7-5所示。作为环境污染排放削减的受益方，京津两地应建立合适的经济损失补偿机制，支持河北重污染企业的转型升级。

表 7-5　2007年京津冀区域双边贸易隐含氮污染转移量[107]

北京—河北双边贸易隐含污染转移量(t)			
指标	北京—河北	河北—北京	河北对北京的净转移量
氨氮	15.72	809.83	794.11
NO_x	2198.49	110 005.27	107 806.77

续表

天津—河北双边贸易隐含污染转移量(t)			
指标	天津—河北	河北—天津	河北对天津的净转移量
氨氮	206.15	1310.05	1103.90
NO_X	28 900.12	199 569.22	170 669.10
北京—天津双边贸易隐含污染转移量(t)			
指标	北京—天津	天津—北京	天津对北京的净转移量
氨氮	18.19	139.31	121.11
NO_X	2681.47	23 138.16	20 456.69

因此，投入产出分析提供了一种在大区域层面识别氮排放热点地区的方法。为了在区域整体层面上缓解氮污染问题，类似于已经有较多研究和实践的从需求侧减少碳排放，相应地也要考虑如何制定一系列的认证、标签、补贴方法等，从需求端减少氮排放[106]。

四、生态网络分析

城市的各个组分之间会持续地发生复杂的物质与能量交换，因此有着复杂的结构和功能关系。多个组分与多个流动相互交织，形成了网络结构。生态网络分析方法着眼于利用生态学原理，解析城市生态系统组分及相互作用关系。它是一种基于投入产出分析法，利用矩阵运算对生态系统中的物质、能量流动进行的研究方法[108]，可以实现系统路径结构的定量化、生态流的特征解析及组分间的关系识别。相对于其他物质代谢分析方法，生态网络分析的优势在于既能解析系统各个组分间的物质能量交换，以及这些交换在耦合的人类社会经济与自然生态系统中的作用，还能充分考虑组分之间的间接流，即两个组分之间可能通过一个或更多个中间组分产生连接。因此，利用生态网络分析进行城市关键物质代谢分析，能够识别系统中影响物质代谢的关键组分、物质代谢通量大的关键流动及组分之间的上下游关系，定量各个组分对于系统整体的贡献。生态网络分析同样可以结合情景分析，研究不同情景下城市生态系统结构的变化特征，为寻找优化的物质代谢路径提供依据。

城市中的组分可以被类比为自然生态系统中的生产者、初级消费者、次级消费者等。例如，作物的生产，外地的物质资源调入可被类比为生产者，粮食、动物产品的加工，能源的转换可以被类比为初级消费者，而家庭、工业、能源消费则相当于次级消费者。建立网络模型之后，则可以利用一系列的分析指标对系统网络特征做详尽的解构。生态网络分析的指标可以被分为结构性指标和功能性指标两大类。结构性指标包括流量分析、结构分析和层阶分析等，而功能性指标主要指生态网络中的效用分析，各个分析方法的主要作用见表 7-6[109]。

表 7-6　生态网络分析中各类指标的主要作用

指标名称	指标主要作用
流量分析指标	计算通过各节点的物质通量，分析各个节点对系统提供的物质支持水平及在整体代谢规模中的影响力和感应度
结构分析指标	表征某一个具体的节点对整个系统的作用
层阶分析指标	模拟网络生态层阶结构
效用分析指标	解析系统组分之间的生态关系（共生、竞争、掠夺、控制、中性等）
控制分析指标	识别节点对网络的影响，对比直接和综合控制强度、节点依赖程度和控制程度

可定义共生指数（效用函数）作为网络系统的目标函数。共生指数越大，说明系统的整体积极共生性大于其消极竞争性，共生程度高，系统组分间的正效用较大。

目前，城市氮循环生态网络模型研究相对较少，Min 等[110]研究和比较了 5 个城市—农村复杂系统和 22 个自然生态系统氮循环中间接流的特征差异。研究结果显示：对于城市—农村复杂系统，间接流对氮代谢影响较小（仅占约 2%）；一些协同策略的使用可以改善系统氮代谢的鲁棒性和有效性。张妍等[111]利用生态网络分析研究了北京市氮代谢流动。她在氮代谢网络中定义了 11 个与社会经济组分相关的节点：家庭、宠物、工业、畜牧业、种植业、水产养殖业、林业、服务业、建筑、交通、污水处理及与自然系统相关的 5 个节点（地表水、大气、森林、草地、农场）。研究结果显示，1996—2012 年，北京的活性氮输入从 431Gg 增加到 507Gg，其中超过 80%为人为活性氮的贡献。人为活性氮的主要来源为能源消费、食物和肥料。由于北京 2012 年的肥料消费量相对 1996 年已经下降了一半，因此能源和食品消费占最大的比例，分别相对于 1996 年增加到 1.6 倍和 2 倍。直接流流量大于 30Gg 的流动数量从 1996 年的 7 条增加到 2012 年的 10 条。来源于工业、大气和家庭节点的总输入流和输出流之和分别占系统总直接流的 31%、29%和 15%。流经污水处理和交通的流动展示出最快的增长速度，相对于 1996 年分别提高了 3.7 倍和 5.2 倍。

生态网络分析的研究结果可以帮助政策制定者识别城市氮代谢系统中的关键节点与路径，从而实施更有效的监测与管理。例如，研究发现北京居民持续增长的动物蛋白消费量对氮流代谢网络结构有重要影响，在难以改变居民饮食结构的前提下，管理者应着重考虑如何提高动物制品的生产效率，降低加工过程中的氮排放，实现氮资源回收。同时，不断增长的机动车数量和能源消耗量也增加了对使用清洁能源的需求[111]。

第三节　城市氮元素代谢的可持续管理措施

在前述分析的基础上，本节针对城市氮循环的各个关键部门，包括农业、能源、消费、废物管理等，提出了有利于减少活性氮的产生与排放、控制活性氮污染、提高氮利用效率、加强氮资源回收的城市氮代谢优化管理措施。同时，氮循环将城市各个部门紧密联系起来，城市氮代谢的综合优化是一项系统工程，需要根据氮在自然生态系统和人为作用下的代谢和循环原理，施以综合调控手段，实现可持续的城市氮管理。

一、农业部门氮代谢优化管理措施

（一）优化施肥方式

1. 优化耕作与施肥技术

优化耕作与施肥方式包括配施肥料、优化施肥方式等具体措施。配施肥料是指将高效氮肥与普通氮肥按照一定的比例混施，能够在作物产量不变的条件下减少肥料投入总量，提高氮肥利用率。优化施肥方式包括分次施肥、深施肥、平衡施肥、精准施肥等。施肥方式的选择，应该密切结合区域气候、降水、土地性质和作物种类，进行肥料推荐和施肥量、施肥方式及灌溉方式的选择。积极发展根际注射施肥、灌溉施肥等施肥手段，在实践中探索肥料利用率高、氨挥发和 N_2O 排放小的途径。在氮污染严重的地区，还可以考虑利用硝态氮含量高的地下水进行灌溉，减少氮肥施用量。

开展实地养分管理，在农作物生长的关键时期，依据叶色实时确定施肥量。对统一地块也要实行分区分量施肥，减少均匀施肥产生的肥料过剩和流失。积极发展精准施肥技术，采集土壤特性和作物营养的实时数据，基于农田空间属性的差异，积极结合遥感技术、地理信息系统和多种变量施肥算法，判断作物不同生产过程中的养分需求，比较不同施肥策略下的施肥量，从而确定施肥方式[30]。

2. 研发和应用缓释肥料

大力推广应用缓释肥、控释肥等长效肥料，实现肥效长久稳定的同时减少肥效的损失。积极研制适宜不同土壤和作物需要的新型微生物降解性化肥表面包膜材料，进一步明确养分控释机理和作物吸收机理，建立健全缓释肥、控释肥开发生产的行业标准、企业标准和国家标准，通过宣传教育和价格补贴推广缓控释肥的使用[112]。

3. 加强对肥料施用的立法规范

日本、韩国、加拿大、德国、英国等国分别于 1950 年、1976 年、1985 年、1986 年和 1991 年颁布了针对肥料管理的法律或条例，这些法律法规涉及肥料从生产到施用过程中的方方面面，如施肥必须测土、规定肥料养分标准、确定肥料施用限量指标、明确有机肥的使用时间和存放要求等。我国应积极借鉴国际肥料管理的成功经验，在现有《农业法》《农产品质量安全法》《基本农田保护条例》等已有法律法规中关于肥料使用管理规定的基础上，加强专门的肥料立法工作研究，建立肥料产品的农业准入制度和退出机制，明确企业、经销商、使用者的责任和权利,尤其要明确肥料质量标准、施用限量等关键标准,针对农地、水源地、自然保护区等不同类型的土地施行不同的管理措施,进一步规范肥料等级管理制度,鼓励各地按照地方农业发展特色和环境保护要求出台相关的肥料管理地方法规。加强肥料市场监督管理,打击不合格的肥料品种和施肥技术[113]。

（二）改进种植模式

1. 合理确定粮食生产量

中国农田施氮量偏高的重要原因之一是耕地的高强度利用。盲目地提高单产、扩大复种指数导致随单位土地面积粮食产量的增加,提高单产所需要的边际氮肥投入量增大,即氮肥的增产效应下降,氮流失量也随之增加。此外,复种指数的扩大导致土壤被扰动频繁,土壤氮周转率加快,氮损失的可能性增加。应该严格控制农用地减少,合理确定区域粮食生产目标,不盲目追求高产量,保证高产地区粮食稳定供应,加快中低产田地改良,必要情况下还可以结合减少食品出口等国际市场调节方式[7]。

2. 扩大豆科植物轮作

豆科植物共生的根瘤菌是最典型的自然固氮菌种。扩大豆科植物轮作,将会提高自然固氮量,减少氮肥的投入。此外,豆科作物在固氮过程中释放大量的氢气,能够为土壤中的微生物氧化供能。因此,应该开发推广豆科植物轮作的田间综合管理模式,提高轮作的经济、环境效应;设置长期定位试验,观测轮作过程对生态问题的响应机制,为政策制定和技术选择提供依据;挖掘轮作的经济效益,制定轮作的生态补偿政策,通过经济激励政策推广豆科植物轮作[114]。

3. 优化灌溉方式,实行水碳氮综合管理

灌溉是影响农田氮淋失的重要因子。旱田土壤水分不仅影响氨的挥发和氮的流失,还会通过影响作物对养分的吸收、硝化和反硝化过程而间接影响氮的利用。传统的漫灌方式不仅浪费水资源,也会导致氮肥的大量流失,降低氮肥利用率。应该开展田间试验,探索适应不同类型区域农业发展的节水灌溉技术,推广小水勤灌、滴灌等方式,根据不同类型作物在不同生长阶段的需水特性适量灌溉,做到以肥调水、以水促肥,增加硝酸根在土壤剖面的积累,减少氮素向深层土壤的淋失,并减小地下水氮污染的风险。此外,碳、氮循环密切联系,碳的微生物有效性也会影响氮的生物化学反应过程。因此,开展水分和养分的综合管理,对提高资源利用率有重要意义。开展长期定位肥料实验,研究不同肥料配比方法、施用模式等对作物产量、土壤肥力和氮素流失的影响。

（三）阻止氮向环境的扩散

除了从源头上提升氮肥利用效率,减少氮肥的使用,还应该采取措施阻止流失的活性氮向水体、大气的迁移，并使流失的氮能再次回到农田中得到利用。在水稻生产中使用抑氨膜，阻止农田活性氮向大气的扩散；在农田周边设置隔离带、拦截沟，避免活性氮向生态环境脆弱的区域扩散；优化作物布局，将高氮流失区中富含氮元素的径流或地下水引入水稻种植区，从而拦截高氮区的氮扩散。积极开发氮污染向地下水的下渗阻断技术，利用硝化抑制剂将氮化合物固持在包气带，阻止硝酸根向地下水的迁移；建设人工工程或设置天然净化带，在地下水补给地表水的过渡带净化氮污染[30]。

二、能源部门氮代谢优化管理措施

（一）降低能源消耗量

化石燃料的燃烧，尤其是煤炭的燃烧，是城市活性氮产生的重要原因。应该积极贯彻节能减排理念，减少能源消耗量，降低热力型和燃料型 NO_x 的产生。在工业用能方面，调整产业结构，减少高耗能工业的比重，大力发展知识密集型产业，严格控制高耗能行业的新增投资；积极开发节能减排技术，加快淘汰落后的高耗能设备，降低工业产品的单位增加值能耗；出台命令控制、经济激励及其他经济政策，促进工业部门能源结构调整与技术体系优化。在交通用能方面，调整运输结构，减少公路运输量，增加铁路运输量；大力发展公共交通，鼓励居民绿色低碳出行。在家庭用能方面，宣传普及节能知识，鼓励居民在日常生活中践行节能理念，对水、电等资源类消费品的使用采取价格累进制，减少电力和其他能源的使用。

（二）推广低氮清洁能源的使用

出台相关法律法规，积极调整能源结构，减少煤炭消费比重，增加清洁低氮能源的使用。充分发挥能源价格机制作用，通过经济手段鼓励新能源的推广；通过技术创新、应用推广衔接、产学研合作机制，促进可再生能源的规模化应用和绿色产业的发展。

（三）推广低氮燃烧和烟气净化技术

对十重点工业行业实行严格的污染物排放总量控制，控制工业废气中氮氧化物的排放量。制定相关优先推广的先进技术目录，积极发展低氮燃烧技术，通过炉内脱氮、尾部脱氮、分级燃烧等手段抑制氮污染的形成和净化烟气中的氮氧化物。出台并完善相关管理条例，对道路交通移动源实行更严格的机动车尾气污染控制，确保尾气脱氮的效率。在大气氮污染严重的城市或地区通过行政手段限制机动车使用，综合防治大气污染。

三、消费部门氮代谢优化管理措施

（一）调整食品消费结构，减少食品浪费

氮足迹研究已经证实，相对于植物来说，动物类食品具有更高的氮足迹，在其生产、加工

和消费的全过程中有更高的氮排放。因此，应通过宣传教育，降低居民食品消费中动物性蛋白的比例，从而降低对动物产品消费增长的需求。食品浪费会显著降低氮的利用效率，应鼓励居民树立良好的环保意识，珍惜资源，减少食品浪费量。

（二）增加低氮产品的使用

与选择氮足迹较低的食品类似，在居民对其他类型的产品和服务进行消费时，也应该积极选择低氮产品与服务。为此，应加强产品氮足迹分析研究，考虑建立类似“碳标签”的制度——“氮标签”，反映商品生产过程中活性氮的排放数量，引导消费者选择更低氮排放的产品。

四、废物管理部门氮代谢优化管理措施

（一）推广污水脱氮处理，增加污水氮回收利用比例

对城市污水进行脱氮处理是避免水体富营养化的重要途径，将活性氮反硝化为氮气或氮资源的过程有效地削减了活性氮的排放。在水环境保护条例、污水处理条例中进一步强化对污水生物脱氮的要求，建立相关的督查机制。对于取水水源地、生态保护区和富营养化风险较高的区域需要建立更严格的保护条例。积极研发并推广污水脱氮和氮资源回收新工艺技术，在污染去除、出水排放达标的同时，实现能耗、物耗的最小化和资源能源回收的最大化。

（二）推进重点固废的资源化和能源化

固体废弃物中蕴含大量可回收氮资源。加强推进工业固废、生物质废物、垃圾与污泥等废物的资源化和能源化，支持废物资源化能源化新技术研发，实施综合性财税政策，加快城镇矿产基地开发强度。环境保护政策从“废弃物无害化处理”为主向“废物资源化利用” 转变。建立健全环境资源税，理顺资源价格体制，建立资源循环利用的双向激励体制。

（三）推行畜禽养殖污染物的资源化和无害化处置

畜禽养殖污染物，尤其是畜禽粪便中含有大量可回收利用的氮元素。应科学划定限制养殖区域，积极推广生态养殖和循环模式，开发并利用厌氧生物处理技术，把畜禽养殖污染物转化成能源和肥源。制定畜禽养殖污染治理和废弃物综合利用扶持鼓励等相关配套政策，完善畜禽污染排放监管体系。

（四）建立跨介质环境管理理念，削减多介质氮污染排放

从系统、全过程的角度出发，监测各种类型的污染物处理处置全过程中的氮污染跨介质迁移转化，避免氮污染的隐性转移。建立完善跨介质污染防控管理条例和监督制度，形成多要素环境治理体系。积极开展污染跨介质迁移机理研究，开发有利于整体环境质量改善的

技术选择方法，为城市氮元素跨介质代谢优化和综合污染防治提供理论支撑与决策支持。

（五）建立多主体共同参与的环境治理体系

按照整体性、协同性、开放性的原则，建立包括相关地方政府、非政府组织、社区等主体共同参与的治理体系。其中政府在环境治理中发挥主导作用，不仅要调动相关资源与力量积极参与，使之密切协作、相互配合、形成合力，更要确保信息传递的真实有效，保证主体间彼此监督制约，明确规定治理主体的责任、资源调配与共享机制等。

本章参考文献

[1] 谷保静. 人类—自然耦合系统氮循环研究——中国案例[D]. 杭州：浙江大学，2011.

[2] 冯大军. 氮肥与农业增产丰收[J]. 中国农业信息，2009(12)：13-15.

[3] ERISMAN J W，SUTTON M A，GALLOWAY J，et al. How a century of ammonia synthesis changed the world[J]. Nature Geoscience，2008(1)：636-639.

[4] FOWLER D，COYLE M，SKIBA U，et al. The global nitrogen cycle in the twenty-first century [J]. Philosophical Transactions of the Royal Society B，2013,1621(368)：20130164.

[5] 于飞，施卫明. 近10年中国大陆主要粮食作物氮肥利用率分析[J]. 土壤学报，2015(6)：1311-1324.

[6] 张卫峰，马林，黄高强，等. 中国氮肥发展、贡献和挑战[J]. 中国农业科学，2013(15)：3161-3171.

[7] 王敬国，林杉，李保国. 氮循环与中国农业氮管理[J]. 中国农业科学，2016(3)：503-517.

[8] 谷保静，杨国福，罗卫东，等. 中国工业氮通量快速增长的驱动力及其影响[J]. 中国科学：地球科学，2013(3)：469-477.

[9] 靳卫齐，杨萌. 城市光化学烟雾的形成机理与防治[J]. 化学工业与工程技术，2007,28(3)：22-24.

[10] 陈英旭. 环境学[M]. 北京：中国环境科学出版社，2011.

[11] 王艳丽，张冬梅，李春阳. 农田氮磷流失对水体富营养化的影响及防治对策[J]. 现代农业科技，2013(3)：205.

[12] 郭燕. 几种类型矿物对磷的吸附对比研究[D]. 合肥：合肥工业大学，2007.

[13] 宋雪丽. 浅型湖库沉积物——水界面氮、磷迁移转化的实验模拟与动力学模型研究[D]. 昆明：昆明理工大学，2009.

[14] 白雪梅. 三种生态方法去除晋阳湖中氮磷的实验研究[D]. 太原：太原理工大学，2009.

[15] 蔡龙炎，李颖，郑子航. 我国湖泊系统氮磷时空变化及对富营养化影响研究[J]. 地球与环境，2010(2)：235-241.

[16] 全为民，严力蛟. 农业面源污染对水体富营养化的影响及其防治措施[J]. 生态学报，2002(3)：291-299.

[17] 张亦涛，刘宏斌，王洪媛，等. 农田施氮对水质和氮素流失的影响[J]. 生态学报，2016(20)：

6664-6676.

[18] TIAN Y, YIN B, YANG L, et al. Nitrogen runoff and leaching losses during rice-wheat rotations in Taihu Lake Region, China[J]. Pedosphere, 2007,17(4): 445-456.

[19] YU Y, XUE L, YANG L. Winter legumes in rice crop rotations reduces nitrogen loss, and improves rice yield and soil nitrogen supply[J]. Agronomy for Sustainable Development, 2014,34(3): 633-640.

[20] FANG Q, YU Q, WANG E, et al. Soil nitrate accumulation, leaching and crop nitrogen use as influenced by fertilization and irrigation in an intensive wheat-maize double cropping system in the North China Plain[J]. Plant and Soil, 2006,284(1-2): 335-350.

[21] HUANG M, LIANG T, OU-YANG Z, et al. Leaching losses of nitrate nitrogen and dissolved organic nitrogen from a yearly two crops system, wheat-maize, under monsoon situations[J]. Nutrient Cycling in Agroecosystems, 2011,91(1): 77-89.

[22] LIANG X, XU L, LI H, et al. Influence of N fertilization rates, rainfall, and temperature on nitrate leaching from a rainfed winter wheat field in Taihu watershed[J]. Physics and Chemistry of the Earth, 2011,36(9-11): 395-400.

[23] WANG T, ZHU B, KUANG F. Reducing interflow nitrogen loss from hillslope cropland in a purple soil hilly region in southwestern China[J]. Nutrient Cycling in Agroecosystems, 2012,93(3): 285-295.

[24] 宋玉芝，秦伯强，杨龙元，等. 大气湿沉降向太湖水生生态系统输送氮的初步估算[J]. 湖泊科学，2005(3): 226-230.

[25] 杨龙元，秦伯强，吴瑞金. 酸雨对太湖水环境潜在影响的初步研究[J]. 湖泊科学，2001(2): 135-142.

[26] 张修峰，李传红. 大气氮湿沉降及其对惠州西湖水体富营养化的影响[J]. 中国生态农业学报，2008(1): 16-19.

[27] 倪婉敏，朱蕊，张建英. 大气氮湿沉降对青山湖富营养化的影响[J]. 环境化学，2012, 31 (5): 631-635.

[28] 鲁垠涛，冷佩芳，秦蔚，等. 密云水库上游流域地下水中氮素污染特征及影响因素[J]. 农业环境科学学报，2016(1): 148-156.

[29] 江镕. 失守的中国地下水[J]. 环境，2013(4): 13-15.

[30] 陈新明，马腾，蔡鹤生，等. 地下水氮污染的区域性调控策略[J]. 地质科技情报，2013(6): 130-143.

[31] 刘晓晨，孙占祥. 地下水硝态氮污染现状及研究进展[J]. 辽宁农业科学，2008(5): 41-45.

[32] GUIMERà J，吴琍华. 受农业活动影响的地下水中异常高的硝酸盐污染[J]. 地质科学译丛，1998(3): 27-33.

[33] 孙彭力，王慧君. 氮素化肥的环境污染[J]. 环境污染与防治，1995(1): 38-41.

[34] 肖辉林. 大气氮沉降对森林土壤酸化的影响[J]. 林业科学，2001(4)：111-116.

[35] CAI Z，WANG B，XU M，et al. Intensified soil acidification from chemical N fertilization and prevention by manure in an 18-year field experiment in the red soil of southern China[J]. Journal of Soils and Sediments，2015,15(2)：260-270.

[36] 徐仁扣，COVENTRY D R. 某些农业措施对土壤酸化的影响[J]. 农业环境保护，2002(5)：385-388.

[37] LUNGU O I，DYNOODT R F. Acidification from long-term use of urea and its effect on selected soil properties[J]. African Journal of Food，Agriculture，Nutrition and Development，2008，8(1)：63-76.

[38] 周晓阳，徐明岗，周世伟，等. 长期施肥下我国南方典型农田土壤的酸化特征[J]. 植物营养与肥料学报，2015(6)：1615-1621.

[39] VANBREEMEN N，BURROUGH P A，VELTHORST E J，et al. Soil acidification from atmospheric ammonium-sulfate in forest canopy through fall [J]. Nature，1982，5883 (299)：548-550.

[40] 林岩，段雷，杨永森，等. 模拟氮沉降对高硫沉降地区森林土壤酸化的贡献[J]. 环境科学，2007(3)：640-646.

[41] 鲁显楷，莫江明，董少峰. 氮沉降对森林生物多样性的影响[J]. 生态学报，2008(11)：5532-5548.

[42] WILSON E Q. The current state of biological diversity in E. O. Wilson biodiversity[M]. Washington D. C.：National Academy Press，1988：3-18.

[43] SALA O E，CHAPIN F S，ARMESTO J J，et al. Biodiversity — Global biodiversity scenarios for the year 2100[J]. Science，2000，5459 (287)：1770-1774.

[44] Diversity，Secretariat of the Convention. Handbook of the Convention on Biodiversity including its Cartagena protocol on Bio-safety[M]. 3rd edition. Montreal，Canada：SCBD，2005.

[45] RAINEY S M，NADELHOFFER K J，SILVER W L，et al. Effects of chronic nitrogen additions on understory species in a red pine plantation[J]. Ecological Applications，1999,9(3)：949-957.

[46] BRUNSTING A，HEIL G W. The role of nutriments in the interactions between a herbivorous beetle and some competing plant—species in heathlands [J]. Oikos，1985,44(1)：23-26.

[47] STEVENS C J，DISE N B，GOWING D J G，et al. Loss of forb diversity in relation to nitrogen deposition in the UK：regional trends and potential controls[J]. Global Change Biology，2006,12(10)：1823-1833.

[48] KUPERMAN R G. Relationships between soil properties and community structure of soil macroinvertebrates in oak-hickory forests along an acidic deposition gradient[J]. Applied Soil Ecology，1996,4(2)：125-137.

[49] BOXMAN A W，BLANCK K，BRANDRUD T E，et al. Vegetation and soil biota response to experimentally-changed nitrogen inputs in coniferous forest ecosystems of the NITREX project[J].

Forest Ecology and Management，1998，101(1-3)：65-79.

[50] XU G，MO J，ZHOU G，et al. Preliminary response of soil fauna to simulated N deposition in three typical subtropical forests[J]. Pedosphere，2006，16(5)：596-601.

[51] XU G，MO J，ZHOU G，et al. Relationship of soil fauna and N cycling and its response to N deposition[J]. Acta Ecologica Sinica，2003，23(1000-0933(2003)23：11<2453：TRDWYN>2.0.TX;2-F11)：2453-2463.

[52] FREY S D，KNORR M，PARRENT J L，et al. Chronic nitrogen enrichment affects the structure and function of the soil microbial community in temperate hardwood and pine forests[J]. Forest Ecology and Management，2004，196(1)：159-171.

[53] CARFRAE J A，SKENE K R，SHEPPARD L J，et al. Effects of nitrogen with and without acidified sulphur on an ectomycorrizal community in a Sitka spruce (Picea sitchensis Bong. Carr) forest[J]. Environmental Pollution，2006，141(1)：131-138.

[54] IPCC. Special Report on Emissions Scenarios，Working Group Ⅲ，Intergovernmental Panel on Climate Change[M]. Cambridge：Cambridge University Press，2000.

[55] 张庆乐，王浩，张丽青，等. 饮水中硝态氮污染对人体健康的影响[J]. 地下水，2008(1)：57-59.

[56] 朱济成. 关于地下水硝酸盐污染原因的探讨[J]. 北京地质，1995(2)：20-26.

[57] GU B，JU X，CHANG S X，et al. Nitrogen use efficiencies in Chinese agricultural systems and implications for food security and environmental protection[J]. Regional Environmental Change，2017，17(4SI)：1217-1227.

[58] 巨晓棠. 氮肥有效率的概念及意义——兼论对传统氮肥利用率的理解误区[J]. 土壤学报，2014(5)：921-933.

[59] 朱兆良，金继运. 保障我国粮食安全的肥料问题[J]. 植物营养与肥料学报，2013(2)：259-273.

[60] 万长园，王明玉，王慧芳，等. 华北平原典型剖面地下水三氮污染时空分布特征[J]. 地球与环境，2014(4)：472-479.

[61] 兰冬东，李冕，鲍晨光，等. 东海海水无机氮污染风险分区[J]. 海洋环境科学，2016(5)：658-661.

[62] 许稳. 中国大气活性氮干湿沉降与大气污染减排效应研究[D]. 北京：中国农业大学，2016.

[63] GALLOWAY J N，ABER J D，ERISMAN J W，et al. The nitrogen cascade[J]. Bioscience，2003，53(4)：341-356.

[64] VAN CANEGHEM J，DE GREEF J，BLOCK C，et al. NO*x* reduction in waste incinerators by selective catalytic reduction (SCR) instead of selective non catalytic reduction (SNCR) compared from a life cycle perspective：a case study[J]. Journal of Cleaner Production，2016，112(5)：4452-4460.

[65] 李文娟. 基于生命周期评价的中国城市生活垃圾处理评价模型及软件的研究与开发[D]. 杭州：浙江大学，2012.

[66] 纪丹凤，夏训峰，席北斗，等. 生活垃圾焚烧处理方式的生命周期评价[J]. 再生资源与循环经济，

2010(5)：28-32.

[67] 仇庆春. 垃圾填埋场和垃圾焚烧厂渗滤液处理工艺研究[J]. 资源节约与环保，2014(11)：70.

[68] 张国丰. 北京市污水污泥处理的环境和经济影响动态模拟[D]. 北京：中国地质大学，2014.

[69] COPPENS J，MEERS E，BOON N，et al. Follow the N and P road：High-resolution nutrient flow analysis of the Flanders region as precursor for sustainable resource management[J]. Resources Conservation and Recycling，2016,115：9-21.

[70] WEN Z，BAI W，ZHANG W，et al. Environmental impact analysis of nitrogen cross-media metabolism：A case study of municipal solid waste treatment system in China[J]. Science of the Total Environment，2018,618：810-818.

[71] 张文婷. 城市生活垃圾处理系统碳/氮跨介质代谢分析及技术优选[D]. 北京：清华大学，2016.

[72] FOWLER D，PYLE J A，RAVEN J A，et al. The global nitrogen cycle in the twenty-first century：introduction[J]. Philosophical Transactions of the Royal Society B-Biological Sciences，2013,368(201301651621).

[73] ERISMAN J W，LARSEN T A. Source separation and decentralization for wastewater management. chapter 4：Nitrogen economy of the 21st century[M].[S.l.：s.n.]，2013.

[74] TOWNSEND A R，CLEVELAND C C，HOULTON B Z，et al. Multi-element regulation of the tropical forest carbon cycle[J]. Frontiers in Ecology and the Environment，2011,9(1SI)：9-17.

[75] GROFFMAN P M，LAW N L，BELT K T，et al. Nitrogen fluxes and retention in urban watershed ecosystems[J]. Ecosystems，2004,7(4)：393-403.

[76] 高群，余成. 城市化进程对氮循环格局及动态的影响研究进展[J]. 地理科学进展，2015(6)：726-738.

[77] 冼超凡，欧阳志云. 城市生态系统氮代谢研究进展[J]. 生态学杂志，2014(9)：2548-2557.

[78] 周赛军，邓明君，罗文兵. 氮足迹核算研究最新进展[J]. 浙江农业科学，2015(6)：915-920.

[79] 徐明. 中国经济系统物质代谢研究[D]. 北京：清华大学，2006.

[80] 段宁. 城市物质代谢及其调控[J]. 环境科学研究，2004(5)：75-77.

[81] DUAN N. Urban Material Metabolism and Its Control[J]. Research of Environmental Sciences，2004,17(1001-6929(2004)17：5<75：CSWZDX>2.0.TX;2-15)：75-77.

[82] BRUNNER P H. Reshaping urban metabolism[J]. Journal of Industrial Ecology，2007,11(2)：11-13.

[83] ZHANG Y，YANG Z，LI W. Analyses of urban ecosystem based on information entropy[J]. Ecological Modelling，2006,197(1-2)：1-12.

[84] WALKER R V，BECK M B. Understanding the metabolism of urban-rural ecosystems：A multi-sectoral systems analysis[J]. Urban Ecosystems，2012,15(4)：809-848.

[85] WALKER R V，BECK M B，HALL J W，et al. The energy-water-food nexus：Strategic analysis of technologies for transforming the urban metabolism[J]. Journal of Environmental Management，

2014,141：104-115.

[86] FAERGE J，MAGID J，DE VRIES F. Urban nutrient balance for Bangkok[J]. Ecological Modelling，2001,139(1)：63-74.

[87] FORKES J. Nitrogen balance for the urban food metabolism of Toronto，Canada[J]. Resources Conservation and Recycling，2007,52(1)：74-94.

[88] COPPENS J，MEERS E，BOON N，et al. Follow the N and P road：High-resolution nutrient flow analysis of the Flanders region as precursor for sustainable resource management[J]. Resources Conservation and Recycling，2016,115：9-21.

[89] WALKER R V. Sustainability beyond eco-efficiency：a multi-sectoral systems analysis for water，nutrients，and energy[D]. Georgia：The University of Georgia，2010.

[90] FIRMANSYAH I，SPILLER M，DE RUIJTER F J，et al. Assessment of nitrogen and phosphorus flows in agricultural and urban systems in a small island under limited data availability[J]. Science of the Total Environment，2017,574：1521-1532.

[91] JAKRAWATANA N，NGAMMUANGTUENG P，GHEEWALA S H. Linking substance flow analysis and soil and water assessment tool for nutrient management[J]. Journal of Cleaner Production，2017,142(3)：1158-1168.

[92] MA L，WANG F，ZHANG W，et al. Environmental Assessment of Management Options for Nutrient Flows in the Food Chain in China[J]. Environmental Science & Technology，2013,47(13)：7260-7268.

[93] 秦树平，胡春胜，张玉铭，等. 氮足迹研究进展[J]. 中国生态农业学报，2011(2)：462-467.

[94] SHIBATA H，GALLOWAY J N，LEACH A M，et al. Nitrogen footprints：Regional realities and options to reduce nitrogen loss to the environment[J]. Ambio，2017,46(2)：129-142.

[95] GU B，LEACH A M，MA L，et al. Nitrogen Footprint in China：Food，Energy，and Nonfood Goods[J]. Environmental Science & Technology，2013,47(16)：9217-9224.

[96] LEACH A M，MAJIDI A N，GALLOWAY J N，et al. Toward Institutional Sustainability：A Nitrogen Footprint Model for a University[J]. Sustainability：the Journal of Record，2013，6 (4)：211-219.

[97] LEACH A M，Galloway J N，et al. A nitrogen footprint model to help consumers understand their role in nitrogen losses to the environment[J]. Environmental Development，2012(1)：40-66.

[98] XUE X，LANDIS A E. Eutrophication Potential of Food Consumption Patterns [J]. Environmental Science & Technology，2010,44(16)：6450-6456.

[99] LEIP A，WEISS F，LESSCHEN J P，et al. The nitrogen footprint of food products in the European Union[J]. Journal of Agricultural Science，2014,1521(SI)：S20-S33.

[100] STEVENS C J，LEACH A M，DALE S，et al. Personal nitrogen footprint tool for the United Kingdom[J]. Environmental Science—Processes & Impacts，2014,16(7)：1563-1569.

[101] LIANG X, NG E L, LAM S K, et al. The nitrogen footprint for an Australian university: Institutional change for corporate sustainability[J]. Journal of Cleaner Production, 2018,197(1): 534-541.

[102] LEARY N, DE LA REGUERA E, FITZPATRICK S, et al. Reducing the Nitrogen Footprint of a Small Residential College[J]. Sustainability (New Rochelle, N.Y.), 2017,10(2): 96-104.

[103] JOOSTEN L, HEKKERT M P, WORRELL E, et al. STREAMS: a new method for analysing material flows through society[J]. Resources Conservation and Recycling, 1999,27(3): 249-266.

[104] 蔡九菊，杜涛. 钢铁企业投入产出模型及吨钢能耗和环境负荷分析[J]. 黄金学报，2001(4): 306-312.

[105] 徐一剑，张天柱. 物质投入产出表在义马市物质流分析中的应用[J]. 中国环境科学，2006(6): 756-760.

[106] OITA A, MALIK A, KANEMOTO K, et al. Substantial nitrogen pollution embedded in international trade (Vol 9, pg 111, 2016)[J]. Nature Geoscience, 2016,9(3): 260.

[107] 庞军，石媛昌，李梓瑄，等. 基于MRIO模型的京津冀地区贸易隐含污染转移[J]. 中国环境科学，2017(8): 3190-3200.

[108] 张妍，郑宏媚，陆韩静. 城市生态网络分析研究进展[J]. 生态学报，2017(12): 4258-4267.

[109] 郑诗赏. 基于生态网络分析的山东省能源代谢网络研究[D]. 北京：清华大学，2016.

[110] MIN Y, JIN X, CHANG J, et al. Weak indirect effects inherent to nitrogen biogeochemical cycling within anthropogenic ecosystems: A network environ analysis[J]. Ecological Modelling, 2011,222(17): 3277-3284.

[111] ZHANG Y, LU H, FATH B D, et al. A Network Flow Analysis of the Nitrogen Metabolism in Beijing, China[J]. Environmental Science & Technology, 2016,50(16): 8558-8567.

[112] 王亮，秦玉波，于阁杰，等. 新型缓控释肥的研究现状及展望[J]. 吉林农业科学，2008(4): 38-42.

[113] 彭世琪. 中国肥料使用管理立法研究[J]. 中国农业科学，2014(20): 4109-4116.

[114] 曾昭海. 豆科作物与禾本科作物轮作研究进展及前景[J]. 中国生态农业学报，2018(1): 57-61.

第八章

水循环生命共同体的模式与管理政策研究

第一节　水循环生命共同体的概念和模式

一、水环境污染的严峻形势和背景

改革开放以来，我国人口日益增长，经济水平不断提高，城市化水平也不断提升。1979—2015 年，我国的城镇化率从 19%发展到 56%[1]。过去为了经济的快速发展，受“先污染、后治理”思想的影响，生态环境让位于经济增长，人们的生存环境被逐渐破坏。随着经济的发展，人民生活水平不断提高，环境保护、生态修复与治理意识越来越强烈。在快速城镇化进程中，水资源的短缺性和重要性越来越引起人们的关注[2]。我国农村在改革开放中释放了农业生产力，为保障世界粮食安全作出了贡献，同时也付出了巨大的生态环境代价。大量投入化学品，最大限度地提高了水土资源产出率，也使水土资源长期处于贫瘠和紧张状态，污染和退化形势严重。在快速工业化、城镇化、农业现代化的进程中，城乡的水土资源进一步受到工业生产和居民生活排放源的污染，出现了大量违法添加、抗生素农药残留等问题，食品质量安全程度下降，消费者健康受到威胁[3]。

城市发展建设与水资源有非常紧密的联系。由于城市环境建设中缺乏生态保护措施，再加上城市水资源的污染、河道清理不及时等，使城市河道出现黑臭等现象，并且城市的河道长时间不清理也会导致有害物质释放。河道的水循环能力比较差，水体流动性比较弱，河道中的水生植物和动物生存的环境得不到改善，影响城市河道水体的自净能力，最终水体颜色逐渐变为绿色，进而出现黑臭现象。2016 年数据显示：全国 1940 个考核断面中，劣 V 类占比 9.2%；24.6%重点湖库呈现富营养化；流经城镇的河流、沟渠绝大多数处于黑臭状态(截至 10 月 23 日认定黑臭水体 1915 个)；地下水 4778 个监测点，水质较差的占 43.9%，极差的占 15.7%；9 个海湾 6 个水质为差和极差；饮用水水质合格水量占取水量的 97.3%；水污染呈现区域性、流域性、复合型、水资源短缺及水环境容量(纳污量)严重不足的特征。

水是生命的源泉，是人类生存和发展不可或缺的重要物质资源，也是社会经济发展的基础和硬性约束指标。回顾过去，因为水资源引发的社会危机见诸史书，黄河流域生态环境的破坏与变迁就是一个例子；着眼现在，水资源短缺已经成为人类社会发展面临的挑战，我国南水北调就是解决水资源短缺的战略性工程。党的十九大报告提出“必须坚持节约优先、保护优先、自然恢复为主”“推进资源全面节约和循环利用，实施国家节水行动，降低能耗、物耗，实现生产系统和生活系统循环链接”，为解决水污染的问题指明了方向。城市是水资源高强度使用和质变的关键节点。通过系统研究和设计水的生产与生活使用、集中处理和回用等模式，发展相关的支持系统与技术手段，是支持城乡水循环系统健康运行的关键。

当今世界，生态环境已成为一个国家和地区综合竞争力的重要组成部分。改革开放40年来，中国社会经济取得了举世瞩目的成绩，同时也面临水资源、耕地资源、森林资源和草地资源的破坏与污染。因此，习近平总书记在早年研究和总结绿色发展的基础上，逐渐形成和论述了系统、完善、全面的“两山论”，体现了对人类文明发展规律、自然规律和经济社会发展规律的深刻认识，表达了推进生态文明建设的鲜明态度和坚定决心[3]。

二、山水林田湖草生命共同体的含义

生命共同体是生态文明的经典概念，是指互相依存、有机联系、休戚相关、生死与共的诸生命系统的整体。它包括人类、动物、植物、微生物等生命体及生命体赖以生存发展的生态环境[4]。习近平总书记指出：“‘山水林田湖草’是一个生命共同体，人的命脉在田，田的命脉在水，水的命脉在山，山的命脉在土，土的命脉在树”。这说明了“山、水、林、田、湖、草”的物质和能量的转移与运动趋势，揭示了要素之间互为依存又相互激发活力的复杂关系，其实质是揭示这个系统有机地构成一个生命共同体[5]。

生命共同体是一种互相依存的结合，也是整体和个体辩证关系的浓缩。人类生活在山、水、林、田、湖的生态系统中。这些要素与人类相互联结、相互作用、相互演进，从而构成一个山水林田湖生命共同体。在生态治理和修复的过程中，我们往往只考虑个体而非整体，缺乏整体规划和顶层设计。例如，一个区域内的农业部门只管种好田，水利部门只管通水，林业部门只管养好野生动物。为了克服这种弊端，需要冲破“博弈思维”、割舍“部门利益”，将目标和动力统一到更高的层面上，把生态资源纳入统一治理框架[6]。这个框架的核心，就是涵盖山水林田湖草的水循环生命共同体。

三、水循环在生命共同体中的核心作用

在“山水林田湖草”系统中，水是生命系统赖以生存的基石，也是联系生命共同体内各子系统的纽带。生命共同体意味着共同的价值、普遍的联系、功能的协调。在全球命运共同体的大背景下，水循环系统作为联系环境、民生与发展的天然纽带，是一种命运的共同载体。以水循环为核心，将山水林田湖草作为一个系统和整体，可以从不同等级层次着手，形成区域上从小到大的环境健康治理政策，实现山水林田湖草生命共同体的共同价值。同时，无论是时间上还是空间上，山水林田湖草都与人居环境和生态健康存在密切联系（见图8-1）。通过整体综合研

究，可以解释要素之间的内部响应关系，改善这些关系对外界和人类社会的影响[7]。

研究水循环系统支撑的生命共同体模式，是全球生命共同体的具体体现。对此的研究有助于构建生态文明的理论基石。水循环生命共同体的典型特征是在不同的时间和空间层面上，以水循环过程作为物质、能量和文化流动的载体，在山水林田湖草的子系统界面上进行着活跃的交互与响应，实现生命共同体的持续运行和系统耦合。可以想象，如果没有水循环过程，或者水循环过程受到了阻断，山水林田湖草的生态系统将逐渐死寂和崩溃。从社会需求和人类活动的角度考虑，水循环生命共同体不仅涉及水的处理设施和管理制度，而且包含水的利用模式、行为决策与社会心理等多个方面。

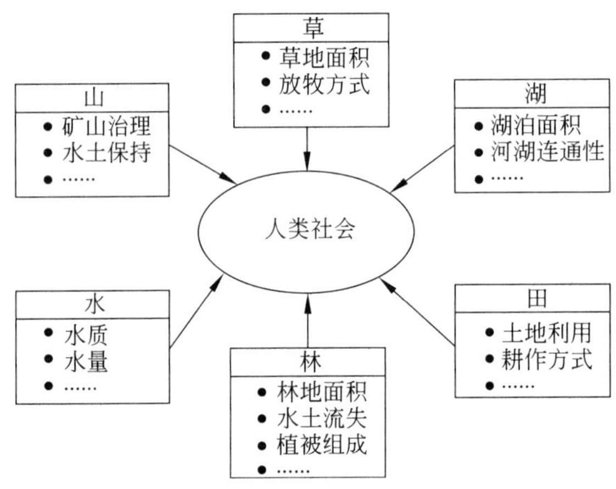

图 8-1　山水林田湖草系统与人的关系[7]

在区域水系统的不同规模循环层次上，水循环过程存在相似的元素和能量变化规律。以城镇水处理设施为例，一般包括供水处理系统、供水管网、污水处理系统、排水管网、雨洪利用设施等。这些设施和技术强化了区域水循环通量，同时也带来了系统性的耦合与复杂性问题。以社会心理为例，通过心理与舆论，可以引导推广采用节水器具、家用内循环等模式，通过用户端的优化，用更低的成本实现水资源的保护与利用。只有通过深入研究和比较分析，才能描述水循环生命共同体的结构与动态特征，分析约束条件和敏感因素，加深对水、资源、能源可持续利用模式的理解和认识。

第二节　生态文明建设的发展过程和实践经验

一、人类文明发展过程与生态文明

在原始蒙昧时期，人类的生产力很低，生存活动完全依附于自然。那时候的物质生产活动主要是简单的采集渔猎。由于人类只有依靠集体的力量才能生存和繁衍，因此自然处于完全主导人类的地位。到了铁器时代,人类认识和改变自然的能力有了质的飞跃,生产力迅速提高,进入了农业文明时期。在农业文明时期,人类靠天吃饭,在自然灾害面前缺乏抵抗力,自然仍然处于支配的地位。

18 世纪,人类进入工业革命时期。机器大生产深入社会生产的各个领域,开启了工业化和现代化进程,极大地发展了人类的社会生产力。通过高效的社会化生产,实现了人类社会的工业文明。在这个时期,挑战和利用自然资源是显著特征,人类第一次从自然界的束缚中挣脱出来,与自然的力量发生了巨大的反转。

20 世纪以来,随着工业化的深入推进,自然环境被不断破坏,出现了许多社会和环境问题。技术进步除了造福人类,也体现出危害自然的一面。人类开始反思工业化带来的困境,历史发展进入一个全新的阶段,即生态文明阶段。在这个阶段,人类开始追求可持续发展,通过技术进步和文化融合实现人与自然、人与人、人与社会的和谐共生、良性循环、全面发展、持续繁荣。

生态文明是人类文明发展的最新阶段。反思工业文明提出新的文明概念,研究和分析生态文明建设过程中的影响因素和矛盾运动过程,已经成为人类社会发展的迫切需要。山水林田湖草系统就是在这样的背景下提出来和不断发展的。作为水循环生命共同体的一个例子,我国的城乡水循环系统经历了三次大的变革,从农业时代、工业时代发展到生态文明时代。我国幅员辽阔,发展不均衡,三种模式同时存在,带来了规划和管理方面的巨大挑战。为了构建水循环生命共同体,需要从历史和现状两方面加深对生态文明、水文明的理解,认识到水循环系统的核心目标是水资源的高效处理与循环利用,其历史发展的线索是来自技术与观念进步的持续推动力。

二、国际上生态学的发展过程与管理措施

(一)生态系统与健康评价

目前国外关于“山水林田湖草”的概念和评价研究还非常少。有关的研究以往主要归入生态系统健康评价方面[6]。1788 年,苏格兰生态学家 James Hutton 提出了“自然健康”的概念。1941 年,美国生态学家 Aldo Leopold 提出了“土地健康”的概念[1],随后生态学开始迅速发展,比如 Barrett 提出了“胁迫生态学”、Rapport 提出了“生态系统医学”[2]。这些思想认为人类活动加剧致使生态系统遭到损害,需要多学科的合作研究对受害症状进行综合诊断。1988 年,Schaeffer 等[3]提出了生态系统健康量度的问题。1989 年,Rapport 定义了生态系统健康的概念,认为生态系统健康是指一个生态系统所具有的可持续性和稳定性,即生态系统在时间上具有维持其组织结构、自我调节和恢复的能力,并认为生态系统健康可通过活力、组织结构和恢复力三个特征来定义。1996 年,在丹麦哥本哈根召开的第二届国际生

态系统健康学研讨会确定了需要综合自然科学和社会科学来发展生态科学、解决复杂的全球性的生态环境问题[6]。

（二）我国的生态文明建设思想

我国一直很重视生态文明建设。党的十八大以来，尤其是党的十九大报告提出了一系列关于生态文明的新理念、新思想和新战略，构成了习近平新时代中国特色社会主义思想的重要内容。

1. 将绿水青山视为民生福祉

建设生态文明，关系人民福祉、关乎民族未来。中国特色社会主义事业"五位一体"总体布局明确提出大力推进生态文明建设，努力建设美丽中国，实现中华民族永续发展。习近平强调"坚持节约资源和保护环境基本国策，努力走向社会主义生态文明新时代"，阐明了我国生态文明建设的原则和目标。我们既要绿水青山，也要金山银山。宁要绿水青山，不要金山银山，而且绿水青山就是金山银山。"既要绿水青山，也要金山银山"是发展阶段，核心在统筹兼顾、做到发展和保护并重；"宁要绿水青山，不要金山银山"是保护阶段，核心在生态与健康优先、拒绝"先污染后治理"老路；"绿水青山就是金山银山"是可持续阶段，核心是发展与保护在绿色、循环和低碳发展中实现统一共赢。

2. 明确了保护生态环境就是保护生产力

生态文明建设需要正确处理经济发展和生态环境保护的关系。保护生态环境就是保护生产力、改善生态环境就是发展生产力的理念，是推动绿色发展、循环发展、低碳发展的出发点。在经济新常态下，绿色发展成为我国经济发展方式转型的迫切需要。因此，有必要加大环境治理力度、解决突出的环境问题、用好生态环境的红利，将生态文明建设条件转化为经济长期增长的动力。

3. 将生态理念融入建设全过程

建设生态文明要尊重自然、顺应自然、保护自然，将"节约资源和保护环境"作为基本国策，把生态文明建设融入经济建设、政治建设、文化建设、社会建设各方面和全过程。按照"人口资源环境相均衡、经济社会生态效益相统一"的原则，整体谋划国土空间开发，科学布局生产空间、生活空间、生态空间，给自然留下更多修复空间。通过实施重大生态修复工程，增强生态产品生产能力。

4. 用最严格的制度来保障生态文明

制度建设是生态文明的基石。需要根据各地资源环境承载力确定人口规模，严格按照主体功能定位，划定并严守生态红线，构建城镇化推进格局、农业发展格局、生态安全格局。针对我国日益凸显的水资源过度开发、水环境污染、水资源短缺、用水效率与效益低下等困难和危机，我国近年来出台了最严格的水资源管理制度，发布了“水污染防治行动计划”（简称“水十条”）等水资源管理、水环境保护相关政策[8]。中央政府用最严格的制度来保障生态文明，加快建立系统完整的生态文明制度体系，有望快速“纠正单纯以经济增长速度评定政绩的偏向”。

5. 将生态文明治理纳入全球治理

在经济全球化的大背景下，在气候变化危机的共同挑战下，生态问题关乎人类未来。国际社会应该携手同行，共谋全球生态文明建设之路。只有各方展现诚意、坚定信心、齐心协力，才能实现更高水平的全球可持续发展，构建合作共赢的国际关系。我国旗帜鲜明地提出并推行生态文明建设，不仅表现出作为负责任大国为了建设“人类命运共同体”的诚信和担当，而且表现出一个先进的制度文明为世界做出的“价值引领”。

三、我国的生态文明建设与实践经验

（一）生态文明建设与城市发展

在城市化过程中，城市蔓延和扩张造成了各种“城市病”。目前，各地都开始重视城市的生态规划，包括维护整体自然山水格局的连续性、保护多样化的生境系统、恢复水系河道的自然形态、建设具有雨洪调蓄功能的湿地系统等。在产业发展上，推进循环经济，严格实行环境准入，明确规定“绿色门槛”，按照“三高一低”（高投入、高科技、高回报、低污染）标准引进项目，严禁引进高污染、高耗能、高耗水项目，加大重点企业节能减排力度等。在城市发展中，推广绿色建筑，引导绿色健康生活，强化政府绿色办公和居民绿色消费理念，倡导城市的绿色出行。在工业废弃物及部分生活垃圾处理中，倡导开发“城市矿产”，对于生活垃圾，推进分类收集和再生利用，尽量减少使用一次性产品。

2015 年发布的《生态文明体制改革总体方案》明确提出要“树立绿水青山就是金山银山的理念”。各地通过各种方式积极开展生态文明建设，已经出台了多项新制度和新措施[9]。2014—2015 年，各地生态文明建设的主要措施归纳如表 8-1 所示。

表 8-1　全国各地生态文明建设的主要措施

制　　度	措　　施	案例区域
加强国土空间管制	落实主体功能区规划，确保经济环境协调发展	青海，海南，湖南，辽宁，内蒙古
	划定水、森林和生态红线，分类管控生态环境	广东、天津、福建、贵州、湖南、江苏
发挥市场机制作用	推进排污权、碳排放权、水权、节能量等“三权一量”的交易平台	甘肃、河南、吉林、山西、安徽、江西、湖南、贵州
	发挥第三方机构作用，形成绿色发展第三方评估机制	江苏、内蒙古、山东、河北、贵州、安徽

续表

制　　度	措　　施	案例区域
推进管理制度创新	建立“城市GEP”核算体系，完善生态文明考核制度	深圳
	实施严格水资源管理，明确责任主体，落实河长制	海南、福建、江苏
	实施生态补偿机制，跨流域协调水资源与总量控制	福建
	完善税费与保险制度，强化水土保持和污染治理	甘肃、江苏、江西、山西
	加强诚信体系建设，建立环境信用等级，督促企业持续改善环境	山东、西藏
推动深化改革试点	全国105座城市开展水生态文明的试点工作	江苏、湖北、青海
	探索生态文明体制创新，开展确权、生态补偿和监管	江西
	加强环保立法执法工作，特别是矿山生态修复与治理	山西
	加强水资源和生态资源综合管理，完善生态补偿机制	甘肃
大力实施治理工程	加大大气污染防治力度，治理灰霾污染	内蒙古、安徽、四川、青海
	加强污染源监管，推动水生态文明建设	浙江、福建、重庆
	加强土壤污染治理，控制重金属污染形势	浙江、湖南、广东、福建、江西、云南、广西、内蒙古、陕西、河南、河北
	实施生态工程，推进生态修复与建设	新疆、青海、西藏、辽宁、广东、河北、甘肃

水质水量联合调度是一种按照流域水资源综合管理的理念，以防洪安全保证为前提，以流域水生态功能目标需求为导向，依托各种水利工程或非水利工程调度措施，优化调整径流的时空分配特征，从而实现水资源的经济、社会和生态环境综合效益最大化的水资源开发利用模式。

在有关机构和学术界对水质水量联合调度与调控方面的研究和实践的基础上，很多流域开始制定或实施相关的调度管理方案并开展有针对性的技术示范等。例如，“十一五”期间，“水体污染控制与治理科技重大专项”根据流域水环境问题和特点设计“松花江河流水质安全保障的水质水量联合调控技术及工程示范”，重点关注典型河流水资源可持续利用和针对环境风险控制的水质水量优化配置及调度方案；“辽河流域水质水量优化调配技术及示范研究”重点研究辽河流域河流水质功能达标为导向的流域水量配置、库群调度及河流闸坝调控关键技术；“北运河水系水量水质联合调度技术研究与示范”重点针对城市化和半城市化复合流域河流再生水利用河流水量水质调控技术；“淮河—沙颍河水质水量联合调度改善水质关键技术研究”重点关注闸坝高度控制河流水污染事件闸坝调控技术；“东江水库群调度与生态系统健康监测、维持技术研究与应用示范”重点研究流域供水水质安全保障及生态保护的梯级水库群生态调度模式；“西北缺水河流水污染防治关键技术研究与集成示范”重点研究基于库群和地下水调度保障生态基流的技术。

“十二五”期间，淮河流域开展了“淮河流域水质—水量—水生态联合调度关键技术研究与示范”，研究淮河流域典型水域水生态系统生态演变及其与水文过程的关系；使用河湖水生态变化模拟模型，基于生态水文学理论，通过流域水系统多模型耦合、集成、拓展，最终形成淮河流域多闸坝水质—水量—水生态耦合模拟模型；研究淮河主要水域生态需水保障及闸坝调控技术，进行淮河流域水质—水量—水生态多维调控技术与调度系统平台示范。这些研究重点解决了河流生态基流保障和枯水期间的水环境容量调控问题，基本形成了水资源调度中的水质调度技术体系。

（二）生态文明建设与农村治理

结合社会主义新农村建设，许多地区开始调整农村经济结构，走“生态产业、效益农业、休闲养老产业”的现代发展之路。通过发展大田种植与林、牧、副、渔业，使大农业与第二、三产业结合，利用传统农业经验和现代科技成果，通过人工设计生态工程，协调发展与环境之间、资源利用与保护之间的矛盾，形成生态上与经济上两个良性循环，实现经济、生态、社会效益的统一。同时，通过建设生态污水处理池、生态公厕、太阳能路灯和文化休闲广场等一系列生态配套工程，使农村人居环境明显改善，提升了农村的品位，成为农村生态文明建设的重要内容。在管理上，许多地方建立了稳定的卫生保洁队伍，加大治理“脏、乱、差”的力度，形成了卫生保洁长效机制，使农村生态环境更加优美。

以“污染变资源”的循环经济为主线，把当前难以处理的、污水处理厂每天都必然产生的剩余污泥作为原料，加上城市生活中的固体有机餐厨垃圾一起进行厌氧发酵，提取出的沼气用于发电、供热，以及用于车用新能源，剩下的沼渣、沼液是有机农药、有机肥料，可用于农田替代化肥。

从山水林田湖草的系统考虑农村的发展问题，于法稳[3]提出要以水资源管理的“三条红线”为原则，保障农业生产水资源，提高灌溉用水效率，加强节水技术开发、调整产业结构，实现粮食生产安全和食品安全。此外，还要加强农村污水处理，控制水污染、回收水资源，提出适用于不同区域的农村污水处理模式与技术。通过污水再生利用，使处理后的污水满足水质标准的要求，建立各类用途再生水的水质标准体系。提高土地生产率，确保耕地红线，改善耕地质量。例如，工业化、城镇化进程占用土地生产率较高，通过“占补平衡”、土地整理恢复等措施补充的耕地生产率极低甚至没有生产率。总的来看，需要通过农业供给侧结构性改革来确保中国农产品的供应安全[3]。

（三）基于山水林田湖草系统思想的生态修复工作

北京市在山水林田湖草生态系统建设思想的指导下，建立了“生态修复区、生态治理区、生态保护区”空间格局，形成从远山、高山到浅山、村庄，再到河流、沟道的次序变化。针对水土流失、农业面源污染、村庄人居环境不佳、河沟道水生态退化等复杂问题，因地施策地开展防控与修复，形成了从上游到下游、从岸上到水域的21项综合治理措施（见表8-2）[10]。

表8-2 北京市小流域治理的措施和经验[10]

生态分区	目标	措施
源头坡地区	保山	水土流失控制与水源涵养为主，重点强化生态清洁小流域建设和坡地经济林下水土流失治理
缓坡农业面源污染防治区	控田	依托美丽乡村建设加强农药化肥管理，结合荒山、台地与平原造林建设农田植被缓冲带
村镇区域	减污、村美	重点围绕养殖污染分类管理、垃圾和污水处理等削减生活污染、改善人居环境
河沟道	水清、河美	恢复河沟道自然生态、增强河流自净能力与减少入库污染负荷
水库区	湖净	完善和实施水库库滨带长效管护机制

环巢湖生态示范区建设中的生态保护与修复工作“以小流域为治理单元、以污染治理为主线、以生态修复为重点”的做法，强调了注重山水林田湖的系统性、关联性，对山水林田湖生命共同体进行统一保护和修复。通过山水林田湖生命共同体整体保护、系统修复、综合治理，流域水环境质量明显改善，生态系统服务和保障功能显著增强，形成较为完善的生态系统保护、修复和管理的体制机制（见表8-3）[5]。

表8-3 环巢湖地区山水林田湖生态综合治理的目标和措施[5]

子系统	目标	措施
山	改善山体生态保育和生态涵养功能	实施荒山水土流失防治、废弃矿山生态修复
水	削减入河污染负荷和恢复河道生态健康	实施城镇生活污水收集处理与提标改造、工业废水深度处理、城区初期雨水处理、规模化畜禽养殖场废水治理以及底泥清淤、河道原位生态修复、生态补水等
林	拦截污染物和提高水源涵养能力	实施水源涵养林、生态防护林体系、河岸湖岸植物群落拦截系统、生态湿地等工程
田	控制农业面源污染、实现都市农业田园风光及第一、三产业融合发展	实施高标准农田、农业产业结构调整、高效设施农业、农业科技水平提高、农业生态体系构建、打造现代化农业科技示范园区
湖	发挥湖泊的生态功能、审美功能和休闲功能	实施调水引流、湖滨消落带和河流入湖口湿地建设、湖内营养盐与生态群落平衡初步构建等，实现安澜巢湖、碧水巢湖、生态巢湖

其他地区的生态修复工作也较有成效。例如，刘小勇[11]讨论了治水与生态文明建设的

关系，提出山水林田湖草系统治理的顶层设计、绿水青山转化为金山银山的路径设计、江河湖泊保护与生态修复、生态治水工作长效机制，并对长江大保护、石羊河流域系统治理、华北地下水超采区治理等提出了具体的生态修复措施。邹长新等[12]总结了生态保护修复的主要任务包括基础状况调查与评估、生态保护修复工程成效巩固、退化生态系统保护修复、生物多样性保护格局优化、生态移民与产业升级的有序推动、生态保护与修复典型示范以及一体化信息管理平台建设，介绍了陕西、河北、甘肃、江西、青海等省目前开展的山水林田湖草生态保护修复试点区情况。王波等[13]以承德市为例，通过生态环境问题研究，提出“一条主线、两个功能、三大片区、四项任务、五个突破”的实践路径。特别提出了践行“山水林田湖草生命共同体”理念尚无成功案例借鉴，存在试点地区布局设计缺乏整体性、“伪生态”和“真破坏”治理措施偶有发生、整合专项资金难度大等问题，迫切需要加强研究来明确生命共同体的内涵和基本特征。

第三节　水循环生命共同体的要素分析与质量评价

一、水循环生命共同体的结构要素解析

无论是自然生态系统，还是城市或者农村生态经济系统，都有其自身的发展规律，需要采用系统论的观点才能提升生态系统的服务价值。“用途管制和生态修复必须遵循自然规律，由一个部门负责领土范围内所有国土空间用途管制职责，对山水林田湖进行统一保护、统一修复是十分必要的。”进一步地，习近平总书记提出：“我们要认识到，山水林田湖是一个生命共同体，人的命脉在田，田的命脉在水，水的命脉在山，山的命脉在土，土的命脉在树。”上述观点体现了系统思维，揭示了山水林田湖草的内在联系，为绿色可持续发展指明了路径[3]。从上述山水林田湖生命共同体概念可知，自然地理条件、农业生产、工业发展、产业结构都会影响生命共同体的发展。

由于山水林田湖草是一个整体系统，因此需要从山、水、林、田、湖、草和人等方面分别阐述影响因子和相互关系。“山”主要由岩石组成。岩石的性质影响工程建设的结构；坡度和海拔影响山体稳定性；土壤类型影响土壤肥力；峰谷密度影响城市建设的发展成本。“水”的主要特征水量和水质。降水量影响地表水和地下水资源量；单位面积的水资源量影响植物和作物的生长；满足水质标准的区域才适用于集中式生活用水的水源地。“森林”主要由植物和动物组成。林地覆盖率和草地覆盖率影响水土流失。植被包括乔木、灌木和草地，是重要的生物质产出。植物多样性和动物多样性影响森林生态系统的稳定性。“田”主要是生产粮食。在地表起伏度越大的地区，水土流失越严重，耕地面积比例越小；化肥和农药的使用可能导致土壤盐渍化和肥力下降，影响农作物产量；水土污染导致重金属含量增加，增加食品风险。“湖”不仅包

括湖泊，也包括区域内与湖泊关联的河流。河流、湖泊、水库是人类生活和生产所需水的水源地；河湖的面积变化会影响局部小气候；城市生活污水、工业生产污水的排放会影响水环境质量和水生生物的生态安全。“草”不仅指草原环境，也包括河湖周边的湿地生物和城市景观草地。草地可以有效下渗降雨径流、保持水土防止流失、增加土壤肥力，而且具有观赏和文化功能等。“人”是山水林田湖草的服务对象，而人类活动则明显影响了山水林田湖生命共同体的健康发展。居民受教育程度、农村和城市居民人均纯收入、人口密度、建筑面积比例、低保率等城市居民指标反映了人类活动对山水林田湖草系统的量化影响。

山水林田湖是一个生命共同体，子系统及因子之间存在强耦合和相互影响。如图 8-2 所示，降水量越大，地表径流量越大；林地覆盖率越高，林业单产越高，农村居民人均可支配收入越多；相对高差越大，坡度覆盖率越高，粮食单产越低，农村居民人均可支配收入越少；相对高差越小，建筑用地比例越大，城镇常住居民人均可支配收入越高，低保率越低，人口密度越大；相对高差越小，建筑面积比例越大，水田比例和林地覆盖率也越少[6]。

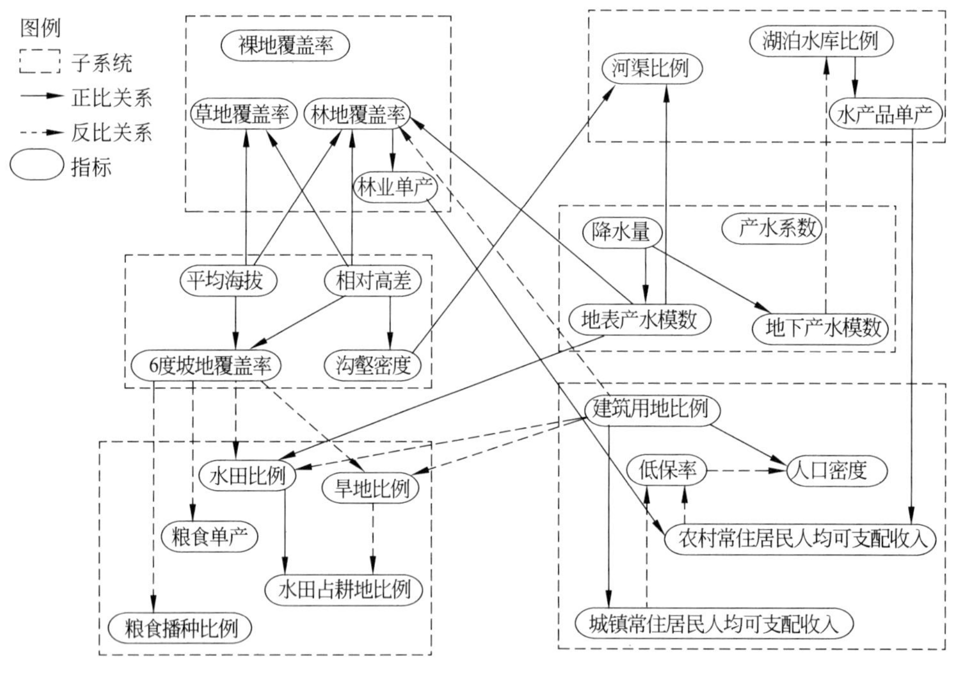

图 8-2 生命共同体的关系流程图[6]

重庆三峡地区山水林田湖的质量评价[6]

2003—2015 年重庆三峡库区山水林田湖生命共同体从不健康演变成亚健康状态。其中，山系统仍为不健康状态；水系统从不健康演变成中度病态状态；林系统变化不明显，仍为不健康状态；田系统从不健康演变为亚健康状态；湖系统仍是轻度病态状态；人系统从轻度病态演变为亚健康状态。由此可知，与过去相比，重庆三峡库区山水林田湖总系统的健康状况有所好转，这主要是依赖田系统和人系统。

田系统的健康状态变好主要是因为旱地面积比例和粮食单产的增加，而旱地面积比例增加是由于降水量变少，地表产水模数降低，粮食单产的提高依赖农业技术和机械科技的发展。

人系统的健康状态变好主要是因为城市发展使建筑面积比例提升、人民生活水平提高，使人均收入增加和最低生活保障人数比例下降。水系统的健康状态变差主要是因为降水量减少，水资源总量减少，城区建设使地表入渗率低，喀斯特地区地漏现象严重，使地表产水模数下降。

综上可知，影响重庆三峡库区山水林田湖生命共同体健康状况的基础是山系统和水系统，而林、田、湖系统是山、水系统的派生产物，人系统受益于林、田、湖系统的产物，并反作用于林、田、湖系统。

二、水循环生命共同体的功能指标评价

在“两山论”中，“既要绿水青山，也要金山银山”是发展阶段，“宁要绿水青山，不要金山银山”是保护阶段，“绿水青山就是金山银山”是可持续阶段。城乡水循环生命共同体也面临相似的发展模式与路线图。可持续发展是生命共同体的目标，需要重新构建水资源利用、水环境保护的新模式，研究如何衡量“绿水青山”的价值，构建实现“金山银山”的支撑体系。

国际上对生态系统健康质量的评价研究和方法成果很多，但一般都局限于特定的生态系统或者过程。以河流的生态系统健康为例，欧洲和北美在 20 世纪 80 年代通过修改、制定水法和环境保护法等开始了河流保护行动，并基于生态系统健康的定义，从生态学角度提出了河湖健康概念。这些概念和做法可以作为山水林田湖草系统评价的借鉴。例如，河流健康应是自然属性和社会服务属性的双重健康。河流在健康状况下，不仅能有效地维持自身（包括河流地形、地貌、地质条件、水文要素及水生生物等）的生命活动，而且对于自然干扰和人为干扰有一定的抵抗能力和自我恢复能力，并且能够为人类社会提供一定的服务，满足人类的发展需求，始终维持自然功能和社会功能的动态平衡[7]。类似的概念可以直接迁移到山水林田湖草系统的描述上。

河流的健康受到山、水、林、田、湖、草系统的综合影响，可归结为流域面上的产流产污（山、林、田）、水域空间占用（水、湖泊湿地、草地）、入河排污（田、林等）、取用水（水、湖），以及

水利工程对水文过程扰动(水、湖)等过程。李晓阳等[7]分析了山水林田湖草对河流健康的影响,从整体性、系统性的角度提出了包含山水林田湖草6个子系统的河流健康评价体系及具体评价指标(见表8-4)。

表8-4 基于山水林田湖草系统的河流健康评价标准[7]

子系统	范　围	价值标准
山	河流沿岸对河流产生直接影响或潜在影响的山体	具有丰富的矿物质、多样的植被组成,同时具有水土保持的作用,能够减少泥沙的入河量,对河流水质具有保护作用
水	地表上常年或者季节性沿着狭长河道流动的水流	有基本的流量、清洁的水质,能够为河流中的生物创造良好的生境,并始终处于动态平衡状态,具有一定的自我调节和自我修复的功能
森林	河流、湖泊沿岸的林地、湿地	合理的林地面积分布、丰富的生物多样性,同时具有涵养水源、防止水土流失和山体滑坡的功能,对河流的水质也具有净化作用
农田	以农业生产为目的的土地利用区域,河流面源污染来源	合理利用土地资源,具有多种耕作方式,能够减少N、P等物质的入河量,降低河湖富营养程度
湖泊	湖泊及其周边湿地等	对来自农田子系统的非点源污染物质具有滞留、截留和净化的功能,对水体子系统的水流具有调蓄能力,另外,较好的河湖连通性对河流水质具有净化和保护作用,也为河湖子系统中的生物提供了多样的生境
草地	与河流关联在一起的自然和人工草地等	对于水体具有滞留和截留的作用,还具有一定的净化能力

确定评价标准之后,可以通过各种指标来建立生态健康评价体系,从而量化对象的生态健康水平。常见的评价模型有“压力—状态—响应模”及变形、“活力—组织力—恢复力—生态功能—人群健康”模型、因果关系模型及变形、“自然—社会—经济”模型、生态足迹模型、投入产出模型等[6]。例如,常国梁等[10]总结了北京市2010年以来小流域治理工作中的流域单元划分、调查评价、规划布局的关键技术,将小流域分为坡面、村庄和沟道等子单元,在坡面调查、村庄调查、沟道调查的基础上,建立了13项指标构成的生态清洁小流域评价标准,涵盖了水、土、生物、人和管理5个方面。杨吉等[6]对重庆三峡库区的山体结构、水体流量、森林功能、农业生产、河湖环境、人类生活6个方面建立了评价指标体系,采用系统聚类分析和加权求和方法,对2003年和2015年的系统监控状况进行了评估。

三、水循环生命共同体的建设方案

(一)建设水智慧城市,倡导可持续的城市水环境

审视全球各地水循环系统的共同点,可以看到水环境普遍面临如下范式转变:水资源是有限的,需要仔细使用、回用和更新;水是保证城市居民的生活质量、安全及社会共融的基

本要素;城市建设既是经济增长的机会,同时也威胁着宜居性;未来的不确定性需要水系统能够更好地应对不可预见的趋势和事件。

为了应对上述挑战,帮助城市创造可持续的水环境,国际水协会(IWA)在2016年10月的第10届水大会上发布了《水智慧城市原则》一书,系统总结了多年来城市水循环系统的建设思想和先进技术,指导制定和实施城市水资源可持续发展的目标。水智慧城市原则分为4个逐级递进的行动计划和5个板块。城市中的各利益相关方组成水智慧社区,促进以共同愿景为基础的协同合作,使地方政府、专业人士和市民积极参与和应对城市水管理问题。

在4个不断递进的层级中,从最初的污水处理厂在系统末段削减污染物,发展到社区范围内的供水和污水处理的小循环,再到流域层面涵盖了山水林田湖的大循环,最后到特别强调人的主观参与下的人类活动与水循环的交互与融合。这不仅体现了山水林田湖草的系统思想,说明了水循环在生命共同体中的关键位置,而且突出了作为主体和中心地位的"人",强调了对人的教育、对文化的发展及社区人文建设对宜居智慧城市的重要性。我国目前对生态文明的论述多以管理措施和制度、立法执法和经济手段调整为主,强调人的经济属性、社会属性,忽略了人的精神属性、道德数学,对人的作用、人对生态建设响应等附属特征还缺少研究。国际水协会的水智慧城市对我国的相关研究有一定的启发作用。

(二)"水敏感"城市的设计与实践

1. 水敏感城市的概念和案例

通过对传统的城市发展和雨洪管理模式的反思,人们提出了水敏感城市设计(water sensitive urban design,WSUD),通过在城市到场地的不同空间尺度上将城市规划设计与供水、污水、雨水、地下水等设施建设结合起来,使城市规划和城市水循环管理有机结合并达到最优化。

水敏感城市设计将水置于城市设计的开端,并将其贯穿每一环节,使水资源的使用、储存和再利用在一个可持续的框架中运行。通过高质量的规划设计,包括雨水处理、污水再利用、街道绿色植物的覆盖、软质地面的铺装、生物多样性的强化等,水敏感城市设计能够将自然界的水循环、建成环境和传统地下水系统有机联系起来,创造一个更为安全高效的水循环系统,从而提高城市对洪涝灾害的免疫能力。

澳大利亚黄金海岸布罗德沃特海滨公园应用水敏感城市设计,将大型的停车场的公共土地改造为世界一流的前滩花园。通过城市湿地净化雨水径流,通过先进的雨水管理系统减少90%的污水量,通过雨水导流将雨水对水域的负面影响减到最低,通过结合雨水管理系统与娱乐设施,获得社会、经济和生态的多重效益,最终将活动、历史和水结合起来创建了一个吸引人的绿色海滨。

2. 水敏感城市设计在全球的实践

新加坡阿比阿比河及淡滨尼河项目(Sungei Api Api & Sungei Tampines)为河道两岸增添更多绿化,植入生态净水群落(cleansing biotopes)和雨水花园(rain gardens)。马来西亚吉隆坡"生命之河"项目修复并保护河流生态系统的丰富性。从河流延伸出的生态绿色廊道提供了重要的生态系统服务,其中包括雨水管理系统,可帮助泄洪。

我国在这方面也有较多实践。广东佛山市广佛新世界绿色生态居住示范区以原生态自然山水为基底,雨水经过生态过滤系统进行收集,储存用于园林景观的灌溉,降低该地区的洪涝风险。南京江心洲岛滨江带雨洪管理系统在利用雨水资源打造景观水体元素的同时,实现场地雨水的生态蓄滞、净化、下渗和错峰排水,保障场地防洪排涝安全。宁波宁海宁东新城运用"低影响开发"设计理念,尊重自然水文过程的水系格局,内水内治、外水外治,根据核心区与片区的不同地块采取有针对性的雨水排放方案,实现"蓄、滞、排、防"四位一体。微山湖湿地水系引入外部活水水源加强与外部水系的贯通;净水湿地优化基地水系的进出水水质,并通过地表径流的最优化管理控制汇水区潜在径流的污染;通过修复延伸至南部新城的6条河流,满足防洪排涝功能。安徽蚌埠龙子湖风景区的规划设计利用潜流湿地、表流湿地和落瀑溪流生态净化引蚌埠湖水入城,重建城市生态,丰富城市景观,活化内陆水系。太原长风文化商务区利用现有地形建造不同形态的生态景观绿水带,运用场地原生生境和本土植栽进行雨水收集和水体净化。

(三)海绵城市的建设经验

1. 海绵城市的基本概念

海绵城市是指城市能够像海绵一样吸水和放水,在适应环境变化和应对雨水带来的自然灾害等方面具有良好的"弹性"。海绵城市也可称为"水弹性城市",是新一代城市雨洪管理概念。下雨时吸水、蓄水、渗水、净水,需要时将蓄存的水"释放"并加以利用。海绵城市建设通过建筑的低影响开发改造,使用一系列景观与工程手法,主要是通过对雨水的渗透、调节、传输、截污净化等功能有效地控制径流总量、径流峰值和径流污染。由于城市内部下渗增加,地表径流减少,暴雨期洪涝发生的概率就减少了。

海绵城市主要有两种类型:生态海绵,主要指雨水花园环绕的城市;机械海绵,主要指推广建设雨水收集系统。海绵城市的主要功能可以概括为"渗、蓄、滞、净、用、排"。渗:要加强自然的渗透,通过铺设下渗砖、地面绿化等把渗透放在第一位。蓄:要尊重自然的地形地貌,使降雨得到自然循环,为避免降水短时间内水汇集到一个地方形成内涝现象,需要把降雨蓄起来,以达到调蓄和错峰的作用。滞:通过微地形、林草等调节,减缓雨水汇集的速度,用时间换空间,延缓形成径流的高峰。净:通过土壤的渗透,通过植被、绿地系统、水体等的净化作用,把蓄起来的水净化后回用到城市中。用:加强对净化后的雨水资源的利用,如养育湿地、浇灌绿地、洗车等。排：将蓄起来的雨水多余的部分经市政管网排进河流，降低雨水峰值过高时出现积水内涝的概率，减少对水源的直接污染。

2. 海绵城市 3.0 和 4.0

2016 年，任南琪院士在第六届中国水业院士论坛上提出“城市水循环的 3.0 版本”。在污水资源生产、生活和生态回用及梯级利用的基础上，充分利用城市水体的生态净化功能，再加上海绵城市设施对雨水的收集与利用等，同时减轻城市“逢雨必涝”等水安全问题。面对水安全风险、水生态破坏、水资源短缺、水环境污染等问题不能分而治之，宜纳入“海绵城市建设”中。

2018 年，任南琪院士在第八届中国水业院士论坛上提出“城市水循环的 4.0 版本”，指出在海绵城市建设和黑臭水体整治的过程中，应以习近平总书记提出的三个自然为指导、以水循环系统为关键、以城市功能为切入点，整体解决水资源、水安全、水生态、水文化、水环境的质量问题。

城市水循环系统 4.0 系统包括暴雨径流管理、黑臭水体整治、污水处理。小排水系统渗、滞、蓄三点比较完善，但河流治理、排水系统和整个管道的承受能力是有限的，需要通过源头治理减少量，减少排水管道系统的负担。大排水系统设计运行要考虑初雨净化的问题，做好蓄和疏。黑臭水体治理应该通过多种措施保障生物净化、生态景观、泄洪排涝三方面的功能。

（四）加强水资源的回用和智慧化管理

1. 发展城市再生水资源

城市再生水是“量大质稳、就近可取”的非常规水资源和城市第二水源。污水再生利用已成为保障用水安全、改善水环境质量和建设生态文明的国家重大需求。清华大学胡洪营教授针对国内污水再生利用现状与国际发展趋势，提出了区域/城市水循环系统理念——“域内循环、自给自足”，以及适合我国国情的“生态循环、梯级利用”再生水利用模式

目前我国污水处理再生利用的标准还不健全，沿用污水或自来水的指标评判体系很难科学指导再生水的资源利用，再生水技术标准、协同提效系统、处理工艺全生命周期控制、再生水利用系统循环等方面还有很大的不足。胡洪营教授提出了污水特质(水征)评价指标及溶解性有机组分分析等污水水质组分特征识别体系和方法，为工艺设计、改造、运行诊断和再生水利用提供重要的手段和参考。在集成反渗透系统标准体系构建、膜污堵层剖析、膜生物污堵产生机制及控制原理、反渗透系统浓水处理工艺的基础上，进一步提出了“未来——绿色化污水再生处理反渗透系统”概念和设想。

2. 发展智慧水务技术

水循环生命共同体建设的高级形式是智慧水循环。“互联网＋城市水系统”能够统观全

局、提前预测、精准干预。常见的智慧水务技术包括水质水量的模拟与仿真、基于地理信息系统的运行管理、机器学习与智能算法支撑的水质水量调度和应急决策支持等。

水务管理部门和消费者密切合作，可以大幅降低碳排放。平均来讲，一个家庭里每人每年要排放 1 万千克的二氧化碳，而这其中 10% 的排放量来源于用水和加热水。通过使用更加智能的房屋、节能的水壶和淋雨喷头、恒温调节器和污水热能回收装置，家庭中用水产生的碳足迹会大幅减少。

通过智慧化改造，水务公司可以转变现有的商业模式，使之真正以服务为主导。澳大利亚悉尼水务从传统的供水和污水处理业务企业，逐步发展成为消费者服务型企业，用现代高科技工具打造可持续生活模式和消费方式，成为智慧变革的一个例子。

第四节　推动水循环生命共同体建设的政策建议

一、加强生态文明制度建设

生态文明建设是一个庞大的系统工程，必须构建系统完备、科学规范、运行高效的制度体系，并使其成为生态文明持续健康发展的重要保障。生态文明制度建设的意义在于依靠完善的体制机制来激励和约束人们的行为。

生态文明制度建设主要包括：把资源消耗、环境损害、生态效益纳入经济社会发展评价体系，建立体现生态文明要求的目标体系、考核办法、奖惩机制；建立国土空间开发保护制度，完善最严格的耕地保护制度、水资源管理制度、环境保护制度；深化资源性产品价格和税费改革，建立反映市场供求和资源稀缺程度、体现生态价值和代际补偿的资源有偿使用制度和生态补偿制度；积极开展碳排放权、排污权、水权交易试点，建立资源环境领域的市场化机制；加强环境监管，健全生态环境保护责任追究制度和环境损害赔偿制度等。

为此，需要转变政府职能，协调环境保护与经济发展之间的关系；强化法制建设，解决目前违法成本低的问题；要发挥市场配置资源的决定性作用，解决资源廉价、环境无价的问题。最终通过顶层设计、完善体制、建立机制、多措并举，强化法制保障和政策支持，把中国的生态文明建设纳入法治化的轨道。

二、大力开展海绵城市建设

1979—2015 年，我国的城镇化率从 19%发展到 56%。在快速城镇化进程中，排水和雨水综合利用设施建设滞后，给城市防洪排涝带来了巨大压力，导致我国近 5 年来 50%以上的大中型城市发生了内涝事件。由于内涝频发主要与地面硬化面积增加、水系萎缩、河流峰值流量增大、水体污染、水源短缺等问题密切有关，因此需要通过雨水综合管理来解决[1]。

在 2013 年召开的中央城镇化工作会议上，习近平同志提出：为什么这么多城市缺水？一个重要原因是水泥地太多，把能够涵养水源的林地、草地、湖泊、湿地占用了，切断了自然的水循环，雨水来了，只能当污水排走，地下水越抽越少。要解决城市缺水问题，必须顺应自然，如在提升城市排水系统功能时要优先考虑把雨水留下来，优先考虑更多利用自然力量排水，建设自然积存、自然渗透、自然净化的“海绵城市”。

海绵城市最早是指大城市吸纳、消化和释放人口的功能，在我国的实践中逐渐发展和特指雨水资源的综合管理。在《国务院办公厅关于推进海绵城市建设的指导意见》的推动下，全国各地开展了试点海绵城市的建设工作，力图实现保障水安全、治理水环境、涵养水资源和改善水生态。海绵城市的概念图如图 8-3 所示。

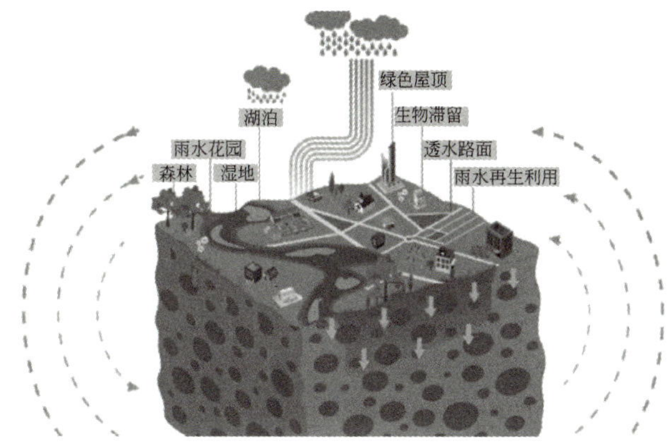

图 8-3 海绵城市概念图[1]

海绵城市的建设重点包括源头控制和海绵体建设。源头控制与低影响开发（low impact development，LID）有关，主要措施有绿色屋顶、透水铺装、雨水管网升级改造、调蓄设施建设等。海绵体建设主要是包括建筑设施、社区景观等小型海绵体，以及山、水、林、田、湖等大型海绵体的建设，主要措施有近自然河道、人工湿地、景观生态建筑等。通过海绵城市的建设，城市的水管理不再仅仅是末端建厂进行治理，而是“源头减排、过程控制、系统治理”[1]。

三、加大山水林田湖草系统的立法和执法

山水林田湖草的系统保护需要提高执法成效和强化法律保护。当前，有关行政执法还存在较多不足，如系统性和整体性理念欠缺、法律法规不健全、执法不力、执行衔接不畅、体制机制不甚健全[14]。因此需要从认识上、立法和执法成效等方面进行思辨和提升。

我国有些地方对山水林田湖草系统的认识还有所欠缺，在思想意识上仍然按照现代工

业文明的思路和方法，用工业化生产的方式来对待和解决环境保护问题[15]。此外，还存在一些泛生态化和极端生态主义倾向，以生态建设之名行开发破坏之实；以保护为借口掩饰经济发展不作为；以贯彻为借口争局部利益；只要保护不要建设等[14]。这些现象阻碍了生态文明建设，需要引起重视和注意。

我国急需制定“山水林田湖草”系统的法律法规。已有立法及条文带有较多的部门色彩，没有充分体现环境管理的整体性和生态服务功能保护的系统性[16]，条文之间存在内容冲突、重复、遗漏，在理解和应用上有模糊性、歧义性、开放性和争议性[17]。《生态补偿条例》明确了生态补偿的概念和方式，但对各领域生态补偿的综合性、统领性和代表性及与实际需要的契合度等方面有待加强[18]。林业生态环境保护相关法律存在资源产权不清晰、职责不明确不足，林业生态资源监管法律、林业生态环境修复制度、林业生态补偿制度、林业生态环境保护公众参与制度等还不完善[19]。海洋生态环境保护的法规数量繁多，管理部门职能交叉，缺少区域合作，缺乏海岸线保护措施，应急管理和滨海设施管理不足，海洋环境公益诉讼制度不完善[20]。湿地开发利用、保护和管理法律几近空白[14]。因此，从“山水林田湖草”系统整体功能需求出发，通过立法规范行政执法十分必要。

我国急需提高“山水林田湖草”系统的综合行政执法成效。由于缺乏科学、全面、系统、前瞻性的立法内容，符合生态文明的行为“无法可依”，违背生态规律的行为“无法可治”，执行层面“法立而不行”，司法层面“有法而无罚”，出现实际执法过程中主体资格管理不严、执法人员能力不足、以罚代刑、行刑失衡等问题和矛盾[21]。由于行政执法人员缺少生态文明建设执法理念的引领指导，将山水林田湖草等看作个体分而治之，而不是看作生态系统进行统筹治理，法律法规成效不高。从条块分割的单一资源管理部门行政执法向山水林田湖草综合行政执法推进，不仅是我国生态保护领域行政执法体制改革的重要内容，也是我国整体行政执法体制改革的重要组成部分[14]。

生物多样性是生命共同体的基本特征。生命共同体要关注生态系统内人与人之间以及人类与其他生物之间的关系。生物多样性保护应该坚持整体主义原则、自然权利原则和补偿正义原则。我国目前的生物多样性保护在管理体制设计、实际保护方式、责任追究现状等方面在一定程度上无法达到生命共同体理念的原则要求，存在立法模式缺陷、利益平衡不当和法律责任缺失等不足，需要在综合立法和完善框架立法方面加大力度[22]。

四、推动生态资源的确权和督查，完善水资源管理制度

水资源经济制度是水资源制度体系的重要组成部分，其基本框架由水资源财税制度、产权制度与价格制度构成。沈满洪等[23]认为当前学术界重单一制度研究，轻制度组合与优化研究；重管理制度研究，轻公共治理研究。因而提出以系统论指导，以现代社会治理理念来

审视和研究水制度问题，重视水资源制度的实践研究，突出水制度设计的公共治理体制、机制、结构和实施措施。

美国是世界上水权制度和水权金融最为完善的国家。付实[27]总结了美国水权制度和水权金融的主要特色和经验，以美国的欧文斯谷和洛杉矶调水还水案例分析了水权交易中纯市场模式的优劣，认为市场和政府相结合的交易模式是最优模式。美国经验对我国的借鉴：建立清晰明确和因地制宜的水权制度；确定符合中国国情的初始水权分配方式；建立水市场多元化投融资机制；预留和保护生态环境用水；试点水权金融市场创新等。

当前我国水资源配置的市场化和法治化程度落后于社会经济发展，水资源市场化配置的法律保障还存在结构性问题，如理论认识不清晰、立法形式和内容不足等。张莉莉[24]认为需要确立有关理论基础、健全取水权交易体系、健全水权保障制度、建立水市场监管规则等，促进水资源市场化配置法律保障体系的完善。

自然环境非排他的共有产权是环境资源滥用的根源，取用水权和向水体排污权是最重要的水环境产权。李家才[25]阐明了产权手段对于环境治理的重大意义，产权是环境问题的结和解。中国水环境产权模糊及产权强制实施机制薄弱，必须解决流域取用水权和排污权总量控制及其初始分配、权利转让、监督执法等问题。

在确权之后可以开展水权交易，但是目前水权交易过程中的公平和效率问题还亟待解决。黄涛珍等[26]运用系统分析法、比较分析法和典型案例法，研究了东阳义乌地区水权交易的经典案例，解释了水权交易过程中产生的第三方正效应和第三方负效应，提出对水权交易第三方正效应进行多样化补偿和对第三方负效应采取预防、保障、补偿三结合的治理措施。

自然资源部“三定”规定明确实施国家自然资源督察制度。国家自然资源督察机构将对地方政府落实党中央、国务院关于自然资源和国土空间规划的重大方针政策、决策部署及法律法规执行情况进行督察。与土地督察相比，自然资源督察职能更加拓展、任务更加多元、使命更加艰巨、责任更加重大。张山军等在总结土地督察工作经验的基础上，从评价标准、规章制度、队伍建设、科学督察观等方面提出了建议，并且从创新提升的角度重构了督查流程，介绍了督察人员需要掌握的科学思维方法，如求实思维、辩证思维、系统思维、历史思维、底线思维等[28]。

五、积极借鉴成果经验，完善流域管理制度

建立流域水生态空间管控体系是落实生态文明体制改革总体方案、推进生态文明建设的重要举措。从水的资源、环境、生态属性出发，在水生态空间功能分类的基础上，构建以流域为基础的水生态空间管控制度，可以实现源头严控、过程严管、损害赔偿、责任追究的全过

程管控[29]。

世界上众多国家通过采取有效的水资源立法措施，从管理体制机制、技术手段等方面防治水污染、保护水资源，特别是加强流域治理。王俊敏[30]研究了美国和日本等国家关于水环境的立法、管理体制机制、技术手段等方面的治理经验，比较了国外水环境治理典型案例，为我国水环境流域治理提供了借鉴。

澳大利亚经过几十年的改革和政策的实施，探索出较成熟的水环境网络治理模式。范沧海等[31]以墨累—达令流域水环境治理实践为例，分析了澳大利亚流域水环境网络治理中政府、社区、非政府组织、企业及公众等利益主体的角色和作用。这种网络结构支持了流域水环境治理的信任机制、学习机制、协调机制，对我国的流域管理有重要的启示。

我国当前流域管理主要体现为水生态补偿，采用"流域生态效益补偿"模式[32]。通过政策或区域政府间的协议，以财政转移支付为手段，完成政府、行政区域单元之间的利益传送，实质是一种行政治理措施，是基于权力的利益矫正，并没有完成利益归宿的最终分配。以新疆塔里木河的水权交易为例，韩桂兰等[33]认为首先需要明确塔河流域绿洲生态水权价格的内涵，然后确定其计量方法和模型，建立基于生态服务功能价值的绿洲生态水权价格计量。又如，新疆艾比湖流域，其环境恶化引发的一系列生态问题日益受到人们的关注。通过建立生态补偿机制框架、优化产业结构、建立生态补偿机制路径等，有可能建立水权交易市场、开征生态环境保护税、建立生态环境补偿机制[34]。

本章参考文献

[1] 刘晶，胡文婷. 海绵城市，从源头控制走向综合管理既要做好雨水花园等分散的"小海绵体"，也要建构山水林田湖等"大海绵体"[J]. 环境经济，2016(Z7)：74-77.

[2] 邱元凯，陈东湖，邱志文. 河源市水资源产业发展的 SWOT 分析[J]. 科技视界，2018(13)：151-152.

[3] 于法稳. 习近平绿色发展新思想与农业的绿色转型发展[J]. 中国农村观察，2016(5)：2-9.

[4] 廖福霖. 人与自然是生命共同体[J]. 绿色中国，2018(8)：46-47.

[5] 夏文博. 环巢湖地区山水林田湖生态修复治理探讨[J]. 安徽水利水电职业技术学院学报，2017(2)：19-21.

[6] 杨吉. 基于县域尺度的三峡库区(重庆段)山水林田湖生命共同体健康研究[D]. 重庆：重庆师范大学，2017.

[7] 李晓阳，丰华丽，陆海明. 基于山水林田湖草系统的河流健康研究初探[J]. 水利发展研究，2018(6)：53-56.

[8] 宋旭，孙士宇，张伟，等. "水污染防治行动计划"实施背景下我国水环境管理优化对策研究[J]. 环

境保护科学，2017(2)：51-57.

[9] 王永生，程萍，钟骁勇. 绿水青山就是金山银山——2014年以来各省(区、市)生态文明建设新举措梳理[J]. 南方国土资源，2015(11)：15-18.

[10] 常国梁，叶芝菡，薛万来，等. 北京市小流域山水林田湖草一体化治理体系研究[J]. 北京水务，2018(3)：40-42.

[11] 刘小勇. 生态文明建设中的治水探讨[J]. 中国水利，2018(21)：15-17.

[12] 邹长新，王燕，王文林，等. 山水林田湖草系统原理与生态保护修复研究[J]. 生态与农村环境学报，2018(11)：961-967.

[13] 王波，王夏晖，张笑千. "山水林田湖草生命共同体"的内涵、特征与实践路径——以承德市为例[J]. 环境保护，2018(7)：60-63.

[14] 林平，张崇波. 山水林田湖草系统保护综合行政执法：问题和对策[J]. 林业经济，2018(7)：8-14.

[15] 余谋昌. 生态文明：建设中国特色社会主义的道路——对十八大大力推进生态文明建设的战略思考[J]. 桂海论丛，2013(1)：20-28.

[16] 王灿发. 论生态文明建设法律保障体系的构建[J]. 中国法学，2014(3)：34-53.

[17] 陈海嵩.《民法总则》"生态环境保护原则"的理解及适用——基于宪法的解释[J]. 法学，2017(10)：34-50.

[18] 汪劲. 论生态补偿的概念——以《生态补偿条例》草案的立法解释为背景[J]. 中国地质大学学报(社会科学版)，2014(1)：1-8.

[19] 郭会玲. 论生态文明体制改革背景下林业生态环境保护制度创新——以法律制度创新为视角[J]. 林业经济，2017(1)：8-12.

[20] 马英杰，尚玉洁，刘兰. 我国海洋生态文明建设的立法保障[J]. 东岳论丛，2015(4)：176-179.

[21] 王树义，周迪. 生态文明建设与环境法治[J]. 中国高校社会科学，2014(2)：114-124.

[22] 曾睿，柳建闽. 生命共同体理念下我国生物多样性保护的立法完善[J]. 福建农林大学学报(哲学社会科学版)，2016(4)：101-107.

[23] 沈满洪，陈军，张蕾. 水资源经济制度研究文献综述[J]. 浙江大学学报(人文社会科学版)，2017(3)：71-81

[24] 张莉莉. 水资源市场化配置法律保障的结构分析[J]. 南京社会科学，2015(10)：97-103.

[25] 李家才. 论环境治理的产权手段——以水环境治理为例[C]. 海口：中国环境科学学会2016年学术年会，2016.

[26] 黄涛珍，张忠. 水权交易的第三方效应及对策研究——以东阳义乌水权交易为例[J]. 中国农村水利水电，2017(4)：129-132.

[27] 付实. 美国水权制度和水权金融特点总结及对我国的借鉴[J]. 西南金融，2016(11)：72-76.

[28] 张占军. 自然资源督察该如何守护山水林田湖草生命共同体？[J]. 国土资源，2018(10)：14-17.

[29] 刘伟，杨晴，张梦然，等. 构建以流域为基础的水生态空间管控体系研究[J]. 中国水利，2018(5)：27-31.

［30］ 王俊敏．水环境治理的国际比较及启示［J］．世界经济与政治论坛，2016(6)：161-170．

［31］ 范仓海，周丽菁．澳大利亚流域水环境网络治理模式及启示［J］．科技管理研究，2015(22)：246-252．

［32］ 杜群．长江流域水生态保护利益补偿的法律调控［C］．保定：中国法学会环境资源法学研究会第二次会员代表大会暨2017年年会(全国环境资源法学研讨会)，2017．

［33］ 韩桂兰，孙建光．塔里木河流域绿洲生态水权价格计量研究［J］．统计与信息论坛，2015(11)：54-57．

［34］ 哈斯琴格乐．建立艾比湖湿地生态补偿机制若干现实问题的思考［J］．绿色科技，2015(9)：25-28．

第九章

现代化建设中的产业转型对经济发展与碳排放影响研究

第一节 前　　言

改革开放以来，我国经济经过40年的高速增长和发展，综合国力大大增强。目前，经济发展进入社会主义新常态阶段，经济增长由高速转为中高速，经济结构在转型，产业结构在调整，部分产业在去产能，以适应国内外的经济形势，经济增长质量得到提高，环境污染得到综合治理，环境状况大大改善。

从国际经济和环境保护角度看，我国目前是全球第二大经济体，在全球产业分工机制下，我国成为世界工厂，为全球生产大量的商品，能源消费水平急剧上升，二氧化碳排放量也快速增加，经济发展质量急需提高。为了减缓经济发展过程的能源需求、减少环境污染、应对全球气候变化、提高经济增长质量，我国在2009年11月哥本哈根会议上提出了“到2020年单位国内生产总值二氧化碳排放比2005年下降40%～45%”的目标。在2015年11月巴黎气候大会上，我国进一步提出，到2030年单位国内生产总值二氧化碳排放比2005年下降60%～65%，非化石能源在一次能源中的占比提升到20%左右，到2030年前后实现二氧化碳排放达峰并努力早日达峰的目标。为了实现应对气候变化的目标，我国需要进行技术创新和结构转型，提高单位产值的增加值，减少单位产值的能耗和二氧化碳排放量。

党的十九大提出了到2050年我国社会主义现代化建设的两阶段目标：2020—2035年，从全面建成小康社会到基本实现现代化；2035—2050年，全面建成社会主义现代化强国。这是新时代中国特色社会主义现代化进程的总体战略部署。中国社会主义现代化建设第一个阶段，2020—2035年，在全面建成小康社会的基础上，再奋斗15年，基本实现社会主义现代化。这个阶段也是中国落实巴黎协定下国家自主贡献（NDC）目标的实施阶段。

为了实现我国中长期发展目标，适应国内外经济形势的变化，应对全球气候变化，提高经济增长质量，我国社会各界在积极参与供给侧改革，进行产业结构的转型和升级。在产业结构转型过程中，许多具体问题，如产业结构转型有什么好处，结构转型到什么程度，怎样实现产业结构转型，产业结构转型需要哪些经济代价等一直是社会各界广泛关注和争论的话题。目前关于产业结构调整和转型的研究有很多，但定量化的经济研究较少，而且采用最新的数据研究更少。本章就我国产业结构转型升级的路径、转型升级的能源环境影响、社会经济影响和经济代价进行综合分析。

第二节　研 究 方 法

本章根据研究内容的需要，采用了相应的研究方法。在设置未来经济增长路径中各年份各个产业的增长率参数时，采用了文献调研方法和专家咨询法。在研究未来产业结构转型路径时，采用了情景分析方法。在研究我国经济产业结构转型的能源环境效应和社会经济影响时，采用了可计算一般均衡模型（CGE）方法。其中，CGE 模型中的部分参数采用计量经济学模型方法获取。对于我国产业结构转型的经济代价，采用技术经济分析方法。下面重点介绍 CGE 模型方法，其他方法在介绍具体研究结果时再予说明。

一、TECGE 模型简介

本章采用课题组自主构建的递推动态的中国可计算一般均衡模型（three E computable General equilibrium model of energy environment and economy，TECGE），对我国产业结构转型的能源环境效应和社会经济影响进行模拟分析。

TECGE 模型包括 4 个行为主体和 3 种生产要素。4 个行为主体分别为家庭、企业、政府及国外，家庭包括农村家庭和城镇家庭。3 种生产要素分别为劳动、资本和能源，能源有煤炭、石油、天然气、化石电力和清洁电力 5 种。假设所有的国内生产者和消费者是同质的，家庭是由国内为数众多的同质消费者组成的，各个经济部门内生产者的技术水平发展是同步的。

TECGE 模型采用以下基本假设：

(1) 生产者以利润最大化为决策目标，消费者以效用最大化为决策目标。市场是完全竞争的，生产者和消费者在决策时把价格作为外生变量。在任何一年，各部门现有的资本存量是固定的，不能在部门间流动，在年与年之间，各部门资本通过投资和折旧而增减。采用动态递推的方式，实现资本存量的动态变化。在任何时候，劳动力可以在部门间流动，各个产业部门的工资率按照外生的速度增长。

(2) 生产要素煤炭、石油、天然气、化石电力和清洁电力之间具有替代性，共同组合成为能源组合要素；资本、劳动之间具有替代性，共同组合成为增加值要素；能源组合要素与增加值要素之间具有替代性。其他非能源中间投入之间没有替代性，它们与能源组合要素、增加值要素一起用于生产部门产出。TECGE 模型的生产结构如图 9-1 所示。

(3) 大部分商品都存在国内外进出口的双向贸易，进口品与国内生产产品并不具有完全替代性，存在产品差异。

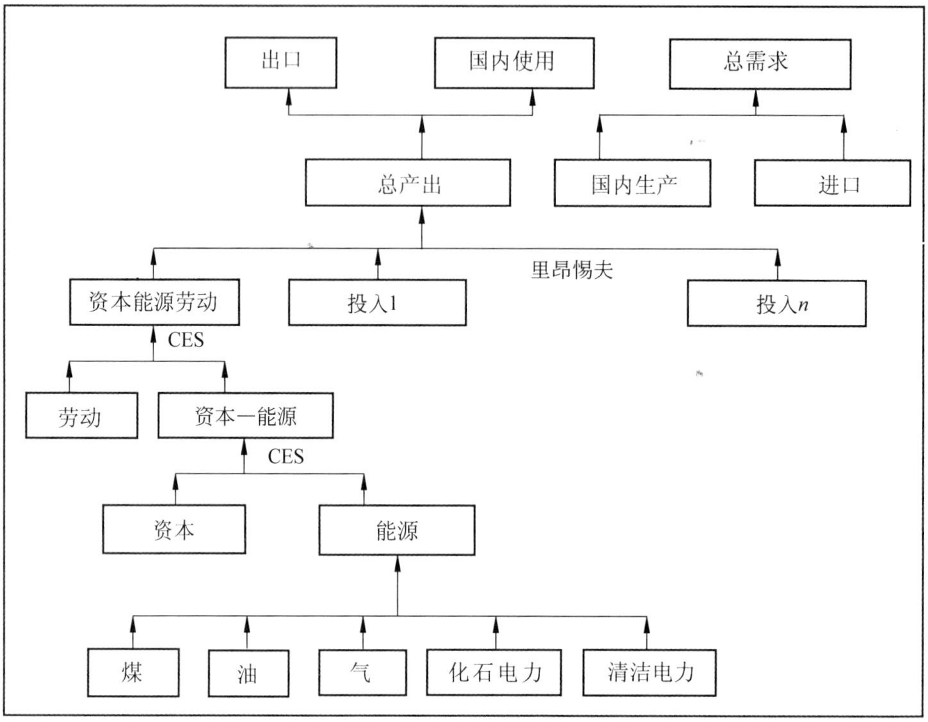

图 9-1　TECGE 模型的产品和要素流动

(4) 总投资在各部门之间的分配,依据各部门的资本收入在总资本收入中所占份额、各个部门的资本量在社会资本总量中的比例等因素来确定。

TECGE 模型将中国的整个国民经济划分为 12 个部门,即农业、重工业、轻工业、设备制造业、建筑业、交通运输业、其他服务业、煤炭、石油、天然气、化石电力和清洁电力。

TECGE 模型的数据基于中国 2012 年投入产出表。对数据进行归并,将 139 个产品部门归并为 12 个产业部门。编制 2012 年 12 部门社会核算矩阵所要求的数据,大多数可以从《2012 年中国投入产出表》和 2013 年《中国统计年鉴》获得,少数数据来自其他参考文献[1-3]。

在 TECGE 模型中,除了社会核算矩阵得到的数据外,还需要一些参数。有些参数可根据时序数据和有关的经验数据模拟后外生地给定,如居民的边际储蓄倾向、政府消费的增长率、技术进步率等。有些参数是由作者根据经验或有关参考文献设置的[4-6],如政府收入转移支付给居民的比例,以及生产函数中的资本与劳动的替代弹性、进口品与国内产品的替代弹性、出口与国内销售的转换弹性。还有些参数需要校准,如 CES 生产函数中的转移参数和份额参数、阿明顿函数中的转移参数和份额参数、出口需求函数中的转移参数和份额参数等。

TECGE 模型在具体应用和模拟前,需要对模型进行检验。模型通过了有效性和一致性检验,模型模拟结果均达到了所需要的要求,模型可以作为有效的模拟工具。

二、TECGE 模型的核心方程

下面重点介绍 TECGE 模型的生产模块、对外贸易模块、消费模块和投资模块的核心方程。

1. 生产模块

TECGE 模型采用完全竞争市场的假定，认为生产者按照利润最大化组织生产，生产活动是建立在完全竞争市场机制的基础上，所有部门都可以根据市场价格灵活地调整生产活动。生产模块主要对生产函数、生产要素需求方程做出设定。

TECGE 模型的生产函数一般采用能源、资本、劳动力的多层(K / L) / E 嵌套结构。生产函数大多采用 CES 函数，而非能源中间投入品的合成函数采用里昂惕夫(Leontief)生产函数。在中间投入中，煤炭、石油、天然气、化石电力与清洁电力之间有替代性，它们组成能源要素组。资本、劳动之间也有替代性，共同组成资本劳动要素组。能源与资本劳动要素之间也有替代性，共同组成能源—资本劳动组。其他非能源中间投入彼此之间没有替代性，它们与资本劳动—能源组形成总产出。

第一层：非能源中间投入与增加值—能源的线性组合。

总产量由资本—劳动—能源组合投入和非能源中间投入构成。

$$Q_i(t) * (1 - i\text{tax}_i) = \sum_{j=1}^{7} a_{ji}(t)\, Q_i(t) + \text{KEL}_i(t) \tag{9-1}$$

其中，$Q_i(t)$表示第 i 部门的总产量，$\text{KEL}_i(t)$表示第 i 部门资本—劳动—能源的合成投入数量，$a_{ji}(t)$表示第 i 部门单位产出所消耗的第 j 种非能源中间投入的数量，$i\text{tax}_i$ 表示第 i 部门的间接税税率。

第二层：增加值和能源的 CES 组合。

资本—劳动合成投入与能源投入，通过 CES 函数，合成资本—劳动—能源的合成投入。

$$\text{KEL}_i(t) = A_{Fi}\, e^{\theta_i(t) * (t-t_0)} \left[\omega_{Ei}\, E_i(t)^{-\rho_{Fi}} + (1-\omega_{Ei})\, \text{VA}_i(t)^{-\rho_{Fi}}\right]^{-\frac{1}{\rho_{Fi}}} \tag{9-2}$$

其中，$\text{KEL}_i(t)$表示第 i 部门第 t 期资本—劳动—能源的合成投入数量，A_{Fi} 表示第 i 部门资本—劳动—能源投入的转换系数，$\theta_i(t)$为$(t-t_0)$期第 i 部门投入使用效率的提高速度，$\text{VA}_i(t)$表示第 i 部门第 t 期投入的资本—劳动数量，$E_i(t)$表示第 i 部门第 t 期的合成能源的投入量，ω_{Ei} 为能源投入在资本—劳动—能源合成函数中的份额参数，ρ_{Fi} 为资本—劳动—能源合成函数中的替代参数。

第三层第一部分：增加值的 CES 合成。

资本和劳动要素通过 CES 函数合成资本劳动组合投入，即增加值。

$$\text{VA}_i(t) = A_{vi}\, e^{\lambda_i(t) * (t-t_0)} \left[\delta_{vi} K_i(t)^{-\rho_{vi}} + (1-\delta_{vi})\, L_i(t)^{-\rho_{vi}}\right]^{-\frac{1}{\rho_{vi}}} \tag{9-3}$$

其中，$VA_i(t)$表示第i部门第t期资本劳动的组合投入的数量。$K_i(t)$表示第i部门第t期资本的投入数量。$L_i(t)$表示第i部门第t期投入的标准劳动力数量。A_{vi}为第i部门资本—劳动合成投入函数中的转换系数，δ_{vi}为资本—劳动合成投入函数中的份额参数，ρ_{vi}为资本—劳动合成投入函数中的替代参数，$\lambda_i(t)$为在$(t\text{-}t_0)$期第i部门投入使用效率的提高速度。

第三层第二部分：煤炭、石油、天然气、化石电力和清洁电力之间的组合。

将能源部门(E)细分为煤炭、石油、天然气、化石电力和清洁电力5个能源部门，相应有5种能源产品。为了突出能源产品的使用，考虑各种能源之间存在替代性，把5种能源产品按照CES函数生成合成能源。

能源总投入由不同种类的能源要素通过CES函数组合而成。

$$E_i(t) = A_{Ei}\ e^{AEI_i(t)*(t-t_0)}\left[\sum_{j=8}^{12}\delta_{ji}\ VE_{ji}(t)^{-\rho_{Ei}}\right]^{-\frac{1}{\rho_{Ei}}} \tag{9-4}$$

其中，$E_i(t)$表示第i部门第t期的合成能源的投入量；A_{Ei}为第i部门第t期合成能源函数的转换系数；e为指数函数的底数；$AEI_i(t)$为在第t期第i部门能源使用效率的提高速度；δ_{ji}为第i部门合成能源投入中第j种能源投入的份额系数，$\sum_{j=8}^{12}\delta_{ji}=1$。$VE_{ji}(t)$为第$i$部门第$t$期能源$j$的中间投入；$\rho_{Ei}$为能源合成函数中的替代参数，$\rho_{Ei}=(1-\sigma_{Ei})/\sigma_{Ei}$，$\sigma_{Ei}$是第$i$部门各种能源投入之间的替代弹性。

2. 对外贸易模块

大部分商品都存在进出口的双向贸易。对于进口商品，可采用阿明顿(Armington)假设，用阿明顿因子来描述，即进口品与国内生产的商品并不具有完全替代性，存在产品的差异。对于国内消费者，将选择一组进口品与国产品，按照CES函数组成复合商品。进口需求函数可以通过CES函数按照成本最小化条件导出。对于进口商品，采用小国假设，即进口商品的国际价格是固定不变的，不会随着进口量的增加而变化。

国内厂商生产的商品，也需要在国内市场和国际市场上进行权衡，以达到收益最大化。对于出口商品，采用不变转换弹性函数(CET函数)来描述。也就是说，国内生产的商品，可以在国内和国际两个市场进行销售，为了达到收益最大化，国内销售和出口量之间存在转换。国内销售和出口量的最优组合取决于两个市场的相对价格和转换弹性的大小。对于出口商品，也采用小国假设，即出口商品的国际价格也是固定不变的，不会随着我国出口量的增加而变化。

TECGE模型的对外贸易模块的方程设置如下。

(1) 阿明顿复合商品总需求

$$S_i(t) = \psi_i * \left[\mu_i M_i(t)^{-\xi_i} + (1-\mu_i)\ D_i(t)^{-\xi_i}\right]^{-1/\xi_i} \tag{9-5}$$

其中，$S_i(t)$表示商品i的复合总需求，ψ_i表示商品i总需求函数中的转换系数，μ_i表示商品需求函数中进口需求的份额参数，$M_i(t)$表示进口需求的数量，$D_i(t)$表示商品 i 国内生产用于满足国内需求的数量，ξ_i 为阿明顿因子，即 $\xi_i=(1-\vartheta_i)/\vartheta_i$，$\vartheta_i$ 为阿明顿弹性。

如果某个产业的产品没有进口，则总需求量就是国内产品的需求量，进口量为 0，则总需求等于国内生产的产品需求量。

$$S_i(t)=D_i(t) \tag{9-6}$$

（2）进口需求

$$M_i(t)=[\mu_i/(1-\mu_i)]^{\vartheta_i} * [\mathrm{PD}_i(t)/\mathrm{PM}_i(t)]^{\vartheta_i} * D_i(t) \tag{9-7}$$

其中，$\mathrm{PD}_i(t)$表示国内生产和消费的商品 i 的价格，$\mathrm{PM}_i(t)$表示进口商品 i 的国内价格，ϑ_i 表示进口品和国产品之间的价格替代弹性。

（3）出口和国内销售的总供给

$$Q_i(t)=\varphi_i * [\tau_i X_i(t)^{\varphi_i}+(1-\tau_i)D_i(t)^{\varphi_i}]^{1/\varphi_i} \tag{9-8}$$

其中，$Q_i(t)$表示国内商品 i 的总产出，$X_i(t)$表示出口供给数量，$D_i(t)$表示国内生产和销售的商品数量，φ_i 表示总供给函数的转换系数，τ_i 表示出口供给商品的份额参数，φ_i 为 CET 因子，即 $\varphi_i=(1+\eta_i)/\eta_i$，$\eta_i$ 为出口转换弹性。

如果某个产业的产品没有出口，则总供给量就是国内产品的供给量，出口量为 0，则总供给等于国内生产的产品供给量。

$$Q_i(t)=D_i(t) \tag{9-9}$$

（4）出口供给量

$$X_i(t)=[(1-\tau_i)/\tau_i]^{\eta_i} * [\mathrm{PX}_i(t)/\mathrm{PD}_i(t)]^{\eta_i} * D_i(t) \tag{9-10}$$

其中，$\mathrm{PD}_i(t)$表示国内生产的商品价格，$\mathrm{PX}_i(t)$表示出口商品的国内价格，η_i 为出口和国内销售之间的价格转换弹性。

3. 居民消费和储蓄模块

TECGE 模型将居民家庭分成农村居民家庭和城镇居民家庭。假定居民的商品消费函数为线性支出系统，商品消费量通过预算约束下 Stone-Geary 效用函数最大化得到。居民支出额等于税后可支配收入减去以边际储蓄率mps_h 表示的储蓄。居民商品消费量为

$$C_{hi}(t)=\mathrm{cles}_{hi}(t) * [1-\mathrm{mps}_h(t)] * \mathrm{YD}_h(t)/\mathrm{PC}_i(t) \tag{9-11}$$

其中，$C_{hi}(t)$为家庭 h 消费的商品 i 的数量；$\mathrm{cles}_{hi}(t)$为家庭 h 消费的商品 i 的份额；mps_h 为家庭 h 的边际储蓄率；$\mathrm{YD}_h(t)$为家庭 h 的可支配收入；$\mathrm{PC}_i(t)$为商品 i 的销售价格。

4. 模型的部门动态投资变化

各个产业部门的资本量等于上一年的资本存量减去折旧，再加上新增的投资量。每一年各个产业部门新增投资量之和等于整个经济的固定资产投资量，也等于总储蓄减去存货增加量。总的固定资产投资量按照各个部门生产活动的资本效率、资本存量的比例等进行

分配,如下式所示。

$$\mathrm{DKI}_i = \mathrm{DK} * \frac{K_i}{\sum_j K_j} * \left[1 + \varepsilon * \left(\frac{\mathrm{YK}_i}{K_i} * \frac{\sum_j K_j}{\sum_j \mathrm{YK}_j} - 1\right)\right] \tag{9-12}$$

其中,DKI_i 为部门 i 的新增投资量;DK 为整个经济的固定资产投资总量;K_i 为部门 i 的资本存量;YK_i 为产业部门 i 的资本收益;ε 为按照资本收益率进行分配的权重系数。

第三节 产业结构转型的情景设置

对于中国未来的经济增长率,有不少学者进行了研究和分析[7-8]。Kuijs[9]采用可计算一般均衡模型 DRC-CGE,对 2045 年中国经济的增长趋势进行了预测。研究表明,中国国内生产总值(GDP)年均增长率在 2005—2015 年、2015—2025 年、2025—2035 年和 2035—2045 年分别为 8.3%、6.7%、5.6%和 4.6%。高盛集团有限公司[10]通过计算得到中国的 GDP 增长率,在 2011—2020 年、2021—2030 年、2031—2040 年和 2041—2050 年分别为 7.9%、5.7%、4.4%和 3.6%。李平等[11]考虑国内外影响潜在经济的多种因素及其传导机制,运用中国宏观经济计量模型,对我国经济未来 20 年的经济增长进行研究。研究表明,在基准情景下,2016—2020、2021—2025、2026—2030 和 2031—2035 年 4 个时期我国 GDP 增长率分别为 6.4 %、5.6 %、4.9 % 和 4.5 %。马丁等[12]以中国能源系统优化模型 China-TIMES 为基础,构建了碳排放达峰路径模型体系,分析了中国未来可能的碳排放峰值水平和达峰路径。研究设置 2015—2020 年、2020—2030 年、2030—2040 年和 2040—2050 年 4 个阶段的 GDP 年均增长率分别为 7.0%、6.0%、4.5%和 3.0%。人口规模将从 2010 年的 13.6 亿增至 2035 年的 14.7 亿,然后降至 2050 年的 14.2 亿。城镇化水平将从 2010 年的 49.7%提高到 2050 年的 73.9%。第三产业比重将从 2010 年的 43.2%提高到 2050 年的 61.7%。

综合考察各项研究成果,结合我国 2012 和 2015 年的已有数据,对我国从现在到 2035 年的人口、经济状态进行情景参数设置。人口数量、劳动力数量、城镇化率等参数设置如表 9-1 所示。我国未来的经济增长率如表 9-2 所示。

表 9-1 我国未来人口和劳动力的设置

项 目	2012 年	2015 年	2020 年	2025 年	2030 年	2035 年
总人口(亿)	13.54	13.75	14.03	14.15	14.16	14.08
预测城市化率(%)	52.57	56.10	60.8	64.2	66.7	68.4
农村人口(亿)	6.42	6.04	5.50	5.07	4.72	4.45

续表

项　　目	2012 年	2015 年	2020 年	2025 年	2030 年	2035 年
城镇人口(亿)	7.12	7.71	8.53	9.08	9.44	9.63
预测总劳动力(亿)	7.67	7.75	7.84	7.84	7.79	7.68
农村劳动力(亿)	3.96	3.71	3.39	3.12	2.90	2.73
城镇劳动力(亿)	3.71	4.04	4.45	4.72	4.88	4.95

表 9-2　我国未来经济增长率设置

项　　目	2012 年	2015 年	2020 年	2025 年	2030 年	2035 年
GDP(百亿元)	5368.00	6890.48	9440.56	12 280.06	15 303.19	18 440.34
增长率(%)		8.7	6.5	5.4	4.5	3.8

基于我国 2012 年和 2015 年的产业结构状况，设置了三种不同的产业结构变化情景，即基准情景、产业转型情景、深度产业转型情景，如表 9-3 所示。三种情景中三大产业的变化趋势相同，第一产业在经济中的比例逐步下降；第二产业在经济中的比例下降较快；第三产业在经济中的比例上升。基准情景下，2035 年第三产业占比达 60.29%；而结构转型情景下，2035 年第三产业占比达 62.99%；深度结构转型情景下，2035 年第三产业占比达 67.4%。

表 9-3　我国产业结构转型不同情景下三大产业的变化(%)

情景	产业	2012 年	2015 年	2020 年	2025 年	2030 年	2035 年
基准情景	第一产业	9.75	8.83	7.88	6.90	5.94	4.99
	第二产业	45.46	40.93	39.36	37.38	35.81	34.72
	第三产业	44.79	50.24	52.75	55.73	58.25	60.29
结构转型情景	第一产业	9.75	8.83	7.87	6.88	5.92	4.97
	第二产业	45.46	40.93	38.79	35.94	33.64	32.04
	第三产业	44.79	50.24	53.34	57.19	60.45	62.99
深度转型情景	第一产业	9.75	8.83	7.82	6.83	5.88	4.94
	第二产业	45.46	40.93	36.48	32.97	29.91	27.66
	第三产业	44.79	50.24	55.70	60.20	64.20	67.40

注：2012 年的数据来自《中国投入产出表 2012》，2015 年的数据来自《中国统计年鉴 2018》。

基于上述不同情景对三大产业的设置，调研三大产业中各个具体子产业的经济发展状况和有关的产业政策，设置大产业内各个子行业的增长率，并进行归一化处理，得到不同情景下各个子行业的增加值和行业增加值的比例结构。基准情景、产业结构转型情景、产业结构深度转型情景下的产业结构如表 9-4、表 9-5 和表 9-6 所示。

表 9-4 基准情景下各个产业增加值结构(%)

产　　业	2012 年	2015 年	2020 年	2025 年	2030 年	2035 年
农业	9.75	8.89	7.88	6.90	5.94	4.99
轻工业	7.92	6.91	6.63	6.17	5.76	5.37
重工业	13.48	11.84	10.22	8.65	7.13	5.79
设备制造	9.89	10.19	11.55	12.72	14.03	15.46
建筑业	6.86	5.98	5.74	5.34	4.99	4.65
交通	3.92	4.39	4.61	4.87	5.10	5.27
服务业	40.87	45.75	48.14	50.85	53.15	55.02
煤炭	2.38	2.03	1.59	1.25	0.99	0.79
石油	2.33	1.83	1.58	1.33	1.11	0.93
燃气	0.26	0.23	0.22	0.21	0.19	0.18
化石电力	1.82	1.43	1.24	1.04	0.87	0.73
清洁电力	0.51	0.53	0.60	0.66	0.73	0.80

表 9-5 结构转型情景下各个产业增加值结构(%)

产　　业	2012 年	2015 年	2020 年	2025 年	2030 年	2035 年
农业	9.75	8.92	7.87	6.88	5.92	4.97
轻工业	7.92	7.16	6.49	5.86	5.31	4.87
重工业	13.48	11.88	10.20	8.63	7.11	5.77
设备制造	9.89	10.57	11.32	12.07	12.94	14.00
建筑业	6.86	6.20	5.62	5.07	4.60	4.21
交通	3.92	4.29	4.67	5.00	5.29	5.51
服务业	40.87	44.76	48.68	52.18	55.16	57.48
煤炭	2.38	2.04	1.59	1.25	0.99	0.79
石油	2.33	1.90	1.55	1.26	1.03	0.85
燃气	0.26	0.24	0.22	0.20	0.18	0.16
化石电力	1.82	1.48	1.21	0.98	0.80	0.66
清洁电力	0.51	0.55	0.59	0.63	0.67	0.73

表 9-6 深度结构转型情景下各个产业增加值结构(%)

产　　业	2012 年	2015 年	2020 年	2025 年	2030 年	2035 年
农业	9.75	8.89	7.82	6.83	5.88	4.94
轻工业	7.92	6.90	5.96	5.21	4.55	4.04

续表

产　　业	2012 年	2015 年	2020 年	2025 年	2030 年	2035 年
重工业	13.48	11.83	10.14	8.57	7.06	5.74
设备制造	9.89	10.17	10.39	10.73	11.08	11.62
建筑业	6.86	5.97	5.16	4.51	3.94	3.49
交通	3.92	4.39	4.87	5.27	5.62	5.90
服务业	40.87	45.81	50.83	54.93	58.59	61.50
煤炭	2.38	2.03	1.58	1.24	0.98	0.78
石油	2.33	1.83	1.42	1.12	0.88	0.70
燃气	0.26	0.23	0.20	0.17	0.15	0.13
化石电力	1.82	1.43	1.11	0.87	0.69	0.55
清洁电力	0.51	0.53	0.54	0.56	0.58	0.60

第四节　产业结构转型的影响分析

在宏观经济的增长速度外生情况下，设定了三种不同的产业结构变化情景，也就意味着未来不同年份各个产业的增加值可以通过计算得到。由于生产要素资本和劳动在各个产业之间的动态配置规律，各个年份资本和劳动在产业部门之间流动，从而达到要素的最优配置。不同情景下，各个产业的增加值不同，因而新增的资本投资量和吸收的劳动力也不同；作为生产要素的能源需求量也跟着变化，相应的温室气体二氧化碳排放量也就随之变化。下面就不同情景下的能源需求和二氧化碳排放、资本和劳动要素需求等影响进行分析。

能源需求和能源强度

随着我国低碳发展战略的实施，我国产业部门低碳技术发展迅速，经济结构转型也向低碳化方向发展。图 9-2 显示了我国产业部门生产过程中的能源消费需求随时间的变化。从图 9-1 可以看出，我国生产部门能源需求总量随着时间的推移在缓慢增加，达到峰值后，能源需求量在缓慢下降。由于产业结构转型情景不同，生产过程能源需求达峰的时间不同，峰值也不同。在基准情景下，生产过程的能源需求在 2030 年前后达峰，峰值为 42.02 亿吨标准煤；产业结构转型情景下，生产过程的能源需求在 2020—2030 年之间年份达峰，峰值为 41.22 亿吨标准煤；而深度产业结构转型情景下，生产过程的能源需求在 2020 年前后达峰，峰值为 40.34 亿吨标准煤。在不同产业结构转型情景下，2030 年我国产业部门的能源需求总量分别为 42.02 亿、41.19 亿和 39.78 亿吨标准煤。

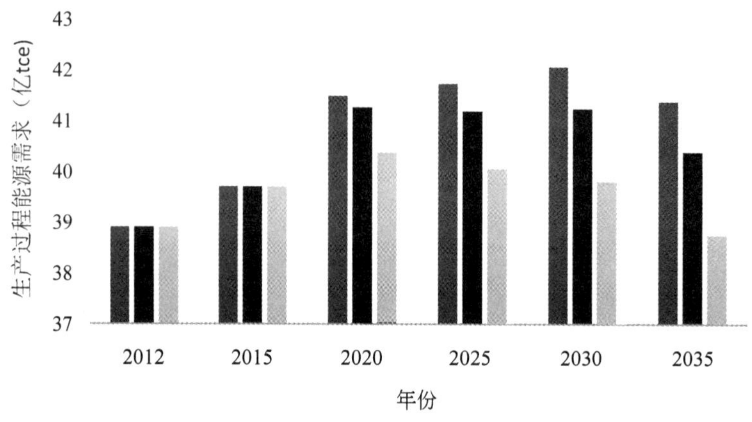

图 9-2　我国产业部门生产过程中的能源消费变化

我国宏观经济系统的能源需求，除了生产过程的能源消费需求外，还有居民消费的能源需求。随着我国经济的发展和城镇化进程的推进，我国居民消费领域能源需求出现不断上升的趋势。图 9-3 显示了我国宏观经济系统总的能源消费需求随时间的变化趋势。从图 9-3 可以看出，我国能源总需求随着时间在逐渐增长，在 2035 年前一直处于增长状态，没有达到峰值。产业结构转型有助于减少能源消费量。2035 年，基准情景下我国能源消费总量达到 46.47 亿吨标准煤；产业结构转型情景下，我国能源消费总量略有下降，达到 45.51 亿吨标准煤；深度结构转型情景下，我国能源消费总量达到 43.92 亿吨标准煤。可见，产业结构调整对减少能源需求、节能减排具有一定的促进作用。

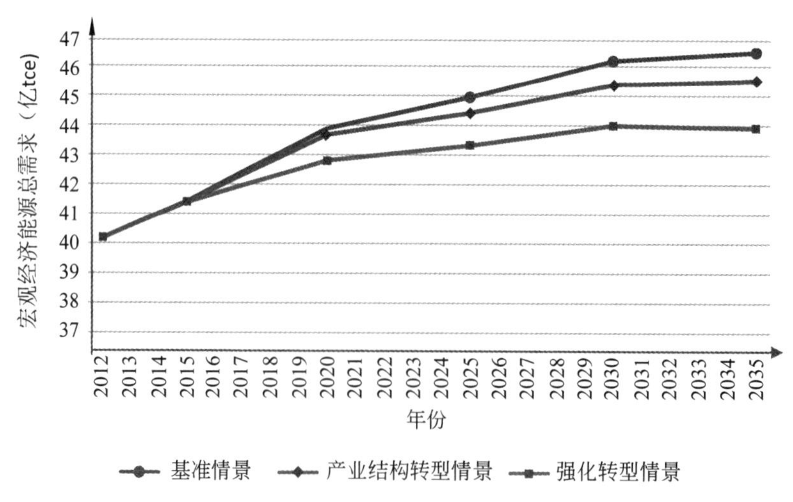

图 9-3　不同情景下我国经济总能源需求的变化趋势

随着宏观经济国内生产总值（GDP）的增加，能源总需求也随之增加，但增加的幅度小于

GDP 的增长幅度，这从单位 GDP 的能源强度变化就可以看出。图 9-4 显示了不同年份、不同情景下单位 GDP 的能源强度的变化趋势。从图 9-3 可以看出，我国万元 GDP 的能源强度随时间的推进在逐渐降低。基准情景下，万元 GDP 的能源强度 2012 年为 0.7482 吨标准煤/万元，2035 年为 0.2443 吨标准煤/万元。不同产业结构转型情景下，万元 GDP 的能源强度与基准情景有点变化，但变化不大。2035 年三种情景下万元 GDP 的能源强度分别为 0.2443、0.2392 和 0.2308 吨标准煤/万元。

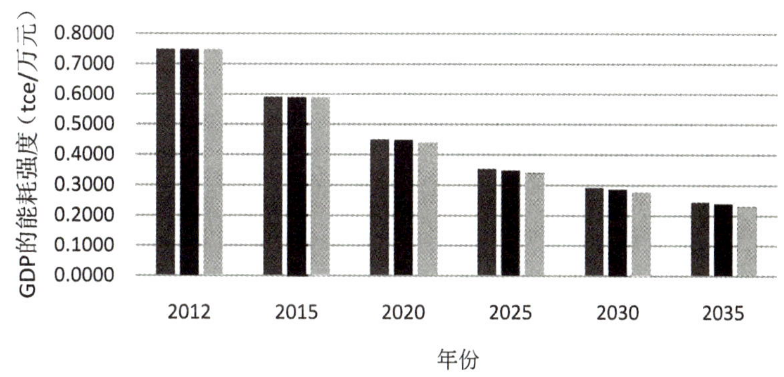

图 9-4　不同情景下万元 GDP 能源强度的变化趋势

二、二氧化碳排放量和碳排放强度

与能源需求变化相对应，生产过程的二氧化碳排放量的变化也呈现相应的规律，如图 9-5 所示。生产过程的二氧化碳排放量逐渐上升，到 2020 年前后达到峰值。2020 年后，生产过程的排放量缓慢下降。基准情景和产业结构转型情景、深度结构转型情景下生产过程的二氧化碳排放量变化趋势相同，只是排放的峰值不同，达峰后年份排放量减少的速度略有差

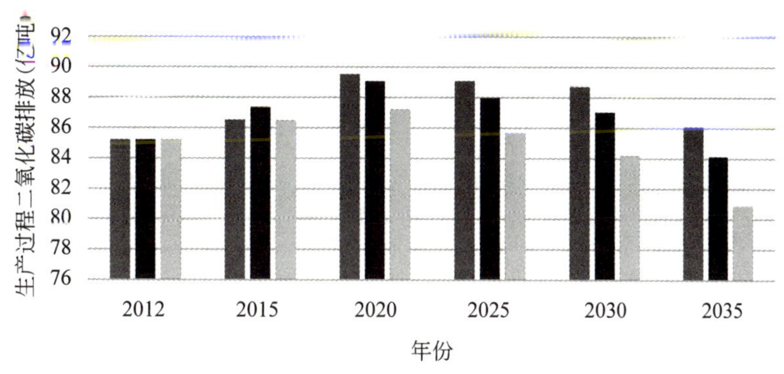

图 9-5　不同情景下生产过程二氧化碳排放量的变化趋势

别。三种情景下,生产过程的二氧化碳排放量的峰值均出现在2020年前后,峰值大小分别为89.53亿、89.07亿和87.23亿吨二氧化碳。2030年三种情景下生产过程的二氧化碳排放量分别为88.71亿、87.05亿和84.2亿吨。

整个宏观经济中,除了生产过程能源使用产生的二氧化碳排放外,还有居民消费过程能源使用产生的二氧化碳排放量。这里仅考虑生产和消费过程中能源使用产生的二氧化碳排放量,不考虑工业生产过程中碳酸盐原料通过化学反应产生的二氧化碳排放量,也不考虑农业、林业和废弃物处理等方面产生的二氧化碳排放量。图9-6显示了生产过程和消费过程能源使用产生的二氧化碳排放量的变化趋势。从图9-6可以看出,三种情景下能源使用产生的二氧化碳排放量的变化趋势,即先逐渐上升,到2030年前后达到峰值,然后逐渐下降。三种情景下二氧化碳排放量的峰值不同,分别为95.59亿、93.94亿和91.34亿吨二氧化碳。从图9-6可以看出,深度结构转型情景与产业结构转型情景相比,二氧化碳排放量下降得更多、更快。深度结构转型情景下,2020—2030年的10年间,二氧化碳排放量几乎稳定不变。

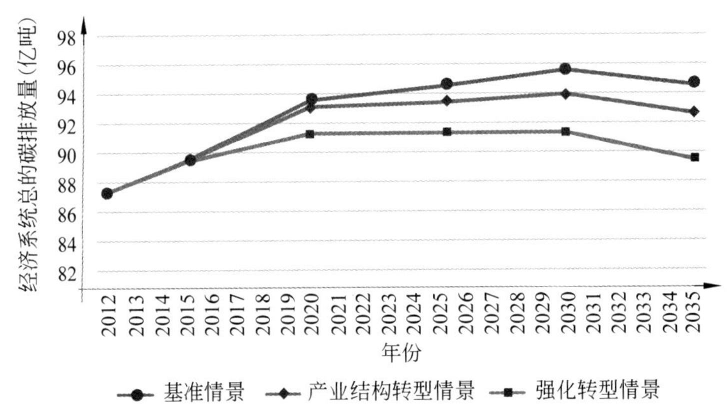

图9-6 不同情景下整个经济中能源使用产生的二氧化碳排放量变化趋势

整个宏观经济系统生产过程产生的二氧化碳排放量与国内生产总值的比值,即单位GDP的二氧化碳排放强度,随着时间的推移逐渐降低。图9-7显示了三种情景下每万元GDP的二氧化碳排放强度随时间的变化。基准情景下,二氧化碳排放强度从2012年的1.627吨/万元下降到2035年的0.497吨/万元。不同年份下三种情景的二氧化碳排放强度没有显著差别。2035年三种情景下的二氧化碳排放强度分别为0.4970、0.4869和0.4703吨/万元。

各个产业部门在基准情景下、在不同年份的排放量如图9-8所示。从图9-8可以看出基准情景下不同产业部门的二氧化碳排放的变化趋势。在整个经济的生产过程,重工业排放量最大,达到30亿吨二氧化碳以上,其次是煤炭、火电、交通、石油等生产部门,农业、轻工

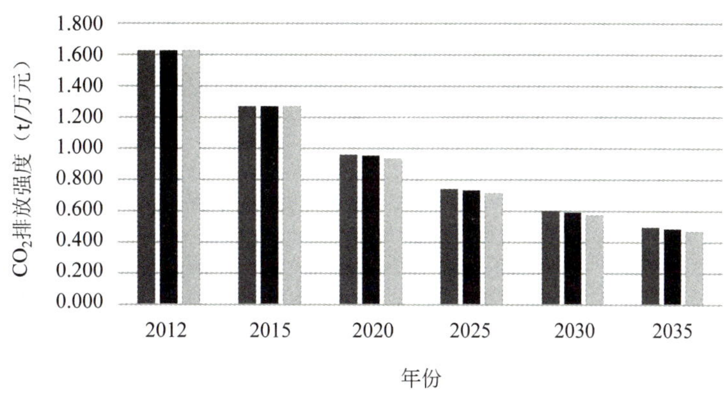

图 9-7 三种情景下单位 GDP 二氧化碳排放强度随时间的变化趋势

业、建筑业、天然气、设备制造、清洁电力等部门排放量较小。从 2012—2035 年的时间尺度看，农业、轻工业、重工业、建筑业、天然气等行业的排放量先增长，达峰后下降；而煤炭、石油、火电行业从 2015 年起排放量在逐渐下降，设备制造、交通、服务业、清洁电力二氧化碳排放量在逐渐上升。

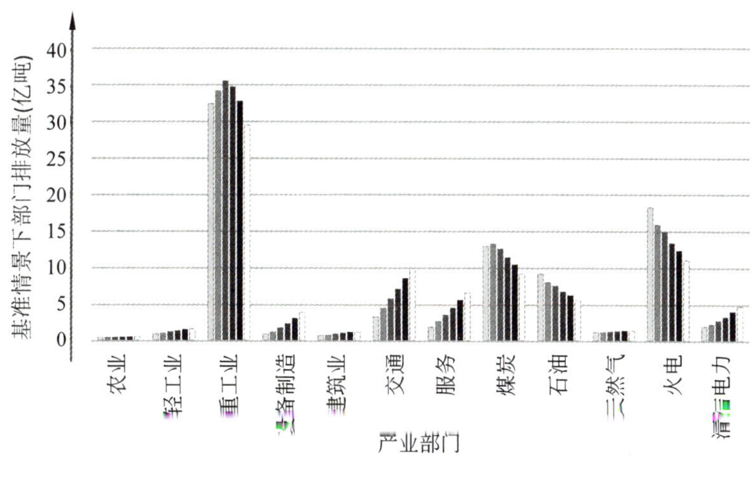

图 9-8 基准情景下不同产业部门二氧化碳排放的变化趋势

对于不同产业部门二氧化碳排放，不同情景下的变化不大。图 9-9 显示了不同情景下不同产业 2025 年的排放量。从图 9-9 可以看出，不同产业不同情景下的排放量略有变化，但数量变化较小。2025 年重工业在三种情景下的排放量都为 34.78 亿吨；而化石电力部门在三种情景下的排放量分别为 13.50 亿、12.85 亿、11.50 亿吨。

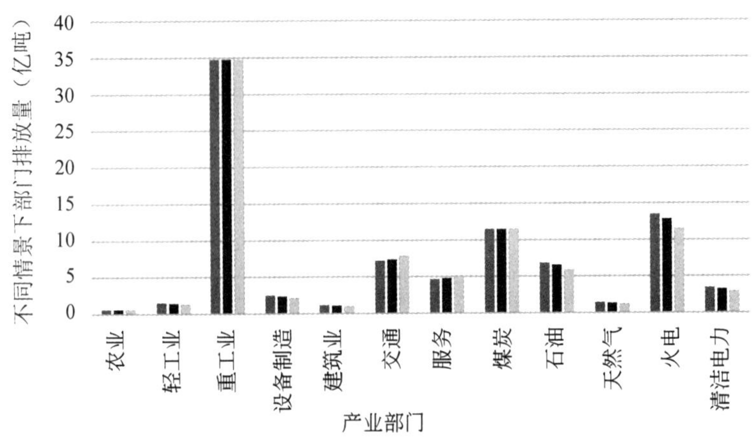

图 9-9　不同情景下不同产业 2025 年的排放量

三、投资需求

随着我国经济的发展，各个产业部门的投资会增加，资本存量也会增加。随着各个产业部门资本存量的增加，折旧量也成比例增加，资本存量的增长率会逐渐降低。图 9-10 显示了我国 2015—2035 年各个产业部门资本存量的增长率的变化趋势。从图 9-10 可以看出，各个产业部门的资本存量增长率随着时间的推移逐渐降低。产业不同，资本增长率下降的幅度不同，建筑业、石油、天然气、轻工业等增长率下降较快。到 2035 年，资本的增长率较大的是设备制造业、服务业和清洁电力行业，增长率分别为 6.67%、5.72%和 5.53%。

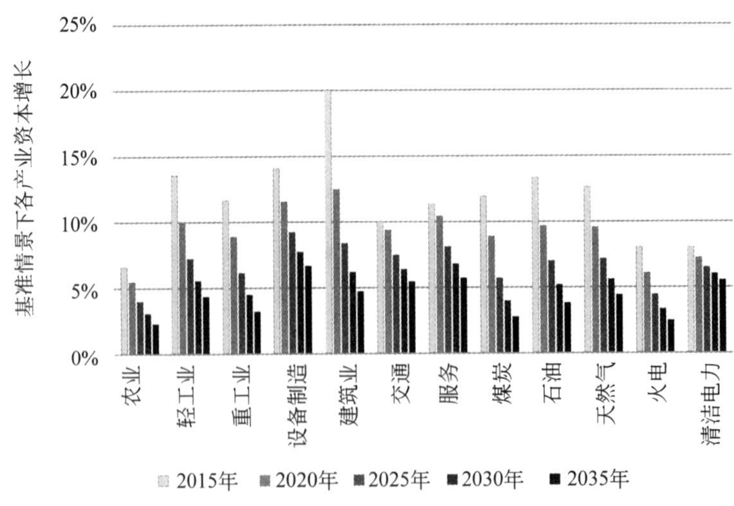

图 9-10　我国各个产业部门资本存量增长率的变化趋势

由于不同情景下产业结构不同，因而投资的部门分配比例不同，各个产业部门的资本存量就存在差别。图 9-11 显示了不同情景下 2030 年各个产业部门的资本存量的变化。从图 9-11 可以看出，产业结构转型情景(情景 2)与基准情景(情景 1)相比，交通、服务行业资本存量上升，而轻工业、设备制造、建筑、石油、电力等部门资本存量下降，农业、重工业、煤炭、天然气等产业资本存量变化较小。深度结构转型情景(情景 3)与基准情景相比，结果基本一致，只是变化幅度更大一些。

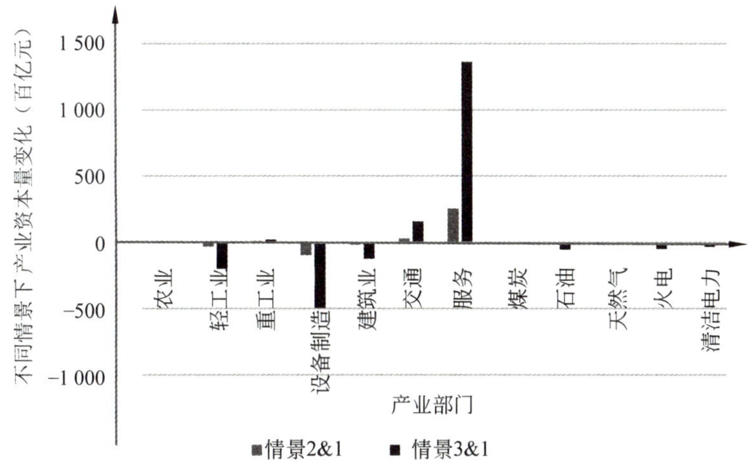

图 9-11　不同情景下各个产业部门 2030 年资本存量的变化

为了更清楚地显示不同产业资本存量的变化趋势，将模型划分的 12 个部门归并为农业、工业、建筑、交通、服务业和能源 6 个部门。图 9-12 显示了深度结构转型情景下不同年份各个产业的资本存量相对于基准情景下的变化。从图 9-12 可以看出，与基准情景相比，深度结构转型情景下农业部门的资本存量没有变化，工业、建筑、能源部门的资本存量在下降，而且随着时间的推移，下降得越来越多；交通、服务业的资本存量在上升，而且随着时间的推移，上升得越来越多。

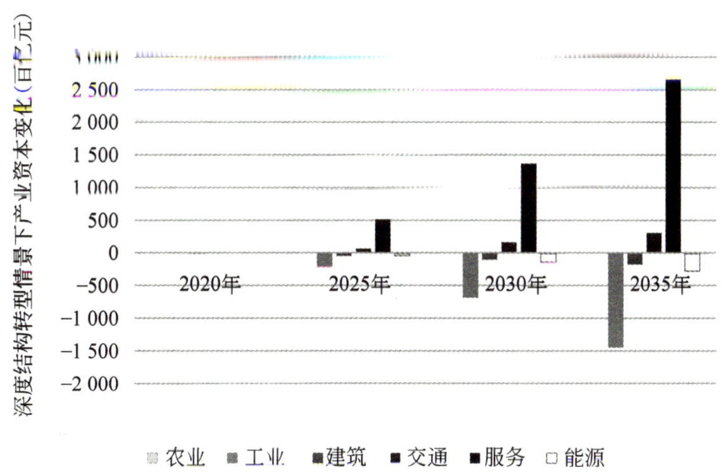

图 9-12　深度结构转型情景下不同年份各产业资本存量的变化

各个产业部门的资本存量等于上一年的资本存量减去折旧，再加上新增的投资量。折旧率的选择反映了产业部门的特点，各个产业部门的折旧率有些差别。新增的投资量，既反映了产业资本存量在整个经济的资本存量中的比重，也考虑了各个产业部门的资本收益率的差别。为了更好地理解各个产业部门的资本存量的变化，图 9-12 给出了基准情景下各个产业部门不同年份新增投资量的变化。如图 9-13 所示，2012—2035 年，各个产业部门新增的投资量都在上升。上升最快的是服务业和设备制造业，轻工业、重工业、交通和建筑业的投资量也上升较快。新增的投资量主要分配在服务业、设备制造业、轻工业、重工业、交通和建筑业，其他产业新增投资量相对较少。

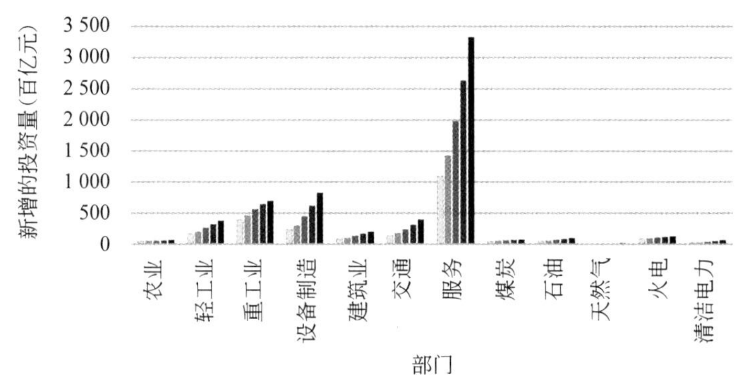

图 9-13　基准情景下各产业不同年份新增投资量的变化

不同产业结构转型情景下，各个产业部门新增的投资量有所变化，但变化不显著。图 9-14 显示了不同情景下各产业部门 2035 年新增投资量的变化。从图 9-14 看出，不同情景下各个部门 2035 年新增投资量基本相同，差别不大。三种情景下 2035 年服务业的新增投资量分别为 1983.53 亿、1990.58 亿和 2057.55 亿元。

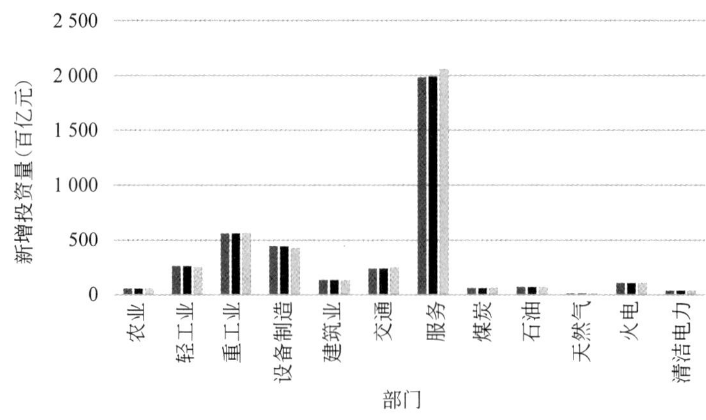

图 9-14　不同情景下各产业部门 2035 年新增投资量的变化

四、就业影响

产业结构转型在就业方面的影响一直引起社会各界的广泛关注。有的行业压缩产能，导致大量的失业和换岗，从而引起社会的关注。图 9-15 显示了基准情景下不同时期各个行业的就业变化情况。从图 9-15 可以看出，总体上说，我国服务业吸收的就业最多，其次是农业、工业、建筑和交通行业。从各个行业就业随时间变化看，农业部门的就业在逐渐减少，设备制造业、交通、服务业一直在增加，轻工业、重工业、建筑业、煤、油、电力行业的就业随着时间的推移先上升，达到峰值后逐渐下降。2012—2035 年，农业就业人数从 2.5773 亿下降到 0.8082 亿人，这是经济增长、结构转型和城镇化进程的成果。服务业从业人员从 2.5164 亿人上升到 3.995 亿人；设备制造业的从业人员也从 0.5344 亿人上升到 1.0968 亿人。

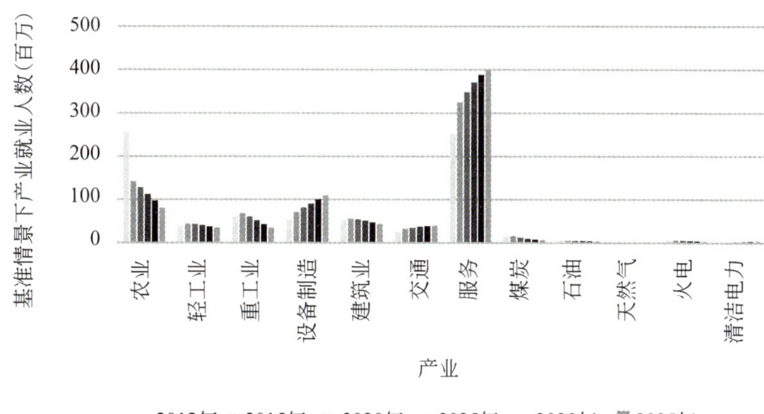

图 9-15　基准情景下不同时期各个行业的就业变化

产业结构转型情景下的就业情况，与基准情景相比存在变化。图 9-16 显示了 2025 年产业结构转型情景、深度结构转型情景下与基准情景下的就业对比情况。从图 9-16 可以看出，与基准情景相比，产业结构转型情景、深度结构转型情景下，2025 年交通、服务业的就业人数都出现增加，而其他行业的就业人数都出现下降。深度结构转型情景与产业结构转型情景相比，就业变化趋势一致，只是幅度更大。服务业就业人数，产业结构转型情景比基准情景多 987.6 万人，而深度结构转型情景比基准情景多 3029.4 万人；三种情景下服务业 2025 年的就业人数分别为 37 074 万、38 062 万、40 103 万人；三种情景下设备制造业 2025 年的就业人数分别为 9019 万、8555.9 万、7596.9 万人。尽管产业结构调整情景下设备制造业的就业人数相比基准情景在减少，但是在各种情景下，2025 的就业人数相对 2020 年的就业人数仍处于上升阶段。在产业结构转型情景下，2025 年的就业人数相对 2020 年增长了 580.3 万人；在深度结构转型情景下，2025 年的就业人数相对 2020 年增长了 283.1 万人。

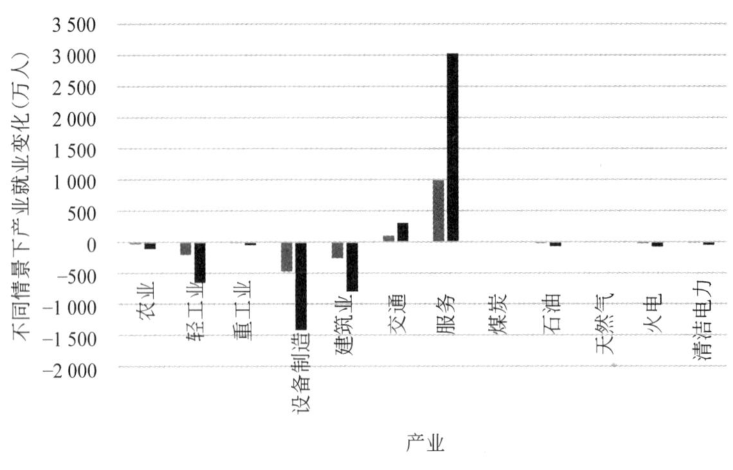

图 9-16　2025 年不同情景下的就业情况

尽管不同产业在结构转型过程中就业人数有变化,但对于整个经济体来说,产业结构转型情景和深度结构转型情景的就业人数与基准情景相比,仍在增加。图 9-17 显示了产业结构转型情景下总的就业人数相对基准情景的变化。从图 9-17 可以看出,2020—2035 年,总体就业人数在增加,深度结构转型情景下新增就业人数更多。这里的新增就业人数是指在原有就业人数的基础上,补充第二产业一些行业的失业和转岗的就业后,新增加的就业人数。这也意味着总体就业人数增加。

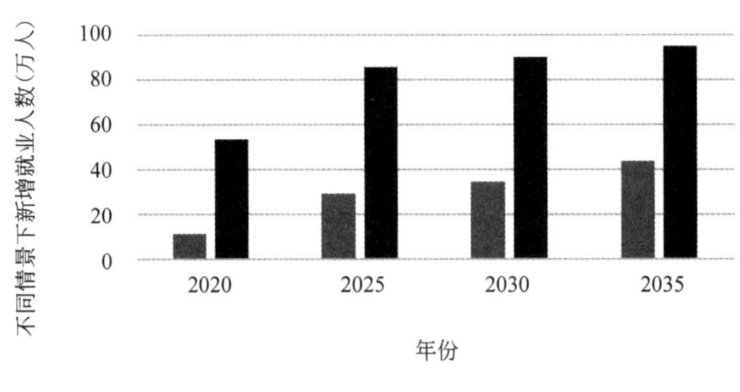

图 9-17　不同结构转型情景下总就业人数相对基准情景的变化

第五节　产业结构转型的经济代价分析

经济增长和产业结构转型,将引起各个产业的产值和增加值的变化,也导致了各个产业资本的收益率和就业人数的变化。从具体的产业来说,一些产业将得到快速发展,如第三产业、第二产业中的设备制造业等，一些产业将增长缓慢，但在国民经济中的比重在降低，如农业、建筑业等，也有一些产业的发展处于压缩产能阶段，发展呈下降趋势。基于各个产业不同的变化趋势，生产要素资本和劳动在不同产业之间将出现流动，甚至退出某些产业，进入新的待发展产业。在产业结构转型过程中会出现一些社会成本，在经济学教材中称之为交易成本或交易费用[13-14]。这些费用包括对居民收入和消费的影响、摩擦性失业的政府或企业补贴、新增就业上岗培训、新产业投资研发、压缩产能行业资产加速折旧等方面。这些费用在国民经济核算中体现在经济主体之间的转移支付，都进入国内生产总值 GDP 的核算中。从宏观经济和能源环境方面看，包括：投资增加和消费增长对经济增长的拉动作用和就业增加的促进作用；能源需求和能源消费强度下降、二氧化碳排放量和单位 GDP 的二氧化碳排放强度下降的环境绿色低碳效果。下面就对这些社会费用和宏观影响进行具体分析。

一、对居民消费的影响

产业结构调整和转型，对居民消费有一定的影响。首先，居民作为从业者，如果面临企业技术转型和升级，企业成本会增加，劳动者收入增加幅度就会受到影响。如果面临企业倒闭或转入别的产业，劳动者面临失业和寻找新的就业，承担失业和新就业的机会成本，并承担相应的岗位教育和培训费用。因此，居民相应的消费支出会受到影响，有所下降。其次，从宏观经济看，产业转型导致经济中用于投资的产品增多，用于居民消费的产品减少。在我们的研究中假定不同年份经济增长率外生固定不变，此时产业结构转型对居民消费影响较小，如图 9-18 所示。图 9-18 显示了不同年份经济增长率不变时产业结构转型对居民消费的影响。从农村居民和城镇居民的消费变化趋势可以看出，经济增长率不变时产业结构转型对居民消费的影响很小。主要原因是设定了各个年份的经济增长率不变，这在实际经济中是一种理想状态。同时，资产的投资过程实际上是建筑部门等产业的生产过程。因此，产业

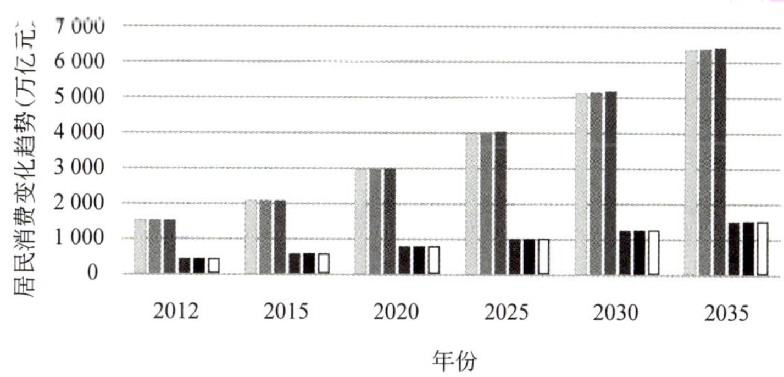

图 9-18　不同年份产业结构转型对居民消费的影响

结构转型对经济总产出没有什么影响。由于新增的资产往往包含新的技术，经济总产出往往出现增长效应。由于在情景设置时假设经济增长率不变，因而对居民消费没有太大影响。

随着经济的发展和居民收入的增加，居民消费的增长率在逐渐降低。不论是农村居民还是城镇居民，消费增长速度都是正的，但增加速度逐渐下降，这也符合边际消费倾向递减规律。图 9-19 显示了农村和城镇居民随着时间推移消费增长率的变化情况。从图 9-19 可以看出，不同结构调整和转型情景下，居民消费增长率几乎没有变化；从时间视角看，都是按照同一变化趋势递减。

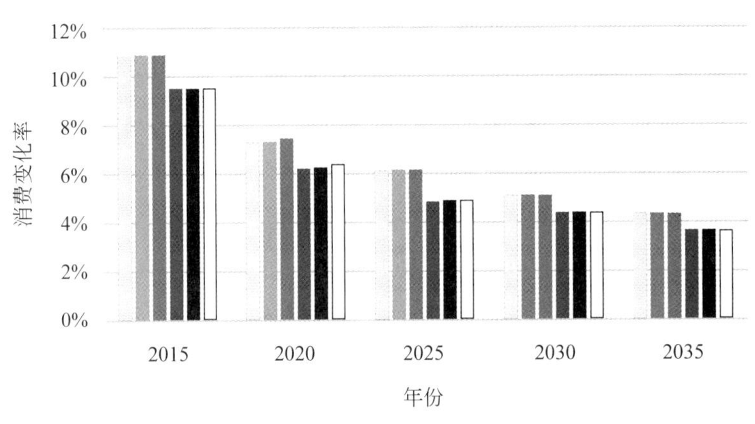

图 9-19　不同结构转型情景下居民消费增长率的变化

二、经济主体间的转移支付

1. 摩擦性失业补贴

经济中产业结构转型，会出现摩擦性失业，企业会对失业的职工提供失业补贴，这是企业对居民的转移支付。假定摩擦性失业补贴为人均 3000 元/月，每次失业提供 6 个月，根据前面的模型模拟数据，2025 年情景 2 相对基准情景增加的摩擦性失业 1058.22 万人；情景 3 相对基准情景增加的摩擦性失业 3249.94 万人，则情景 2 企业 2025 年需要支付的摩擦性失业补贴为 1904.8 亿元；而情景 3 企业 2025 年需要支付的摩擦性失业补贴为 5849.90 亿元。

2. 新增就业岗位培训费用

经济中产业结构转型，还会出现一些产业的新增就业机会，新增就业岗位需要岗位培训。假设每个新增就业岗位培训费用为 0.5 万元/人，根据前面的模型模拟数据，2025 年情景 2 相对基准情景增加的就业岗位为 1087.52 万个；情景 3 相对基准情景增加的就业岗位为 3335.64 万个，则情景 2 企业 2025 年需要支付的培训费用为 543.76 亿元，情景 3 企业 2025 年需要支付的培训费用为 1667.82 亿元。

3. 新增投资中的研发费用

经济中产业结构转型的拉力来自经济需求结构变化，推动力来自产业新技术的创新。新技术和新产品的出现和应用，需要各个产业投资于研发活动。假定各个产业新增投资的3%用于研发活动，则情景2各个产业2030年新增投资为29 584亿元，用于研发活动的投入为887.52亿元；情景3各个产业2030年新增投资为154 869亿元，用于研发活动的投入为4646.08亿元。

4. 加速折旧成本

在经济产业结构调整过程中，有些高耗能行业需要压缩产能，这些行业资产就需要加速折旧。加速折旧加快了资本品的折旧速度，也增加了生产活动的成本。假设高耗能行业的折旧率从5%提高到6.67%，即折旧年限从20年减少到15年，则在情景2和情景3下，整个高耗能行业2030年的折旧值均增加了1.44万亿元。

5. 产业结构转型的经济代价汇总

上面对产业结构转型的经济代价进行了估算，经济代价的估算值和节能减碳效果纳入表9-7。从表9-7可以看出我国产业结构调整和转型升级的部分经济代价。

表 9-7　我国产业结构转型的部分经济代价和能源环境效应

项　　目	情景2相对基准情景	情景3相对基准情景	注释
失业补贴(亿元)	1904.8	5849.9	2025年
岗位培训费用(亿元)	543.76	1667.82	2025年
新增研发活动投资(亿元)	887.52	4646.08	2030年
加速折旧值(万亿元)	1.44	1.44	2030年
节能量(万 tce)	110.70	345.51	2025年
碳减排量(亿 tCO_2)	1.09	3.16	2025年

第六节　结　　论

根据党的路线和奋斗目标，我国将在2020年实现小康社会；到2035年，我国将基本实现社会主义现代化。本章对我国从现在起到2035年期间的经济增长路径和产业转型情景进行了情景分析；采用自主构建的中国递推动态的可计算一般均衡模型TECGE，对产业结构转型的能源环境影响，对投资、消费和就业的影响进行了模拟分析；采用技术经济方法对我国未来产业结构转型的经济代价进行了定量化分析。

研究表明，我国总人口将从2012年的13.54亿，达到2030年的峰值14.16亿，2035年为 14.08 亿。其中农村人口一直在下降，从 2012 年的 6.42 亿下降到 2035 年的 4.45 亿；城镇人口一直在上升，从 2012 年的 7.12 亿上升到 2035 年的 9.63 亿，城镇化率从 2012 年的 52.57%上升到 2035 年的 68.4%。随着人口的变化，我国劳动力资源的配置也会发生变化。农村劳动力从 2012 年的 3.96 亿下降到 2035 年的 2.73 亿；城镇劳动力从 2012 年的 3.71 亿上升到 2035 年的 4.95 亿。

我国国内生产总值增长速度逐渐降低，从 2012—2025 年间的 8.7%，下降到 2030—2035 年间的 3.8%。从 2012 年到 2035 年，GDP 增长了 2.43 倍。

我国产业结构将出现变化，第三产业将快速上升，第一、二产业将逐渐下降。根据变化速度的快慢，将产业结构的变化分为三种情景：基准情景、产业结构转型情景和深度结构转型情景。2012—2035 年，基准情景下，第一产业从 9.75% 下降到 4.99%，第二产业从 45.46%下降到 34.72%，第三产业从 44.79%上升到 60.39%；产业结构转型情景下，第一产业从 9.75%下降到 4.97%，第二产业从 45.46%下降到 32.04%，第三产业从 44.79%上升到 62.99%；深度结构转型情景下，第一产业从 9.75%下降到 4.94%，第二产业从 45.46%下降到 27.66%，第三产业从 44.79%上升到 67.4%。

产业结构转型情景不同，生产过程能源需求达峰时间不同，峰值也不同。在基准情景下，生产过程的能源需求 2030 年前后达峰，峰值为 42.02 亿吨标准煤；产业结构转型情景下，生产过程能源需求在 2020—2030 年之间的年份达峰，峰值为 41.22 亿吨标准煤；而深度结构转型情景下，生产过程能源需求在 2020 年前后达峰，峰值为 40.34 亿吨标准煤。在不同产业结构转型情景下，2030 年我国产业部门的能源需求总量分别为 42.02 亿、41.19 亿和 39.78 亿吨标准煤。随着我国经济的发展和城镇化进程的推进，我国居民消费领域能源需求出现不断上升的趋势。我国能源总需求随着时间在逐渐增长，在 2035 年前一直处于增长状态，没有达到峰值。产业结构转型有助于减少能源消费量。2035 年三种情景下我国能源消费总量分别为 46.47 亿、45.51 亿和 43.92 亿吨标准煤，万元 GDP 的能源强度分别为 0.2443、0.2392 和 0.2308 吨标准煤。

我国经济生产过程二氧化碳排放量逐渐上升，到 2020 年前后达到峰值。三种情景下生产过程的二氧化碳排放量变化趋势相同，只是排放峰值不同，达峰后年份排放量减少的速度略有差别。三种情景下，生产过程二氧化碳排放量的峰值均出现在 2020 年前后，峰值大小分别为 89.53 亿、89.07 亿和 87.23 亿吨二氧化碳。2030 年三种情景下生产过程的二氧化碳排放量分别为 88.71 亿、87.05 亿和 84.2 亿吨。三种情景下能源使用产生的二氧化碳排放量到 2030 年前后达到峰值，然后逐渐下降。三种情景下二氧化碳排放量的峰值分别为 95.59 亿、93.94 亿和 91.34 亿吨二氧化碳。2035 年三种情景下的二氧化碳排放强度分别为 0.4970、0.4869 和 0.4703 吨/万元。

2012—2035 年，农业、轻工业、重工业、建筑业、天然气等行业的排放量先增长，达峰后再下降；而煤炭、石油、火电行业从 2015 年起排放量在逐渐下降，设备制造业、交通、服务业、清洁电力二氧化碳排放量在逐渐上升。不同产业不同情景下的排放量略有变化，但数量变化较小。

随着我国经济的发展，各个产业部门的投资会增加，资本存量也会增加。结构转型情景与基准情景相比，交通、服务行业资本存量上升，而轻工业、重工业、煤炭、建筑、石油、电力等部门资本存量下降，农业、设备制造业、天然气等产业资本存量变化较小。深度结构转型情景与基准情景相比，结果基本一致，只是变化幅度更大一些。不同产业结构转型情景下，各个产业部门新增的投资量有所变化，但变化不显著。

从各个产业的就业量变化看，农业部门的就业在逐渐减少，设备制造业、交通、服务业一直在增加，轻工业、重工业、建筑业、煤、油、电力行业的就业随着时间的推移先上升，达到峰值后逐渐下降。尽管不同产业在结构转型过程中就业人数有变化，但对于整个经济体来说，结构转型情景和深度结构转型情景的就业人数与基准情景相比，就业数量仍在增加。

产业结构调整和转型对居民消费有一定的影响，但影响不大。产业结构转型的经济代价包括摩擦性失业补贴、新增就业岗位培训费用、新增投资中的研发费用和加速折旧成本等。具体定量研究结果可以根据 TECGE 模型模拟的某一年份的模型结果，结合外生的调研数据计算得到。

本章参考文献

[1] 鲁传一. 能源环境一般均衡分析[M]. 北京：经济科学出版社，2018.

[2] LU C Y. Effects of investment growth in energy sectors of western areas on local economy and emissions：Case of Shaanxi Province of China based on a CGE model [J]. International Journal of Energy Sector Management，2009，3(1)：29-49.

[3] LU C Y，ZHANG X L，HE J K. A CGE analysis to study the impacts of energy investment on economic growth and carbon dioxide emission：A case of Shaanxi Province in western China [J]. Energy，2010，35(11)：4319-4327.

[4] 姜克隽，贺晨旻，庄幸，等. 我国能源活动 CO_2 排放在 2020—2022 年之间达到峰值情景和可行性研究[J]. 气候变化研究进展，2016，12(3)：167-171.

[5] 毕清华，范英，等. 基于 CDECGE 模型的中国能源需求情景分析[J]. 中国人口资源与环境，2013，23(1)：41-48.

[6] THURLOWJ. A Dynamic Computable General Equilibrium（CGE）Model for South Africa：Extending the Static IFPRI Model [R]. TIPS working papers series WP1-2004. http：//www.tips.

org. za.

[7] 戴彦德，吴凡. 基于低碳转型的宏观经济情景模拟与减排策略[J]. 北京理工大学学报(社会科学版)，2017，19(2)：1-8.

[8] 中国发展研究基金会“博智宏观论坛”中长期发展课题组. 2035：中国经济增长的潜力、结构与路径[R/OL]. [2018-03-31]. http：//www. cssn. cn/jjx/xk/jjx _ lljjx/jjx _ hgjjx/201803/t20180331 _ 3894417. shtml.

[9] KUIJS L. China through 2020—A macroeconomic scenario. World Bank China Office Research Working Paper No. 9 [EB/OL]. (2012-06-25) [2016-10-28]. http：//www. doc88. com/p-952219772069. html.

[10] O'NEILL J，STUPNYTSKA A. Goldman Sachs global economics，commodities and strategy research：The long-term outlook for the BRICs and N-11 post crisis [R/OL]. (2009-12-04)[2016-10-30]. http：//www. goldmansachs. com/our-thinking/archive/archive-pdfs/long-term-outlook. pdf.

[11] 李平，娄峰，王宏伟. 2016—2035 年中国经济总量及其结构分析预测[J]. 中国工程科学，2017，19(1)：13-20.

[12] 马丁，陈文颖. 中国 2030 年碳排放峰值水平及达峰路径研究[J]. 中国人口资源与环境，2016，26(5)：1-4.

[13] 张云，邓桂丰，李秀珍. 经济新常态下中国产业结构低碳转型与成本测度[J]. 上海财经大学学报，2015，17(4)：11-20.

[14] 程漫江. 中国经济转型的观察[J]. 中国国情国力，2013，10：10-11.

第十章

对外贸易发展对碳排放的影响

第一节　对外贸易的发展

一、全球贸易发展

全球贸易为全球的经济发展提供了一定的物质基础，WTO 和世界银行的数据显示，自 2010 年开始，全球经济和贸易发展处于复苏的进程，保持低速增长的态势，如图 10-1 所示。自从 2009 年全球经济危机以来，全球的进出口贸易规模逐年增加，但是增长的态势有所放缓，目前全球贸易额占全球 GDP 的比重从之前的 50%下降到 42%～44%。

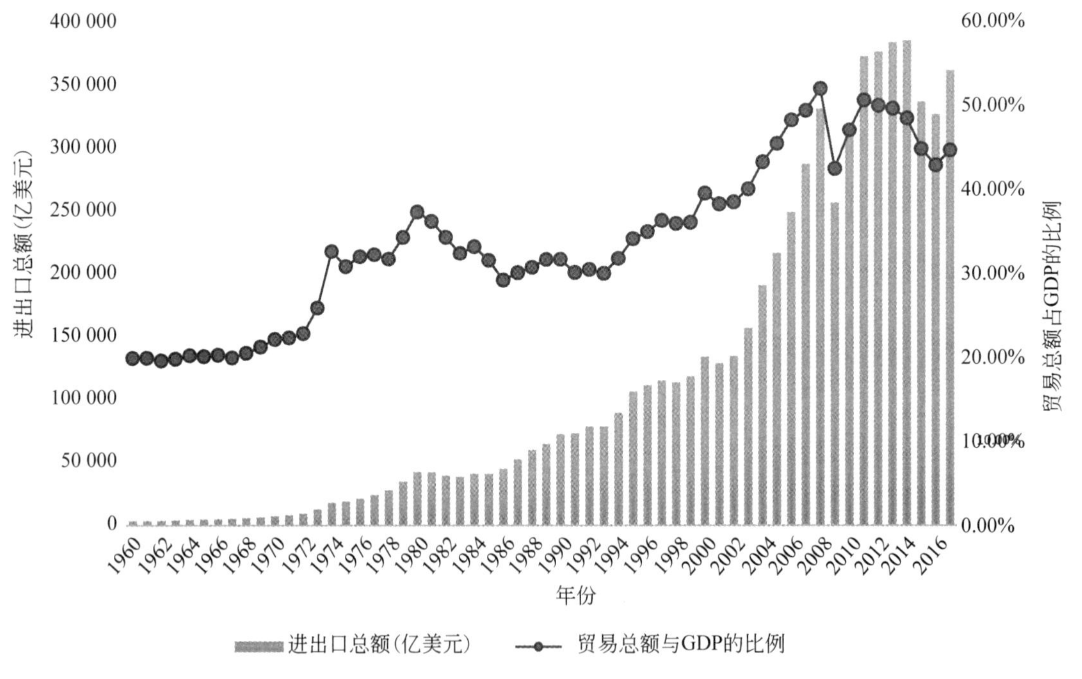

图 10-1　全球贸易发展及与 GDP 的比例变化

全球贸易保护主义逐渐升温，各国纷纷采取各种贸易保护政策和措施，而且范围还在不断扩大，除了反倾销、反补贴、关税壁垒等传统贸易保护手段之外，非关税壁垒、技术壁垒及政府补贴等形式的贸易保护手段层出不穷。国际多边主义正受到严峻的挑战，一些发达国家适时推出双边协议和区域的联盟，进而显示其贸易保护的根本意图，试图建立新的国际制度。

在国际贸易过程中，由于各国国际分工、产业结构、能源利用效率及贸易结构等方面的差异，国际贸易本身必然存在随着产品贸易的出口导致的内涵碳排放的问题。

二、中国对外贸易发展

中国作为贸易大国，一直以产品成本低、质量好等优势在国际市场上占有一席之地，但时下经济复苏缓慢，为了抢占国际市场、扩大内需，很多国家建立了针对中国的贸易壁垒和贸易保护措施。大规模的出口贸易一方面为中国创造了巨大的经济产值和就业机会，成为拉动中国经济增长的核心力量之一，另一方面也带来了大量的能源资源消费和碳排放，给中国经济的进一步持续增长造成了压力。

2016 年，我国进出口总额约为 24.55 万亿元，占 GDP 的比重约为 36%。我国近年来进出口贸易的变化显示，进出口贸易总额仍在不断增加，进出口总额占 GDP 的比重在“十二五”时期不断下降(见图 10-2)。

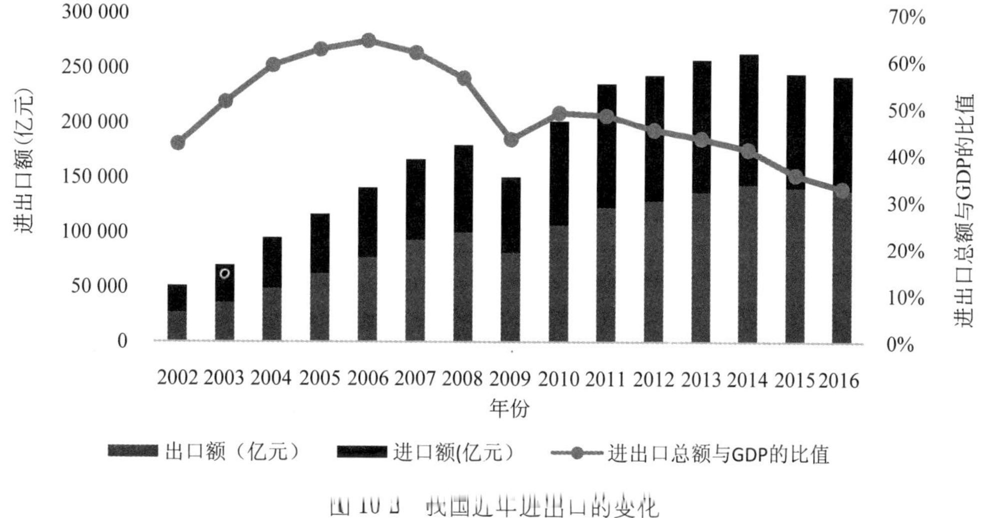

图 10-2　我国近年进出口的变化

在我国对外贸易中，加工贸易一直是重要的组成部分。2016 年，我国出口加工贸易总额为 47 219 亿元，占出口总额的比重约为 34%，这一比重在“十二五”期间呈逐年下降的趋势。发展加工贸易在一定程度上不仅解决了我国的就业问题，而且弥补了对外贸易中我国资金、技术的不足，同时有利于我国产业结构的调整与升级。随着我国经济结构调整及国内需求结构的变化，我国对外贸易的形式也发生了一定的变化，一般贸易的份额逐年增加，显示我国对外贸易形式也进入了新常态，出口的自主性和内生力量在逐年增加。

目前工业制成品的出口比重占比已接近 95%(见图 10-3)，其中“十五”以来，机械及运输设备等产品的出口额占比逐年上升，目前接近一半的工业制成品是成套设备的出口，显示

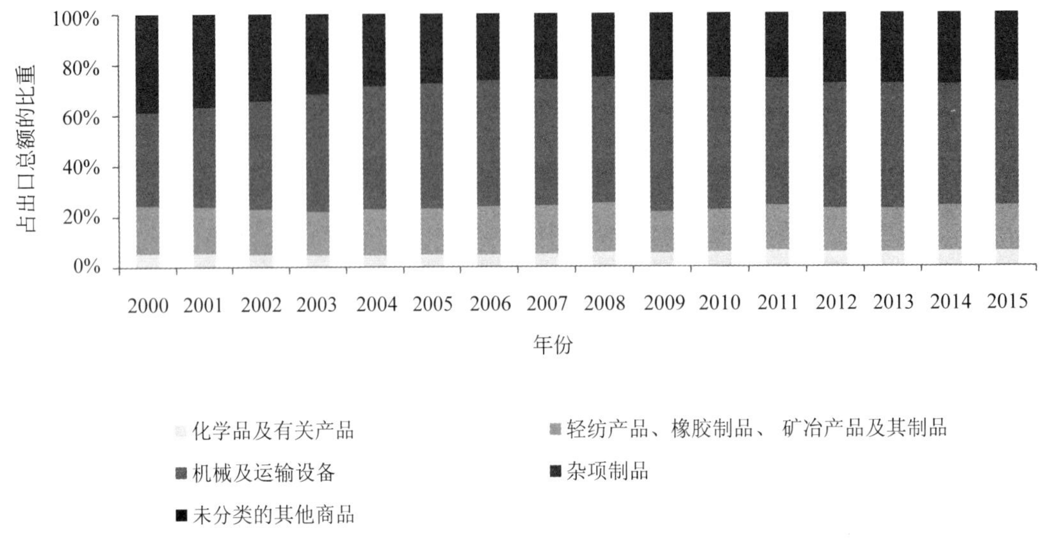

图 10-3 我国工业出口产品

我国出口产品结构向技术含量和产品附加值较高的产品转变。预计我国出口产品竞争力还有一定的市场潜力，我国在国际贸易分工中的地位也会从依赖要素市场投入的增长方式转变为创新驱动的增长方式。

第二节 分析贸易对碳排放影响的研究方法

一、现有研究

生产侧与消费侧温室气体排放[1-8]及转移排放[9-18]的相关研究有千余篇，该问题已成为全球发展、贸易与排放问题中的焦点。转移排放问题的研究最早可以追溯到 20 世纪 90 年代。1997 年各国通过《京都议定书》中附件 Ⅰ 国家 2008—2012 年全球温室气体减排目标。针对议定书中的生产者排放责任原则，出现了有关消费者排放责任的讨论。二者的区别在于进出口产品的内涵能源，即转移排放。早期受到数据可获得性的限制，大多研究计算了单一国家的转移排放，均采用了单区域投入产出模型方法。单区域模型的主要问题是假设进口国与国内技术相同。为了解决技术相同假设带来的计算偏差，2000 年以来出现了以一国为中心的双区域和多区域模型方法，利用典型进口国技术系数来计算进口内涵排放。直到近年来以全球贸易分析项目（Global Trade Analysis Project，GTAP）等数据库的出现为转折点，出现了若干篇利用完备的全球多区域投入产出模型方法来综合分析国际间转移排放问题。

1. 单国和两国的转移排放研究

当前转移排放问题的相关研究中致力于计算一国(地区)转移排放量的文献占据了绝大多数[19]。早期的一国(地区)转移排放研究采用了单区域投入产出(IO)模型方法。随着研究的逐渐深入,单区域 IO 模型出现了两个焦点问题:①无法区分国产品与进口品中间投入;②进口国与国内技术相同假设。随后出现的单区域模型方法尝试通过引入进口矩阵或采用非竞争型投入产出表的方法来扣除进口中间投入的影响,从而弥补问题①。但是单区域模型无法解决技术相同假设。随后该领域内的学者们开始建立双区域、多区域 IO 模型,通过典型进口国技术来相对准确地计算一国进口产品的内涵排放,进一步改进了一国的转移排放计算模型。除计算一国的转移排放量[20-25],多篇研究还针对双边贸易中的内涵排放问题建立了双区域转移排放计算模型[26-27]。转移排放问题的延伸研究还包括转移排放模型方法的不确定分析、转移排放的驱动因素分解及国际产业垂直化分工的影响等[28-29]。

早期的单区域模型研究侧重强调将投入产出这一全生命周期模型方法引入贸易、能源分析的重要性。由于受到数据的制约,单区域模型包含的一国投入产出表只能体现该国生产过程中的投入产出系数关系,可以准确地计算国内生产的最终产品的内涵能源消耗及排放,却无法体现进口产品的使用过程及进口国的技术水平。大多早期研究均基于封闭经济体假设,没有考虑一国的经济生产活动中使用了部分进口中间投入品,而进口产品的生产并未消耗该国国内的能源;封闭经济体假设还近似认为进口品与国产品的技术水平及排放强度均相同,这类文献属于早期的、简单的单区域转移排放模型研究。

2000 年前后的单区域投入产出模型逐渐打破了封闭经济体假设,通过引入进口矩阵来修正直接消耗系数,有效地改进了单区域 IO 模型方法。在单区域模型中进口矩阵的处理方法逐渐得到普及。随着投入产出表及投入产出模型的广泛应用,越来越多的国家尤其是 OECD 国家公布了非竞争型 IO 表,表中将直接消耗系数拆分为国产中间投入系数和进口中间投入系数两个矩阵。

大多数转移排放 IO 模型中的排放因子选取了各行业单位产出的直接排放系数,计算最终使用产品(出口或进口等)全生命周期生产过程中导致的各行业的碳排放,落脚点为行业。该方法属于《1996 年 IPCC 国家温室气体清单指南》中的“行业排放计算方法”。行业排放计算方法的优势在于行业排放分析可以给出最终使用产品对其他行业产出的需求。但该方法中的排放因子是基于生产侧部门法的 CO_2 排放统计数据,因此该方法的计算结果中蕴含生产侧统计方法中的所有不确定性。

单区域模型方法是以一国的投入产出表为数据基础,通过引入进口矩阵等可以改进单区域模型方法。但是单区域模型无法解决进口国与国内技术差异的问题。在实际情况中,伴随着经济和贸易全球化进程的加快,大多数国家都参与了全球贸易。一国的进口产品通过国际产业链的设计、生产、运输、销售等环节往往需要流经多个国家。对于发展阶段相近的国家间的进出口产品使用技术相同假设对计算结果影响较小。而一般情况下处于不同发展阶段的各个国家其技术水平、资源禀赋、产业结构、能耗及排放强度均存在一定的差异，甚至是十几倍、几十倍的差异。

尽管单区域模型方法存在诸多不足，但针对一国转移排放问题大多研究仍选用了单区域 IO 模型方法，其主要优势包括：

(1) 所需数据量少，结果不确定性小。单区域模型方法所需的数据量较少，可以直接使用一国的统计数据。相对于经过平衡处理得到的全球数据库来说使用单国数据得到的计算结果的不确定性较小。

(2) 具有较强的实效性。当关注某一国的消费侧碳排放或进、出口内涵排放时可以直接运用该国最新公布的投入产出表，而多区域模型所需的全球数据往往存在时滞。

(3) 方法灵活，便于调整。各国经济发展阶段不一，国内产业结构、对外贸易特点各异，采用单区域模型方法可以灵活地针对一国的实际情况做出相应调整。

2. 多国别的转移排放研究

多国别的转移排放研究是指计算了多个国家(地区)甚至全球各国(地区)转移排放的相关研究。此类研究均采用了多区域投入产出模型方法(Multi-Region Input-Output Models，MRIO)。多国别转移排放问题所采用的多区域 IO 模型涵盖了多个国家和地区的投入产出表、国家间的贸易数据、能源及排放数据等参数，可以详实地追踪各国(地区)进口产品的来源国及其去向，从而准确地计算国际贸易中的内涵排放。相对单区域模型来说，多区域模型最大的优势是可以准确地计算各国(地区)进出口产品的内涵排放。

多区域 IO 模型方法大致可以分为两类：双边贸易中的内涵排放方法(emissions embodied in the bilateral trade，EEBT)；最终使用的内涵排放方法(emissions embodied in trade to final consumption，EEC)[30]。二者的差异在于前者不区分进口中间投入与进口最终使用产品，计算两部分产品的内涵排放作为进口内涵排放，考虑国家间的单向贸易流，该方法可以回答"中国进口产品中内涵排放为多少"的问题；而后者计算进口内涵排放时只考虑进口最终使用产品的排放，认为进口中间投入品还将随着国内的生产加工过程参与国际贸易，不计入一国的排放账户，考虑了产品的全球产业链与全球贸易间的反馈效应，该方法可回答"美国居民最终使用产品的内涵排放为多少"或"中国消费者购买一组家具的内涵排放"。

早期的多区域 IO 模型方法均采用之前利用国产品的直接消耗系数替代原来的直接消耗系数，同时假设各区域间的贸易流为单向贸易，即 EEBT 计算方法。运用考虑贸易间反馈效应的 EEC 方法的多区域模型，Peters 和 Hertwich[31-33] 提出了一个"完美"的转移排放模型。模型中考虑了来源于不同国家的进口产品需使用相应进口国技术水平;同时部分进口中间投入将参与出口产品的加工过程,转而出口,因此计算进口内涵排放时仅考虑进口最终使用产品的排放等,因此该“完美”模型几乎仿真了现实的经济运行情形。但该模型需要的数据量非常大,事实上在当时几乎无法获得,必须经过简化处理后再应用。Peters 和 Hertwich 的文章中还给出了若干简化处理方法,如无法确切得到各国家各部门进口产品进入中间投入与最终使用的比例,将之简化为固定比例;再如,无法获得所有进口国的投入产出表数据,则简化为以某一代表性国家代表多个进口国。该篇文章是对我们的研究指导意义最大的一篇文献。

综合上述多区域模型的文献分析,可以看出当前全球多区域投入产出模型是计算多国别消费侧温室气体排放及转移排放问题,尤其是计算进口内涵排放的最优模型方法。随着 GTAP 等全球数据库的出现,涵盖多国别甚至全球各国的多区域 IO 模型得以实现并日趋成熟。现有的多区域模型研究呈现如下特点:

(1) 模型方法成熟,EEBT 方法更适合国家贸易与气候政策分析。双边贸易中的内涵排放计算方法(EEBT)和最终使用的内涵排放计算方法(EEC)的基础数据相同,均为全球各个国家和地区的投入产出表;二者的差异在于进口中间投入产品的处理方法不同。EEBT 方法不区分进口最终消费与进口中间投入品,统一视为进口商品,计算其进口内涵排放,对于出口内涵排放为生产出口产品所使用的国内能源产品产生的排放。而 EEC 方法区别对待进口中间投入与进口最终使用品,计算进出口产品的内涵排放时,排除中间投入的进口品,只考虑一国最终使用(最终消费和资本形成)产品的内涵排放。EEC 方法虽然更符合国际贸易实际情况,但运算过程过于复杂,国家边界概念模糊,缺乏配套的基础数据等,该方法更适合分析具体最终使用产品的国际贸易链。相比之下,EEBT 方法与国家边界、进出口贸易口径一致,更适合分析一国的贸易政策及气候变化政策[34]。

(2) 多区域 IO 模型相比单区域的不确定性更大。多区域模型最显著的优势在于准确地计算进口产品的内涵排放。早期的多区域模型计算进口内涵排放时采用了代表性进口国进行简化计算,不能准确计算进口内涵排放的真实值。而 GTAP、EORA 等全球数据库几乎涵盖所有国家和地区,因此基于全球数据库的转移排放计算更容易实现。但全球数据库数据本身也存在一定的不确定性,因此多区域 IO 模型相比单区域模型的不确定性更大。

3. 中国内涵排放相关研究

2007 年,我国已成为全球温室气体排放第一大国(IEA 统计数据),我国能源消费与二氧化碳排放的快速增长,不仅是因为旺盛的国内消费需求和较高的固定资产投资,快速增长的外贸出口和不断扩大的外贸顺差也是重要的驱动因素[35],这与中国进出口贸易的快速发展和中国作为“世界工厂”的贸易地位有关。一直以来,我国出口额高于进口额,同时由于中国在国际产业分工体系中仍处于相对低端，我国出口产品的单位出口额的能源消耗要高于我国从发达国家进口的产品，而且我国以煤为主的能源消费结构使出口产品的二氧化碳排放强度高于发达国家的进口产品，因此中国是内涵能源与内涵排放的净出口大国。国内外多篇研究计算了我国的内涵能源与内涵排放，由于模型方法与数据来源的不同，各研究的计算结果差异较大，但大部分研究都表明我国近年来内涵能源与内涵排放增速快，中国是全球第一大内涵排放净出口国。我国转移排放相关研究主要分为两种方法：基于我国投入产出表的单国投入产出分析方法和基于GTAP数据库的多区域投入产出模型方法。诸多研究数据来源不同、模型方法各异，基本假设、数据处理各具特点，主要侧重研究我国生产和消费排放总量测算、我国进出口贸易内涵排放、分部门转移排放、双边贸易的转移排放、我国投资与消费结构及就业等问题。

Ahmad和Wyckoff[36]的研究给出1997年中国15%的排放用于出口，3%的排放来源于进口产品。英国Tyndall中心Wang Tao的一篇文献[37]采用IEA及我国主要进口贸易国的二氧化碳排放强度数据，简单估算了2004年我国出口排放为14.9亿吨，净出口内涵排放为11亿吨，分别占我国排放总量的32%和23%。Peters[38]利用综合的多区域投入产出模型及GTAP 6数据库，涵盖了全球87个国家的投入产出表及相关贸易、能源、二氧化碳排放强度等数据，计算得到2001年我国生产侧排放为32.89亿吨，消费侧排放为27.03亿吨，出口内涵排放为8亿吨，占生产排放总量的24%，进口内涵排放为2.1亿吨，净出口内涵排放为5.9亿吨。Davis[39]利用GTAP 7数据库，模型方法与Peters类似，计算了我国2004年出口内涵排放总量为14亿吨，占排放总量的27%。我国是全球最大的排放净出口国，出口11.5亿吨，占我国年排放总量的22.5%。CEADs团队核算了中国2002—2015年出口产品的隐含碳排放，发现中国出口产品隐含碳在2008年达峰[40]。

综合单区域、全球多区域转移排放IO模型的优缺点，结合内涵排放的两种计算方法，我们选取灵活的单区域模型，运用实物产值比计算方法，选取日本为进口代表国并结合进口国GDP排放强度的修正方法，针对加工贸易产品占我国外贸总额约50%的特点，改进现有转移排放计算方法，来研究分析我国出口产品的内涵排放。

二、我们的研究方法

1. 出口产品内涵能源和碳排放

首先，进出口商品对各个产业部门的完全消耗，等于完全消耗系数矩阵与进出口商品数量的乘积。在乘积结果中对应的一次能源部门的消耗量之和，就是进出口商品的完全能源消耗量，即内涵能源。由于使用了价值型投入产出表，那么此处得到的完全能源消耗量是以价值量来表示的，需要利用一次能源部门的实物产值比，将价值量转换为用实物量表示的能源消耗。该计算方法只考虑一次能源部门，不考虑焦炭、石油加工等二次能源部门，以避免重复计算。我国对外贸易中加工贸易比重大，必须予以充分考虑。出口内涵能源计算模块中仅考虑出口加工贸易产品的直接能源消耗，即加工贸易产品的一次能源消耗及电力消耗，因其并没有在我国境内使用，在计算进口内涵能源时对进口加工贸易产品予以扣除。

假设出口向量 $EX = EX' + EX''$，其中 EX 为总出口向量；EX'为非加工贸易产品的出口向量；EX''为加工贸易产品出口向量。则出口产品的完全能源消耗的计算公式为

$$e_i = \sum_j c_{ij} EX'_j + \sum_j a_{ij} EX''_j + \sum_j a_{is} a_{sj} EX''_j \tag{10-1}$$

其中：i 为煤炭、石油、天然气以及水电等一次能源部门，s 为二次能源（电力、热力等，这里为了简化处理只考虑电力），e_i 即为出口商品所消耗的第 i 种一次能源的价值量。

内涵能源消耗总量为

$$T_{ex} = \sum_i p_i e_i \tag{10-2}$$

其中，p_i 为第 i 种一次能源实物量与价值量的比值（万 tce/万元），即实物量与价值量的转换系数，产值数据来源于投入产出表中的行业 i 的总产出（万元），实物量数据为中国统计年鉴中的一次能源生产量（万 tce）。

- 引进进口矩阵：我国统计局公布的我国历年投入产出表均为竞争型表，没有区分国产、进口中间投入，因此有必要对现有消耗系数进行修正。我们采用了国内外文献中进口矩阵的经典算法。
- 令 Λ 为进口系数矩阵，假定在部门 i 对部门 j 的投入中，进口非加工贸易中间投入的比例相同，则 Λ 为一个对角矩阵，反映了部门 i 对进口非加工贸易产品的依赖程度，其主对角线上的每一个分量 $\eta_i = IX_i/(X_i + IX_i - EX_i)$。我们对该进口矩阵做出进一步修正，采用了算式 $\eta'_i = IX'_i/(X_i + IX'_i - EX_i)$，用进口非加工贸易向量 IX'替代 IX，是由于进口加工贸易产品进入我国后其生产过程简单，不适用于投入产出表所体现的一般产品的投入产出关系，即假设我国国内生产过程仅包括国产品和进口非加工贸易中间投入品，所以我们选用的进口矩阵仅为进口非加工贸易产品。修正后的国产品直接消耗系数与完全需要系数矩阵分别为

  $$A' = (I - \Lambda')A = [a'_{ij}],\quad C' = (I - (I - \Lambda')A)^{-1} = [c'_{ij}]。$$

利用修正的完全需要系数可以得到我国出口产品的内涵能源 T_{ex}^{emb} 的计算公式：

$$T_{ex}^{emb} = \sum_i p_i \left(\sum_j c'_{ij} EX'_j + \sum_j a_{ij} EX''_j + \sum_j a_{is} a_{sj} EX''_j \right) \tag{10-3}$$

在出口模块中还计算了出口商品的直接能耗 T_{ex}^{dir}，与内涵能源消耗进行对比分析，计算公式为

$$T_{ex}^{dir} = \sum_i p_i \left(\sum_j a'_{ij} EX'_j + \sum_j a_{ij} EX''_j + \sum_j a_{is} a_{sj} EX''_j \right) \tag{10-4}$$

在式(10-4)中,对于出口加工贸易产品仍采用直接消耗系数 A,没有使用修正后的国产品直接消耗系数 A'进行计算,因为考虑到加工贸易产品的生产过程中以进口的原材料为主,生产方式不同于一般贸易产品的生产过程中只利用部分进口中间投入,也不能用进口矩阵仅包含进口中间投入来核算其内涵排放。在此,近似地利用一般投入产出关系 A 计算出口加工贸易产品的直接能源消耗量。

从能源量转换为排放量的计算过程中,我们采用了《2006 年 IPCC 国家温室气体清单指南》[92]中原煤、原油及天然气的排放因子,结合我国各一次能源生产量的比重,计算得到排放系数。

2. 进口内涵能源和碳排放

我国既是出口大国,也是进口大国。对于国际贸易中的进口商品,理想情况下需要每一种进口产品进口国的消耗系数来计算其内涵能源及排放,但是这种方法所需的数据非常庞杂。在此,对于单国模型采用简化算法,我们选用我国第一大进口国——日本作为进口产品的来源国,利用日本的投入产出消耗系数来计算我国进口商品的内涵能源及内涵排放。由于日本的生产技术水平相对较高,排放强度低,再结合我国 12 大进口产品来源国的单位 GDP 能耗强度指数,对各行业进口产品的排放强度进行了修正。

我国进口商品除用于最终使用外,很大一部分也会作为中间投入参与国内的生产过程,具体来看进口产品主要有三个去向(如图 10-4 所示):①进口产品直接用于最终使用,包括进口最终消费和资本形成;②进口中间投入产品中,一部分产品以加工贸易的形式在我国简单加工后以出口加工贸易的形式出口;③进口中间投入中另一部分非加工贸易产品,参与一般的国内生产过程,用于生产国内最终使用品及出口一般贸易产品。对于第二类进口产品,最终并没有在我国境内消费,有必要对这些进口产品的内涵能源进行相应的扣除,在本模型中计算进口内涵能源及排放时仅考虑进口非加工贸易产品。此外,对于第三类进口产品来说,部分进口中间投入参与出口产品的生产过程,最后也没有在我国境内消费,计算时也将该部分扣除。

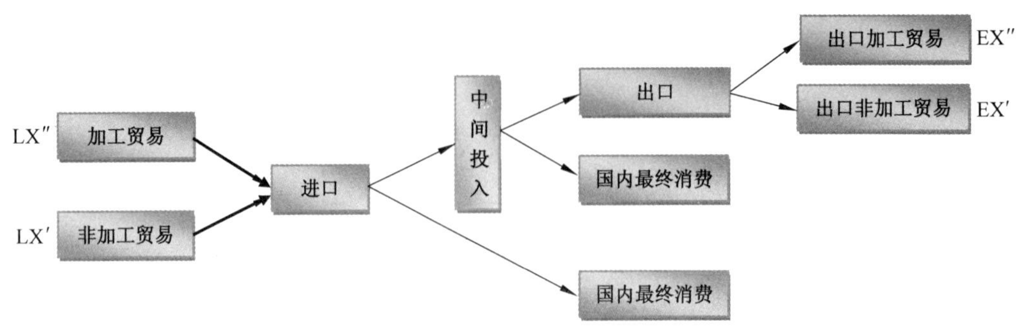

图 10-4　我国进口产品的三个去向

进口内涵能源的计算

$$T_{ix}^{\text{emb}}=\sum_i p_i^{\text{JP}}\Big[\sum_j c_{ij}^{\text{JP}}\big(\text{IX}'_j-\sum_j \eta_i{}' b_{ij}\text{EX}'_j\big)\Big] \tag{10-5}$$

其中：c_{ij}^{JP}、p_i^{JP} 分别表示日本的完全需要系数矩阵和日本的价值量与实物量的转换系数；IX'_j 为进口非加工贸易产品；$\eta_i{}'$为进口矩阵，表示部门 i 的单位中间投入中非加工贸易进口中间投入的比重；b_{ij} 为我国完全消耗系数矩阵；EX'_j 为我国第 j 部门的出口非加工贸易产品。

3. 出口产品的增加值

一直以来，我国进出口贸易总额快速增长，但由于我国在国际产业分工体系中仍处于相对低端，初级的加工贸易及转口贸易占据很大份额，使我国出口商品的附加值较低，成为全球的加工工厂。这种情况具有两面性：一方面，我国近年来大量的贸易顺差，带动了国内经济的增长，解决了国内的就业，促进了出口相关产业的发展，对我国的经济发展是一个正效应；另一方面，我国出口商品消耗了大量的国内资源，且商品的附加值较低，从而使我国万元 GDP 的能耗增加，对我国应对气候变化和减缓温室气体排放来说又是一个负效应。近几年以上两种效应到底哪一个作用更大，到底哪一个作用会被另一个相抵，会直接影响我国今后产业结构调整及未来应对气候变化的国际谈判等重要国内、国际问题，所以定量地计算我国出口商品真实的内涵增加值是必要的。

出口产品的增加值模块计算了我国出口产品的内涵增加值。令部门 j 的增加值率 $q_j=$ 增加值$_j$ /总投入$_j$，$\text{EX}_j{}'$，$\text{EX}_j{}''$与上文相同，分别为部门 j 的非加工贸易产品出口向量、加工贸易产品出口向量，则部门 j 出口的内涵增加值(AV)为

$$\text{AV}_j=\sum_i b_{ij}q_i\text{EX}_j{}'+q_j\text{EX}_j{}'+q_j\text{EX}_j{}'' \tag{10-6}$$

$$\text{AV}=Q*[B+I]^{-1}\text{EX}'+Q*\text{EX}''=Q*[I\text{-}A]^{-1}\text{EX}'+Q*\text{EX}'' \tag{10-7}$$

即对于出口加工贸易产品，由于在我国进行简单的加工装配，基本不消耗国内其他部门的产品，仅计算其直接增加值。而对于出口非加工贸易产品，其完全增加值包含出口商品的直接增加值及消耗其他部门产品所带来的间接增加值。

与计算内涵能源方法类似，在出口产品的内涵增加值中同样要扣除进口产品的影响，因为进口品并不计入我国的增加值。修正后的计算公式为

$$\text{AV}_j{}^{\text{emb}}=\sum_i b_{ij}q_j{}'\text{EX}_j{}'+q_j{}'\text{EX}_j{}'+q_j\text{EX}_j{}'' \tag{10-8}$$

其中：$q_j{}'=q_j\left(1-\dfrac{\sum_i \text{IM}_j{}'}{\text{In}X_j}\right)$，$\text{IM}_j{}'$ 为部门 j 的进口非加工贸易中间投入量，$\text{In}X_j$ 为部门 j 的中间投入总量，$q_j{}'$ 为国产中间投入品实现的增加值率。同理，修正后出口产品的直接增加值为

$$\mathrm{AV}_j^{\mathrm{dir}} = \sum_i a_{ij} q_j{}' \mathrm{EX}'_j + q_j{}' \mathrm{EX}' + q_j \mathrm{EX}''_j \tag{10-9}$$

4. 出口商品的能源强度

为了研究近几年出口商品总额的大幅增加是否增加了我国万元 GDP 的能耗，我们采用下式进行分析：

$$\eta = \alpha / \beta \tag{10-10}$$

其中：α 为出口产品内涵增加值能耗强度；β 为单位 GDP 能耗强度；η 为无量纲的值，表示一个相对量的概念，分子是出口商品内涵能源占全国能源消耗的百分比，分母表示出口商品在国内产生的增加值占全国 GDP 的百分比，整个分式的值越小，表示支撑出口商品的能源消耗越少。等式右端表示两个量的乘积，分别是万元 GDP 能耗的倒数和单位出口商品增加值的内涵能耗。近年来，随着万元 GDP 能耗下降，如果等式左端也呈下降趋势的话，那么单位出口商品的内涵能耗也应当是下降的。因此从这个意义上说，我国出口商品的增加并没有带动万元 GDP 能耗的增加，但是我国出口商品带动的制造业的发展加重了第二产业的比重，因此增加了能源消耗和温室气体的排放。

三、数据处理

1. 统一原始数据的部门分类

由于模型使用的我国 2002 年、2005 年、2007 年和 2012 年的数据部门分类不一致，在模型计算前有必要对数据的部门分类进行统一。在单国模型建模过程中，部门分类统一的工作所涉及的数据量庞大，对各种不同的部门划分进行准确的拆分和合并，以确保数据处理过程中的正确性。

目前，我国公布了 2002 年、2005 年、2007 年和 2012 年投入产出表。表中包含分部门的消费、投资及进出口价值量数据。而其他年则没有投入产出表对应的分部门的消费、投资数据。为了测算我国连续年份的转移排放量，从我国《海关统计年鉴》中查得这些年份的进出口贸易数据，但是其统计口径为二十二类 98 章数据，无法直接应用于计算。我们根据中国统计局公布的“国民经济行业分类”(GB/T 4754—2011)[①]、投入产出表附录中“海关统计商品分类与投入产出部门分类对照表”，以及日本行业分类标准，对进出口贸易数据进行部门分类的统一。

2. 进出口向量拆分为加工贸易进出口、非加工贸易进出口商品

通过上述处理方法，得到按照 IO 部门分类的出口与进口向量。而加工贸易原始数据来

---

① 国家统计局. 国民经济行业分类(GB/T 4754-2011)[EB/OL]. [2013-08-29]. http://www.stats.gov.cn/tjsj/tjbz/hyflbz/.

源于《中国贸易外经统计年鉴》,同样采用了进出口向量的处理方法,进行部门分类的统一。在计算进口内涵能源时需利用日本104部门的投入产出表,因此将进口贸易数据转换为104部门。

3. 能源价值量与能源实物量的折算系数

投入产出表中的数据均为价值量数据,我们最终需要将价值量转换成一次能源的实物量数据,实物产值比就是一次能源行业的年实物生产量与年产值的比值。我国能源价值量数据使用了我国历年投入产出表中煤炭开采和洗选业、石油和天然气开采业以及电力与热力的生产和供应业三个一次能源行业的产值数据,作为一次能源行业的产值。

我国能源实物量数据来源于《中国能源统计年鉴》中公布的各一次能源的生产量。为了避免重复计算,我们只考虑原煤、原油、天然气以及电力部门中的水电、风电和核电等一次能源部门。通过将一次能源除以相应的行业产值得到实物产值比。具体来看,原煤对应煤炭开采和洗选业,原油和天然气对应石油和天然气开采业,水电、风电和核电等对应电力与热力的生产和供应业。对于其他年份转换系数的测算,我们考虑了能源生产价格变动的影响,利用一次能源行业的工业出厂品价格指数进行折算得到,具体如图10-5所示。总体来看,近年来一次能源价格逐年稳步上升,对应的转换系数均呈逐年下降的趋势。

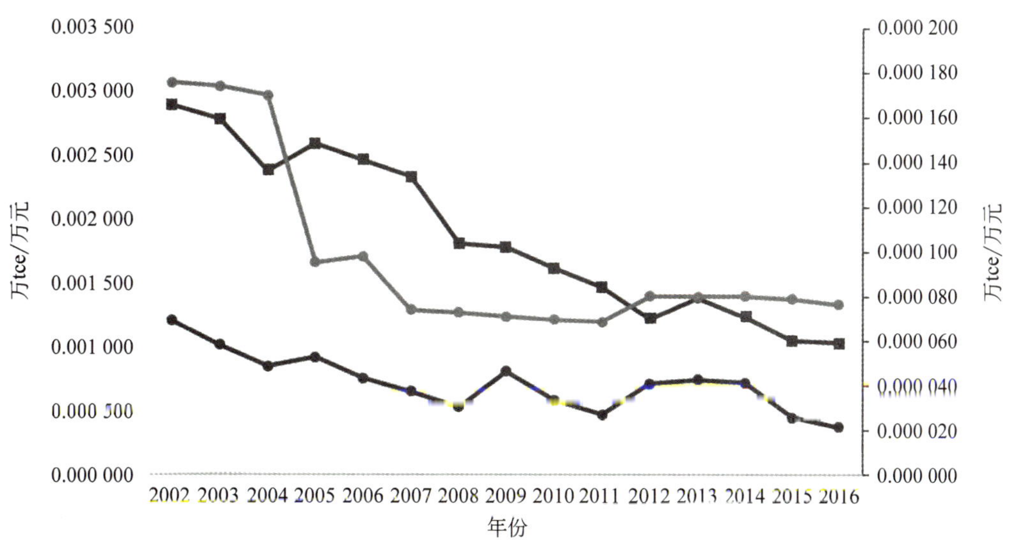

图10-5　我国历年一次能源行业的实物产值比

日本实物产值比的计算过程中所使用的产值数据来源于历年《日本矿业发展趋势》,包括煤炭开采业、石油和天然气开采业以及电、气和水的供应业。实物量数据中的原煤、原油及天然气产量数值来源于《日本矿业发展趋势》,水电及核电产量数值来源于《日本统计年鉴》。

第三节　对外贸易发展对中国碳排放的影响

一、我国出口产品内涵碳排放

利用各年投入产出表，测算我国出口产品内涵排放，研究结果显示“十二五”期末，我国出口产品内涵排放逐渐回落到期初的水平，约为 14.7 亿吨 CO_2，而且出口产品的内涵排放与我国的出口额大部分保持在正的相关关系，但是“十二五”末期在出口额增速放缓及产品结构调整的变化下，我国出口产品内涵排放量得到了显著的改善，其下降速度更快，呈现碳排放与出口额脱钩的现象，具体如图 10-6 所示。其中 2009 年和 2016 年出口内涵碳排放均有所降低，但是这两个点的意义并不一样，2009 年是出口额和内涵碳排放双双下降，主要还是全球经济危机导致的总体的下降，而 2016 年的下降是“十二五”期间我国出口产品结构调整导致的，显示产业和产品结构调整对出口内涵碳排放的影响。

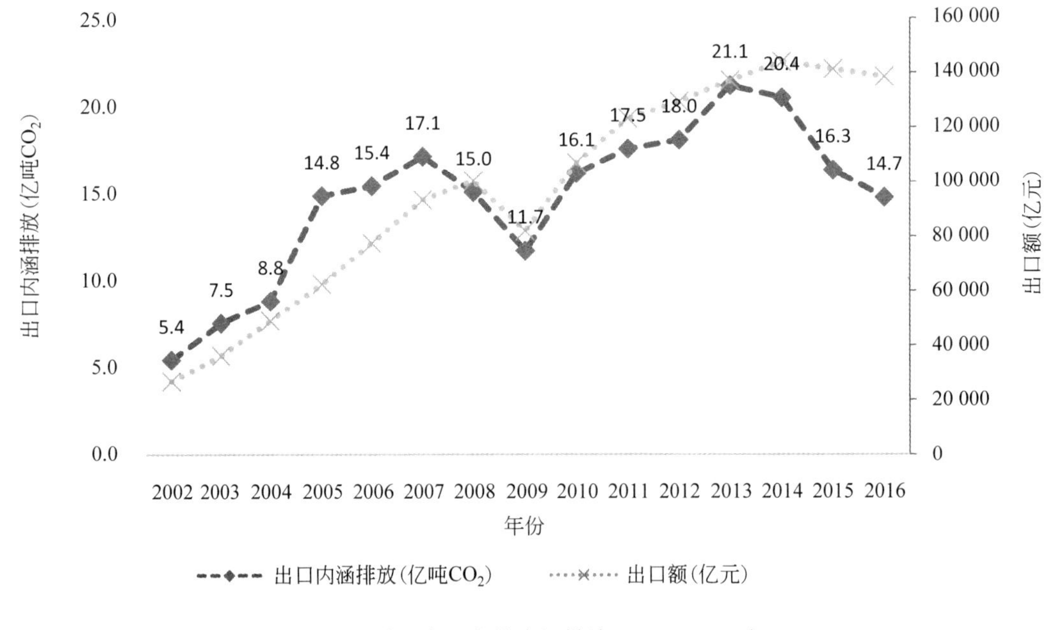

图 10-6　我国出口产品内涵排放（2002—2016 年）

如表 10-1 所示，出口产品内涵排放占比总排放量在“十二五”期间比“十一五”期间有所降低，由之前超过 20%的占比，回落到 16%左右，需要注意的是，由于除 2002 年、2007 年和 2012 年之外，其他年份没有可以利用的投入产出表，因此我们尽量利用与其相近年份的投入产出表，如 2008 年是利用 2007 年的投入产出表进行测算，2013 年是利用 2012 年的投入产出表进行测算，这样处理的基本假设是技术和产业结构没有调整，结果可能会高估内涵排放。

表 10-1　我国出口产品内涵排放中的占比

年份	出口内涵排放（亿吨 CO_2）	总排放（亿吨 CO_2）	占比(%)
2002	5.4	38.2	14.21
2003	7.5	44.9	16.79
2004	8.8	52.4	16.81
2005	14.8	59.9	24.75
2006	15.4	65.6	23.46
2007	17.1	71.2	23.99
2008	15.0	72.5	20.74
2009	11.7	75.9	15.38
2010	16.1	80.2	20.08
2011	17.5	87.0	20.14
2012	18.0	88.8	20.29
2013	21.1	91.3	23.14
2014	20.4	91.8	22.26
2015	16.3	91.4	17.82
2016	14.7	91.1	16.15

二、我国进口产品内涵碳排放

利用日本投入产出表，可以测算我国进口产品的内涵排放，由于日本的能源效率比其他进口国高，因此对于进口商品的内涵能源消耗存在低估的现象。我们主要利用我国主要的十二大贸易伙伴的单位 GDP 排放系数，得到利用贸易额的加权排放系数，是日本单位 GDP 排放系数的 1.8 倍，得到修正后的进口内涵排放（见图 10-7）。如表 10-2 所示，2016 年我国进口产品内涵排放约为 3.34 亿吨 CO_2，大约占总排放量的 3.67%，我国进口产品内涵排放的占比大约保持在 3%～5%。

表 10-2　我国进口产品内涵排放及占比

年份	进口内涵排放（亿吨）	总排放（亿吨）	占比(%)
2002	1.37	38.2	3.58
2003	1.57	44.9	3.50
2004	2.35	52.4	4.48
2005	2.67	59.9	4.46
2006	2.72	65.6	4.15

续表

年份	进口内涵排放(亿吨)	总排放(亿吨)	占比(%)
2007	2.74	71.2	3.84
2008	3.11	72.5	4.29
2009	3.23	75.9	4.25
2010	3.67	80.2	4.57
2011	4.06	87.0	4.66
2012	3.99	88.8	4.49
2013	4.71	91.3	5.16
2014	4.30	91.8	4.68
2015	3.34	91.4	3.65
2016	3.34	91.1	3.67

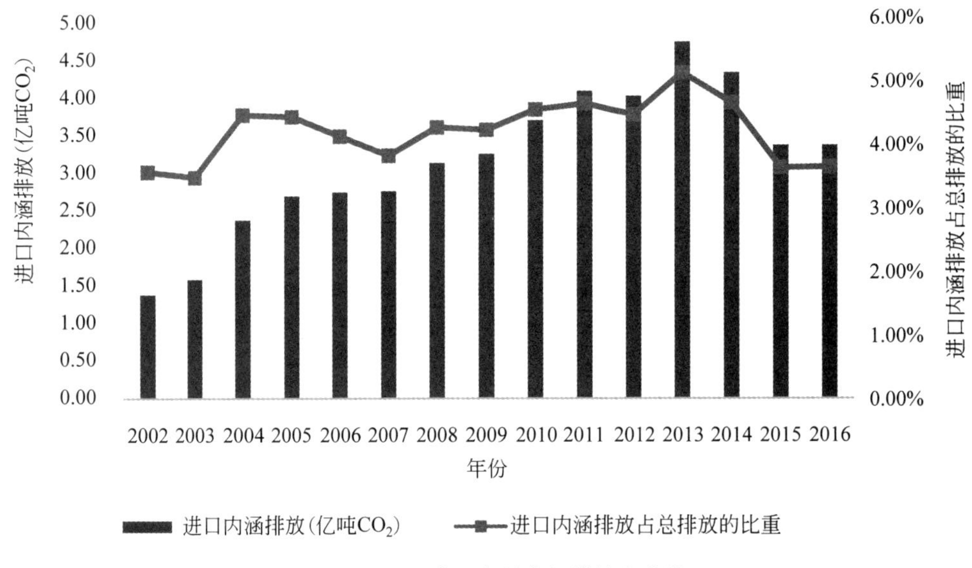

图 10-7　我国进口产品内涵排放和占比

三、我国净出口内涵碳排放

随着我国出口额的快速增加,每年出口的内涵排放也呈上升趋势,尽管进口额也增加,但是由于进出口商品结构不同,导致出口商品内涵排放增加的速度比进口商品内涵排放快,因此我国是净出口内涵排放国。2016 年我国净出口内涵排放约为 11.4 亿吨 CO_2,占全国总排放量的比重约为 12.49%。我国净出口内涵排放的总量和占比在“十二五”期间比“十一五”期间都有所降低。

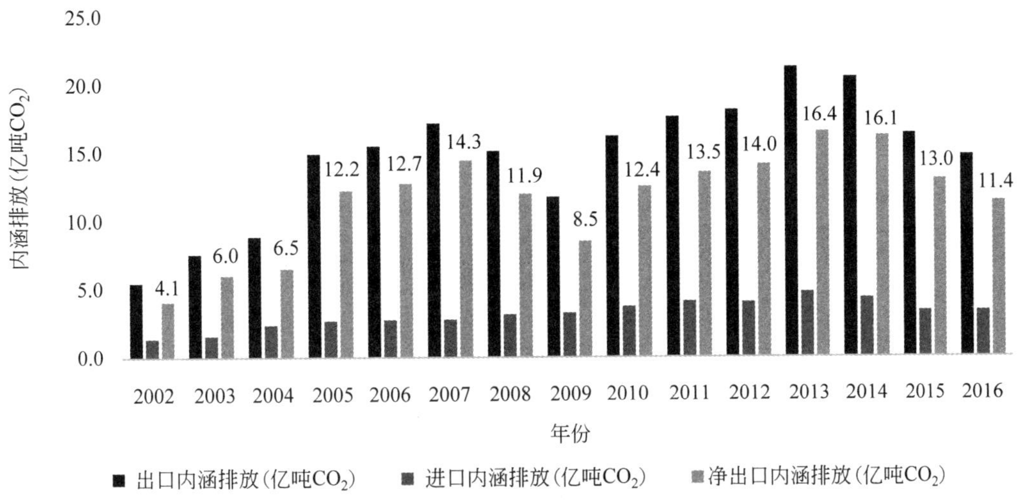

图 10-8　我国近年来净出口产品内涵排放

表 10-3　我国近年来净出口产品内涵排放及占比

年份	净出口内涵排放（亿吨）	总排放（亿吨）	占比（%）
2002	4.06	38.2	10.63
2003	5.97	44.9	13.30
2004	6.45	52.4	12.32
2005	12.16	59.9	20.30
2006	12.67	65.6	19.31
2007	14.35	71.2	20.14
2008	11.93	72.5	16.45
2009	8.45	75.9	11.13
2010	12.44	80.2	15.51
2011	13.46	87.0	15.48
2012	14.03	88.8	15.80
2013	16.42	91.3	17.99
2014	16.13	91.8	17.58
2015	12.95	91.4	14.17
2016	11.38	91.1	12.49

四、我国消费和投资导致的碳排放

比较近些年来，我国投资和消费排放的变化情况可以看到，“十一五”和“十二五”期间，我国由于投资导致的排放增长迅速，2012 年占比全国排放接近 50%，出口内涵排放占比在经历一定的增长后，也缓慢下降，消费排放的占比则是先下降后上升，目前占比超过 1/3。2015 年投资排放占比缓慢增加，消费排放占比有所提高，具体如图 10-9 和图 10-10 所示，图 10-9 中从里侧到外侧分别是 2002 年、2005 年，2007 年、2012 年和 2015 年的数据。

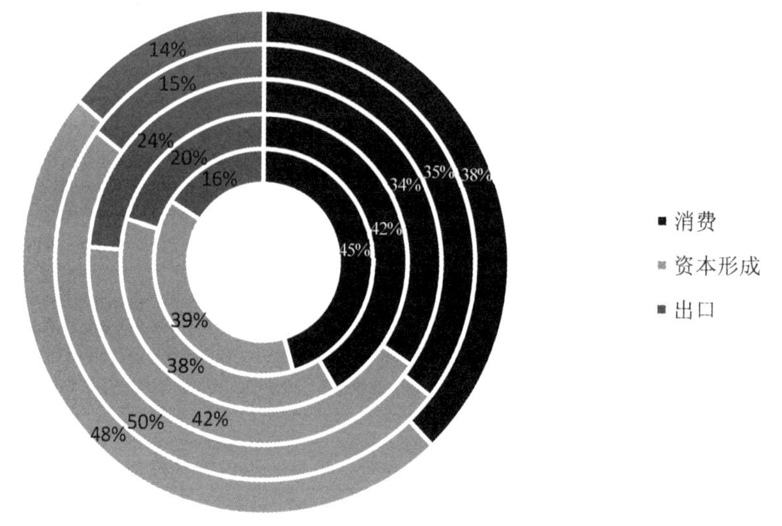

图 10-9 消费、资本形成及出口导致的碳排放占比变化

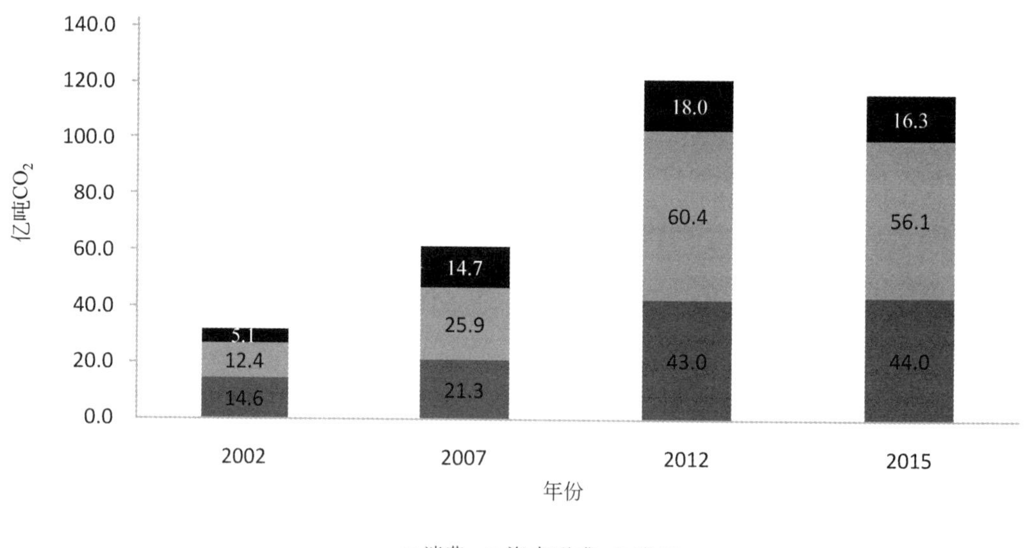

图 10-10 我国消费、资本形成及出口导致的碳排放

五、我国出口产品内涵增加值能源强度

我们对出口产品内涵增加值能耗水平与单位 GDP 的能耗水平进行了比较，结果显示，出口产品内涵增加值能耗水平高于单位 GDP 的能耗水平，但是低于工业增加值的能耗水

平，同时我国出口产品增加值占 GDP 的比重持续下降（见图 10-11）。

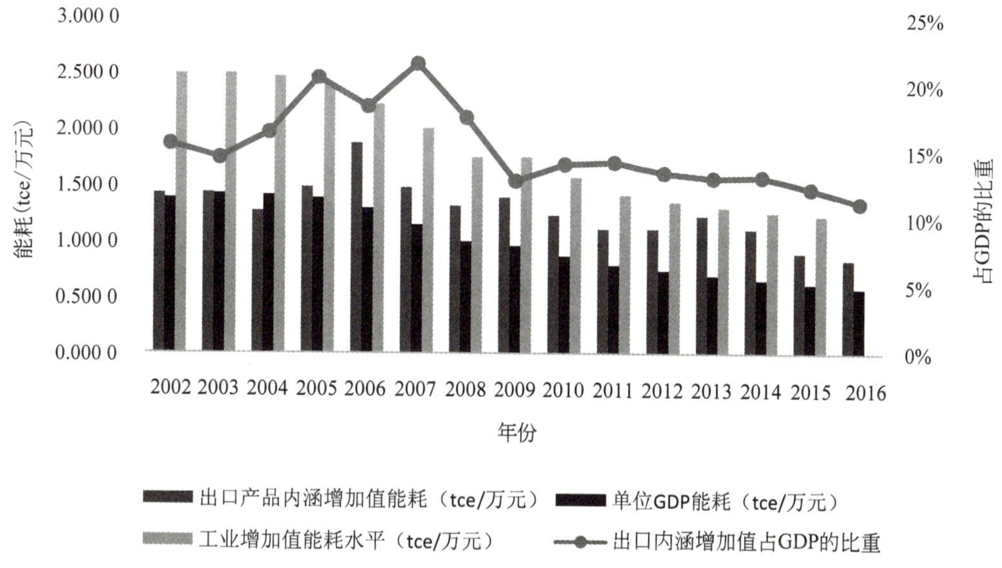

图 10-11　我国出口产品内涵增加值能耗、工业增加值能耗和单位 GDP 能耗

六、结论与启示

1. 气候变化问题给我国外贸进出口政策调整带来了机遇

由于我国规模庞大的外贸出口量和温室气体排放的潜在增长规模，在今后一段时间内，我国将不可避免地成为贸易和气候变化讨论中的焦点，这是对我国未来经济贸易又快又好发展的重要挑战。中国正在经历经济增长方式的重大变革，政府决心改变过去依赖资源大量投入驱动的经济增长模式，提出从"需求侧"和"供给侧"两个方面来共同促进中国经济增长向价值创造型的可持续发展方式的转型。

进出口贸易都有效促进了中国经济的快速增长，对调节国内消费需求和投资需求关系的失衡起到了一定的积极作用。中国在从国外进口大量能源商品的同时，也在生产非能源出口商品的过程中消耗了大量能源，因此中国的隐性能源出口显著大于隐性能源进口。我国需要进一步制定促进加工贸易转型升级的中长期发展规划，同时延伸加工贸易产业链，调整产业结构，促进加工贸易转型升级，并发挥政府部门管理效能，转变管理方式，着力引导加工贸易转型升级，淘汰落后产能，大力控制出口产品内涵排放。

2. 继续调控能源密集型行业的出口产品结构，尽早实现进出口内涵排放的平衡

改革开放和加入 WTO 以来，我国的进出口贸易飞速增长，总体呈现贸易顺差及贸易结构失衡的状态。进口产品中工业制成品比重呈波动性的下降趋势，由最初的 80% 下降到 70% 左右，初级产品比重呈波动上升的变化趋势，由最初的 20% 上升到 30% 左右。进口产

品的变化趋势显示，随着工业化进程的推进，国内投资积累的生产能力基本满足国内消费需求之后，长期积累的投资需求产生了大量的生产能力，使进口中初级产品的投入也大量增加，致使工业制成品比例快速下降。

未来实现碳排放提前达峰的措施之一是循序调整我国对外贸易政策，加强对能源密集型行业的调控，对石油及核燃料加工业、炼焦业、建材行业、基础化学原料制造业等出口远大于进口的能源密集型行业加强节能控制，对炼焦业等严重污染环境的行业应严格限制出口，打击生产方式落后、污染严重的非法企业。有色金属行业的进口大于出口，内涵能源出口总量不大，但是其单位产品的电力消耗系数较高，而且近年来出口增长较快，为确保国内的电力供应，政府仍有必要对其予以合理调控。合成材料制造业和塑料制品业的需求上升很快，进口远大于出口，随着该行业向中国转移，中国的内涵能源/排放出口将会进一步上升，政府应对此予以合理限制。

扩大进口政策与稳定出口政策相互结合，努力促进国际收支平衡，减少贸易顺差，扩大进口的重点主要包括积极扩大各种资源类初级产品的进口，扩大高新技术引进力度和鼓励外资在中国进行研发，同时随着居民消费潜力的进一步释放与升级，需要适度增加工业制成品的进口，进一步调整进口产品的结构，缩小出口产品和进口产品内涵排放的差距，尽早实现我国进出口产品内涵排放之间的平衡。

3. 抑制国内大规模的投资，鼓励国内消费的升级

当前我国在经济新常态下深化改革、转换发展的动力及转变经济增长的方式，将改善人民日益增长的生活需求作为我国新时期的重要任务。目前最终消费对工业和服务业的需求都比较明显，而投资和出口则更加依靠工业的发展，因此我国经济发展方式的转变将有助于实现减排。从当前改革的趋势来看，投资增速的快速下降已经开始对产业结构产生影响，但中国未来需要进一步加速最终消费的增长以弥补投资下降所带来的需求不足，并鼓励服务业需求的发展。伴随着中国城镇居民消费结构由工业消费品主导型向服务业消费品主导型转变和农村居民消费结构向工业消费品主导型转变，国内投资需求也逐渐由第二产业转向第三产业。

消费观念的转变及新的消费增长点也是使消费持续拉动经济的重要方面，包括目前网络消费观念的变化，使网络消费的人群不断扩大，增强了对整个消费的拉动，企业也积极转变经营理念，不断开发新的消费产品、拓展新的消费领域及挖掘新的消费潜力。此外，保持消费增长的一个重要条件是居民收入的增长。不能简单地以居民财产性收入的增长来衡量居民收入水平，需要提高居民的实际购买力，这是消费能否持续发力的重要条件之一。

本章参考文献

[1] BARRETT J, PETERS G, WIEDMANN T, et al. Consumption-based GHG emission accounting: a UK case study[J]. Climate Policy, 2013, 13(4): 451-470.

[2] KANEMOTO K, LENZEN M, PETERS G P, et al. Frameworks for Comparing Emissions Associated with Production, Consumption, and International Trade[J]. Environmental Science & Technology, 2012, 46(1): 172-179.

[3] TURNER K, LENZEN M, WIEDMANN T, et al. Examining the global environmental impact of regional consumption activities—Part 1: A technical note on combining input-output and ecological footprint analysis[J]. Ecological Economics, 2007, 62(1): 37-44.

[4] CRUZ L, BARATA E. Economic 'Responsibility' for CO_2 emissions[C]. International Input-Output Meeting on Managing the Environment. Seville, Spain, 2008.

[5] LIMMEECHOKCHAI B, SUKSUNTORNSIRI P. Embedded energy and total greenhouse gas emissions in final consumptions within Thailand[J]. Renewable and Sustainable Energy Reviews, 2007, 11: 259-281.

[6] SANTACANA M, PON J, PON D, et al. Greenhouse gas emissions from a consumption perspective in a global economy—opportunities for the Mediterranean region: Sustainable Consumption and Production in the Mediterranean[J]. Annual Technical Publication, 2008, 7: 101-112.

[7] SERRANO M, DIETZENBACHER E. Responsibility and trade emission balances: two approaches for the same concept? [C]. International Input-Output Meeting on Managing the Environment. Seville, Spain, 2008.

[8] TUNC G I, AKBOSTANCI S T. CO_2 emissions vs. CO_2 responsibility: An input-output approach for the Turkish economy[J]. Energy Policy, 2007, 35(2): 855-868.

[9] PETERS G P, MINX J C, WEBER C L, et al. Growth in emission transfers via international trade from 1990 to 2008[J]. Proceedings of the National Academy of Sciences of the United States of America, 2011, 108(21): 8903-8908.

[10] WIEDMANN T O, LENZEN M, BARRETT J R. Companies on the scale comparing and benchmarking the sustainability performance of businesses[J]. Journal of Industrial Ecology, 2009, 13(3): 361-383.

[11] WIEDMANN T, BARRETT J. Policy-relevant applications of environmentally extended MRIO databases—experiences from the UK[J]. Economic Systems Research, 2013, 25(1): 143-156.

[12] COMMON M S, SALMA U. Accounting for changes in Australian carbon dioxide emissions[J]. Energy Economics, 1992, 14(3): 217-225.

[13] MAENPAA I, SIIKAVIRTA H. Greenhouse gases embodied in the international trade and final consumption of Finland: an input-output analysis[J]. Energy Policy, 2007, 35(1): 128-143.

[14] MAYER H. Environmental impacts of household consumption in Germany 1995-2005 [C]. International Input-Output Meeting on Managing the Environment. Seville, Spain, 2008.

[15] MINX J, SCOTT K, PETERS G, et al. An analysis of Sweden's carbon footprint—a report to WWF Sweden[R]. Stockholm, Sweden, 2008.

[16] PAPATHANASOPOULOU E, JACKSON T. Fossil resource trade balances: emerging trends for the UK[J]. Ecological Economics, 2008, 66(2-3): 492-505.

[17] SISSOKO A A, VANDILLE G. Quantifying environmental leakage for Belgium[C]. International Input-Output Meeting on Managing the Environment. Seville, Spain, 2008.

[18] TOLMASQUIM M T, MACHADO G. Energy and Carbon Embodied in the International Trade of Brazil[J]. Mitigation and Adaptation Strategies for Global Change, 2003, 8(2): 139-155.

[19] HOEKSTRA R. Towards a complete database of peer-reviewed articles on environmnetally extended input-output analysis [C]. the 18th International Input-Output Conference. Sydney, Australia, 2010.

[20] DIETZENBACHER E, MUKHOPADHYAY K. An empirical examination of the pollution haven hypothesis for India: towards a green Leontief paradox? [J]. Environmental and Resource Economics, 2007, 36(4): 427-449.

[21] GHERTNER D A, FRIPP M. Trading away damage: quantifying environmental leakage through consumption-based, life-cycle analysis[J]. Ecological Economics, 2007, 63 (2-3): 563-577.

[22] GUAN D, HUBACEK K, WEBER C L, et al. The drivers of Chinese CO_2 emissions from 1980 to 2030[J]. Global Environmental Change, 2008, 18(4): 626-634.

[23] GUAN D, PETERS G P, WEBER C L, et al. Journey to world top emitter: an analysis of the driving forces of China's recent CO_2 emissions surge[J]. Geophysical Research Letters, 2009,36.

[24] ALCáNTARA V, PADILLA E. Input-output subsystems and pollution: an application to the service sector and CO_2 emissions in Spain[J]. Ecological Economics, 2009, 68(3): 905-914.

[25] ANDREW R, FORGIE V. A three-perspective view of greenhouse gas emission responsibilities in New Zealand[J]. Ecological Economics, 2008, 68(1-2): 194-204.

[26] LI Y, HEWITT C N. The effect of trade between China and the UK on national and global carbon dioxide emissions[J]. Energy Policy, 2008, 36(6): 1907-1914.

[27] MCGREGOR P G, SWALES J K. The CO_2 'trade balance' between Scotland and the rest of the UK: performing a multi-region environmental input-output analysis with limited data[J]. Ecological Economics, 2008, 66(4): 662-673.

[28] WILTING H C, HOEKSTRA R, SCHENAU S. Emissions and trade: a structural decomposition analysis for the Netherlands[C]. The Intermediate International Input-Output Conference of the

International Input-Output Association. Sendai, Japan, 2006.

[29] YU Y, HUBACEK K, GUAN D, et al. Construction and application of regional input-output models: assessing water consumption in South East and North East of England[C]. 16th International Input-Output Conference of the International Input-Output Association (IIOA). Istanbul, Turkey, 2007.

[30] PETERS G P. From production-based to consumption-based national emission inventories[J]. Ecological Economics, 2008, 65(1): 13-23.

[31] PETERS G P, HERTWICH E G. Pollution embodied in trade: The Norwegian case[J]. Global Environmental Change, 2006, 16: 379-387.

[32] PETERS G P, HERTWICH E G. The importance of imports for household environmental impacts [J]. Journal of Industrial Ecology, 2006, 10(3): 89-109.

[33] PETERS G P, HERTWICH E G. Structural analysis of international trade: Environmental impacts of Norway[J]. Economic Systems Research, 2006, 18(2): 155-181.

[34] SU B, ANG B W. Multi-region input-output analysis of CO_2 emissions embodied in trade: the feedback effects[J]. Ecological Economics, 2011, 71: 42-53.

[35] 陈迎，潘家华，谢来辉. 中国外贸进出口商品中的内涵能源及其政策含义[J]. 经济研究，2008(7): 11-25.

[36] AHMAD N, WYCKOFF A W. Carbon dioxide emissions embodied in international trade of goods [J]. STI Working Paper DSTI/DOC(2003)15. Paris, France: Organisation for Economic Co-operation and Development(OECD), 2003.

[37] WANG T, WATSON J. Who owns China's carbon emissions? [J]. Tyndall Briefing Note, 2007, 23: 1-7.

[38] PETERS G P. Opportunities and challenges for environmental MRIO modeling: illustrations with GTAP database[C]. 16th International Input-Output Conference of the International Input-Output Association (IIOA) 7. Istanbul, Turkey, 2007.

[39] DAVIS S J, CALDEIRA K. Consumption-based accounting of CO_2 emissions[J]. Proceedings of the National Academy of Sciences of the United States of America. 2010, 107(12): 5687-5692.

[40] MI Z F, MENG J, GREEN F, COFFMAN D M, GUAN D B. China's "Exported Carbon" Peak: Patterns, Drivers, and Implications[J]. Geophysical Research Letters, 2018, 45 (doi: 10.1029/2018GL077915).

第十一章

中日韩碳市场测量报告核查系统的对比分析

第一节　中日韩碳市场 MRV

一、发展概述

第 20 次中日韩环境部长会议于 2018 年 6 月 23～24 日在中国苏州举行，中国生态环境部部长李干杰、日本环境省大臣中川雅治、韩国环境部部长金恩京分别率团出席会议。三国就环境合作达成三点共识：一是应全面落实三国领导人会议精神和倡议，推动合作更加聚焦和务实；二是应更加关注区域和全球环境议题，在落实 2030 年可持续发展议程、推动气候变化《巴黎协定》实施、筹办生物多样性公约第 15 次缔约方大会等方面加强交流与合作；三是应创新"中日韩＋"环境合作模式，与更多国家分享三国环境合作的经验和成果，共同推动区域可持续发展。

当前中国需要寻求一条经济社会可持续发展与环境保护、应对全球气候变化协同双赢的路径。这条路径中最重要的举措就是减少能源消耗和降低碳排放，这既是我国气候变化的战略选择，也是减排污染物的关键所在，因为二氧化碳的排放和常规大气污染物的排放大体是"同根同源"——煤炭和石油消费不仅带来温室气体，其产生的污染物也是造成 PM2.5 和雾霾天气的主要原因。

从包括日本在内的一些发达国家的减排经验来看，大气污染物与温室气体的减排有一定的协同性。大气污染治理要从产业结构、能源结构和交通结构的调整入手，而这些调整都会带来温室气体的减排。从协同效应来看，大气污染物与温室气体的减排是相辅相成的。日本经过长时间的治理，PM2.5 污染已经得到控制，但臭氧污染的控制仍是令人头疼的问题。日本科学家也已经证实，臭氧等污染物的减排与温室气体的控制有一定的协同性，所以也制定了甲烷等温室气体的减排目标以促进臭氧等物质的削减。其中，"中日污染减排与协同效应研究示范项目"的主要目的是将解决国内的环境污染问题与解决全球的气候变化问题结合起来，为有效协调国内环境保护政策与气候变化政策提供决策参考。

因此，大气污染和温室气体协同减排是中日韩当前面临的共同挑战，希望未来中日韩三国能深入合作、联合研究。

而碳市场是应对气候变化、减少碳排放的重要手段，正在世界越来越多的国家得到应用。目前全球范围内共有 21 个区域碳市场正在运行，覆盖了 51 个国家、州和省，全球碳排放总量的 15%和世界经济总量的 50%。此外，世界上还有多个国家或地区的碳市场正在筹建之中，并且有区域碳市场之间实现了正式链接，或者正在考虑进行链接。而中日韩三国均已启动了全国或区域碳排放权交易市场，三国碳市场的链接有一定的现实基础。

为交流分享碳交易中碳定价机制的经验及未来的发展趋势，谋求中日韩三国在碳定价领域的合作，相互借鉴，共同发展，2016 年中日韩三国建立了碳定价联合研究机制，由三国的主管部门和主要支撑机构共同参与，9 月 13～14 日在北京举行了首届“中日韩碳定价机制”研讨会。

东北亚碳市场链接研究项目旨在对东北亚碳市场链接展开前期的研究，从而推进中日韩三国碳定价机制工作，而中日韩三国碳市场的 MRV 系统比较分析作为研究东北亚碳市场链接的基础研究之一，有着非常重要的意义。

二、碳市场中的 MRV

（一）MRV 的定义和作用

MRV 是针对温室气体排放可测量、可报告、可核查的体系。可测量性要求明确测量的对象、方式及认知测量的局限性，即根据已建立的标准，尽可能地以准确、客观的概念描述政策、行动或措施的减排效果。可报告性涵盖报告的主体、内容、方式、周期等。可核查性是指能够通过协商一致的方式对政策、行动或措施的减排效果进行国内和国际核实。

具体而言，测量主要包括对温室气体排放的监测计划，涉及监测方法、监测设备、监测周期等；报告的内容包括：排放主体基本信息、温室气体排放量、活动水平数据、排放因子等；核查是由第三方核查机构按照相关要求与规范对具体减排行动或减排效果进行独立检查和判断。原则上，不论是定性的还是定量的信息都可以被核查。可核查性的核心内容是核查主体和核查条件，核查主体有自我核查和第三方核查，核查条件则取决于信息的来源和类型，可核查性和可测量性一样，可以通过直接的观察或间接的引导完成。

气候变化背景下的 MRV 体系要求以特定的标准进行测量，以公开和标准化的方式报告，并且保证该信息的准确性和可靠性可以被比较和核实。排放主体根据自身测量结果，按照相关核算指南编写温室气体排放报告并提交主管部门，第三方核查机构按照相关核算指南对排放报告进行独立检查与判断。

（二）MRV 的整体流程

MRV 每年的工作（假设周期为一年）大致可分为以下几步：①排放企业根据管理机构的要求和自己提交的年度监测计划，开展为期一年的排放监测工作；②排放企业在每年规定的时间节点前向管理机构报告上一年度的排放情况，提交年度排放报告；③由独立的第三方核查机构对排放报告进行核查，并在规定的时间节点前出具核查报告；④管理机构对排放报告和核查报告进行审定，在规定的时间节点前确定企业上一年度的排放量；⑤排放企业在每年年底提交下一年度的排放监测计划，作为下一年度实施排放监测的依据，然后重复第一步的工作。

（三）MRV 的相互关系

从根本上讲，MRV 就是数据收集、整理和汇总的实践。只有健全的 MRV 机制才能确保温室气体排放数据的准确性和可靠性。MRV 机制至少包括温室气体排放核算与报告指南、第三方核查体系、MRV 的流程、违规处罚等。

管理机构颁布的各项法规制度是 MRV 体系的法律基础和制度基础。企业依据相关法规的温室气体排放数据监测（M）是后续进行温室气体排放报告（R）的前提。企业的温室气体排放数据监测和报告又是第三方机构进行核查工作（V）的基础，同时核查工作的开展也可以帮助企业完善和改进自身的温室气体排放数据监测和报告。这三个方面相互支撑，是相辅相成、缺一不可的。

三、MRV 系统的实施情况

（一）中国碳市场的 MRV 系统

1. 国家碳市场

在中国国家碳市场建设过程中，最核心的问题是如何量化和核算排放量，如果企业对核算方法、报告体系、核查标准理解有误，造成排放数据偏差，产生的不仅是信誉缺失，而且意味着真金白银的损失，所以对各行业《核算指南》应该有准确且深入的认识。国家发改委发布了三批共 24 个重点行业温室气体核算方法与报告指南。虽然归属不同的行业，但是不同的核算指南具有一定的共性，主要体现在每个重点行业均包含了适用范围、引用文件与参考文献、术语与定义、核算边界、核算方法、质量保证与文件存档、报告内容与格式规范 7 部分内容。

2016 年 1 月，国家发改委印发了《关于切实做好全国碳排放权交易市场启动重点工作的通知》(57 号文)，旨在进一步推进全国碳排放权交易市场的建设。通知指出：对于首批纳入全国碳市场的企业，除了按照相应行业核算与报告指南完成报告内容外，还需要按照 57 号文附件 3《全国碳排放权交易企业碳排放补充数据核算报告模板》的要求，同时核算并报告上述指南中未涉及的其他相关基础数据。

2017 年 12 月 4 日，国家发改委印发了《关于做好 2016、2017 年度碳排放报告与核查及排放监测计划制定工作的通知》(发改办气候〔2017〕1989 号)，组织开展 2016 和 2017 年度碳排放数据报告与核查及排放监测计划制订有关的工作。

2017 年 12 月 18 日，国家发改委印发了《全国碳排放权交易市场建设方案（发电行业）》（发改气候规〔2017〕2191 号）的通知。次日，国家级碳市场正式启动，首批只纳入发电行业，目前中国国家级碳市场还处于建设初期。

2. 各省市试点碳市场

从 2013 年起，我国共建立了深圳、上海、北京、广东、天津、湖北、重庆、福建 8 个地方性碳市场，各地根据本地实际制定了本地区的 MRV 体系，如表 11-1 所示。

各试点地区 MRV 体系略有不同：湖北或福建管控对象为排放设施或法人单位，其他试点地区均为法人单位；深圳、重庆和福建未要求提交监测计划；湖北和福建未开发本地区核算指南，直接采用了国家核算指南；除天津外，其他试点地区均建立了自己的报告系统；北京和深圳采用企业自主选择核查机构的方式，其他试点地区为政府分配方式。

表 11-1　试点地区 MRV 体系

试点	管控对象	监测计划	核算指南	气体种类	报告系统	核查机构
深圳	法人单位	无	深圳市指南	全部/CO_2	有	企业自主选择
上海	法人单位	有	上海市指南	CO_2/ CO_2	有	政府分配
北京	法人单位	有	北京市指南	CO_2/ CO_2	有	企业自主选择
广东	法人单位	有	广东省指南	CO_2/ CO_2	有	政府分配
天津	法人单位	有	天津市指南	CO_2/ CO_2	无	政府分配
湖北	排放设施或法人单位	有	国家指南	全部/ CO_2	有	政府分配
重庆	法人单位	无	重庆市指南	全部/ CO_2	有	政府分配
福建	排放设施或法人单位	无	国家指南	全部/ CO_2	有	政府分配

（二）日本碳市场的 MRV 系统

1. JVETS 碳市场

日本环境省于 2005 年推出 JVETS(Japan Voluntary Emission Trading Scheme)，这是一个基于自愿参与、总量控制的碳排放交易市场，设置了灵活的参与方式。

JVETS 的参与者为企业，核算标准参照 ISO14064；约有 20 家备案核查机构，并参照 ISO14065 进行管理。

从 2005 年开始到 2012 年结束，共运行了 7 年，有 389 个企业参与，实现减排 59 419 吨二氧化碳。在自愿机制下，JVETS 的市场参与度不高，交易数量和频次较低，交易价格也逐年降低，所取得的减排成果极为有限。

2012 年，由于自愿参与向强制减排过渡的方案未能获得批准，日本建立全国强制排放交易市场的计划暂被搁置，迄今仍未重新启动。

2. 东京都 ETS

2010 年，世界上第一个城市级的强制排放交易体系在东京构建，涉及工业和建筑领域。2011 年，埼玉县建立了碳排放权交易体系，主要是对东京都 ETS 的复制，目前东京都和埼玉县碳排放权交易体系已实现链接。

东京都 ETS 施行总量控制模式，纳入对象为连续 3 年能耗超过 1500kL 原油当量的建筑或设施，燃料、电力和热力消耗排放的 CO_2 需要进行减排，其他类型 CO_2 排放和其他种类温室气体排放仅需进行汇报，配额分配采用祖父法，以免费分配为主，并建立了严格的监控、报告、认证机制。

东京都 ETS 取得了显著的减排成果，参与实体的履约率高，但碳排放市场仍然缺乏交易，这与企业主要通过节能措施实现减排目标、ETS 机制设计上不鼓励交易等因素有直接关系。

（三）韩国碳市场的 MRV 系统

为积极应对气候变化、建立绿色低碳增长模式，2008 年韩国开始制定了《低碳、绿色增长基本法》(以下简称基本法)。基本法是韩国有关能源和气候变化的最高法案。该法案于 2010 年 4 月获得批准实施，主要内容包括制定绿色增长国家战略、绿色经济产业、气候变化、能源等项目及各机构、各单位具体的实行计划；还包括实行气候变化和能源目标管理制度、设定温室气体中长期的减排目标、构筑温室气体综合信息管理体制及建立韩国碳排放权交易体系(KETS)。KETS 第一阶段于 2015 年 1 月正式启动，涉及电力、工业、建筑、交通、航空、废弃物等领域。

KETS 初始纳入对象为年排放量超过 125 000 吨 CO_2 的企业，或年排放量超过 25 000 吨 CO_2 的设施，覆盖全部 6 种温室气体。

在第一阶段，配额分配以祖父法为主，仅在水泥熟料、炼油、航空部门使用基准线法，且全部为免费分配。建立了 MRV 机制，并在逐步扩充核查机构与核查员。

第二节　碳排放数据监测体系(M)

一、中国碳市场数据监测

（一）碳排放核算范围

报告主体应以独立法人企业或视同法人的独立核算单位为企业边界，核算和报告在运营上受其控制的所有生产设施或业务产生的温室气体排放。设施范围包括主要生产系统、辅助生产系统及直接为生产服务的附属生产系统等，具体以各行业《核算指南》为准。

根据《碳排放权交易管理条例》的规定，全国碳市场建立后，监测的温室气体种类共有7种，包括 NF_3 和6种主要温室气体——二氧化碳(CO_2)、甲烷(CH_4)、氧化亚氮(N_2O)、氢氟碳化物(HFCs)、全氟碳化物(PFCs)、六氟化硫(SF_6)。

由于行业的特殊性，不同行业主要核算的温室气体种类和排放源具有一定的差异性。但某些行业具有特殊的边界识别及温室气体排放，如化工行业需要核算 CO_2 与 N_2O 排放，造纸行业需要核算 CO_2 和 CH_4 排放，具体见表11-2。

表11-2　24个重点行业核算气体与排放源类别汇总

行业	报告主体	核算气体	排放源类别
石油化工	具有温室气体排放行为并应核算和报告的法人企业或视同法人的独立核算单位	CO_2	化石燃料燃烧 CO_2 排放、火炬燃烧 CO_2 排放、工业生产过程 CO_2 排放、CO_2 回收利用量、净购入电力和热力隐含的 CO_2 排放
化工		CO_2、N_2O	燃料燃烧排放、工业生产过程排放、CO_2 回收利用、净购入电力和热力隐含的 CO_2 排放、其他温室气体排放
水泥		CO_2	燃料燃烧排放、替代燃料和协同处置的废弃物中非生物质碳的燃烧、原料碳酸盐分解、生料中非燃料碳排放、净购入电力和热力隐含的 CO_2 排放、其他产品生产排放
平板玻璃		CO_2	化石燃料燃烧排放、工业生产过程排放、净购入电力和热力隐含的 CO_2 排放
钢铁		CO_2	燃料燃烧排放、工业生产过程排放、净购入电力和热力隐含的 CO_2 排放、固碳产品隐含的二氧化碳排放
电解铝		CO_2、PFCs	燃料燃烧排放、能源作为原材料用途的排放、工业生产过程排放、净购入电力和热力隐含的 CO_2 排放
其他有色金属冶炼和压延加工		CO_2	化石燃料燃烧排放、过程排放、能源作为原材料用途排放、净购入电力和热力隐含的 CO_2 排放
造纸和纸制品		CO_2、CH_4	化石燃料燃烧排放、过程排放、废水厌氧处理排放、净购入电力和热力隐含的 CO_2 排放
发电		CO_2	化石燃料燃烧排放、脱硫过程排放、净购入电力隐含的 CO_2 排放
电网		CO_2、SF_6	使用六氟化硫的设备的修理和退役过程产生的排放、输配电损失引起的排放
民用航空		CO_2	燃料燃烧排放、净购入电力和热力隐含的 CO_2 排放
独立焦化企业		CO_2	化石燃料燃烧、工业生产过程 CO_2 排放、CO_2 回收利用、净购入电力和热力隐含的 CO_2 排放
工业其他行业		CO_2、CH_4	化石燃料燃烧、碳酸盐使用过程 CO_2 排放、工业废水厌氧处理 CH_4 排放、CH_4 回收与销毁量、CO_2 回收利用、净购入电力和热力隐含的 CO_2 排放
矿山企业		CO_2	燃料燃烧 CO_2 排放、碳酸盐分解的 CO_2 排放、碳化工艺吸收的 CO_2 量、净购入电力和热力隐含的 CO_2 排放
煤炭生产		CO_2、CH_4	燃料燃烧 CO_2 排放、火炬燃烧 CO_2 排放、CH_4 和 CO_2 逃逸排放、净购入电力和热力隐含的 CO_2 排放

续表

行业	报告主体	核算气体	排放源类别
镁冶炼	具有温室气体排放行为并应核算和报告的法人企业或视同法人的独立核算单位	CO_2	燃料燃烧排放、能源作为原材料用途的排放、工业生产过程排放、净购入电力和热力隐含的 CO_2 排放
石油、天然气		CO_2、CH_4	燃料燃烧 CO_2 排放、火炬燃烧 CO_2 和 CH_4 排放、工艺放空 CO_2 和 CH_4 排放、CH_4 逃逸排放、CH_4 回收利用量、CO_2 回收利用量、净购入电力和热力隐含的 CO_2 排放
食品、烟草及酒、饮料和精制茶企业		CO_2、CH_4	化石燃料燃烧排放、工业生产过程排放、废水厌氧处理排放 CH_4、净购入电力和热力隐含的 CO_2 排放
陶瓷生产企业		CO_2	化石燃料燃烧排放、工业生产过程排放、净购入电力隐含的 CO_2 排放
电子设备制造企业		CO_2、HFCs、NF_3、SF_6、PFCs	燃料燃烧排放、工业生产过程排放、净购入电力和热力隐含的 CO_2 排放
氟化工企业		CO_2、HFCs、SF_6、PFCs	化石燃料燃烧 CO_2 排放、HCFC-22 生产过程 HFC-23 排放、销毁的 HFC-23 转化的 CO_2 排放、HFCs/PFCs/SF_6 生产过程的副产物及逃逸排放、净购入电力和热力隐含的 CO_2 排放
机械设备制造		CO_2、HFCs、SF_6、PFCs	化石燃料燃烧排放、工业生产过程排放、净购入电力和热力隐含的 CO_2 排放
公共建筑运行		CO_2	固定燃烧源的燃烧排放、移动燃烧源的燃烧排放、购入电力和热力隐含的 CO_2 排放
路上交通运输企业		CO_2、CH_4、N_2O	燃料燃烧产生 CO_2、CH_4 和 N_2O 排放，尾气净化过程产生的 CO_2 排放、净购入电力和热力隐含 CO_2 排放

（二）碳排放核算方法

不同行业报告主体进行温室气体排放核算的完整工作流程均包含：确定核算边界；识别排放源；收集活动水平数据；选择和获取排放因子数据；分别计算各排放源的温室气体排放量；汇总计算企业温室气体排放量。

在企业核算边界范围内，涉及的主要排放类型如下所述。

（1）化石燃料燃烧排放。化石燃料燃烧产生的排放量主要取决于活动水平数据和排放因子，计算公式为式(11-1)。活动水平数据由化石燃料消耗量与燃料的平均低位发热量相乘得到，排放因子由化石燃料的单位热值含碳量、碳氧化率及二氧化碳与碳的摩尔质量比相乘得到。

$$E_{燃烧} = \sum_{i=1}^{n}(\mathrm{AD}_i \times \mathrm{EF}_i) \tag{11-1}$$

其中：

$E_{燃烧}$——核算和报告年度内化石燃料燃烧产生的二氧化碳排放量，单位为吨二氧化碳（t CO_2）；

AD_i——核算和报告年度内第 i 种化石燃料的活动数据，单位为吉焦(GJ)；

EF_i——第 i 种化石燃料的二氧化碳排放因子，单位为吨二氧化碳每吉焦(t CO_2 /GJ)；

i——化石燃料类型代号。

(2) 工业过程排放。虽然各行业(航空除外)工业生产过程排放涉及种类繁多，如发电企业脱硫过程排放、镁冶炼企业能源作为原材料的排放、电解铝企业阳极效应排放、化工企业过程排放等，但核算方法主要分为排放因子法和碳平衡法两类。排放因子法通过活动水平与排放因子相乘得到。对于碳平衡法，通过输入原料与输出产品及废弃物中含碳量之差，并乘以二氧化碳与碳的摩尔质量得到。

(3) 废弃物处理排放。纸浆造纸企业与食品、烟草及酒、饮料和精制茶企业生产过程中采用厌氧技术处理高浓度有机废水时产生甲烷排放，该部分甲烷排放乘以相应的全球变暖潜势(GWP)即得到该部分产生的排放。

(4) 净购入电力与热力排放。净购入电力与热力引起的排放的计算主要取决于电力消费量和热力消费量及相应的排放因子，需要注意的是电力消费量和热力消费量以净购入电力和热量为准。

净购入电力按式(11-2)计算：

$$E_{购入电} = AD_{购入电} \times EF_{电} \tag{11-2}$$

其中：

$E_{购入电}$——报告主体购入电力产生的二氧化碳排放量，单位为吨二氧化碳(t CO_2)；

$AD_{购入电}$——报告主体核算期内的购入电力，单位为兆瓦时(MWh)；

$EF_{电}$——电网供电排放因子，单位为吨二氧化碳每兆瓦时(t CO_2 /MWh)。

净购入热力按式(11-3)计算：

$$E_{购入热} = AD_{购入热} \times EF_{热} \tag{11-3}$$

其中：

$E_{购入热}$——报告主体购入热力产生的二氧化碳排放量，单位为吨二氧化碳(t CO_2)；

$AD_{购入热}$——报告主体核算期内的购入热力，单位为吉焦(GJ)；

$EF_{热}$——热力供应排放因子，单位为吨二氧化碳每吉焦(t CO_2 /GJ)。

(5) CO_2 回收利用。部分行业存在 CO_2 回收利用，如化工行业。由于该部分二氧化碳排放未直接排放到大气中，核算时该部分排放应该扣除掉，具体计算时应由企业边界回收且外供的 CO_2 气体体积、气体纯度及 CO_2 气体密度相乘得到。

(三) 碳排放核算补充数据表

国家发改委印发了《关于切实做好全国碳排放权交易市场启动重点工作的通知》，推进全国碳排放权交易市场的建设。通知指出：结合经济体制改革和生态文明体制改革总体要求,以控制温室气体排放、实现低碳发展为导向,充分发挥市场机制在温室气体排放资源配置中的决定性作用,国家、地方和企业上下联动,协同推进全国碳排放权交易市场建设。

为了配额分配需要,该通知提供了补充数据表格,补充核算并报告在核算指南中未涉及的其他相关基础数据,为全国碳市场配额分配提供数据支撑。

补充数据表以法人边界或工序边界为核算边界,涵盖的行业详见表 11-3,重点核算历史年度综合能源消耗总量达到 1 万吨标煤以上(含)的企业法人单位或独立核算企业单位。根据《关于进一步规范报送全国碳排放权交易市场启动重点工作的通知》,发电装机之和达 6MW 以上的其他企业自备电厂,同样将按照发电行业核算,并填写发电行业补充数据表。补充数据表主要填写内容涉及排放数据、生产数据及配额相关数据等,但只涉及 CO_2 一种温室气体。

表 11-3 补充数据表涉及行业及代码

行业	行业分类代码	类别名称	行业子类(主营产品统计代码)
石化	2511	原油加工及石油制品制造	原油加工(2501)
化工	261	基础化学原料制造	无机基础化学原料(2601)
			有机化学原料(2602,其中乙烯生产按照石化行业指南执行)
	262	肥料制造	化学肥料(2604)
			有机肥料及微生物肥料(2605)
	263	农药制造	化学农药(2606)
			生物农药及微生物农药(2607)
	265	合成材料制造	合成材料(2613)
建材	3011	水泥制造	水泥熟料(310101)
	3041	平板玻璃制造	平板玻璃(311101)
钢铁	3120	炼钢	粗钢(3206)
	3140	钢压延加工	轧制、锻造钢坯(3207)
			钢材(3208)
有色	3216	铝冶炼	电解铝(3316039900)
	3211	铜冶炼	铜冶炼(3311)
造纸	2211	木竹浆制造	制浆(2201)
	2212	非木竹浆制造	
	2221	机制纸及纸板制造	机制纸和纸板(2202)
电力	4411		纯发电、热电联产
	4420		电网

续表

行业	行业分类代码	类别名称	行业子类(主营产品统计代码)
民航	5611		航空旅客运输
	5612		航空货物运输
	5631		机场

根据补充数据表填写规范,八大行业履约边界与核算边界范围不同,补充数据表只涉及CO_2。不同行业补充数据表填写内容存在差异:发电行业需按照机组数进行填写,钢铁行业则需按照生产工序填写排放量,化工企业不考虑化石能源燃烧部分,只考虑能源作为原材料产生的排放量以及净购入电力、热力排放量等。对于八大行业内的自备电厂在核算排放量时,钢铁、造纸及其他有色(铜冶炼)行业的自备电厂所消耗的化石能源需要核算,同时只需要核算企业的净购入电力和热量,但对于化工、平板玻璃、水泥、石油化工和有色金属(电解铝)企业的自备电厂,补充数据表里化石能源不包括自备电厂化石能源燃烧排放量,但需要核算来自自备电厂供应的电力及热力,补充数据表中被称为消耗电力和热力。如果是八大行业外的自备电厂以及属于八大行业但在18个子行业之外的企业的自备电厂,发电装机之和达6MW以上的,按照发电企业进行核算,具体填写注意事项见表11-4。

表11-4 补充数据表填写主要事项

行业	核算边界	排放类型	电力热力排放因子
钢铁	企业法人	化石燃料燃烧、净购入电力和热力	区域电网排放因子,热力排放因子0.11tCO_2/GJ
造纸	企业法人		
铜冶炼	企业法人		
机场	企业法人		
电网	企业法人	输配电损失	区域电网排放因子
化工(合成氨、甲醇、电石)	分厂或车间	能源作为原材料、消耗电力和热力	加权平均排放因子(根据电力和热力来源不同,加权平均计算)
化工(合成氨、甲醇、电石之外)	分厂或车间	化石燃料燃烧、能源作为原材料、消耗电力和热力	
有色(电解铝)	电解工序	电解工序交流电耗	
平板玻璃	生产线	化石燃料燃烧、消耗电力和热力	
水泥	生产工段	化石燃料燃烧、熟料对应碳酸盐分解、消耗电力和热力	
石油化工	炼厂	化石燃料燃烧、消耗电力和热力	
发电	发电机组	化石燃料、净购入使用电力	区域电网排放因子
航空	航空器	化石燃料燃烧	/

对于补充数据表内容,存在一定的重点与难点。对于"企业综合能耗(万吨标煤)"应以

当量值上报。补充数据表中的“1.1 化石燃料燃烧排放”和“1.2 净购入电力、热力产生的排放”与企业核查报告中的“化石燃料燃烧排放”和“净购入电力、热力产生的排放”相同；但是“1.1 化石燃料燃烧排放”不一定等于各工序排放量之和，因为存在部分工序的输出作为其他工序的燃料。

净购入电力(热力)和消耗电力(热力)两者的范围存在较大差异，主要区别在于：对于八大行业内有些企业存在自备电厂，电力消耗除了购买部分还有自备电厂供电所消耗量，这两部分的总和称为消耗电力，如石油化工企业、化工企业、平板玻璃生产企业、水泥生产企业等，以上行业需要填写消耗电力；钢铁生产企业、造纸和纸制品生产企业等，则只需要填写净购入电力(热力)，即购入电力(热力)减去外供量。

对于电力排放因子根据来源采用加权平均值，其中：电网排放因子选用区域电网平均排放因子，可再生能源、余热发电排放因子为 0。

自备电厂排放因子用排放量/供电量计算得出，如数据不可获得，可采用区域电网平均排放因子。

热力供应排放因子根据来源采用加权平均值，其中：余热回收排放因子为 0；蒸汽锅炉或自备电厂排放因子用排放量/供热量计算，若数据不可得，采用 0.11tCO_2/GJ。

另外，发电行业主营产品信息表中产量指的是供电量；水泥行业在企业碳排放补充数据表中不需要核算窑炉粉尘、旁路粉尘等排放。

（四）碳排放监测计划

中国国家发展改革委办公厅印发《关于做好 2016、2017 年度碳排放报告与核查及排放监测计划制定工作的通知》(发改办气候〔2017〕1989 号)，明确要求纳入范围排放企业按附件 4 要求制订并提交排放监测计划。

排放监测计划包括：监测计划的版本及修订；报告主体描述；核算边界和主要排放设施描述；活动数据和排放因子的确定方式；数据内部质量控制和质量保证相关规定。

当企业的监测计划发生变更时，企业应在变更之日起对温室气体排放监测计划进行修订并重新提交。企业重新提交的温室气体排放监测计划须经核查机构核实，并由发改委批准。若企业将某些参数委托其他机构进行监测时需要辨别该机构是否有政府认可的相关监测资质，以及资质的有效期限。

二、日本碳市场数据监测

（一）碳排放核算范围

在东京都 ETS 碳市场中，具有减排义务对象的温室气体排量中属于能源产生的二氧化碳(伴随燃料、热、电力的使用而排出的二氧化碳)排量，我们称之为“特定温室气体”。只要是特定温室气体排量，就有义务将注册机构的“审定结果”作为附件添加后向东京都提交报告。而若为非能源产生的二氧化碳及除二氧化碳以外的温室气体，则称为“其他气体”，事业所有义务对其排量做到基本掌握及报告。东京都 ETS 碳市场的对象是使用的能源油当量每年达到 1500kL 以上的大规模事业所。这些对象事业所根据不同分类，具有计算（审定）特定温室气体排量及减排的义务。

2005 年《京都议定书》正式生效，同年 5 月日本内阁批准了《京都议定书目标达成计划》，同时按照修订后的《全球气候变暖对策推进法》（1998 年 117 号）（以下简称温对法）的要求，日本政府引入了针对排放大户的“温室气体排放强制计算、报告和披露系统”，并于 2006 年 4 月正式执行。

温室气体排放强制计算、报告、披露系统管制的温室气体共有 7 种，包括 CO_2、CH_4、N_2O、HFCs、PFCs、SF_6、NF_3。满足以下条件的企业和机构必须上报其温室气体排放量：①节能法规定的能源消耗超过 1500kL 原油当量/年的企业、大学、地方政府、运输公司等机构（能源消耗引起的 CO_2 排放）；②员工超过 21 人且所有办公室年排放超过 3000t CO_2 的机构（其他温室气体排放）。

（二）碳排放核算方法

对于受控机构的温室气体排放的计算，机构可选择日本环境省公布的“计算、报告、披露系统温室气体计算方法和排放系数”自行进行计算，活动水平与排放系数的乘积即为温室气体排放量。其排放量计算流程如下：

(1) 从排放温室效应气体的活动中确认经营者正在进行的活动。

(2) 各项活动的排放量计算。

对于提取的每个活动，使用政府部门条例规定的计算方法和排放因子计算排放量。

温室气体排放量 = 活动量 × 排放因子

活动量：生产量，使用量，焚烧量等

排放活动的规模排放因子：单位活动量的排放量

(3) 计算排放总量。

每个温室气体，计算并加总每项活动的排放量。

(4) 计算 CO_2 当量排放量。

其他温室气体与 CO_2 排放的换算。

温室气体排放量（t CO_2）= 温室气体排放量（t gas）× 全球变暖潜能值（GWP）

GWP（全球变暖潜能值）：其他温室效应气体以 CO_2 为参照物产生温室效应的一个指数。

表 11-5 中所列的商业活动需要计算温室气体排放量。

表 11-5 日本核算温室气体种类及商业活动

温室气体种类	商业活动
能源消耗产生的 CO_2	使用燃料、使用其他人提供的电力、使用其他人提供的热量
非能源来源 CO_2	钻探和生产原油或天然气、水泥制造、生产生石灰、钠钙玻璃或钢的制造、纯碱生产、使用纯碱、生产氨、碳化硅的制造、生产电石、生产乙烯、从碳化钙开始使用乙炔、用电炉生产粗钢、使用干冰、使用喷雾器、用于垃圾焚烧或产品制造应用/用废燃料
甲烷(CH_4)	在为燃烧提供燃料的设施/设备中使用燃料、在电炉中使用电力、煤炭开采、钻探和生产原油或天然气、原油净化、城市燃气的生产、生产炭黑等化工产品、畜牧业、家畜粪便管理、水稻种植、焚烧农业废弃物、垃圾填埋处置、工业废水处理、污水等的处理、用于垃圾焚烧或产品制造应用/用废燃料
一氧化二氮(N_2O)	在为燃烧提供燃料的设施/设备中使用燃料、油或天然气的测试和生产、生产己二酸等化学产品、用麻醉剂、家畜粪便管理、在耕地中使用肥料、农作物的残余物在耕地中用作肥料、焚烧农业废弃物、工业废水处理、污水，污水等的处理、用于垃圾焚烧或产品制造应用/用废燃料
氢氟碳化合物(HFC)	制备一氯二氟甲烷($CHClF_2$)、氢氟碳(HFC)、家用电冰箱等 HFC 封装制造的 HFC 封装产品、在商用制冷空调设备的使用开始时封装 HFC、HFC 在商用制冷空调设备维护中的回收、家用电冰箱等 HFC 处理、HFC 封装产品中的回收、在塑料制造中使用 HFC 作为发泡剂、HFC 在喷雾器和灭火剂生产中的封装、使用喷雾器、在干法蚀刻等中在半导体器件的工艺步骤等中使用 HFC、HFC 用于溶剂等
全氟化碳(PFC)	铝的制造、生产 PFC、在干法蚀刻等中在半导体器件的加工步骤等中使用 PFC、PFC 用于溶剂等应用
六氟化硫(SF_6)	铸造镁合金、SF_6 的制造、SF_6 在制造和使用变压器等电气机械和设备时的封装、使用变压器等电机、回收 SF_6 检查变压器等电气设备和设备、在处理电力机械和设备如变压器时回收 SF_6、在干法蚀刻及半导体器件的加工步骤等中使用 SF_6
三氟化氮(NF_3)	在干法蚀刻、半导体器件的加工步骤等中使用 NF_3

（三）碳排放监测计划

对于东京都 ETS 碳市场，其监测要求：关于各燃料等使用量监测点方面，要在计算报告"事业所区域及燃料等使用量监测点"中所示的燃料等使用量监测对应的监测点位置栏处明确记载。

三、韩国碳市场数据监测

（一）碳排放核算范围

韩国碳市场企业数量和设施受控范围逐年增加，纳入企业温室气体管理受控名录范围如表 11-6 所示。

表 11-6　韩国碳市场受控企业范围

	直到 2011 年 12 月 31 日		从 2012 年 1 月 1 日开始		从 2014 年 1 月 1 日开始直到现在	
	企业门槛	设施门槛	企业门槛	设施门槛	企业门槛	设施门槛
温室气体排放量(t CO_2)	125 000	25 000	87 500	20 000	50 000	15 000
能源消耗(TJ)	500	100	350	90	200	80

韩国《关于实施温室气体和能源目标管理指南》将温室气体的排放分为六个领域共计 33 项排放活动，这六个领域分别为：燃烧设施能量排放温室气体；在移动设施通过使用的能量排放温室气体；逸散性温室气体排放(自 2013 年 1 月 1 日起计算报告)；产品的生产过程及使用过程中温室气体的排放；废弃物处理过程中温室气体的排放；从外部供给的电、热、蒸汽等产生的间接排放温室气体。报告对象排放设施中，年排放量不足 10t CO_2 当量的小规模排放设施，经部门主管确认，可以含在营业场所单位总排放量中进行报告。但是，小规模排放设施排放量之和不得超过营业场所总排放量的 5%。

(1) 组织边界的确定原则

控排单位组织边界的确定，需要考虑控排单位直接支配的地理边界、物理边界、业务边界等运营控制的范围。

(2) 组织边界的确定方法

控排单位组织边界确定如下，根据各控排单位的特点确定组织边界后，相关组织边界的确定需要在监测计划中详细说明。

① 多个控排企业能源使用相连接时组织边界的确定。多个控排企业能源使用相连接时，因法人相互独立，各控排企业独自对自己使用部分的能源进行监测并以此为边界。

② 其他法人在组织边界内常驻时组织边界的确定。其他法人的实际运营控制权由控排单位控制时，需包含在控排单位的组织边界内。如其他法人的实际运营控制权不由控排单位控制，且该法人的相关排放源及排放数据能够获得时，可以排除在控排单位的组织边界以外，但必须在监测报告里予以说明。

③ 建筑物组织边界的确定。建筑物组织边界的确定依照“目标管理运行指南第 12 条(建筑物特例)”执行。

④ 交通部门组织边界的确定。交通部门组织边界的确定依照“目标管理运行指南第 13 条(交通部门特例)”执行。

(二) 碳排放核算方法

在温室气体排放计算方法上，韩国同样采用了由世界资源研究所与世界可持续发展委员会共同拟制的“温室气体协定”，将受控机构温室气体排放划分为直接排放(第一类排放)

和间接排放(第二类排放)之后进行计算和报告,其他间接排放(第三类排放)则不包括在内。对于计算的方法,排放系数分为政府间气候变化专门委员会(IPCC)基本系数、国家规定系数和设备系数三种,根据活动所处的不同等级,进行排放因子取值。排放设施按照固定排放源、移动排放源、逸散排放源和废弃物排放源分开,计算化石燃料排放包括 CO_2、CH_4 和 N_2O,同一种燃料(如柴油),作为固定源和移动源燃烧时的 CH_4 和 N_2O 的排放因子不一样。

(三) 碳排放监测计划

为保证温室气体排放量计算的准确性和可靠性,企业监测计划应包含以下项目:

(1) 公司一般信息(公司名称,代表,计划期间,联系人信息等)。

(2) 工作场所和组织边界的一般信息(包括工作场所的名称、工作场所的代表、业务类型、BM 应用设施、工作场所照片、设施布局、流程图、温室气体和能源流程图等)。

(3) 排放设施的监测方法(排放设施信息,计算类别分类标准,预期新建和扩建设施的温室气体排放信息,活动数据测量点等)。

(4) 活动数据的监测(测量)方法(测量仪器信息,测量仪器改进和排放设施的安装计划等)。

(5) 计划通过排放设施产生排放活动的排放等级(排放设施计算方法的计算等级,排放活动的参数计算等级)。

(6) 能源流出和购买计划。

(7) 排放因子(系数类型,与测试和分析有关的信息,系数估计,预计不确定性等)。

(8) 质量控制(QC) /质量保证(QA)活动(排放计算和报告等质量控制文件以及联系人信息)。

(9) 与其他监测创建有关的其他要点。

因此,韩国数据监测与记录情况比较细致,对于每一个数据,需要从最早的原始记录开始,写明最终得到排放数据表中的数据过程,包括数据记录流程、责任人、记录与汇报的方式等。

四、小结

中日韩三国均规定了纳入碳市场的核算范围,但范围不一致,纳入企业数量不一致,均在三国排放范围内的企业可进行试点链接。

温室气体排放核算方面,中国各行业均有核算指南,韩国为一个统一的核算指南(行业核算细节有规定),日本核算方法相对较简单,三国核算标准不一,核算过程采用的活动数据和排放因子不一致,最终排放数据难以互相认可(见表 11-7 和表 11-8)。

中国和日本均核算了 7 种温室气体,韩国核算了 6 种(无 NF_3)。

化石燃料排放温室气体所占比例很大，中国和日本只计算了 CO_2 一种温室气体的排放，韩国核算了 CO_2、CH_4 和 N_2O 三种温室气体，计算数据必然存在差距。

中国监测计划单独提交、审核等，日本监测计划在排放报告中一并提交，韩国监测计划信息较为详细。

表 11-7　中日韩碳排放数据监测体系(M)对比

项　　目	中　　国	日　　本	韩　　国
核算边界	独立法人企业（温室气体排放量达 2.6 万吨二氧化碳当量（综合能源消费量约 1 万吨标准煤）以上）	使用的能源油当量每年达到 1500kL 以上的大规模事业所（东京都）	企业单位的温室气体排放超过 5 万吨或能耗超过 200TJ、公共机构的温室气体排放超过 1.5 万吨或能耗超过 80TJ
排放源类别	各行业要求核算不同类别的温室气体排放	对 7 种温室气体所涉及的所有排放源	6 个领域共 33 项排放活动
核算方法	计算（24 个行业核算指南）	“计算、报告、披露系统温室气体计算方法和排放系数”进行计算	计算（1 个核算指南）
涉及气体种类	6 种主要温室气体和 NF_3	6 种主要温室气体和 NF_3	6 种主要温室气体
化石燃料排放的核算气体种类	CO_2	CO_2	CO_2、CH_4 和 N_2O
管理机构	发改委	环境省	环境部温室气体清单研究中心
监测计划	要求企业制订监测计划，第三方进行审核	要求监测燃料等使用量并在报告中填写	QA/QC 路线

表 11-8　核算过程部分活动水平数据和排放因子

项　　目	中　　国	日　　本	韩　　国
汽油低位发热值(GJ/t)	43.070	/	/
柴油低位发热值(GJ/t)	42.652	/	/
煤焦油低位发热值(GJ/t)	/	37.3	/
A 重油低位发热值(GJ/t)	/	39.1	/
天然气低位发热值(GJ/kNm^3)	38.931	43.5	/
热力排放因子(tCO_2/GJ)	0.11	0.060（工业蒸汽） 0.057［蒸汽（不包括工业用蒸汽），热水，冷水］	0.059685（综合排放因子） 0.056452（仅供热排放因子） 0.060974（热电联产排放因子）
电力排放因子(tCO_2/MWh)	0.6101（补充数据边界）	0.474［东京电力合作者（调整后排出系数）］	0.4653［此外还需核算 CH_4 排放量（排放因子 $0.0054tCH_4/MWh$）、N_2O 排放量（排放因子 $0.0027tN_2O/MWh$）］

第三节　碳排放数据报送体系(R)

一、中国碳市场数据报送

(一) 碳排放数据报送流程

碳排放数据报送包括企业初次填报及核查填报,发改委主管部门审核核查报告决定是否通过,如果未通过需要重新进行核查填报,核查通过则填报结束。

目前全国碳市场排放数据报送主要是历史数据报送,目的是摸清纳入企业历史年度碳排放水平,为主管部门配额分配提供数据支撑。

1. 数据报告总体要求

(1) 温室气体种类。包括二氧化碳、甲烷、氧化亚氮、氢氟碳化物、全氟化碳、六氟化硫等。

(2) 报告主体基本信息。包括单位名称、单位性质、报告年份、所属行业、组织机构代码、法定代表人、填报负责人、联系人等。

(3) 排放量报告。包括总量,化石燃料燃烧、工业过程、净购入电力和热力,区分注册地内外的排放量。

(4) 重要数据来源说明。包括活动水平数据、排放因子数据、主营产品信息等。

2. 碳市场数据报告流程

(1) 企业核算与报告。重点企业按照所属行业温室气体排放核算与报告指南,认真核算企业上年度温室气体排放情况,在规定时间内将上年度的温室气体排放情况报送所在地省级应对气候变化主管部门。上报的电子文件应以光盘作为介质,已建立温室气体排放在线报告系统的省、区、市,应采用在线报告的方式。此外,根据配额分配需要,企业需按照国家发改委提供的补充数据模板,同时核算并报告相关行业指南中未涉及的其他相关基础数据。

(2) 第三方核查。各地省级应对气候变化主管部门接到报告主体报送的温室气体排放情况后,应在规定时间内参考国家发改委公布的核查指南,组织对报告内容进行评估和核查。由地方主管部门选择第三方核查机构对企业的排放数据等进行核查,第三方核查机构核查后须出具核查报告。对核查不合格的,应要求报告主体限期整改、重新报送。

(3) 审核与报送。企业将排放报告和第三方核查机构出具的核查报告提交注册所在地地方主管部门,地方主管部门进行审核,在每年 6 月 30 日前将本地区汇总数据、单个企业经核查的排放报告(含补充数据)一并以电子版形式上报国家发改委。

（二）报告内容与格式规范

国家发改委对纳入企业碳排放报告的内容和格式规范有较为严格的限制，规定报告中必须包括以下信息：

(1) 报告主体基本信息，报告应包括单位名称、单位性质、报告年份、所属行业、组织机构代码、法定代表人、填报负责人、联系人等；

(2) 温室气体排放量，报告应包括核算与报告期内的温室气体排放总量，包括化石燃料燃烧、生产过程排放、净外购电力热力间接排放等；

(3) 活动水平数据及来源，报告应包括企业所有产品生产所使用的不同品种化石燃料的净消耗量和相应的低位发热量，以及生产过程中的排放源消耗量，净购入电力热力，并说明来源；

(4) 排放因子数据及来源，报告应包括消耗的各种化石燃料的单位热值含碳量和碳氧化率，生产过程中排放源的排放因子，以及净购入电力热力排放因子，并说明来源；

(5) 主要产品列表，报告应包括企业主要产品名称、计量单位、年度产量及设计产能，同时对相关情况进行说明；

(6) 主要生产设备信息表，该信息表可反映企业重要排放源，报告应对该生产设备名称、设备型号、位置、测量设备名称及型号、测量设备精度、测量设备序列号和设备校准名词进行说明；

(7) 声明，排放报告结尾处报告编制主体应对报告的真实可靠性作出说明，并承担相应的法律责任；

(8) 对于纳入全国碳市场企业的历史数据(2013—2015 年、2016—2017 年)报告而言，除了按照相应行业核算与报告指南完成报告内容外，还需要按照《全国碳排放权交易企业碳排放补充数据核算报告模板》的要求，同时核算并报告上述指南中未涉及的其他相关基础数据。

为确保控排企业温室气体核算和报告数据的准确性，企业碳排放数据报告中需要注意以下关键点。

(1) 确定边界：①严格按照指南要求，确定与生产过程相关的能源和工业生产过程排放，包括纳入的温室气体种类等；②明确排放设施；③需要说明关闭、停产、合并、分立或者产能发生重大变化的情况；④注意边界的一致性。

(2) 监测数据和报告：①核算方法的正确选择；②直接排放和间接排放区分开；③制定详细的数据监测、记录、保存、报告流程等；④数据缺失的处理，应保证符合常理等；⑤相关证据的保存；⑥监测数据进行内部校核等。

(3) 监测计划：①监测设备、监测方法、监测频率均应符合核算指南及相关国家标准的要求；②注意数据文件质量控制与质量保证；③监测计划发生重大变更时，需要上报主管部门备案。

（三）报送系统操作规范

国家碳排放数据报告系统已完成但还未正式上线，各地报告系统情况不一。北京碳交易报送系统相对完善，重点介绍北京市报送系统的情况。为了贯彻落实《北京市碳排放权交易试点管理办法》，加强和规范重点排放单位的温室气体排放统计工作，推进北京市碳排放权交易试点，确保温室气体排放报告相关数据能够及时、准确、便捷地上报，并由相关部门完成审核，北京市发展和改革委员会（以下简称市发展改革委）组织开发了"北京市节能降耗及应对气候变化数据填报系统"（温室气体排放报告报送部分），辅助北京市重点排放单位完成排放报告、核查报告的网上报送及市发展改革委完成排放报告、核查报告的网上审核等工作。

对于控排企业温室气体排放管理负责人进行备案，备案涉及企业和发改委，发改委对备案进行审核等，备案流程具体见图 11-1。

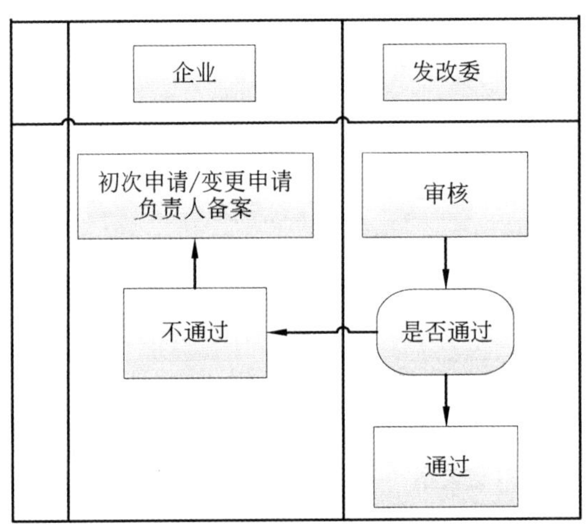

图 11-1　温室气体排放报送负责人备案流程图

初次申请登录系统后，在主界面单击"温室气体排放管理负责人备案"，进入初次申请页面，企业填写相关基础信息，包括单位名称、所属地区、行业、法定代表人、单位地址、联系方式、核算指南分类等，同时单击添加管理人员等，通过市发展改革委审核通过后显示备案号，同时可以申请变更负责人信息。通过备案后可进行温室气体报送，具体报送流程见图 11-2。

企业在该模块进行初次填报及核查填报，只有初次填报提交后才能进行核查填报，核查填报提交后不能修改。进入系统后，在主页面单击"温室气体排放报送"，进入数据填报页面，单击相应的表格即可填写。表格中"按设施化石燃料燃烧二氧化碳直接排放表"与"重点排放单位设备信息表"关联，即重点设备信息表有几条数据，该表就可以填写几条数据，当设

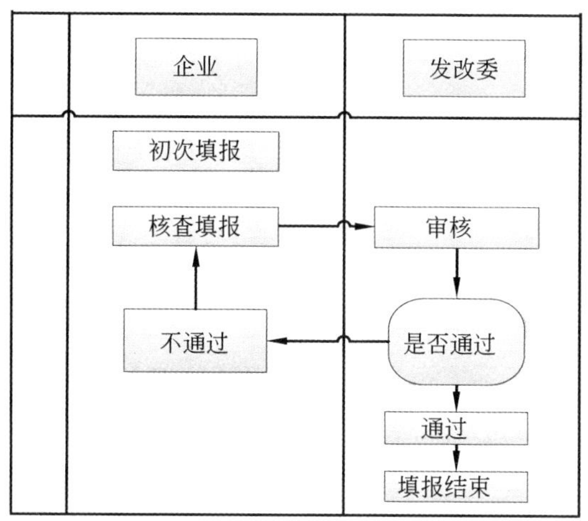

图 11-2　温室气体报送流程图

备信息表删除或者增加时，联动“按设施排放表”随之删除或者增加。

二氧化碳排放总表里直接和间接排放数据是依据公式反映出来的（水泥行业直接排放量 = 化石燃料二氧化碳直接排放量 + 不含替代原料的水泥企业生产过程排放量 + 含替代原料的水泥企业生产过程排放量 + 废弃物焚烧二氧化碳排放量；间接排放 = 电力消耗的二氧化碳）。表格填写时所有缺省值除其他外，均不允许修改，并且表格附件只允许是 pdf 格式。

另外，初次填报提交后才能进行核查填报，只有所有表格全部填写完毕后才能实现报送，显示已提交状态。表格内容默认是初次填报的数据，当审核不通过时，企业需要修改核查填报内容，其中核查报告需要重新填写。政府主管部门可以通过该报送系统查看初次及核查填报的信息。

二、日本碳市场数据报送

（一）碳排放数据报送流程

东京都 ETS 碳市场具体申报资料及提交时限如下：

（1）指定全球变暖措施机构的相关确认书：2009 年度以后，提交时限为首次在上一年度石油当量超过 1500kL 以上的那一年度的 10 月末前。

（2）全球变暖措施计划书：从接受“指定全球变暖措施机构”指定的年度开始，在每年 11 月末前提出。此外，在(1)的申报中，已经计算、审定完的年度排量等无须重新接受审定。

（3）基准排放量决定申请书：减排义务开始年度的 9 月末前提出。此外，在(1)和(2)的申报中，已经计算、审定完的年度排量等无须重新接受审定。

2008 年 3 月日本政府第一次公布了该方面的数据(2006 财年)，此后每年 7 月 30 日前报告上一年排放数据。对于特定运输排放企业，每年度 6 月底进行上报。报告的内容除了企业实际温室气体排放量之外，还需要提供排放量变化情况、每种温室气体排放增减状况、温室气体减排措施实施情况、温室气体排放量的计算方法等信息。报告数据的披露由日本环境省和经济产业省共同负责。如果受控机构未进行报告或提供错误报告，处 20 万日元以下的过失罚款（对于违反“节能法”的报告义务的受控机构，处 50 万日元以下的罚金）。

（二）报告内容与格式规范

如表 11-9 所示，要提交的文件取决于气体报告排放的类型。

表 11-9　日本数据报送需提交文件

报告的气体类型	要提交的文件
能源消耗产生的 CO_2	节能法规定的定期报告
其他温室气体	关于温室气体排放量计算的报告

另外，企业要提交“关于温室气体排放量增加/减少状况的信息和其他信息”，如与温室气体排放有关的温室气体排放状况的信息。所提供的信息将与排放信息一起披露。

为减轻经营者报告负担，以下情况企业提交的文件可以使用节能法的定期报告，并在报告的基础上，一并报告温室气体排放。

（1）只有能源消耗产生的 CO_2 排放；

（2）仅报告能源产地以外的温室效应气体排放量 CO_2，使用基于气体法的温室效应气体排放量计算报告书进行报告。

（三）报送系统操作规范

报送系统的用户注册如表 11-10 所示。

表 11-10　日本数据报送系统

目标公司	联系信息	网　址
温对法（指定的排放者）	经济产业省或区域环境办事处	https://ghg-santeikohyo.env.go.jp/questions
节能法（指定的商业运营商，指定的连锁店合并业务经营者或指定的托运人）	经济、贸易和工业局	
关于合理使用能源的法律（特定运营商）	区域交通局	http://www.mlit.go.jp/sogoseisaku/environment/sosei_environment_fr_000002.html

节能法/全球变暖对策基本法电子报告系统是所有部委和机构共同使用的电子报告系统，可接受各类通知书的文件及节能法和资产法报告。企业使用 ID 和密码而不是电子证书。电子报告没有成本负担。

在通过节能法/全球变暖对策基本法电子报告系统进行报告时，需要使用电子申报系统的 ID 号码(各事业者的号码)。

一旦获得 ID 和密码,即可登录系统并在网上输入报告或上传,根据需要上传附件。检查部分报告是否在系统中输入,如果确认需要说明的信息,则可以提交报告。

在这个系统中,各企业、部门依据节能法提交相关的报告。

(1) 节能法(指定业务经营者或指定连锁加盟业务经营者)

目标公司	目标报告/通知表格等	提交机构
指定的业务运营商或特定的连锁转移业务运营商	定期报告 中长期计划	经济产业省和各事业部
提交申报表的商业实体	能源使用情况申报书 特定事业者指定取消申请书 第一种能源管理指定工厂等指定取消申请 第二种能源管理指定工厂等指定取消申请 能源管理统一者(企划推进者)的选任和解聘申请书 能源管理人员(管理人员)的选任和解聘申请书 (企划推进者)兼职批准申请书 (管理人员)兼任能源管理人员	日本经济、贸易和工业局

(2) 节能法(指定托运人)

目标公司	目标报告/通知表格等	提交机构
指定托运人	定期报告 规划文件	经济产业省和各事业部
提交申报表的商业实体	货物运输量通知书要求取消指定的托运人	日本经济、贸易和工业局

(3) 关于合理使用能源的法律(特定运营商)

目标公司	目标报告/通知表格等	提交部委
特定运输经营者	定期报告 中长期计划	国土资源部,基础设施和运输
提交申报表的商业实体	运输能力通知表格 取消指定承运人申请表格	国土资源部,基础设施和运输

(4) 温对法(所有企业)

目标公司	目标报告/通知表格等	提交部委
特定排放者	报送报告(表格 1,表格 2)	与所有企业有关的部委

三、韩国碳市场数据报送

（一）碳排放数据报送流程

企业需要报告的内容主要为温室气体排放活动、排放设施及其排放数量。所有企业必须在每年的 3 月 31 日之前提交上一年的碳排放清单。6 月由政府制定减排目标，12 月由企业提交减排计划及减排目标，为下一年政府制定该企业的减排目标做参考。

（二）报送系统操作规范

韩国“国家温室气体管理系统”（NGMS）是一个管理温室气体统计数据的电子系统，与目标管理体制，各行业（主管部门）的管理机构，环境部门等的温室气体及能源目标管理体系相关联。2015 年实施的排放交易体系的排放登记和抵消登记也将通过 NGMS 进行管理。

四、小结

如表 11-11 所示，中国有多个报送系统，国家级系统暂未运行，各系统之间也没有实现联机。日本和韩国碳市场都采用统一的报送系统，未来各国碳市场系统对接方面需要考虑统一性。

表 11-11　三国碳排放数据报送体系（R）对比

项目	中　　国	日　　本	韩　　国
报送资料	排放报告，监测计划，补充数据表	节能法规定的定期报告 关于温室气体排放量计算的报告	排放报告、配额分配申请表、监测计划
系统	国家级系统未出台 各试点系统在运行	“节能法/全球变暖法电子报告系统”	国家温室气体管理系统
系统数量	多个（国家＋地方）	一个	一个（国家级）

第四节　碳排放数据核查体系（V）

一、中国碳市场数据核查

（一）核查流程

根据不同 MRV 体系的要求以及各核查机构的内部管理制度，核查流程的细节不尽相同，大致来说一个完整的核查流程包括以下 8 个步骤（见图 11-3），每个项目的核查周期大概为 10 个工作日。

步骤 1：核查机构商务部门与企业签订相关核查协议。

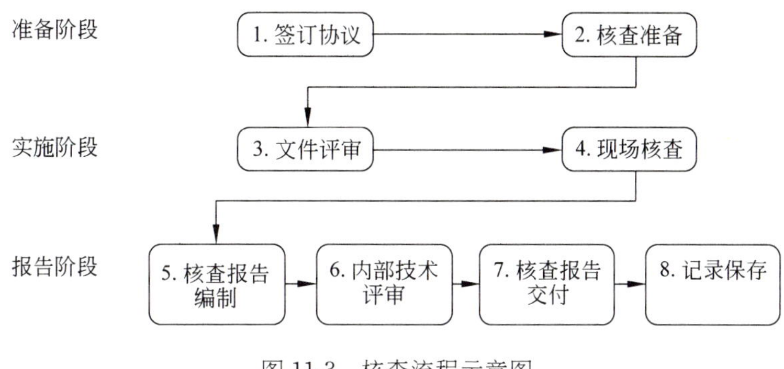

图 11-3　核查流程示意图

步骤 2：核查机构任命核查组，确定核查组的组成。核查组与企业沟通初步建立联系，并获取企业的初版排放报告。

步骤 3：核查组向企业发送文件清单，依据文件清单向企业索要相关文件并审阅，识别存在的问题。

步骤 4：核查组依据现场访问计划，进行现场访问，确认现场情况并访谈相关人员，确认企业存在的不符合或需要澄清的问题。

步骤 5：核查组依据发现的情况，编制核查报告。

步骤 6：核查机构内部不属于核查组的核查员对核查报告进行技术复核，确认有无问题。

步骤 7：在核查机构内部技术复核之后，核查组将报告交核查机构负责人批准，之后上报省级 MRV 体系主管机构。

步骤 8：项目完成后，核查组要将核查工作中收集到的所有相关文件整理存档交核查机构档案部门保存。

（二）核查要求

1. 重点排放单位基本情况的核查

核查机构应对重点排放单位报告的基本情况进行核查，确认其是否在排放报告中准确地报告了以下信息：重点排放单位名称、单位性质、所属行业领域、组织机构代码、法定代表人、地理位置、排放报告联系人等基本信息；重点排放单位内部组织结构、主要产品或服务、生产工艺、使用的能源品种及年度能源统计报告情况。

核查机构应通过查阅重点排放单位的法人证书、机构简介、组织结构图、工艺流程说明、能源统计报表等文件，并结合现场核查中对相关人员的访谈确认上述信息的真实性和准确性。

2. 核算边界的核查

核查机构应对重点排放单位的核算边界进行核查，对以下与核算边界有关的信息进行核实：是否以独立法人或视同法人的独立核算单位为边界进行核算；核算边界是否与相应行业的核算方法和报告指南一致；纳入核算和报告边界的排放设施和排放源是否完整；与上一年度相比，核算边界是否存在变更。

核查机构可通过与排放设施运行人员进行交谈、现场观察核算边界和排放设施、查阅可行性研究报告及批复、查阅相关环境影响评价报告及批复等方式来验证重点排放单位核算边界的符合性。

3. 核算方法的核查

核查机构应对重点排放单位温室气体核算方法进行核查，确定核算方法符合相应行业的核算方法和报告指南的要求，对任何偏离指南要求的核算都应在核查报告中予以详细的说明。

4. 核算数据的核查

核查机构应对核算报告中的活动数据、排放因子（计算系数）、温室气体排放量及配额分配相关补充数据进行核查。

（1）活动数据及来源的核查。

核查机构应依据核算方法和报告指南对重点排放单位排放报告中的每一个活动数据的来源及数值进行核查。核查的内容至少应包括活动数据的单位、数据来源、监测方法、监测频次、记录频次、数据缺失处理（如适用）等内容，并对每一个活动数据的符合性进行报告。如果活动数据的核查采用了抽样的方式，核查机构应在核查报告中详细报告样本选择的原则、样本数量及抽样方法等内容。

如果活动数据的监测使用了监测设备，则核查机构应确认监测设备是否得到了维护和校准，维护和校准是否符合核算方法和报告指南的要求。核查机构应确认因设备校准延误而导致的误差是否进行了处理，处理的方式不应导致配额的过量发放。如果延迟校准的结果不可获得或者在核查时发现未实施校准，核查机构应在得出最终核查结论之前要求重点排放单位对监测设备进行校准，且排放量的核算不应导致配额的过量发放。在核查过程中，核查机构应将每一个活动数据与其他数据来源进行交叉核对，其他的数据来源可包括燃料购买合同、能源台账、月度生产报表、购售电发票、供热协议及报告、化学分析报告、能源审计报告等。

（2）排放因子（计算系数）及来源的核查。

核查机构应依据核算方法和报告指南对重点排放单位排放报告中的每一个排放因子和计算系数（以下简称排放因子）的来源及数值进行核查。如果排放因子采用默认值，核查机构应确认默认值是否与核算方法和报告指南中的默认值一致。如果排放因子采用实测值，核查机构至少应对排放因子的单位、数据来源、监测方法、监测频次、记录频次、数据缺失处理（如适用）等内容进行核查，并对每一个排放因子的符合性进行报告。如果排放因子数据的核查采用了抽样的方式，核查机构应在核查报告中详细报告样本选择的原则、样本数量及抽样方法等内容。如果排放因子数据的监测使用了监测设备，核查机构应采取与活动数据监测设备相同的核查方法。在核查过程中，核查机构应将每一个排放因子数据与其他数据来源进行交叉核对，其他的数据来源可包括化学分析报告、IPCC 默认值、省级温室气体清单指南中的默认值等。当排放因子采用默认值时，可以不进行交叉核对。

(3) 温室气体排放量的核查。

核查机构应按照核算方法与报告指南的要求对分类排放量和汇总排放量的核算结果进行核查。核查机构应通过重复计算、公式验证、与年度能源报表进行比较等方式对重点排放单位排放报告中的排放量的核算结果进行核查。核查机构应报告排放量计算公式是否正确、排放量的累加是否正确、排放量的计算是否可再现、排放量的计算结果是否正确等核查发现。

(4) 配额分配相关补充数据的核查。

除核算方法与报告指南要求报告的数据之外，核查机构应对每一个配额分配相关补充数据进行核查，核查的内容至少应包括数据的单位、数据来源、监测方法、监测频次、记录频次、数据缺失处理(如适用)等内容，并对每一个数据的符合性进行报告。如果配额分配相关补充数据的核查采用了抽样的方式，核查机构应在核查报告中详细报告样本选择的原则、样本数量及抽样方法等内容。

如果配额分配相关补充数据已经作为一个单独的活动数据实施核查，核查机构应在核查报告中予以说明。在核查过程中，核查机构应将每一个数据与其他数据来源进行交叉核对。

5. 质量保证和文件存档的核查

核查机构应按核算方法和报告指南的规定对以下内容进行核查：是否指定了专门的人员进行温室气体排放核算和报告工作；是否制定了温室气体排放和能源消耗台账记录，台账记录是否与实际情况一致；是否建立了温室气体排放数据文件保存和归档管理制度，并遵照执行；是否建立了温室气体排放报告内部审核制度，并遵照执行。

核查机构可以通过查阅文件和记录以及访谈相关人员等方法来实现对质量保证和文件存档的核查。

(三) 核查机构管理规范

1. 核查机构相关条件

国家发改委对核查机构有严格的管理规范，57 号文附件 4《全国碳排放权交易第三方核查机构及人员参考条件》中明确规定了核查机构相关条件。

(1) 基本条件

① 应具有独立法人资格。企业注册资金不少于 500 万元，事业单位/社会团体开办资

金不少于300万元。

② 应具有固定的工作场所，以及开展核查工作所需的设施和办公条件。

③ 应具备充足的专业人员及完善的人员管理程序，以确保其有能力在获准的专业领域内开展核查工作；应确保符合核查员要求的专职人员至少有10名；所申请的每个专业领域至少有2名核查员。

④ 应具备健全的组织结构、完善的财务制度，并具有应对风险的能力，确保对其核查活动可能引发的风险能够采取合理、有效的措施，并承担相应的经济和法律责任。核查机构应具备开展核查活动所需的稳定财务收入并建立相应的风险基金或保险（风险基金或保额均应与业务规模相适应）。

（2）核查业绩和经验

核查机构应在温室气体核查领域内具有良好的业绩和经验。应为经清洁发展机制（CDM）执行理事会批准的指定经营实体，或经国家发展和改革委员会备案的温室气体自愿减排项目审定与核证机构，或在碳交易试点省市备案的碳排放核查机构，或在省市级碳交易主管部门备案的重点企事业单位温室气体排放报告第三方核查机构、节能量审计机构，且近3年在国内完成的CDM或自愿减排项目的审定与核查、碳排放权交易试点核查、各省市重点企事业单位温室气体排放报告核查、ISO14064企业温室气体核查等领域项目总计不少于20个。

无上述审定或核证经历的机构，应在温室气体减排、清单编制、碳排放报告核算和核查等应对气候变化领域内独立完成至少1个国家级或3个省级研究课题；或经国家碳交易主管部门组织的专家委员会评估认定合格。

（3）内部管理制度

核查机构应具备完善的内部管理制度，管理核查业务的有关活动与决定，包括：

① 有完整的组织结构，并明确管理层和核查人员的任务、职责和权限；

② 指定一名高级管理人员作为负责核查事务的负责人；

③ 有完善的质量管理制度，包括人员管理，核查活动管理，文件和记录管理，申诉、投诉和争议处理，保密管理，不符合及纠正措施处理以及内部审核和管理评审等相关制度；

④ 有严格的公正性管理制度，确保其不参与核查服务存在利益冲突的活动，确保其高级管理人员及实施核查的人员不参与任何可能影响其客观独立判断的活动；

⑤ 有完善的保密管理制度，确保其相关部门和人员对从事核查活动时获得的信息予以保密，并通过签署具有法律效力的协议，落实保密管理制度，法律规定的特殊情况除外。

（4）利益冲突

核查机构与从事碳资产管理和碳交易的公司不能存在资产和管理方面的利益关系，如隶属于同一个上级机构等；核查机构没有参与任何碳资产管理和碳交易的活动，如代重点排放单位管理配额交易账户、通过交易机构开展配额和自愿减排量的交易，或提供碳资产管理和碳交易咨询服务等。

(5) 不良记录

核查机构在以前的核查工作或其所从事的其他业务中不存在渎职、欺诈、泄密等其他不良记录。

2. 第三方核查机构的公正性要求

成功申请第三方核查机构资质后，核查机构应建立并实施公正性管理程序，分析潜在的和实际的利益冲突并采取措施避免其发生。

(1) 在管理层面，核查机构应采取如下措施：①最高管理者应承诺在核查过程中保持公正；②以协议或者其他方式要求所有核查人员公正核查；③定期对财务和收入来源进行评审，证实其公正性不受影响；④建立公正性委员会，定期评审其公正性。

(2) 在实施层面，核查机构应避免：①与受核查方存在资产、管理和人员方面的利益关系，如隶属于同一个上级机构、共享管理人员或五年内互聘过管理人员等；②为受核查方同时提供核查服务及碳排放核算、监测、报告和校准等相关咨询服务；③使用存在利益冲突的核查人员，如该人员在过去三年之内与受核查方存在雇佣关系或为其提供过相关碳咨询服务等；④收受和给予商业贿赂，如接受任何可能影响核查结论真实性的商业贿赂，或者为签署核查协议而给予受核查方商业贿赂等；⑤与碳咨询单位或者碳交易机构通过业务互补，联合开发市场业务；⑥将核查流程中的某个环节外包给其他机构实施。

二、日本碳市场数据核查

参加强制申报系统(温室气体排放强制计算、报告和披露系统)的企业需要向日本环境省和经济产业省报告其温室气体排放，并接受监督。根据目前政策，受控机构的温室气体排放量并不需要通过第三方机构的核查。

参与东京都 ETS 碳市场的企业涉及交易和履约等，排放数据需要经过第三方核查，环境省负责核证的费用。核查机构需要通过东京都政府的认证。因此，以下是东京都 ETS 碳市场核查体系的情况。

(一) 核查流程

根据《温室气体核查指南》，东京都强制总量控制与交易体系中规定的审核作业流程包括审核计划、实施审核、审核结果的总结和汇报三个阶段。

(二) 核查要求

根据《温室气体核查指南》，本制度中对温室气体排放量的审核，是指由第三方机构对组织实施的温室气体排放量计算是否符合《温室气体排放量化指南》规定，量化结果是否正确进行确认、判断。在《温室气体排放量化指南》中规定，温室气体排放的量化需要按以下顺序实施：①明确组织边界；②明确温室气体排放活动、燃料等的使用量监测点；③掌握燃料等的使用量；④计算温室气体排放量及原油使用当量。

核查机构需要按照温室气体排放量化指南及核查指南的第 2 部分规定的内容判断组织是否按规定标准计算温室气体排放量。《温室气体核查指南》第 2 部分详细规定了温室气体排放量审核的具体方法和审核重点，包括组织边界的确定方法、排放活动及燃料使用量、燃料使用量的计算、温室气体排放量及换算原油能源使用量的计算、其他温室气体排放量的计算方法等内容。

（三）核查机构管理规范

第三方核证机构必须在东京都政府登记注册。不遵守该报告及披露义务的建筑物或设施将受到惩罚。2009 年 7 月，东京都政府组织了核证人员研讨会，培训核证人员。2009 年 8 月，东京都政府开始接受核证机构申请，到 8 月底已经有 30 家核证机构注册登记。

三、韩国碳市场数据核查

（一）核查流程和核查要求

根据韩国环境部颁布的《关于实施温室气体和能源目标管理指南》，韩国能源及温室气体目标管理制度对温室气体排放量的核查程序如下。

（1）掌握核查概要：掌握被核查公司的运转情况、工序全程及温室气体排放源情况；告知被核查公司核查目的、标准及范围，协商核查的具体日程；收集核查时需要的相关文件资料。

（2）文件审核：通过精确分析排放活动的相关信息、被核查方的温室气体计算标准及明细表 /履行业绩和履行计划，查找在温室气体数据及信息管理中可能出现漏洞的情况，从而掌握出现误差的可能性及不确定程度等。

（3）风险分析：以文件审核结果为基础，找出温室气体排放设施相关数据管理方面的不足，对因数据不准确或误差引起前后矛盾的可能性进行评估，从而确定适当的应对程序。核查组评估由被核查方引起的风险时，需要根据风险程序制订核查计划，将整体风险降至较低水平。

（4）数据抽样计划的制订：为了在实施现场核查之前拿出核查意见，应针对须现场确认的数据（活动资料、参数计算中使用的资料及应当走访的厂房）种类、数据抽样方法及核查方法制订计划（数据抽样计划），因核查时间限制及资料过多而难以确认所有资料时，抽样有代表性的数据。

(5) 核查计划的制订：核查组长应以文件审核及风险分析结果为基础，决定现场确认的数据及核查对象、适用的核查方法、所需时间及数据抽样计划。核查组长至少应提前1周向被核查方通报核查计划，以便有效进行审核和现场核查。核查组长在核查过程中发现业务进展及新的事实等与最初情况不一致的情况时，可修改核查计划。

(6) 现场核查：核查组为了确认被核查方在明细表等文件上填写的内容和相关数据的准确性，应按事前制订的核查计划进行现场核查，需要重点确认风险分析结果中认为可能发生重大误差的部分，从而在规定期限内保证核查的可靠性，现场核查过程中发现的事项，在掌握客观证据后记录在核查检查表中。

(7) 核查结果的整理和评估：核查组在文件审核及现场审核结束后，对收集的证据是否足以表明核查意见进行评估，若不足则应进一步收集证据。

对于受控机构编制的报告书必须经由环境部指定和公布的第三方核查机构核查后出具核查报告，才可向主管部门机构提交温室气体排放量报告。核查重点及内容如表11-12所示。

表 11-12　核查重点及内容

核查对象	重点	概　　要
排放源	适当性	是否包含温室气体排放量计算、报告方法中规定范围内的排放设施
	完整性	是否包含所有排放设施
计算公式	适当性	各排放设施是否使用适当的计算公式
活动数据	适当性	是否应用适当的计算公式及等级
	准确性	测定、统计及数据处理是否准确
	完整性	是否包含所有活动数据
系数	适当性	相应计算公式及等级中是否应用适当的系数
计算	准确性	计算是否准确

(二) 核查机构管理规范

对于核查机构的资质要求如下。

1. 一般事项

(1) 核查机构应为法人。在法人章程或登记簿上的项目内容中应注明《低碳绿色增长基本法》规定的核查业务。

(2) 关于核查活动，应就可能发生的风险准备财政补偿等对策(加入责任保险等)。

2. 人力及组织

(1) 核查机构应有5名以上的常设核查审核员。

(2) 核查机构所属的核查审核员只能执行其专业领域的核查业务。但常设核查人员具有多个专业领域知识的,同样认可。

(3) 核查机构为了公平、独立地开展核查业务,负责核查的组织与提供行政支援的组织应明确区分。

3. 核查业务的运行体系

(1) 法人的最高负责人为使核查业务的公平性和独立性不受到破坏,应采取必要的措施。

(2) 核查机构为了保持职业资格,提高核查业务的效率,防止利害冲突,应具有相关业务评估、反馈功能及力量强化手册。

(3) 核查机构应具有本方针规定的核查程序需要的具体运行手册。

(4) 核查机构应具有在业务执行过程中收集被核查方的意见及消除异议的方案程序。

(5) 为防止核查过程中取得的信息被用作其他用途及对外泄露,应当有相关设施及内部管理程序。

(6) 核查机构为了保障核查业务的公平性和独立性,应明确区分内部处理规定及责任分工。

(7) 与核查机构运行体系相关的所有程序和手册等,应在获得法人最高责任人的批准后制作成文件形式。

(三) 核查员管理规范

对于核查员的资质要求如下。

1. 学历及工作经历标准

(1) 拥有专业学士以上学位或同等学力且有三年以上工作经验。

(2) 高中毕业且具有五年以上工作经验。

(3) 在中央行政机关等单位从事与环境或能源审核相关工作七年以上。

(4) 拥有《工程师法》《国家技术资格法》规定的工业工程师以上资格且有三年以上工作经验。

2. 工作经历认定范围

(1) 从事过清洁发展机制(CDM)项目相关可行性评估工作或从事过联合国气候变化框架公约(UNFCCC)登记的清洁发展机制项目核查工作的。

(2) 直接开发清洁发展机制测量方法或参与开发,但是仅限于联合国(UN)清洁发展机制认定委员会认定的方法。

(3) 从事过《能源利用合理化法》第32条规定的能源审核相关工作的。

(4) 发明《环境技术发明及支援相关法律》第 7 条之新技术的，或者从事过新技术检验工作的。

(5) 从事过《环境技术发明及支援相关法律》第 2 条之防护设施法等环境产业工作的，或者从事过第 18 条之环境标志认证相关工作的。

(6) 担任《水质及水生态界保全相关法律》《大气环境保全法》或者《废弃物管理法》之环境管理人(仅限于水质及大气排放厂房分类标志规定的 1～3 种厂房)从事过相关工作的。

(7) 作为《国家技术资格法》规定的工程师、工业工程师、技术资格拥有人或者国家专门资格持有人(仅限交通、航空、海运、船舶领域)依法在相关领域任职从事过相关工作的，或者虽未依法获得职位但从事过相关工作的，但是信息处理领域及工业设计领域等除外。

(8) 在中央行政机关等部门从事过环境(包括气候、海洋、农畜产、山林环境等)或能源审核相关工作的。

(9) 从事过《促进产业向环境友好型结构转换相关法律》第 10 条之环境领域质量认证工作或第 16 条之绿色经营认证工作的。

(10) 拥有排放权交易制度试验项目及温室气体减排业绩登记项目合理性评估及核查业绩的。

(11) 根据国际化标准组织 ISO14064 的规定，拥有编制企业温室气体排放量清单或核查业绩的。

四、小结

各国均有第三方核查指导文件，培养了一定数量的核查机构，对核查资质做了一定要求，但日本 JVETS 碳市场不需核查(不参加交易和履约)，企业报送数据认同度会存在问题(见表 11-13)。

中国多数地区核查费用由发改委负责，少数试点地区由排放企业自己负责；日本核查费用由环境省负责；韩国则是主管机构和企业各负责一半费用。

表 11-13　三国碳排放数据核查体系(V)对比

项　目	中　国	日　本	韩　国
指导文件	《排放监测计划审核和排放报告核查参考指南》	《温室气体核查指南》	《关于实施温室气体和能源目标管理指南》
是否需要第三方核查	需要	JVETS 碳市场不需核查，东京都碳市场需第三方核查	需要
核查资质	规定了资金、人员、经验、管理、信用等要求	需要登记注册，按要求报告及披露	规定了登记、人员组织、运行体系、核查员等要求
核查费用	主管机构负责	主管机构负责	主管机构和排放企业各负责一半

第五节　中日韩三国碳减排信用系统 MRV 体系

一、中国 CCER MRV 体系

2012 年 6 月 13 日，中国国家发改委印发关于《温室气体自愿减排交易管理暂行办法》的通知。

经备案的 CCER 项目产生减排量后，项目业主在向国家主管部门申请减排量签发前，应由经国家主管部门备案的核证机构核证，并出具减排量核证报告。核证程序主要包括准备、实施、报告三个阶段，具体包括合同签订、核证准备、监测报告公示、文件评审、现场访问、核证报告的编写及内部评审、核证报告的交付并上传至国家发改委网站 7 个步骤。项目业主申请减排量备案须提交以下材料：减排量备案申请函、监测报告、减排量核证报告。监测报告是记录减排项目数据管理、质量保证和控制程序的重要依据，是项目活动产生的减排量在事后可报告、可核证的重要保证。监测报告可由项目业主编制，或由项目业主委托的咨询机构编制。

中国已开发了约 200 个方法学，覆盖范围有可再生能源、农业、废弃物处理、林业、交通运输、能源效率、燃料转换等。减排量计算有多套公式，计算复杂，但部分参数有默认值可以选择。项目认证由 DOE 完成，项目认证和减排量认证必须由不同机构完成。计入期可更新也可不更新，单个计入期时长 7 年（可更新），至多 30 年（不可更新，林业碳汇项目）。

二、日本减排信用 MRV 体系

（一）J-Credit Scheme MRV 体系

J-Credit Scheme 是由早期的 J-VER 和日本国内 CDM 市场合并而来。J-Credit Scheme 建立的目的是支持地区的温室气体减排，于 2013 年开始实施，计划到 2021 年 3 月结束运行。作为国内的信用认证机制，J-Credit Scheme 允许政府向采用节能设备、使用可再生能源及在日本国内通过森林管理减排的企业颁发温室气体减排信用。企业可以用获得的减排信用进行交易。

目前日本已开发了 61 个方法学，覆盖节能、可再生能源、工业过程、农业、垃圾处理、林业等。减排量计算提供电子表格，当数据不方便计量时有默认值可以选择。项目认证由第三方实体完成，项目认证和减排量认证可以由同一个机构完成。单个计入期时长为 10 年，且不可更新计入期。

（二）JCM

与 J-Credit Scheme 不同，JCM（Joint Crediting Mechanism）是日本和签约国之间的双

边合作机制，管理机构为各国政府和联合委员会。随着 JCM 的建立，日本企业可以投资发展中国家的减排项目和方案，将其温室气体减排量计算成碳信用额，或可以出售给政府。JCM 设立的目的是帮助日本以最小的成本实现其 2020 年的减排目标，并占领低碳技术、产品和服务的出口市场。

目前已开发了 44 个方法学，覆盖节能、交通运输、能源工业、废弃物处置等领域。计入期时长为 10 年，计入期不可更新。

减排量计算提供电子表格，当数据不方便计量时有默认值可以选择。项目认证由第三方实体完成，项目认证和减排量认证可以由同一个机构完成。

三、韩国 KOP MRV 体系

KOP(Korea offset program)体系分为韩国国内项目和海外项目：国内项目为在韩国国内开发的面向国内碳市场的抵消机制；海外项目为在韩国以外开发的抵消机制。海外项目(减少、吸收或除去符合法规中的实体界限之外的、国际标准中规定的温室气体的排放项目)参与方可以向碳排放权交易控排企业出售通过外部项目获得的 KOC。购买得到的 KOC 可以在碳交易市场中进行交易，并由合规实体(控排企业)转换为 KCU。

目前韩国国内项目已开发了 34 个方法学，覆盖燃料转换、可再生能源、余热利用、农业、生物质、林业等。减排量计算提供电子表格，当数据不方便计量时有默认值可以选择。项目认证由第三方实体完成，项目认证和减排量认证可以由同一个机构完成。单个计入期时长 7 年(可更新)或 10 年(不可更新)。

韩国海外项目并未开发方法学，直接将海外 CER 转化为 KOC，但至今暂未实施。

四、小结

中日韩三国均形成了各自的碳减排信用体系，其中韩国和日本还产生了利用国外核证减排量的信用体系。减排量的核证方法学数量较多，涉及范围广，核证的总体减排量有一定差距(见表 11-14)。对中日韩三国而言，互认彼此的核证减排量是一个很好的切入口。

表 11-14　三国碳减排信用系统 MRV 体系对比

项目	中　国	日　本		韩　国	
	CCER	J-Credit Scheme	JCM	KOP(国内项目)	KOP(海外项目)
地理范围	中国国内	日本国内	日本和签约国	韩国国内	海外项目业主所在国
方法学个数	200	61	44	34	0

续表

项目	中国	日本		韩国	
	CCER	J-Credit Scheme	JCM	KOP(国内项目)	KOP(海外项目)
方法学覆盖范围	可再生能源、农业、废弃物处理、林业、交通运输、能源效率、燃料转换等	节能、可再生能源、工业过程、农业、垃圾处理、林业等	节能、交通运输、能源工业、废弃物处置	燃料转换、可再生能源、余热利用、农业、生物质、林业等	无方法学,将 CER 转化为 KOC
管理机构	生态环境部	日本环境省	各国政府和联合委员会	韩国环境部	韩国环境部
减排量计算	多套公式,计算复杂,但部分参数有默认值可以选择	提供电子表格,当数据不方便计量时有默认值可以选择	提供电子表格,当数据不方便计量时有默认值可以选择	提供电子表格,当数据不方便计量时有默认值可以选择	根据韩资股份占比将已签发的 CER 注销并转化为相应的 KOC
项目认证	由 DOE 完成,项目认证和减排量认证必须由不同机构完成	由第三方实体完成,项目认证和减排量认证可以由同一个机构完成	由第三方实体完成,项目认证和减排量认证可以由同一个机构完成	由第三方实体完成,项目认证和减排量认证可以由同一个机构完成	由第三方实体完成,项目认证和减排量认证须由不同机构。使用已经认证过并成功签发的 CER 转化为 KOC
计入期类型	可更新或不可更新	不可更新计入期	—	可更新或不可更新	—
单个计入期时长	7 年(可更新)至多 30 年(不可更新,林业碳汇项目)	10 年	—	7 年(可更新) 10 年(不可更新)	—

第六节　MRV 体系对碳市场链接障碍分析

一、监测体系(M)对碳市场链接障碍分析

中日韩三国均规定了纳入碳市场的核算范围,但范围不一致,纳入企业数量不一致,均在三国排放范围内的企业可进行试点链接,后续逐步纳入其他企业。

中国温室气体排放核算各行业均有核算指南,韩国为一个统一的核算指南(行业核算细节有规定),日本核算方法相对较简单,三国核算标准不一,核算过程采用的活动数据和排放因子不一致,同一家企业若分别使用三个国家标准而使核算数据存在差距,剩余配额量必然也存在差距,最终排放数据和配额量难以互相认可,若想实现碳市场链接,核算标准是很大的障碍。

化石燃料排放温室气体所占比例很大，中国和日本只计算了 CO_2 一种温室气体的排放，韩国核算了 CO_2、CH_4 和 N_2O 三种温室气体，计算数据必然存在差距。

中国和日本均核算了 7 种温室气体，韩国核算了 6 种（无 NF_3），初步链接可先纳入 6 种主要温室气体，后续是否纳入 NF_3 待讨论。

中国监测计划单独提交、审核等，日本监测计划在排放报告中一并提交，韩国监测计划信息较为详细。监测计划是保证数据真实有效的必要措施，三国系统链接须建立共同认可的监测标准，排放数据才可能得到共同认可。

二、报送体系（R）对碳市场链接障碍分析

报送系统方面，中国有多个报送系统，国家级系统暂未运行，各系统之间也没有实现联机。日本和韩国碳市场都采用统一的报送系统，未来各国碳市场系统对接方面需要考虑统一性。三国碳市场若初步链接，如单向或双向链接、承认三国国内核证减排量等，报送系统在此阶段对链接影响不大；若深入链接，建议建立三方报送系统数据交换制度或数据接口。

三、核查体系（V）对碳市场链接障碍分析

各国均有第三方核查指导文件，培养了一定数量的核查机构，对核查资质做了一定要求，但日本 JVETS 碳市场不需核查（不参加交易和履约），企业报送数据认同度会存在问题。排放数据等得不到互相认同，三国碳市场链接过程中障碍会很大。

中国多数地区核查费用由发改委负责，少数试点地区为排放企业自己负责；日本核查费用由环境省负责；韩国则主管机构和企业各负责一半费用。核查费用问题对三国碳市场链接影响不大。

四、碳减排信用系统 MRV 体系对碳市场链接障碍分析

中日韩三国均形成了各自的碳减排信用体系，其中韩国和日本还产生了利用国外核证减排量的信用体系。减排量的核证方法学数量较多，涉及范围广，总的来说，其核心思路都是来自 CDM 的制度体系。对中日韩三国而言，互认彼此的核证减排量是一个很好的切入口。

五、中日韩三国其他因素对碳市场链接障碍分析

（1）政策方面：韩国已建立全国碳市场并正在运行，中国碳市场处于筹建过程中，而日本至今仍是城市级碳市场在运行，且日本国内环境省、经济产业省、工商业企业对全国碳市场的建设分歧较大，三国形成碳市场链接共识还有一定差距，距离链接实施任重道远。

（2）碳市场类型：日本城市级碳市场建立在总量控制体系下，中国和韩国为减排信用体系下的碳抵消市场，碳市场类型的差异使链接更复杂。

（3）碳市场容量：中国温室气体排放量远远大于日本和韩国（大约为10倍关系），若中国国家碳市场建立，其容量也将远远大于日本和韩国。若三国碳市场链接，将对日本和韩国产生较大冲击，而对中国碳市场冲击较小。

（4）减排目标严格度：减排目标的严格度可以从限额水平、执行行业范围、监控严格度等方面考察。三国所处经济阶段不一致，国内经贸环境也有差异，因此各国对国内碳市场规定的排放限额标准、涉及减排的行业及执行监控的严格程度也不一致，必须加强沟通。

（5）技术层面：三国均制定了各自的碳排放量核算标准，还需加强技术交流，提高数据认可程度。

三国碳市场链接还处于初始研究阶段，并将面临很多问题，但三国每年一度的环境部长会议是碳市场链接工作推进的重要平台。

六、结论和建议

由于各国国内碳市场并不成熟，中日韩碳市场MRV系统可进行初步链接，如单向和双向链接、承认彼此的核证减排量等，可分阶段实施，并为将来的深度链接打好基础：

（1）借助三国环境部长会议，深入开展三国碳市场MRV体系探讨，广泛了解各方现状，达成谅解协议，共同推进各方碳市场发展。

（2）各国在国内建立统一的、有共同基础的MRV体系，为链接打好基础。

（3）在MRV领域通过立法或条例等形式，加强国内碳市场的约束力。

（4）逐步认同各方MRV规则，并按照三国相互认同的标准建设国内碳市场。

（5）单方面或互认各国核证减排量，初步实现单向或双向对接。

（6）在单向或双向链接基础上，逐步认同各方的配额、排放数据等，积极尝试电子交易系统对接，进行深度链接。

中日韩三国碳市场链接是一个长期过程，必须深入考虑各国国内经贸环境及碳市场现状。对三国碳市场链接的方向探讨也将是一个长期过程，可能会随各国国内经贸环境和碳市场的变化而改变。但先行探讨，提前布局，最终实现市场机制的合作是未来趋势。

本章参考文献

［1］ 张丽欣，王峰，王振阳，曾桉．欧美日韩及中国碳排放交易体系下的监测、报告和核查机制对比：2016第五届国际清洁能源论坛论文集［C］．澳门：［出版者不详］，2016．

[2] 侯士彬，康艳兵，熊小平，赵盟，张丽欣，段志洁. 温室气体排放管理制度国际经验及对我国的启示[J]. 中国能源，2013，35(3)：16-21，10.

[3] 张伟伟，马海涌，杨蕾. 国际碳市场对接及其对中国的启示[J]. 财经科学，2014(2)：122-130.

[4] 滕飞，冯相昭. 日本碳市场测量、报告与核查系统建设的经验及启示[J]. 环境保护，2012(10)：72-74.

[5] 徐双庆，顾阿伦，刘滨. 日澳碳交易系统分析及对我国的启示[J]. 环境保护，2015，43(17)：64-67.

[6] Ministry of Environment，Korean. ACT ON THE ALLOCATION AND TRADING OF GREENHOUSE-GAS EMISSION PERMITS[EB/OL]. [2018-12-06].

[7] Ministry of Government Legislation，Korean. FRAMEWORK ACT ON LOW CARBON，GREEN GROWTH [EB/OL]. [2018-12-06].

[8] 日本环境省. 日本温室气体排放强制计算、报告和披露系统[DB/OL]. [2018-12-06]. https：//ghg-santeikohyo. env. go. jp.

[9] 韩国温室气体清单研究中心. 韩国"国家温室气体管理系统"(NGMS)[DB/OL]. [2018-12-06]. https：//master. gir. go. kr/main. do.

[10] 韩国环境省. 关于实施温室气体和能源目标管理指南[EB/OL]. [2018-12-06].

[11] 日本环境省. 温室气体排放计算、报告、发布系统简报[EB/OL]. [2018-12-06].

第十二章

中国碳定价政策分析与前景

第一节　引　　言

在 2015 年第 21 届联合国气候变化大会(COP-21)达成的巴黎协定中,中国政府提出了国家自主贡献目标：2030 年单位 GDP 的二氧化碳排放要比 2005 年下降 60%～65%。2016 年,中国政府还制定了“十三五”规划,其目标是在 2015—2020 年将单位 GDP 能耗降低 15%,并将单位 GDP 二氧化碳排放量降低 18%。

第 21 届联合国气候变化大会以来,中国政府已表示将引入全国碳排放交易体系(ETS)以达到减排目标,并于 2017 年 12 月宣布第一阶段实行计划。在 ETS 体系下,控排企业需要获取(包括从碳市场购买)碳配额以进行碳排放。中国目前在七个地区进行 ETS 试点,而全国碳市场旨在扩大和取代早期的试点工作。国家发展和改革委员会(以下简称国家发改委)提出了全国排放交易体系的各种提案。最早的提案提出全国排放交易系统的第一阶段应涵盖能源密集程度最高的八个行业——电力、石化、黑色金属、有色金属、非金属矿产品(水泥)、化工、造纸和航空业,并将排放量超过 2.6 万吨 CO_2 当量的企业纳入碳市场中。这八个行业的企业排放量占全国总排放量的 45%～50%(Qi,2016；Zhang,2015)。在这个早期提案中,第二阶段最早于 2020 年开始,并且其覆盖范围将扩大。国家发改委在 2017 年 5 月的草案中提出了一种更为谨慎的做法,即在第一阶段只包括电力、水泥和电解铝三个行业。然而 2017 年 12 月最终宣布的方案中提出,鉴于其他行业在获取准确数据方面存在困难,ETS 将仅在电力行业展开(金融时报,2017)。该公告没有规定全国 ETS 启动的日期,也未对确切的实行规则和分配准则进行详细说明。2018 年 3 月中国政府进行了重大重组,其中碳减排和建立 ETS 的责任从国家发改委转移至重组后的生态环境部,因此后续方案还未确定。

很多研究对 ETS 的复杂性进行了讨论(如 CRJ, 2017),对于中国而言,其复杂性包括区域公平效应(Wu 和 Tang,2015)以及与电力改革的相互影响(Baron 等人,2012)。迄今为止最为雄心勃勃的提案也仅涵盖了全国二氧化碳排放量的 50%左右。许多政策分析人士认为,覆盖更多的排放源可以更均衡地分摊减排任务,并找到以最低成本减少全国排放的方法,这还会减少因小型企业免受控排所导致的同一行业不公平对待的现象。世界各地的排放交易系统几乎都是局限于大型企业,这让小型企业免于承担减排责任。

扩大二氧化碳控排范围并减轻碳排放交易体系的行政负担的一种方法是对 ETS 以外

的部门征收碳税。虽然这种 ETS—碳税混合系统非常复杂，但它已经以某种形式存在：加利福尼亚州的总量控制与交易系统中，明确受监管以外的实体面临隐含的碳价格。在加利福尼亚州，天然气和交通燃料的分销商需要为其销售的燃料获得配额，这意味着这些燃料的所有用户都面临碳价格，而不仅仅是 ETS 所涵盖的行业中的大型企业，并且由于加利福尼亚州煤炭消费占比较低，其总量控制与交易系统预计覆盖加利福尼亚州 85% 左右的二氧化碳排放量。由于中国对煤炭的依赖程度高得多，要想达到类似的覆盖率，中国的 ETS—碳税混合系统将比加利福尼亚州的更为复杂——必须对 ETS 未纳入的实体所购买的石油、天然气及煤炭收取碳价。一种方案是对所有化石燃料征收上游碳税，并对 ETS 纳入的部门给予免税。这种混合的 ETS—碳税制将鼓励小型企业、家庭和政府机构节约能源。这些较小的实体单位的边际减排成本可能比 ETS 中的大型企业的边际减排成本低，因此可以以更低的总成本来达到特定的全国排放总量要求。

我们着眼于碳定价政策的设计细节，研究碳市场政策的不同设计方案，并比较实施 ETS 与实现相同减排水平的混合 ETS 碳税系统的经济成本。这与大多数模拟中国纯碳税的文献形成了鲜明对比（如 Liang，Fan 和 Wei，2007；Lu，Tong 和 Liu，2011）。我们首先将混合政策与 2017 年开始并实施至 2030 年的 ETS 进行比较，该 ETS 涵盖了国家发改委在 2017 年 5 月的草案中提到的两个部门：电力和水泥（如前文所述，2017 年年底已正式宣布将前者纳入全国 ETS，并且国家正在考虑将后者也纳入 ETS 的第一阶段）。在与 ETS 进行比较的混合系统中，我们假设对化石燃料征收碳税，税率等于碳配额的价格，并且所有非 ETS 部门（包括住户）均缴纳碳税。

混合政策包含碳交易系统，后者的结构与碳定价将影响碳税政策。虽然国家排放交易体系的具体细节尚未公布，但我们考虑了国家发改委和政府顾问讨论的三个要点。

首先，我们在所有政策情景中都假设配额的分配将基于碳强度。在国家发改委的提案中，首先对煤炭发电机进行分类，然后每台发电机将根据同类中效率较高的发电机的碳强度分配碳配额。在我们的简化模型中，我们计算整个行业的历史平均强度，并基于此分配配额。

其次，我们考虑并比较了控排行业电力消费所隐含的 CO_2 与政府对电力部门进行产出补贴的情况。政府希望控排企业将碳排放的影子价格纳入其用电决策中，即使在 ETS 体系下因电厂免费获得配额使实际电价不会发生变化。由于每个部门都使用电力并且用电成本取决于补贴，是否对隐含的 CO_2 要求碳配额对混合政策具有重大影响，因此我们比较了混合系统下引入与不引入电力补贴的情况。

最后，我们考虑了配额免费分配与部分拍卖的情况。我们的基准情景（纯 ETS 和混合系统）假设控排企业在 2017—2030 年整个政策期间内免费获得碳配额，我们用产出补贴来代表配额的免费发放。虽然这减少了对碳市场建立和实施的反对意见，但它显著降低了企业减少电力和水泥消费的动力。我们最终的政策情景将部分拍卖取代 100% 免费分配，并且其拍卖比例逐年线性增加并在 2030 年达到 100%。

为了加强两种碳政策之间的对比，我们考虑一个较高要求的排放目标，即2030年的碳强度与2005年相比减少62.5%——这是中国在巴黎协定中所承诺的降低60%～65%的中间值。在纯ETS的情况下，与基准情景相比，2030年两个控排行业二氧化碳排放量将下降9.5亿吨(20.6%)，整个经济体二氧化碳排放量下降10亿吨(7.7%)。为达到该目标，2030年的碳价需达到570元/吨，并使当年GDP降低0.26%。

而当我们将碳交易与碳税结合起来时，2030年达到相同排放目标所需的碳价(配额价格和碳税)仅为90元/吨，并且GDP的损失将低于0.13%。在这个混合系统中，两个涵盖的部门需要减少的排放量仅为2.9亿吨，将以更加均衡的方式实现全国减排目标。在所有的情景下，税收收入和拍卖收入都通过减少现有税收的方式来实现政府税收中性的目标。

我们还讨论了碳定价政策在其他方面的效益，包括考虑当地的直接环境效益及对气候变化风险的长期影响。Nielsen和Ho(2013)估计了碳税对减少当地污染物、改善空气质量和减少健康损害的影响。本章将重点放在对经济和碳排放的影响上，并将健康效益的评估留作后续的工作。最后，从可行性、兼容性及国际经验等方面，讨论碳市场与碳税政策混合实施的特点与实际可操作性。

第二节 碳政策评估方法

一、确定碳价政策情景

我们模拟的ETS政策涵盖了电力和非金属矿产品行业(水泥行业占后者的很大一部分)。简单起见，我们纳入了整个行业而不仅仅是大型企业。我们的模型只有一个电力部门，包括了所有发电机的类型；碳价格对发电类型选择的影响是通过经济模型中的行业生产函数的替代实现的。

ETS要求控排企业为其化石燃料产生的CO_2排放获得配额，并且在我们研究的主要情景中还要求涵盖电力消费所隐含的CO_2。纳入电力消费所隐含的碳排放是为了创造节约电力的替代激励。ETS还要求水泥行业为其生产过程所产生的碳排放获取配额(即不是来自燃料燃烧而是来自水泥制造过程中的化学转化产生的碳排放)。在补贴方面，我们最初的假设是到2030年不会拍卖任何配额，而是将它们免费分配给企业(在后面的情景中我们会变换这一假设)。政府ETS提案通过“基准线法”来设定免费配额的数量，即基于每类生产者中最高效的企业的每单位产出的二氧化碳排放量来确定。我们没有尝试估算此基准，而是计算了每年的平均排放强度。一些ETS提案包括碳储蓄、碳借贷及碳抵消等相关规则。这些规则在实际操作中很重要，但在我们没有不确定性的简化模型中并不是那么重要，因此我们忽略了这些规则。我们假设每一年分配和提交的配额数量与该年度的排放量完全相同。

上述假设构成了主要的ETS情景并在表12-1中标记为“ETS-NoA”(无拍卖)。由于提

表 12-1　碳政策情景比较

单位：百万吨

情景	拍卖配额	补贴电力部门	对非 ETS 部门收取碳税	收 入 抵 消	2030 年全国碳排放	2030 年 ETS 部门碳排放
基准	—	—	0	—	12 940	4 620
ETS-NoA	否	是	0	产出补贴	11 940	3 670
Hybrid-NoA-1	否	是	碳税＝配额价格	产出补贴;削减增值税、资本税	11 940	4 330
Hybrid-NoA-2	否	否	碳税＝配额价格	产出补贴;削减增值税、资本税	11 940	4 290
ETS-A	是	是	0	产出补贴;削减增值税、资本税	11 940	3 660
Hybrid-A-1	是	是	碳税＝配额价格	产出补贴;削减增值税、资本税	119 40	4 250
Hybrid-A-2	是	否	碳税＝配额价格	产出补贴;削减增值税、资本税	11 940	4 260

案未给出明确的总量目标，我们根据巴黎协定里中国的国家自主贡献减排目标进行设定，即2030 年全国碳强度为 2005 年的 62.5%。

排放总量目标详见表 12-2。在混合系统中，我们对所有化石燃料征收碳税，其税率与碳市场的碳配额价格相同。排放交易体系以外的所有部门(包括家庭部门)都需要缴纳碳税。我们通过设定 ETS 总排放水平使所有年份混合政策情景下的全国排放量等于纯 ETS 情景的排放量(2017 年为 109.53 亿吨)。

表 12-2　在没有拍卖的情况下，纯 ETS 和混合政策的二氧化碳排放目标

单位：百万吨

情　　景	2017 年	2030 年	2017—2030 年累计排放量
基准			
全国 CO_2	11 050	12 940	168 300
ETS 部门 CO_2	5 130	4 620	69 040
纯 ETS			
全国 CO_2	10 950	11 940	160 200
ETS 部门 CO_2	5 040	3 670	61 350
混合政策			
全国 CO_2	10 950	11 940	160 200
ETS 部门 CO_2	5 090	4 330	66 430

注：全国排放包括化石燃料燃烧和水泥加工；ETS 部门包括电力和非金属矿产品

我们首先考察两种版本的混合系统。在 Hybrid-NoA-1 中，我们继续要求 ETS 部门为其用电所含的碳排放获得配额，并继续对电力部门免费发放配额。在 Hybrid-NoA-2 中，我们停止补贴电力部门，并停止对隐含的碳排放要求碳配额，所有非 ETS 部门也必须支付无补贴情况下的电费。表 12-1 和表 12-2 总结了不同模拟政策的主要特征。

最后，在比较了不包含拍卖的政策后，我们将纯 ETS 与混合系统在逐步拍卖配额的情景下进行比较。在 ETS-A(进行拍卖)情景中，我们引入了配额拍卖并逐步提高拍卖占比，即从 2017 年的 7%增加到 2030 年的 100%。Hybrid-A-1 和 Hybrid-A-2 是混合政策下进行配额拍卖的情景，分别是补贴和不补贴电力部门的情况。

二、经济—能源模型

我们使用中国经济能源模型模拟纯 ETS 和混合系统，该模型确定了 33 个部门，包括 6 个能源相关的部门。经济增长模型中产出增长由资本积累、人口增长和全要素生产率(TFP)推动。Nielsen 和 Ho(2013)描述了该模型的早期版本。

该模型是一种动态递归模型，其中外生储蓄率决定了投资。企业支付增值税和资本所得税，并保留部分利润用于投资，这导致股息支付率小于 1。由于碳政策导致的税率变化将影响税后收入和投资，因此基准情景下的 GDP 增长率受储蓄率、股息率、TFP 增长率和有效劳动力的影响。

表 12-3 列出了基准情景的主要变量。2010—2020 年 GDP 增长率为 6.5%，2020—2030 年减速到 5.0%。能源消费根据 IEA(2016 年)的预测进行校准，2017—2030 年总能源使用量增长 1.6%，并且发生了从煤炭到石油和天然气的实质性转变。随着煤炭使用量的下降，2017—2030 年二氧化碳排放总量仅以每年 1.2%的速度增长。

表 12-3　基准情景的产出和能源消费预测

变量	2017 年	2020 年	2030 年	2017—2030 年增长速度(%)
人口数（百万）	1 387	1 403	1 416	0.16
有效劳动供给(10 亿元，2014 年计价)	27 624	27 433	25 527	−0.61
GDP(10 亿元，2014 年计价)	77 394	92 975	151 034	5.28
消费/GDP	0.42	0.46	0.53	
能源消费（百万吨标准煤）	4 498	4,754	5 508	1.57
煤炭消费量(百万吨)	4 173	4,214	4 691	0.90
石油消费量(百万吨)	556	613	739	2.22
天然气消费量(百万立方米)	234 286	289 087	456 476	5.26
电力消费量(TWh)	5 947	6 267	7 033	1.30
CO_2 排放量(化石燃料，万吨)	9 397	9 743	11 262	1.40
CO_2 排放量(总量，万吨)	11 048	11 433	12 938	1.22
碳强度(t CO_2/yuan)	0.143	0.123	0.086	−3.85
初级 PM 排放量(百万吨)	17.5	17.6	16.6	−0.41
SO_2 排放量(百万吨)	19.4	18.8	16.6	−1.20
NO_X 排放量(百万吨)	20.0	19.1	16.8	−1.29
人均 GDP（元，2014 年计价）	55 794	66 276	106 697	
人均 GDP;购买力平价(美元，2005 年计价)	9 869	11 723	18 872	

三、碳定价政策的模型模拟

在经济模型中，我们假设完全竞争的市场结构，所有的生产部门均采用规模报酬不变的生产技术，即生产者零利润。这意味着产出价格恰好等于单位成本，包括购买碳配额的成本。产出价格反映了政府的所有补贴和配额的免费分配。我们聚焦反映表 12-1 中所总结政策的模型主要部分,完整的方程组在一份技术报告中给出(Cao 和 Ho,2017)。

1. 没有拍卖的 ETS 情景:ETS-NoA

设定行业收入等于总成本加补贴,公式表示为

$$PI_{jt}QI_{jt} = PKD_{jt}KD_{jt} + PL_{jt}LD_{jt} + \sum_{i} PB_{ij}A_{ij} + tx^{u}_{CO_2,t}AL^{CO_2}_{jt} \tag{12-1}$$

其中,PI_{jt} 和 QI_{jt} 代表在时间 t 行业 j 产出的(卖方)价格和数量;KD 和 LD 代表资本和劳动力投入成本;A_{ijt} 是中间投入 i 的数量,PB_{ij} 是买方 j 购买中间投入品 i 的价格。免费分配给生产者 j 的许可证的价值等于许可证价格($tx^{u}_{CO_2,t}$)乘以免费分配的数量($AL^{CO_2}_{jt}$)。

在所有情况下,ETS 的机制都涉及在年初向企业分配配额(在该情景下配额免费分配,但在后续情况下将进行部分拍卖)。然后,企业在一年中上交这些配额以涵盖其碳排放量,如果排放量超过初始分配量则要购买更多的配额,或者可以出售任何不需要的配额。在年底会根据每个企业的实际产量计算实际分配的配额。将碳配额的要求表示为使用化石燃料和电力(以及在生产过程中排放 CO_2)时必须支付的碳价格,并将配额免费分配表示为基于产出的产出补贴。虽然在该系统下企业实际支付的金额很少,但我们的影子碳价最优地代表了激励措施。我们创建了向政府支付配额的影子账户,账户净值等于实际支付的净金额。

控排部门购买煤炭等投入品的买方价格等于非 ETS 行业支付的正常价格(PS)加上碳价格(t^{x,CO_2}_{ijt})。煤炭投入的碳价格是配额价格乘以每单位燃煤所需的配额数量;一般来说,对于投入 i:

$$PB_{ijt} = PS_{it} + t^{CO_2}_{ijt}\rho^{cmb}_{ij} \tag{12-2}$$

$$t^{CO_2}_{ijt} = \begin{cases} t^{CO_2}_{it} & j \in \text{控排部门} \\ 0 & \text{其他} \end{cases}$$

$$t^{CO_2}_{it} = tx^{u}_{CO_2,t}XP^{CO_2}_{i} \tag{12-3}$$

每单位投入 i(每单位 A_{ij})的所需配额数量由排放因子 $XP^{CO_2}_{i}$ 决定。配额价格为 $tx^{u}_{CO_2,t}$(¥/千克 CO_2),并且经过燃烧比 ρ^{cmb}_{ij} 调整后,燃烧一个单位 i 的最终碳价格是 $t^{x,CO_2}_{it}\rho^{cmb}_{ij}$(¥/单位 A_{ij})。除精炼石油产品(如未燃烧的润滑剂)外,所有投入的燃烧比均为 1。[①]

对于电力消费中隐含的 CO_2,ETS 覆盖的部门每单位电力消耗所需的配额数量取决于发电的平均碳含量,包括燃煤、燃气、核能和可再生能源。由于碳含量较低的能源(如可再生能源)发电占比逐步取代燃煤发电占比,因此二氧化碳排放因子($XP^{CO_2}_{i=elect,t}$)随着时间的推移而下降。我们将其包含在 ETS 部门的电价中。

$$PB_{elec,jt} = PS_{elec,t} + tx^{u}_{CO_2,t}XP^{CO_2}_{elec,t} \qquad j = \text{ETS 部门} \tag{12-4}$$

① 在包括化工行业的 ETS 系统中,作为原材料购买的天然气同样如此。

ETS 还要求水泥生产商为其生产过程中排放的 CO_2 购买配额，即将水泥制造中化学转化产生的排放与化石燃料燃烧产生的排放分开。因此，工业 j 要求的总配额必须包括以下部分：(1)化石燃料燃烧产生的直接碳排放；(2)由于电力消费而产生的间接碳排放；(3)水泥行业生产过程中的碳排放。用 EM 表示二氧化碳直接排放，EME 表示二氧化碳直接排放和隐含排放，我们有

$$\mathrm{EM}_{jt}^{\mathrm{CO}_2} = \mathrm{CO}_{2\,jt}(\mathrm{direct}) + \mathrm{CO}_{2\,j=cement,t}(process) \tag{12-5}$$

$$\begin{aligned} EME_{jt}^{\mathrm{CO}_2} &= \mathrm{CO}_{2\,jt}(direct) + \mathrm{CO}_{2\,jt}(embodied\_elect) + \mathrm{CO}_{2\,j=cement,t}(process) \\ &= \sum_{i\in \mathrm{fossil}} \rho_{ij}^{cmb}\mathrm{XP}_{it}^{\mathrm{CO}_2}A_{ijt} + \mathrm{XP}_{\mathrm{elect},t}^{\mathrm{CO}_2}A_{elect,jt} + [\mathrm{XP}_{\mathrm{cement}}^{\mathrm{proCO}_2}\mathrm{QI}_{\mathrm{cement},t}\ \mathrm{for}\ j = \text{水泥}] \end{aligned}$$

其中，$\mathrm{XP}_{it}^{\mathrm{CO}_2}$ 为每单位投入或产出的 CO_2 排放因子。水泥的价格等于卖方价格加销售税(t_j^t)和生产过程碳排放所需配额的成本(也等效于一种税收)：

$$\mathrm{PI}_j^t = (1 + t_j^t)\mathrm{PI}_j + t_j^{xpu} \qquad j = \text{水泥} \tag{12-6}$$

$$t_j^{xpu} = tx_{\mathrm{CO}_2}^{u}\mathrm{XP}_j^{\mathrm{proCO}_2}$$

两个控排部门(用“cov”表示)的碳排放总量为：

$$\sum_{j\in cov}\mathrm{EME}_{jt}^{\mathrm{CO}_2} \leqslant \mathrm{CAP}_{\mathrm{cov},t}^{\mathrm{CO}_2,\mathrm{ETS}} \tag{12-7}$$

如前所述，我们对影子价格和补贴的计算是为了准确地代表 ETS 的经济激励。式(12-7)表示 ETS 中控排企业的支出。在配额分配方面设想包括向控排部门 100% 免费分配配额，或者免费配额的比例逐渐减少、其余的进行拍卖等情况，后者将会在后文中讨论。在第一个政策情景(ETS-NoA)中，2017—2030 年没有进行配额拍卖，政府也没有净的碳收入，碳配额根据每个部门的产出免费分配。为了模拟政府在碳市场中净收入为零，我们选择影子补贴率以使总补贴恰好等于隐含碳价格的总收入。也就是说，补贴率由免费配额的价值除以产出值给出，计算公式如下：

$$tx_{\mathrm{CO}_2,t}^{u}\mathrm{AL}_{jt}^{\mathrm{CO}_2} = s_{jt}^{\mathrm{CO}_2}\mathrm{PI}_{jt}\mathrm{QI}_{jt} \tag{12-8}$$

政府 ETS 计划根据行业基准设定配额数量，即每个企业的补贴率，该补贴率仅取决于该部门或类别中碳效率最高的企业。我们没有估算该基准，只是计算行业平均碳强度以确定补贴率。也就是说，我们首先使用实际燃料消耗数据计算行业 j 在模型基准年($t_0 = 2014$)的总排放量$\mathrm{EME}_{jt}^{\mathrm{CO}_2}$，然后除以基准年的行业产出值[①]：

$$s_{j0}^{\mathrm{CO}_2} = \frac{\mathrm{EME}_{j_0}^{\mathrm{CO}_2}}{\mathrm{PI}_{j0}\mathrm{QI}_{j0}} t_0 = 2014 \tag{12-9}$$

我们通过使用公因子 λ_t^{sub} 来缩放基年年率[式(12-9)]以满足每年的预算中性条件

① 经济模型基于 2014 年的投入产出表，我们根据 2012 年的官方投入产出表和 2014 年国民账户数据进行估算。这包括每个部门产值的信息。该表由能源消耗数据补充，包括每个部门所消耗的煤(详见 Cao 和 Ho，2017)。

[式(12-8)]：

$$tx^{u}_{CO_2,t}AL^{CO_2}_{jt} = \lambda^{sub}_{t}s^{CO_2}_{j0}PI_{jt}QI_{jt} \tag{12-8b}$$

因此，第 t 年行业 j 的有效补贴率为 $s^{CO_2}_{jt}=\lambda^{sub}_{t}s^{CO_2}_{j0}$，其中比例因子 λ^{sub}_{t} 是内生的，因此政府总补贴($G^{ETS\_SUB}_{t}$)等于企业支付碳配额所得收入(R^{ETS}_{t})：

$$R^{ETS}_{t} = \sum_{j\in I_{COV}} tx^{u}_{CO_2,t}EME^{CO_2}_{jt} \tag{12-10}$$

$$G^{ETS\_SUB}_{t} = \sum_{j\in I_{COV}} \lambda^{sub}_{t}s^{CO_2}_{j0}PI_{jt}QI_{jt}$$

$$R^{ETS}_{t} = G^{ETS\_SUB}_{t}$$

如果我们可以计算补贴率的实际基准，那么它将小于式(12-9)给出的补贴率，并且控排行业的产出价格会有所上涨。

我们注意到，中国模型中的电力部门包含了发电和配电两个环节。根据我们对 2012 年投入产出表的估算，输送电力的价值约为产出电力价值的两倍。这意味着输送电力的补贴率远低于发电环节的补贴率。

2. 有电力补贴的混合系统：Hybrid-NoA-1

在混合政策中，ETS 部门仍是如上所述，而所有非 ETS 部门都需要缴纳化石燃料碳税，税率等于 ETS 部门支付的配额价格，碳价格与 ETS-NoA 情景中计算的不同，式(12-2)修改为

$$PB_{ijt} = PS_{it} + t^{CO_2}_{ijt}\rho^{cmb}_{ij} \qquad i\in I^{CO_2}_{COM} = \{煤炭开采,石油开采,天然气开采\} \tag{12-11}$$

$$t^{x,CO_2}_{ijt} = \begin{cases} t^{x,CO_2}_{it} & j\in 控排行业 \\ t^{x,CO_2}_{it} & 其他 \end{cases}$$

家庭部门也需要为购买的化石燃料缴纳碳税(用上标 C 表示消费)：

$$P^{C,IO}_{it} = (1+t^{c}_{it})PS_{it} + t^{CO_2}_{i,hh,t} \tag{12-12}$$

ETS 控排部门仍必须为其电力消费中隐含的 CO_2 获得配额，即式(12-4)仍然适用，而非 ETS 部门只支付用电的市场价格。

为了保持与纯 ETS 情景的可比性，我们设定了相同的碳价格(包括 ETS 配额价格和碳税率)，使混合方案中所有年份的全国碳排放量等于纯 ETS 中的排放量：

$$EM^{CO_2}_{nat,t} = \sum_{j} EM^{CO_2}_{jt}; \qquad EM^{CO_2;H1}_{nat,t} = EM^{CO_2;ETS}_{nat,t} \tag{12-13}$$

这需要为 ETS 部门设置不同的排放上限，这比式(12-7)中纯 ETS 设置的上限更加宽松：

$$\sum_{j\in cov} EME^{CO_2}_{jt} \leqslant CAP^{CO_2;H1}_{cov,t} > CAP^{CO_2;ETS}_{cov,t} \tag{12-14}$$

在纯 ETS 情景下，为达到外生设定的 ETS 排放总量，配额价格和补贴通过内生计算得

到。在混合政策情景下，ETS 部门的排放总量的设定要使其碳价格（ETS 许可价格和碳税率）可以满足式(12-13)给出的全国碳排放目标。

非 ETS 部门的碳税将为政府带来额外的收入。为了保持与基准情景和纯 ETS 情景的可比性，我们通过降低现有的增值税税率和资本所得税税率来保证财政中性。增值税税率(t_t^V)和资本所得税税率(t_t^K)通过税额缩减因子 $\lambda_t^{\text{taxscale}}$ 进行调整：

$$t_t^V = \lambda_t^{\text{taxscale}} t_{t;\text{Base}}^V ; t_t^K = \lambda_t^{\text{taxscale}} t_{t;\text{Base}}^K \tag{12-15}$$

税额缩减因子在满足“实际收入中性”的条件下内生决定，即政府支出等于纯 ETS 下的实际支出水平。

3. 无电力补贴的混合系统：Hybrid-NoA-2

在 Hybrid-NoA-2 中，我们保持与 Hybrid-NoA-1 情景下相同的化石燃料的影子价格［式(12-11)和式(12-12)］，但去掉了 ETS 纳入的部门用电需要考虑隐含的 CO_2 的要求［式(12-4)］。与此同时，电力部门不再免费获得配额，即式(12-8)代表的补贴现在只适用于非电力 ETS 部门（在该情景下即为水泥行业）。这些变化简化了 ETS 的功能。现在，电厂在没有任何产出补贴的情况下支付碳配额费用，并且与 Hybrid-NoA-1 相比，所有非 ETS 部门现在都面临更高的电价。和 Hybrid-NoA-1 一样，与纯 ETS 的情况相比，非 ETS 部门面临更高的化石燃料价格。

Hybrid-NoA-2 中的 ETS 部门的排放总量与 Hybrid-NoA-1 的总量不同，即我们需要内生地计算一个新的全国排放量以使其与纯 ETS 的情况相同，并且碳税等于配额价格：

$$\text{EM}_{\text{nat};t}^{\text{CO}_2} = \sum_j \text{EM}_{jt}^{\text{CO}_2} ; \quad \text{EM}_{\text{nat};t}^{\text{CO}_2;H2} = \text{EM}_{\text{nat};t}^{\text{CO}_2;\text{ETS}} \tag{12-16}$$

$$\sum_{j \in \text{cov}} \text{EME}_{jt}^{\text{CO}_2} \leqslant \text{CAP}_{\text{cov};t}^{\text{CO}_2;H2} \tag{12-17}$$

共同碳价格与 Hybrid-NoA-1 情景中的价格不同，这意味着需要不同水平的税收调整。该情景仍然保持相同的财政中性约束，即实际政府支出等于纯 ETS 的情况。

4. 有拍卖的 ETS 和混合系统：ETS-A，Hybrid-A-1 和 Hybrid-A-2

虽然 2017 年 12 月公布的官方方案没有提及拍卖配额，但在人多数已经讨论过的提案中都设想逐步减少免费配额的比例。在 ETS-A 情景中（有拍卖），我们逐步减少配额免费分配的比例，其余配额通过拍卖的方式进行分配。我们假设进行拍卖的配额占比从 2017 年的 7%线性上升到 2030 年的 100%。两个控排行业的排放总量与 ETS-NoA 情景的总量相同，但随着免费配额的减少，产出补贴逐渐下降为零。免费分配的配额($\text{AL}_{jt}^{\text{CO}_2}$)和拍卖的配额($\text{AC}_{jt}^{\text{CO}_2}$)的总和必须不低于所涵盖的排放量：

$$\sum_{j \in \text{cov}} \text{AL}_{jt}^{\text{CO}_2} + \sum_{j \in \text{cov}} \text{AC}_{jt}^{\text{CO}_2} = \sum_{j \in I_{\text{COV}}} \text{EM}_{jt}^{\text{ECO}_2} \tag{12-18}$$

在实际碳市场中,配额持续进行交易,但很少进行拍卖。在该模型的年度账目中,我们假设交易配额和拍卖配额的年平均价格是相同的。因此,政府碳配额收入($R_{\mathrm{AL}}^{\mathrm{ETS}}$)与实际拍卖收入($R_{\mathrm{AC}}^{\mathrm{ETS}}$)为

$$\begin{aligned} R^{\mathrm{ETS}} &= R_{\mathrm{AL}}^{\mathrm{ETS}} + R_{\mathrm{AC}}^{\mathrm{ETS}} \\ &= \sum_{j \in \mathrm{cov}} tx_{\mathrm{CO_2},t}^{u} \mathrm{AL}_{jt}^{\mathrm{CO_2}} + \sum_{j \in \mathrm{cov}} tx_{\mathrm{CO_2},t}^{u} \mathrm{AC}_{jt}^{\mathrm{CO_2}} \end{aligned} \tag{12-19}$$

与式(12-10)不同,这种情况下的补贴总额取决于免费分配的部分:

$$\begin{aligned} R_{\mathrm{AL},t}^{\mathrm{ETS}} &= G_t^{\mathrm{ETS\_SUB}} \\ \sum_{j \in \mathrm{cov}} tx_{\mathrm{CO_2},t}^{u} \mathrm{AL}_{jt}^{\mathrm{CO_2}} &= \sum_{j \in I_{\mathrm{COV}}} \lambda_t^{\mathrm{sub}} s_{j0}^{\mathrm{CO_2}} \mathrm{PI}_{jt} \mathrm{QI}_{jt} \end{aligned} \tag{12-20}$$

我们假设拍卖收入用于按比例地减少现有税率,包括增值税、资本所得税和销售税。通过减税以维持财政中性,即保持实际政府支出和 ETS-NoA 情景下的水平相同。Hybrid-A-1 和 Hybrid-A-2 与上述的混合情景类似,但在上述 ETS 涵盖的部门中引入了逐渐增加的配额拍卖机制。

第三节 政策模拟结果:纯 ETS 和混合政策影响的比较

一、无拍卖的 ETS,ETS-NoA

如表 12-3 所示,我们首先通过没有碳政策(ETS 或碳税)的模型来构建基准情景。由化石燃料燃烧以及水泥生产所产生的二氧化碳排放量从 2017 年的 110 亿吨增加到 2030 年的 129 亿吨。在此期间,国内生产总值增长 1.95 倍,因此 2030 年二氧化碳排放强度从 0.143t/元大幅下降到 0.086t/元。预计 2030 年碳排放强度将比 2005 年降低 59.5%,仅略低于国家宣布的 60%～65%减排目标的下限。

然后,我们模拟了纯 ETS 并且没有配额拍卖的情景。如前所述:我们为 ETS 部门设置了稳步缩减的排放总量,这使 2030 年全国二氧化碳排放量仅上升至 119 亿吨(见表 12-2),二氧化碳排放强度与 2005 年相比降低了 62.5%。表 12-4 中标有“ETS-NoA”的列给出了该 ETS 总量对国民经济的影响;我们报告了 2020 年和 2030 年基准情景和政策情景之间关键变量变化的百分比。表 12-5 列出了对 2030 年工业产出和价格的影响,其中两个 ETS 部门(电力和非金属矿产品行业)用斜体表示。

该政策提高了发电和水泥生产的成本,但政府基于产出进行了相应补贴。2030 年,电力价格大幅上涨并且电力产出下降 6%。这导致了电力向包括资本在内的其他要素投入的转移。电力产出的下降以及 ETS 部门使用煤炭的成本上升使煤炭开采量减少了 12%。这也使碳密度较低的燃料占比增加,并且石油的消费在受到碳价的影响下没有太大变化。电力

表 12-4　ETS 和混合政策的影响(无拍卖)

变　　量	基准情景 2020 年	2020 年			基准情景 2030 年	2030 年		
		ETS-NoA	Hybrid-NoA-1	Hybrid-NoA-2		ETS-NoA	Hybrid-NoA-1	Hybrid-NoA-2
		(百分比变化)				(百分比变化)		
GDP (10 亿元,2014 年计价)	93 000	−0.032	−0.021	−0.015	151 000	−0.27	−0.13	−0.10
消费 (10 亿元,2010 年计价)	41 000	−0.061	−0.020	−0.016	75 600	−0.43	−0.12	−0.12
投资 (10 亿元,2010 年计价)	39 500	−0.015	−0.017	−0.009	56 700	−0.25	−0.12	−0.08
政府消费 (10 亿元,2010 年计价)	10 300	0.00	0.00	0.00	13 300	0.00	0.00	0.00
能源消费 (百万吨标准煤)	4 750	−2.75	−2.60	−2.65	5 510	−7.93	−7.06	−7.25
煤炭消费量(百万吨)	4 200	−4.22	−4.02	−3.98	4 690	−11.8	−11.3	−11.1
石油消费量(百万吨)	613	0.09	−0.13	−0.17	739	0.14	−0.48	−0.54
天然气消费量(10 亿立方米)	289 000	−0.24	−1.21	−1.18	456 000	−1.45	−3.13	−3.04
电力 (10 亿 kWh)	6 270	−1.10	−0.50	−1.00	7 030	−5.88	−1.51	−3.16
CO_2 排放量(包括生产过程;百万吨)	11 400	−2.78	−2.78	−2.78	12 900	−7.71	−7.71	−7.71
ETS 部门 CO_2 排放量(百万吨)	4 910	−6.00	−2.32	−2.18	4 450	−20.58	−6.24	−6.03
SO_2 排放		−3.11	−2.62	−2.37		−8.81	−6.67	−5.89
NO_X 排放		−3.12	−1.73	−1.65		−7.44	−4.19	−3.96
PM 排放		−0.88	−1.20	−1.14		−2.12	−3.40	−3.37
		(元/千克 CO_2)				(元/吨 CO_2)		
配额价格		86.3	25.7	23.4		574.1	91.3	83.6
		(百分比)				(百分比)		
配额和碳税收入占总收入比重		1.26	0.88	0.76		3.34	1.94	1.72

表 12-5　2030 年 ETS 和混合政策（非拍卖）的行业影响（基准情景变化百分比）

情　　景	ETS-NoA		Hybrid-NoA-1		Hybrid-NoA-2	
	价格百分比变化	数量百分比变化	价格百分比变化	数量百分比变化	价格百分比变化	数量百分比变化
农业	0.13	−0.06	0.24	0.04	0.25	0.02
煤炭开采	0.32	−12.25	2.45	−12.53	2.25	−12.31
石油开采	0.54	0.06	0.29	0.39	0.23	0.55
天然气开采	0.40	−1.10	0.08	−1.64	0.06	−1.48
非能源开采	0.70	−0.64	0.45	−1.17	0.53	−1.33
食品、烟草	0.31	−0.32	0.19	−0.02	0.14	−0.01
纺织品	0.53	−0.33	0.43	0.73	0.42	0.88
服装皮革	0.43	−0.05	0.20	1.13	0.17	1.36
木材加工和家具制造	0.53	−0.51	0.33	0.41	0.32	0.49
造纸、印刷	0.54	−0.45	0.53	−0.18	0.50	−0.09
石油炼焦	0.52	0.24	0.55	−0.33	0.47	−0.36
化学原料和化学制品制造	0.60	−0.65	0.75	−0.73	0.75	−0.73
非金属矿产品	−0.86	1.95	0.01	0.68	0.58	−0.14
金属冶炼	0.74	−1.17	2.12	−3.41	2.07	−3.35
金属制品	0.80	−1.35	1.06	−1.84	1.11	−1.96
机械设备	0.62	−0.74	0.77	−0.92	0.77	−0.89
运输设备	0.53	−0.42	0.54	−0.20	0.53	−0.10
电机	0.60	−0.95	0.76	−1.22	0.76	−1.26
电子和电信设备	0.49	−0.21	0.54	0.11	0.56	−0.12
供水服务	0.86	−0.77	0.31	−0.11	0.45	−0.32
其他制造业	0.66	−0.61	0.69	−0.93	0.67	−0.85
电力、热力	9.81	−6.01	1.80	−1.40	5.17	−3.13
天然气生产与供应	0.51	−0.11	4.70	−3.61	4.32	−3.28
建筑业	0.28	−0.15	0.28	−0.02	0.32	−0.02
交通运输	0.34	−0.31	0.54	−0.51	0.48	−0.45
通信	0.39	−0.29	0.18	0.08	0.16	0.13
贸易	0.31	−0.23	−0.09	0.40	−0.19	0.54
住宿和餐饮	0.25	−0.24	0.11	0.02	0.07	0.04
金融与保险	0.40	−0.37	0.02	0.14	−0.07	0.23
房地产	0.33	−0.10	0.20	0.10	0.19	0.16

续表

情　　景	ETS-NoA		Hybrid-NoA-1		Hybrid-NoA-2	
	价格百分比变化	数量百分比变化	价格百分比变化	数量百分比变化	价格百分比变化	数量百分比变化
商业服务	0.31	−0.21	0.20	0.08	0.17	0.11
其他服务	0.20	−0.07	0.12	0.06	0.11	0.09
公共管理	0.17	0.04	0.11	0.04	0.10	0.04
居民煤炭消费		−0.10		−21.5		−19.9

和电力密集型商品的相对价格上涨，使资本和劳动力向电力密集程度较低的部门重新分配，这导致了前期的 GDP 损失很小。国内生产总值的降低伴随着消费和投资的减少，但由于我们假设政府购买保持不变，因此政府购买没有随之减少。每年投资的下降减少了 2030 年的资本存量，并且 2030 年 GDP 损失将上升到 0.27%。

由于补贴政策的存在，尽管有碳配额的要求，非金属矿产品行业的产量仍在增加；由于我们要求政府财政中性，因此将政府所有配额收入返还两个 ETS 部门，这导致非金属矿产品价格下降。例如，下面讨论的 ETS-A 等非宽松政策将导致不同的产出影响。同时碳政策也对污染物的排放产生影响，化石燃料使用的减少导致污染物排放量降低：到 2030 年，二氧化硫排放量降低 8.8%，颗粒物排放量降低 2.1%。然而，这些减少量小于煤炭使用量的减少，这是因为非金属矿产品行业产量高于基准情景并且水泥行业是生产过程中排放污染物的主要行业。

我们的经济模型通过地区、家庭规模和收入等人口统计指标对居民进行区分。尽管不同居民面临相同的价格，但由于所购买的商品和服务不同，政策冲击对居民的影响也不同。我们定义了对每种居民福利影响的货币化衡量标准，表 12-6 列出了三种主要政策的影响。

ETS 政策（表 12-6 的第一列）导致 2030 年全国消费福利水平相较基准情景损失了 0.26%，并且对不同居民的影响是不同的，其中收入较高的群体受到的影响较大：收入前五分之一的群体损失 0.273% 而收入后五分之一的群体损失 0.257%①。由于我们识别的地区间消费模式差异很小，政策对各区域影响没有太大差异；但是由于这些地区的平均收入水平不同，相对富裕的东部地区受到的损失绝对值较大。城市家庭更加富裕，因此碳政策导致其面临更大的损失。有子女和其他家属的家庭要比两口之家承受更大的损失，这是因为他们消费的住房和服务（与消费品相比）相对较多，其中包括能源密集型公用事业和交通运输。

① 大多数对美国碳价的分析与中国的情况不同，因为美国穷人与能源相关的消费比例较高。我们的结果来自我们的消费模型的性质和中国的基本消费模式。首先，我们的家庭模式只确定了四个主要的消费品（食品、消费品、服务和住房），能源支出是服务和住房的一部分，与人口特征没有明确联系。其次，鉴于其发展阶段，中国的一篮子消费仍然以食物为主，私人汽车和汽油支出仅适用于高收入群体。

表 12-6　碳税对不同家庭群体的影响（与基准情景相比货币化福利变化的百分比）

	ETS-NoA	Hybrid-NoA-1	Hybrid-NoA-2
	（百分比变化）		
全国	−0.264	−0.260	−0.221
收入类别			
前五分之一（低）	−0.257	−0.256	−0.220
第二个五分之一	−0.263	−0.259	−0.221
第三个五分之一	−0.266	−0.261	−0.221
第四个五分之一	−0.269	−0.262	−0.222
后五分之一（高）	−0.273	−0.264	−0.223
地区			
东部	−0.264	−0.260	−0.221
中部	−0.263	−0.260	−0.222
西部	−0.263	−0.260	−0.221
地点			
城镇	−0.266	−0.261	−0.222
乡村	−0.262	−0.259	−0.221
家庭户规模			
1～2 人	−0.260	−0.258	−0.220
3 人	−0.266	−0.260	−0.221
超过 4 人	−0.263	−0.259	−0.221

如前所述，我们设定的排放总量对于仅涵盖两个行业的 ETS 来说是一个非常严格的约束；而更为宽松的排放总量目标会降低价格和重新分配效应。我们选择这一严格的上限以突出碳政策的影响。碳配额价格最初处于较低水平，但随着排放上限的收紧而迅速上涨。到 2020 年，碳配额价格为 86 元/吨 CO_2（2014 年价格），到 2030 年上涨到 500 多元。如此高的价格是由于仅有两个部门通过碳排放权交易来实现减排 62.5%的高目标。

二、有电力补贴的混合系统，Hybrid-NoA-1

在 Hybrid-NoA-1 政策中，我们要求所有非 ETS 部门和居民为其化石燃料的使用缴纳碳税。如前所述，我们通过对 ETS 部门设定排放总量以使混合政策情景每年的全国碳减排量与纯 ETS 情景相同。碳税率内生设定为碳配额的价格。2030 年，混合政策下 ETS 部门排放总量为 43.29 亿吨，相比之下纯 ETS 情景下排放总量为 36.67 亿吨。表 12-4 和表 12-5 中标有“Hybrid-NoA-1”的列中给出了混合政策对经济和工业的影响。

由于所有部门纳入碳减排体系，2030 年碳价仅为 91 元/吨，而 ETS-NoA 情景为 574

元/吨。Hybrid-NoA-1 情景下碳配额和碳税的总收入仅占 2030 年政府收入的 1.9%，而 ETS-NoA 为 3.3%（表 12-4 的最后一行）。更为宽松的 ETS 排放上限和更低的碳价格使电力和非金属矿产行业价格的变化相对低得多。如表 12-5 所示，2030 年电价相较基准情景高出 1.8%，而 ETS-NoA 则高出 9.8%。相对更小的价格变化使电力产出下降 1.4%（ETS-NoA：6.0%），NMM 产出增长 0.7%（ETS-NoA：1.9%）。

碳税导致煤炭价格上涨 2.4%（ETS-NoA：0.3%），这激励了所有消费者减少煤炭的使用。煤炭产量的变化（－12.5%）和 ETS-NoA 情景（－12.2%）非常相似。这是因为 Hybrid-NoA-1 情景中电力部门的煤炭消费量增加，而非 ETS 部门的煤炭消费量下降。居民的煤炭消费量减少 21%，与纯 ETS 的情景下的 0.1%相比十分明显（表 12-5 的最后一行）。

Hybrid-NoA-1 中化石燃料的高成本导致煤炭和石油密集型产业的产量下降程度超过纯 ETS 情景：金属冶炼业下降 3.4%（ETS-NoA 1.2%），运输业下降 0.5%（ETS-NoA 0.3%）。由于 Hybrid-NoA-1 情景中的电价较低，因此不同行业的总能源成本的净影响是不同的：对于电力密集型行业，如服装、锯木厂和造纸业，产量小幅减少甚至增加。这些价格和产出的相对变化使前期 GDP 的降幅（0.02%）相对于纯 ETS 情景（0.03%）更小。这也意味着投资减少幅度更小，对资本积累的影响也更小。因此，混合政策对 2030 年 GDP 的影响仅为-0.13%（ETS-NoA-0.27%）。从表 12-5 中不同的工业产出影响模式可以看出总产出损失相对较小。在纯 ETS 情景下，2030 年几乎所有行业产量都有所下降；然而在 Hybrid-NoA-1 情景中，服务业小幅发展，制造业相对衰退。

这些不同变化对当地污染物的影响是复杂的（见表 12-4）。一方面，Hybrid-NoA-1 的煤炭消费情况与 ETS-NoA 大致相同；另一方面，石油和天然气的消费量相较更低。Hybrid-NoA-1 中的非金属矿产品产量更低，这降低了 SO_2 和颗粒物的排放，但电力和许多制造业（纺织、锯木、造纸等）的较高产出意味着更高的排放。整体结果是，混合政策下 2030 年的二氧化硫排放量下降 6.7%（ETS-NoA 8.8%），颗粒物排放量下降 3.4%（ETS-NoA 2.1%）。

混合政策对居民消费的影响与纯 ETS 情景类似，福利损失程度相对略低。其对富裕家庭及城市家庭造成的影响更大，并且各地区之间的差异很小。

三、没有电力补贴的混合系统，Hybrid-NoA-2

在 Hybrid-NoA-2 情景中，我们不要求非金属矿产品部门为电力消费隐含的 CO_2 获得碳配额，并不向电力部门提供补贴。这导致其与 Hybrid-NoA-1 相比出现两个主要差异。首先，该情景下电价上涨幅度更大，分别为 5.2%和 1.8%。其次，2030 年非金属矿产品的价格变化为＋0.6%，而 Hybrid-NoA-1 情景为 0，纯 ETS 情景为－0.9%；非金属矿产品的产量下降 0.1%，而 Hybrid-NoA-1 的产量增长 0.7%。

较高的电价意味着所有部门的电力使用更加节约，电力产量下降 3.1%，而 Hybrid-NoA-1 则为 1.4%。Hybrid-NoA-2 情景下 2030 年的碳价（84 元/吨）略低于 Hybrid-NoA-1（91 元/吨）。这意味着不同情景对非 ETS 部门的化石燃料消费的影响是相似的：煤总产量下降 12.3%，而 Hybrid-NoA-1 为 12.5%，ETS-NoA 为 12.2%。然而，两种混合系统中 ETS 部门之间的行为与电价存在差异，这意味着存在不同的行业影响模式。Hybrid-NoA-2 中的一些电力密集型行业（包括金属产品和水务服务）的产量相较 Hybrid-NoA-1 下降了一些。总体而言，制造业规模缩减幅度更小，服务业规模扩张幅度更大，如造纸业（－0.9%对－0.18%）、运输设备（－0.1%对－0.2%）、贸易（＋0.54%对＋0.40%）和金融（＋0.23%对＋0.14%）。

Hybrid-NoA-2 对 GDP 的损失的影响相对较小：2030 年为－0.10%，而 Hybrid-NoA-1 为－0.13%，ETS-NoA 为－0.27%。政策对最终需求的构成有不同的影响：由于该情景下不再补贴电力，增值税和资本税因此在 Hybrid-NoA-2 中得到更多的减免，这导致 GDP 从消费向投资转移，并且其对资本存量影响相对更小（见表 12-4）。

对电力部门和非金属矿产品的不同影响也意味着污染物排放的差异。虽然总氮氧化物和颗粒物排放量非常相似，但 2030 年的二氧化硫排放量（5.9%）相较 Hybrid-NoA-1（6.7%）更低。这是两方面相抵消所致：Hybrid-NoA-2 的电力产出减少意味着发电中的煤耗减少；较高的总产出水平意味着其他部门的煤炭消费量的增加。水泥的产量，煤、石油和天然气的总消费量与 Hybrid-NoA-1 相似。

Hybrid-NoA-2 的人口效应与 Hybrid-NoA-1 和 ETS-NoA 略有不同。政策影响的累进影响非常小，城乡差异也较小。国民福利损失仅为 0.22%，而其他两种政策则为 0.26%。

四、进行拍卖的 ETS，ETS-A

虽然政府提案试图通过免费分配配额，以保持碳交易市场对企业的吸引力并且易于管理，但方案设计者也认识到拍卖配额的重要性。基于产出补贴的免费分配削弱了碳市场对碳密集型商品价格的影响，因而企业没有足够的激励去进行节能减排。由于免费分配配额给发电企业，一般的电力用户（如非 ETS 部门）没有动力去节约用电。我们对 Hybrid-NoA-2 与 Hybrid-NoA-1 的比较显示，当我们停止补贴电力时，能源效率会大幅提升。

为了说明拍卖系统下纯 ETS 政策的表现，我们模拟了 ETS 拍卖配额的比例逐步上升的情景：到 2030 年所有碳配额都进行拍卖，拍卖收入用于削减现有税种（增值税、资本税和产出税），非拍卖部分继续以产出补贴的形式免费分配给 ETS 部门[式(12-8)]。在表 12-4 中报告的 ETS-NoA 情景中，2030 年配额总收入占政府总收入的 3.3%，因此取消免费分配可大幅减少产出补贴。表 12-7 比较了无拍卖和拍卖情景的总体结果，表 12-8 中给出其行业影响。

表 12-7　有无配额拍卖的比较(2030 年)

变　　量	2030 年基准情景	ETS-NoA	Hybrid-NoA-1	Hybrid-NoA-2	ETS-A	Hybrid-A-1	Hybrid-A-2
	(百分比变化)						
GDP (10 亿元,2014 年计价)	151 000	−0.266	−0.126	−0.101	−0.185	−0.121	−0.119
消费 (10 亿元,2010 年计价)	75 600	−0.433	−0.118	−0.123	−0.298	−0.114	−0.112
投资 (10 亿元,2010 年计价)	56 700	−0.247	−0.120	−0.082	−0.232	−0.140	−0.133
政府消费 (10 亿元,2010 年计价)	13 300	0.000	0.000	0.000	0.000	0.000	0.000
能源消费 (百万吨标准煤)	5 510	−7.93	−7.06	−7.25	−7.79	−7.12	−7.10
煤炭消费量(百万吨)	4 690	−11.8	−11.3	−11.1	−10.5	−10.8	−10.9
石油消费量(百万吨)	739	0.14	−0.48	−0.54	−0.45	−0.60	−0.59
天然气消费量(10 亿立方米)	456 500	−1.45	−3.13	−3.04	−1.38	−2.91	−2.93
电力 (10 亿 kWh)	7 030	−5.88	−1.51	−3.16	−9.56	−3.41	−3.10
CO_2 排放量(包括生产过程;百万吨)	12 900	−7.71	−7.71	−7.71	−7.71	−7.71	−7.71
ETS 部门 CO_2 排放量(百万吨)	4 450	−20.6	−6.24	−6.03	−20.8	−7.94	−7.65
SO_2 排放		−8.81	−6.67	−5.89	−8.50	−6.80	−5.90
NO_X 排放		−7.44	−4.19	−3.96	−6.92	−4.38	−4.03
PM 排放		−2.12	−3.40	−3.37	−5.27	−4.38	−4.04
	(元/吨 CO_2)						
配额价格		574	91.3	83.6	312	79.0	80.1
	(百分比)						
配额和碳税收入占总收入比重		3.34	1.93	1.72	1.97	1.70	1.67

表 12-8　有无拍卖的行业影响(与基准情景相比变化的百分比)

情　　景	ETS-NoA		ETS-A	
	价格百分比变化	数量百分比变化	价格百分比变化	数量百分比变化
农业	0.13	−0.06	0.24	−0.05
煤炭开采	0.32	−12.25	0.16	−10.67
石油开采	0.54	0.06	0.22	0.86
天然气开采	0.40	−1.10	0.23	−0.31
非能源开采	0.70	−0.64	0.80	−1.62
食品、烟草	0.31	−0.32	0.08	−0.15
纺织品	0.53	−0.33	0.42	0.89
服装皮革	0.43	−0.05	0.17	1.42
木材加工和家具制造	0.53	−0.51	0.42	0.28
造纸、印刷	0.54	−0.45	0.39	0.13
石油炼焦	0.52	0.24	0.20	−0.19
化学原料和化学制品制造	0.60	−0.65	0.61	−0.52
非金属矿产品	−0.86	1.95	5.54	−6.73
金属冶炼	0.74	−1.17	0.94	−1.37
金属制品	0.80	−1.35	0.98	−1.64
机械设备	0.62	−0.74	0.67	−0.56
运输设备	0.53	−0.42	0.48	0.04
电机	0.60	−0.95	0.70	−1.14
电子和电信设备	0.49	−0.21	0.63	−1.13
供水服务	0.86	−0.77	1.08	−1.18
其他制造业	0.66	−0.61	0.63	−0.37
电力、热力	9.81	−6.01	17.51	−9.88
天然气生产与供应	0.51	−0.11	0.36	0.05
建筑业	0.28	−0.15	0.86	−0.52
交通运输	0.34	−0.31	0.19	−0.17
通信	0.39	−0.29	0.26	0.00
贸易	0.31	−0.23	−0.20	0.54
住宿和餐饮	0.25	−0.24	0.07	−0.09
金融与保险	0.40	−0.37	−0.05	0.15
房地产	0.33	−0.10	0.34	0.14

续表

情　景	ETS-NoA		ETS-A	
	价格百分比变化	数量百分比变化	价格百分比变化	数量百分比变化
商业服务	0.31	−0.21	0.19	0.00
其他服务	0.20	−0.07	0.13	0.10
公共管理	0.17	0.04	0.12	0.02
居民煤炭消费		−0.10		0.00

在 ETS-A 情景中，ETS 补贴随着时间的推移而降低，非金属矿产品的价格增加 5.5%，而非拍卖情景的价格降低 0.86%；电价为 + 17%，非拍卖情景为 + 9.8%（见表 12-8）。ETS-A 对控排部门产品价格的冲击降低使产量显著下降：非金属矿产品降低 6.7%、电力降低 9.8%。一些电力密集型行业的产出也因此受到较大冲击：金属冶炼业为 − 1.4%（非拍卖情景为 − 1.2%），金属制品业为 − 1.6%（非拍卖情景为 − 1.3%）。ETS 部门产量的大幅减少意味着它们通过直接降低煤炭消费来部分满足减排目标，而不会像无拍卖情景下完全通过替代为其他燃料或要素投入来实现。这导致配额价格（312 元/吨）相对无拍卖情景下（574 元/吨）更低（见表 12-7）。

因此，拍卖情景下整体结构的变化与无拍卖情景相比更加复杂。首先，我们的目标是在拍卖和非拍卖的情况下减少相同的全国碳排放，而不是为 ETS 纳入的行业设置相同的排放总量。拍卖情景下配额价格相对低得多，加之其他经济影响的变化，两个 ETS 部门的二氧化碳排放量相对略有减少。其次，2030 年无须用于产出补贴的拍卖收入占政府总收入的 2.0%，从而大幅削减现有税收。这些变化减少了经济扭曲，允许更大的留存收益和投资，因此到 2030 年 GDP 的损失（0.18%）相较无拍卖情景（0.27%）较小。

与无拍卖情景相比，更高的国内生产总值和不同的商品价格导致一些行业产出增加，这是因为资本和劳动力从水泥和电力密集型行业转移了出来，并且整个经济体有更多的资本。相比之下，在 ETS-NoA 情景中，除一个部门外，其他所有部门产出都缩减了。两个 ETS 部门煤炭需求的减少和扩张部门的煤炭需求增长的净效应为：2030 年煤炭产量的减少仅为 10.6%，而无拍卖情况下减少了 12.2%；这也导致 ETS-A 中油的消费量相对无拍卖情景略少。

工业产出和燃料消费的这些差异导致当地污染物排放的差异。二氧化硫和氮氧化物排放量的减少非常相似，由于煤炭使用量减少幅度更小，因此排放量减幅略小于 ETS-NoA 情景。然而，拍卖情景中水泥的大幅减少导致全国颗粒物排放量的减少幅度相比无拍卖情景更大，分别为 5.3% 和 2.1%。

我们对拍卖和减少补贴的影响进行如下总结。对 ETS 部门更少的补贴导致价格上涨和二氧化碳密集型产品消费减少。这降低了两个 ETS 部门的能源需求，从而降低了碳配额价格，减少了燃料替代量。配额拍卖的收入有助于减少现有税收并减少经济扭曲，而这些共同导致更低的 GDP 损失和相似的环境收益。二氧化碳密集型行业的萎缩和国内生产总值的增长意味着拍卖情景中的部分行业不断增长。

五、有拍卖的混合系统，Hybrid-A-1 和 Hybrid-A-2

我们还考察了拍卖对混合政策的影响。表 12-7 中标有“Hybrid-A-1”和“Hybrid-A-2”的列中给出了拍卖情景对 GDP 的影响。所有情景都要求全国二氧化碳强度比 2005 年降低 62.5%，这相当于 2030 年碳排放量预计减少 7.7%。每种情景下都需要对 ETS 部门的排放总量进行调整，以使配额价格和碳税率之间存在共同的碳价。

Hybrid-A-1 的总体影响与无拍卖情景类似：与纯 ETS 情景相比，设置碳税后碳价格大幅下降。这导致更小的经济扭曲和 GDP 损失。但是，碳税带来的收益在有拍卖情景下变小了：ETS-NoA 与 Hybrid-NoA-1 相比，2030 年 GDP 损失从 0.27% 下降到 0.13%；然而 ETS-A 与 Hybrid-A-1 相比，GDP 损失仅从 0.18% 降至 0.12%。同样，碳税在引入拍卖的情景下对二氧化硫、氮氧化物和颗粒物排放的影响更小。例如，对于颗粒物排放，无拍卖情景下碳税的影响从 −2.1% 提高到 −3.4%；而有拍卖情景下，碳税的影响从 −5.3% 减少到 −4.4%。配额拍卖起到了类似碳税的价格激励的作用。

在 Hybrid-A-2 中，我们不再对电力隐含的 CO_2 要求碳配额，并取消了电力补贴。在 ETS-A 情景中，2030 年对所有配额进行拍卖也意味着对 ETS 部门的补贴降至零。因此，Hybrid-A-1 和 Hybrid-A-2 之间的差异小于无拍卖情景。例如，Hybrid-A-1 和 Hybrid-A-2 的 GDP 损失均为 0.12%。煤炭、石油和天然气的消费减少程度也非常相似。也就是说，与无拍卖情景相比，拍卖削弱了取消电力补贴带来的好处。

第四节　碳交易与碳税混合政策的探讨

碳交易与碳税是传统环境经济学讨论的重点。Weizman 定理就是关于基于价格和基于数量的控制手段在不确定性条件下的定理。我国 2018 年 1 月 1 日已经开始对传统污染物征收环境税，但二氧化碳排放仍是基于碳市场政策为主体改革方向。目前发改委气候司及其温室气体管控的职能并入生态与环境保护部之后，碳交易政策和碳税在实践中是否可以相互交融也成为政策讨论的一个热点话题。下面我们从碳市场和碳税混合政策的可行性、兼容性，以及相关的国际经验与碳税收入如何使用四个方面一一阐述与讨论。

一、可行性

碳市场有效运行的关键是碳排放数据的采集与核查。电力行业产品排放占比高、数据基础相对较好、监管体系完备，这是全国碳市场建设初期以电力行业为突破口的原因。然而，并非每个行业都有这样的数据基础和优势。因此，全国碳市场若要纳入更多行业，会受到数据可得性和数据质量等方面的限制，推广难度随着纳入的行业增多而加大。与碳市场对数据的高要求相比，碳税的征收不需要数据基础。

同时，征收碳税无须依赖 MRV 体系，省去了排放监测、报送、核查等环节，减少了制度成本。对于企业而言，碳市场是一个新兴的政策和体系，并且碳市场各个环节较为复杂，企业的学习成本和履约成本较高。并且，碳配额价格波动性较大，企业减排与履约的成本具有很大的不确定性，因此碳市场政策的推广阻力较大。而碳税税率相对稳定，企业面对相对确定的碳排放成本，可以根据碳税率和自身情况选择最优的减排路径。

由于我国已经建立了较为完善的税收体系，税收制度完善性较高，加之我国排污费于2018 年改为环境税，碳税可以设置单独税种，亦可作为环境税的一项而缩短构建新税种的时间，因此立法与政策可执行性相对碳市场更高。

二、兼容性

碳市场与碳税政策并不冲突，二者是兼容互补的关系。碳税与碳交易的覆盖范围可以相互补充。由于碳市场实施面临各种限制，仅能涵盖主要的排放源，即特定行业特定排放量以上的企业，对于其他行业以及控排行业中排放量在碳市场纳入标准以下的企业则没有减排约束，有违公平性原则，并且整个系统的运行效率也没有达到最优。而碳税可以对各个行业各类企业进行统一征收，覆盖碳排放交易体系未能涵盖的排放源。例如，美国加利福尼亚州的总量控制与交易系统预计覆盖加利福尼亚州 85%左右的二氧化碳排放量。

碳市场与碳税政策的结合，可以使减排负担在整个经济体中进行分摊，减排系统运行效率更高。由于碳交易市场仅能覆盖部分行业和企业，如果仅通过碳市场来达到减排目标，减排责任都集中在控排企业而没有被全社会承担，控排企业减排压力巨大，对整个经济的负面影响也更大。我们的模型显示，为达到使全国碳排放强度在 2030 年降低 62.5%(即官方60%～65%目标的中值)的目标，覆盖整个经济系统的碳税与碳市场混合系统，相对仅限于电力和水泥行业的碳排放交易系统，碳价从每吨 570 元降低到 90 元，并将 GDP 损失从0.3%降低到 0.1%。在这种情况下，ETS 部门的损失要小得多，而其他经济部门则分担减碳负担。

三、国际经验

很多国家和地区的实践可以证明，碳税与碳市场之间可以协调配合、互为补充。加利福尼亚州的总量控制与交易系统就是一个例子。美国加利福尼亚州碳排放总量与交易制度于2012年启动，分为三个履约期。

在第一个履约期(2013—2014年)，纳入四类排放源：(1)年排放25 000吨二氧化碳排放当量以上的大型工业设施，包括水泥、热电联产、玻璃、制氢、钢铁、石灰、制硝酸、石油和天然气、炼油、造纸、自用发电、固定燃料设施等；(2)年排放25 000吨二氧化碳排放当量以上的发电设施和电力进口商；(3)年排放25 000吨二氧化碳排放当量以上的二氧化碳供应商(CCS)；(4)年排放25 000吨二氧化碳排放当量以上的石油和天然气设施。

在第二个履约期(2015—2017年)，燃料供应商(包括汽油、柴油、天然气、蒸馏燃料油、液化石油气等，需要满足年进口或输送至加利福尼亚州的燃料完全燃烧或氧化所产生的排放量超过25 000吨)以及所有的电力进口商被纳入加利福尼亚州碳排放权交易体系。根据加利福尼亚州空气资源委员会发布的《气候变化总体规划》(2014修订版)，开市之初，加利福尼亚州碳市配额总量约为1.6亿吨，2015年燃料供应商纳入后，配额总量约为3.9亿吨。加利福尼亚州碳市规模由覆盖加利福尼亚州州内排放的50%，上升至85%。

加利福尼亚州总量控制与交易系统将化石燃料供应商和进口商纳入交易体系，对碳排放的"上游"进行控制，这意味着这些燃料的所有用户都面临碳价格，而不仅仅是ETS所涵盖的行业中的大型企业。这在某种意义上已经是一个混合定价体系，其中一个关键部分的运作与碳税类似。

法国也采取了类似的方法，并且明确了碳税政策。2016年7月22日，法国通过了新的能源改革法案(Energy Transition for Green Growth Bill)。该法案提出，法国碳税税率将在2020年达到每吨二氧化碳56欧元，到2030年继续提高到每吨100欧元。在法国，碳税是针对天然气、石油和煤炭等化石能源征收的。它和欧盟的碳交易(EU ETS)并行存在，但并没有交叉。欧盟ETS覆盖下的排放源(如工业企业、发电行业等)并不需要缴纳碳税。

四、税收收入的使用

目前随着我国经济下行加大，社会上有舆论认为碳排放交易体系和碳税制度会对经济增长产生较大的负面影响，因此应该放松生态环境保护力度以促进经济发展。但是，在我们模拟的所有情景中，税收收入和任何拍卖收入都通过减少现有税收的方式来实现收入循环，这减少了其他税收带来的经济扭曲。因此，在完善的税收循环机制下，可以达到环境治理与经济增长协同的目的。

加拿大不列颠哥伦比亚省(以下简称 BC 省)在征收碳税的同时建立了完善的碳税—经济互补机制。2009—2016 年,BC 省的碳税收入约为 73 亿美元,减免税款约为 89 亿美元。与此同时,全省实际 GDP 同比增长 19.8%,而碳排放量下降 5.5%。通过税收优惠政策和财政支出,将碳税收入返还给 BC 省的纳税人,巧妙地利用碳税收入来缩小收入差距,刺激经济增长。可见 BC 省建立的碳税-经济互补机制是碳税收入使用的正确选择,也为国际碳税征收提供了宝贵的实践经验。

第五节　结　　论

中国政府引入碳排放交易体系的举措对于中等收入国家来说是一个大胆的尝试。通过市场机制而非传统规制来实现能源和环境目标的意愿得到了许多政策分析人士的认同。虽然该方案的细节(如覆盖范围和时间安排)仍有待确定。但如果政策实施成功,中国的全国排放交易体系将会成为世界上最大的二氧化碳控制政策,并为其他国家树立榜样。

我们的首要目标是研究全国碳排放交易体系如何运作及其对所有经济部门的影响。我们发现,仅限于电力和水泥行业的高减排目标可能导致极高的碳配额价格,但对企业的补贴将减少对产出损失的影响。我们的模型模拟显示,纯 ETS 政策,为了达到全国碳排放强度在 2030 年降低 62.5%(官方 60%~65%目标的中值)的目标,需要减少 12%的煤炭使用量,并产生 0.3%的 GDP 损失。化石燃料消费量的减少也将显著减少二氧化硫、氮氧化物和颗粒物质的排放。

我们的第二个目标是探讨更高效地实现碳排放目标的替代方案。我们给出了四个混合系统的例子,其中 ETS 与对 ETS 涵盖的部门之外的化石燃料消费者征收碳税相结合。相较纯 ETS,混合碳价从每吨 570 元降低到 90 元,并将 GDP 损失从 0.3%降低到 0.1%。在这种情况下,其他经济部门分担减碳任务,因此 ETS 部门的损失要小得多。

在 ETS 的提案中,电力生产部门获得了相应的补贴,但 ETS 部门的电力消费隐含的碳排放也受到碳配额的限制。为了鼓励节约用电,在混合系统中,我们研究了取消电力补贴(和对隐含碳排放的配额要求)的影响,结果表明这将进一步提高政策的效率。

最后,我们考察了包括纯 ETS 情景和混合政策情景下,配额拍卖取代免费分配是如何改变产品价格和产出模式的。我们发现,拍卖会为政府提供额外收入,这降低了其他税收并减少了纯 ETS 系统的损失。

尽管碳交易和碳税的混合体系初看起来比纯 ETS 系统更为复杂,但后者在扩展到排放源更为分散和小规模的部门时会面临政策具体实施的各种挑战。例如,电力和水泥行业的生产集中于少数的企业和工厂的特点有助于 ETS 管理者的监督,并且企业有更强的组织能力来参与复杂的碳市场。较为分散的行业和部门缺乏这些保证 ETS 有效实施的因素，这可能已经影响了中国的全国碳排放交易体系的建设计划，推迟了其政策推出的时间，并将其宣布的初始阶段控排行业从八个减少到一个（电力）或两个（如果增加水泥行业）。在中国和世界其他地方，相较 ETS 更容易实施的方法，是通过征税的方式对许多部门收取碳价，可以将覆盖范围扩大到小型排放源。加利福尼亚州总量控制与交易系统在某种意义上已经是一个 ETS 和碳税混合的体系。在加利福尼亚州，炼油厂和天然气供应商需要为其销售的产品获得配额，这实际上是对这些燃料的所有用户而不仅仅是 ETS 纳入的部门收取碳价。由于我国高度依赖煤炭，因此其情况更为复杂。但覆盖范围更广的混合系统带来的实质性收益应引发我们认真思考碳定价如何最高效地扩展到中国的整个经济体中。

本章参考文献

[1] AUNAN K, BERNTSEN T, O'CONNOR D, PERSSON T H, VENNEMO H, ZHAI F. Benefits and costs to China of a climate policy[J]. Environment and Development Economics, 2007(12): 471-497.

[2] BABIKER M, METCALF G J. Tax distortions and global climate policy [J]. Journal of Environmental Economics and Management, 2003,46(2): 269-287.

[3] BARON R, AASRUD A, SINTON J, CAMPBELL N, JIANG K, ZHUANG X. Policy Options for Low-Carbon Power Generation in China: Designing an emissions trading system for China's electricity sector[R]. International Energy Agency Insights Series, 2012.

[4] CAO J, HO M. Appendix A. Economic-Environmental Model of China (version 18)[R]. Harvard China Project Working Paper, 2017.

[5] CAO J, GAO L, HO M, NIELSEN C, WANG Y X, ZHAO Y. Resource Taxes, Carbon Taxes and Fiscal Reform in China[R]. Harvard China Project Working Paper, 2016.

[6] CAO J, HO M, HU W H, JORGENSON D, ZHANG Q. Welfare and Inequality Measures for China based on Consumption[R]. Harvard China Project Working Paper, 2018.

[7] Climate Reality Project (CRJ). Handbook on Carbon Pricing Instruments[R]. Washington, DC: The Climate Reality Project, 2017.

[8] EDF. Carbon Market California: A Comprehensive Analysis of the Golden State's Cap-and-Trade Program, Year Two: 2014[R]. Environmental Defense Fund, 2015.

[9] China moves towards launch of carbon trading scheme[EB/OL]. Financial Times, [2017-12-19]. https://www.ft.com/content/cd549b9a-e088-11e7-a8a4-0a1e63a52f9c.

[10] GIZ. "NDRC Issued Internal Draft Allowance Allocation Plans for Three Sectors," Deutsche

Gesellschaft fur Internationale News[EB/OL][2017-05-09] http：//ets-china. org/news/ndrc-internally-issued-the-draft-allowance-allocation-plans-for-three-sectors/.

[11] HAN G Y, OLSSON M, HALLDING K, LUNSFORD D. China's Carbon Emission Trading：An Overview of Current Development[R]. Stockholm Environment Institute and FORES, 2012.

[12] International Energy Agency (IEA). World Energy Outlook 2014[M]. Paris：IEA,2014.

[13] International Energy Agency (IEA). World Energy Outlook 2016[M]. Paris：IEA, 2016.

[14] JORGENSON D, GOETTLE R, HO M, WILCOXEN P. Double Dividend：Environmental Taxes and Fiscal Reform in the United States[M]. Cambridge：MIT Press, 2013.

[15] LIANG, Q M, FAN Y, WEI Y M. Carbon taxation policy in China：How to protect energy and trade-intensive sectors? [J]. Journal of Policy Modeling, 2007,29：311-333.

[16] LU C Y, TONG Q, LIU X M. The impacts of carbon tax and complementary policies on Chinese economy[J]. Energy Policy, 2010, 38：7278-7285.

[17] Xi Jinping Is set for a Big Gamble With China's Carbon Trading Market[N]. New York Times, 2017-06-23. https：//www. nytimes. com/2017/06/23/world/asia/china-cap-trade-carbon-greenhouse. html.

[18] NIELSEN C P, HO M S. Clearer Skies Over China：Reconciling Air Quality, Climate and Economic Goals[M]. Cambridge, MA：MIT Press, 2013.

[19] QI S Z. The Carbon Market：from Pilots to Nation[R]. Wuhan University Climate Change and Energy Economics Study Centre. Presentation at Harvard China Project Symposium, Beijing May 2016.

[20] SWARTZ J. China's National Emissions Trading System：Implications for Carbon Markets and Trade[R]. International Centre for Trade and Sustainable Development, Geneva, Issue Paper No. 6, 2016.

[21] WU L B, TANG W Q. Efficiency or Equity? Simulating the Carbon Emission Permits Trading Schemes in China Based on an Inter-Regional CGE model[R]. Australian National University Centre for Climate Economics and Policy, Working Paper 1505,2015.

[22] PANG T, DUAN M S. Cap setting and allowance allocation in China's emissions trading pilot programmes：special issues and innovative solutions[J]. Climate Policy, 2016, 16, 7, 815-835.

[23] World Bank and Development Research Center (DRC). China 2030[R]. The World Bank, Washington DC and Development Research Center of the State Council, People's Republic of China,2013.

[24] ZHANG, Z X. Carbon Emissions Trading in China：The Evolution from Pilots to a Nationwide Scheme[R]. Australian National University, Centre for Climate Economic and Policy (CCEP) Working Paper 1503, April, 2015.

[25] ZHENG S. China's Carbon Market-Progress and Outlook[R]. CDM and Carbon Market Dept., National Climate Change Strategy Center, Beijing, 2015.